袁文平
学术思想精粹与传承

西南财经大学经济学院
西南财经大学马克思主义经济学研究院 编

西南财经大学出版社
中国·成都

图书在版编目(CIP)数据

袁文平学术思想精粹与传承/西南财经大学经济学院，
西南财经大学马克思主义经济学研究院编.--成都：
西南财经大学出版社,2024.11.--ISBN 978-7-5504-6435-3
Ⅰ.F12
中国国家版本馆 CIP 数据核字第 2024SH6758 号

袁文平学术思想精粹与传承
YUANWENPING XUESHU SIXIANG JINGCUI YU CHUANCHENG

西南财经大学经济学院
西南财经大学马克思主义经济学研究院　编

策划编辑:孙　婧
责任编辑:李思嘉
责任校对:李　琼
封面设计:墨创文化
责任印制:朱曼丽

出版发行	西南财经大学出版社(四川省成都市光华村街55号)
网　　址	http://cbs.swufe.edu.cn
电子邮件	bookcj@swufe.edu.cn
邮政编码	610074
电　　话	028-87353785
照　　排	四川胜翔数码印务设计有限公司
印　　刷	成都国图广告印务有限公司
成品尺寸	170 mm×240 mm
印　　张	30
彩　　页	8 页
字　　数	515 千字
版　　次	2024 年 11 月第 1 版
印　　次	2024 年 11 月第 1 次印刷
书　　号	ISBN 978-7-5504-6435-3
定　　价	98.00 元

袁文平
同志

袁文平和夫人魏必芬女士

参军入伍

大学时代

与学生探讨交流问题

带学生深入基层调研

经改抒怀

经政破旧提新论润
此今神州尽施行
个人福祸何须论
民富已足慰余心

润社会主义市场经济理论

袁文平于二○二○年秋

《经改抒怀》展心声

"经师"与"人师"相统一的大先生——袁文平（代序）

百年大计，教育为本。教育大计，教师为本。2023 年，习近平总书记在致全国优秀教师的信中，从理想信念、道德情操、育人智慧、躬耕态度、仁爱之心、弘道追求六个方面全面深刻地阐述了中国特有的教育家精神的时代内涵和实践要义，引导广大教师要做精通专业知识的"经师"与涵养高尚德行的"人师"相统一的传道授业解惑的"大先生"。西南财经大学经济学院（原经济系）袁文平教授正是这样一位"经师"与"人师"相统一的大先生，他几十年躬耕杏坛，传道授业，学术科研硕果累累，教书育人桃李满园，为人、为师、为学等为我们树立了榜样。

袁文平先生于 1934 年 12 月出生于四川射洪一个耕读世家，1951 年 7 月由射洪中学进入解放军后勤学校、部队学习和工作。1955 年秋考入四川财经学院（现西南财经大学）读书，1959 年毕业后留校，长期从事政治经济学的教学和研究工作。

袁文平先生在学术上成果丰硕、见解独到、影响深远。他担任主编和副主编的著作主要有《社会主义市场经济分析》《社会主义初级阶段政治经济学》《政治经济学纲要》《经济增长方式转变机制论》《内陆地区改革开放研究》《国有经营性资产经营方式和管理体制研究》等 10 余部，发表论文 100 多篇。他曾先后荣获四川省政府哲学社会科学优秀科研成果一等奖 1 项、二等奖 1 项、三等奖 2 项，20 世纪 90 年代获"刘诗白奖励基金"科研"终身成就奖"。

袁文平先生是我国在经济学界有较大影响的理论经济学家。其中，比较有代表性的成就包括但并不限于以下三个主要方面：一是较早提出了"社会主义市场经济"概念，被理论界评价和称誉为"提出和阐述社会主义市场经济理论的第一人"。1979年2月在成都举行的四川省价值规律理论讨论会上，围绕我国经济体制改革是否要搞社会主义市场经济、是否要实行社会主义计划经济与市场经济相结合的问题，他以巨大的理论勇气作了长时间的发言，并明确提出"价格第一，计划第二"。这些观点反映了时代的呼声，走在了创新的前沿，深具理论和实践意义。二是对邓小平经济理论和中国特色社会主义经济理论的阐释。在《创建新的社会主义政治经济学》一文中，他把邓小平经济理论归纳为"十论"：中国特色论、社会主义初级阶段论、社会主义本质论、社会主义根本任务论、市场经济论、经济主体论、经济改革论、经济开放论、经济发展战略论、政局稳定论。这"十论"被理论界称为"政治经济学界公认的新观点"。三是对经济增长方式问题的探讨。在对这个问题的研究上，他承担了国家社科基金重点项目——"经济增长方式转变机制论"。这项研究正如《经济学家》杂志2001年3期发表的相关"书评"所指出的，是"经济增长方式转变研究的创新成果"，为我国转变经济增长方式进行了前瞻性的理论阐释和预见性的政策指引。

除了在"为经师"方面的卓越成就，袁文平先生在"为人师"方面也堪称典范。他于1964年任政治经济学教研室主任，1978—1982年任经济系副系主任，1983—1991年任经济系主任。在担任经济系管理工作的生涯中，他勤勉敬业、恪尽职守，带领经济系在学科发展、专业建设、师资引进等方面取得了一系列阶段性成就。此外，他还曾给经济学专业和其他专业本科生、硕士生、博士生讲授政治经济学、马列经典著作选读、社会主义经济理论专题研究、社会主义经济理论发展史研究、社会主义经济体制改革比较研究等课程，数十载培桃育李，一年年春风化雨，培养了一批又一批堪当大任的栋梁之材。

今年是袁文平先生诞辰90周年，深入学习、挖掘、整理并继承其丰富的学术思想，对于新时代进一步推动社会主义市场经济理论的创新与发展具有重要的理论和现实意义。作为西南财经大学经济学院现任院长，我很荣幸为本书作序。这里面既包含了经济学院全体师生对袁文平先生的崇敬和怀念，也承载着一代又一代西财经院人对经济学院未来发展的期待和展望。我们当牢记包括袁文平先生在内的老一辈学科带头人的殷切嘱托和谆谆教诲，踔厉奋发，勇毅前行，为把学院打造和建设成为党的创新理论阐释的思想阵地、经济学基础理论创新的学术高地、优秀师资学者汇聚的人才园地、拔尖人才培养的育人基地、咨政启民服务社会的智库领地而不断努力奋斗，从而为不断开辟当代中国马克思主义政治经济学中国化时代化新境界贡献我们的力量！

是为序。

西南财经大学经济学院院长　盖凯程

2024 年 6 月于光华园

目　录

第二篇   社会主义经济理论的运用与实践

第三篇　经济学教育改革研究

第四篇　书评

第五篇　学习和继承袁文平教授学术思想的心得与感悟

第六篇　学术界对袁文平教授学术思想的评价及报刊有关文章和报道

第七篇　袁文平教授生平

第一篇

社会主义经济理论的

创新与发展

社会主义商品生产和商品交换会产生资本主义和新资产阶级分子吗？

本文原由中央人民广播电台 1979 年 2 月播放

　　社会主义商品生产和商品交换会不会产生资本主义，是有利于社会主义事业的发展还是必然导致资本主义的复辟，这是我们同"四人帮"反革命集团在政治经济学理论方面斗争的一个重大原则问题。我们必须以马列主义、毛泽东思想为指导，正确地认识这个问题，拨乱反正，分清是非。

　　社会主义商品生产和商品交换不会产生资本主义，这是马克思主义政治经济学的一个基本原理。在斯大林领导时期，苏联曾经出现过社会主义商品生产"一定会引导到资本主义"的错误观点。斯大林根据马克思主义关于商品生产的一般原理，具体地分析了社会主义商品生产和商品交换同资本主义商品生产和商品交换的本质区别，明确地指出：商品生产可以为社会主义建设服务，并不会引导到资本主义。1958 年，假马克思主义政治骗子陈伯达鼓吹取消社会主义商品生产和商品交换，受到毛主席的严厉驳斥。"四人帮"横行时期，他们也大肆攻击商品生产和商品交换，胡说有了社会主义商品生产和商品交换的存在，城乡资本主义因素的发展、新资本主义分子的产生也就不可避免。这是对马克思主义的肆意歪曲。

　　商品生产比资本主义生产早得多，有几千年的历史。它在奴隶制度和封建制度下长期存在过，并且为奴隶制度、封建制度服务过，并没有引导到资本主义。只是在封建社会末期，在一定的历史条件下，商品生产才产生资本主义。马克思曾经说过：资本主义生产的"历史存在条件，并不是有了商品流通和货币流通就已经具备。资本只能在那种地方发生，在那里，生产资料和生活资料的所有者在市场上遇见自由的劳动者，那种出卖本人的劳动力的人"①。"劳动产品和劳动本身的分离，客观劳动条件和主观劳动力的分离，是资本主义生产过程事实上的基础和出发点。"② 这就清楚地告诉我们，并不是存在商品生产和商品交换就必然产生资本主义。资本主义产生必须具备的主要经济条件是生产资料集中在少数人手里，同劳动力分离，和劳动力变为商品。小商品生产在一定的历史条件下，两极分化的加剧造成了产生资本主义两个主要经济条件，从而导致了资本主义的产生。而社会主义商品生产和商品交换却不会造成资本主义产生的主要经济条件，不会导致资本主义的产生。这是为什么呢？因为：

第一，社会主义商品生产和商品交换，是以生产资料公有制为基础的，这就从根据上排除了资本主义产生的条件。

资本主义生产是以资本家占有生产资料剥削雇佣工人劳动为基础的，而社会主义商品生产和商品交换与资本主义生产存在根本不同。它是以劳动群众共同占有生产资料和共同劳动为基础的，生产资料在全民或者集体范围内公有，劳动者运用共同占有的生产资料，共同劳动，共同享有生产成果。他们不需要剥削他人，也不需要把自己的劳动力当作商品去卖。现阶段我们还是通过商品和货币来分配个人消费品，符合按劳分配这一客观经济规律的要求。但是劳动者的个人所得，绝不是劳动力的价值，"而是他们在集体生产中所应得的一定份额"③。由于劳动者各自提供的劳动数量和质量不同，个人分得的份额有多有少，这是共同富裕程度的差别，它不会导致一部分人占有大量生产资料而另一部分人变成劳动力的出卖者，因而不会造成资本主义产生的条件。

第二，社会主义商品生产和商品交换的目的，是满足社会和人民群众的需要，生产单位不会变成追逐剩余价值的资本主义企业。

商品生产者生产的目的，是由生产资料所有制的性质决定的。资本主义商品生产的唯一目的是追逐剩余价值。资本家考虑使用价值，只是因为使用价值是价值的物质承担者。社会主义商品生产，首先是使用价值的生产，生产的目的是满足整个社会主义国家和人民群众不断增长的物质和文化生活的需要。为了更好地满足这种需要，社会主义经济需要不断增加积

---

① 马克思. 资本论：第 1 卷 [M]. 北京：人民出版社，1953：160.
② 马克思. 资本论：第 1 卷 [M]. 北京：人民出版社，1953：624.
③ 恩格斯. 政治经济学批判大纲（第 1 分册）[M]. 北京：人民出版社，1975：111.

累，不断扩大再生产，社会主义企业也需要创造利润。但是这种社会主义利润是在执行党的政策，全面完成国家计划，增加生产，提高质量，减少消耗，降低成本的基础上取得的，是企业对国家和人民作出的贡献。这种利润创造得越多，对国家和人民的贡献越大。它同资本家追逐的资本主义利润是根本不同的。在社会主义社会里，由于利润的多少是考核企业经营状况的一项重要经济指标，并且同企业领导和职工的物质利益密切联系，因此，社会主义企业在商品生产和商品交换中，不仅要考虑使用价值，还要考虑价值。使用价值和价值之间当然也存在着矛盾，但是这种矛盾性质同在私有制条件下有着本质的区别，即使有极少数企业领导人存在资本主义经营思想，但由于我们有马克思主义政党和无产阶级国家政权的领导，有企业内部劳动群众的监督，一般说这些问题是可以得到妥善解决的。

第三，社会主义商品生产和商品交换，是自觉运用有计划按比例发展规律和价值规律进行调节的，不会导致资本主义的产生。

价值规律是商品经济的基本经济规律。只要存在商品生产和商品交换，价值规律就一定会起作用。但是，所有制性质不同，价值规律发生作用的形式和后果也就不一样。在以私有制为基础的小商品生产条件下，价值规律自发地发生作用，在市场的激烈竞争中造成小商品生产者的两极分化。可是，在生产资料公有制的条件下，商品生产者是全民或者集体的社会主义企业，无产阶级专政的国家能够自觉地运用有计划按比例发展规律和价值规律，有计划地调节社会主义商品生产和商品交换。比如，可以根据国家计划的要求，运用价格等工具，调节社会需要和社会生产之间的比例关系，避免生产的无政府状态，促进国民经济的迅速发展；可以运用价值规律，进行经济核算，争取以最小的劳动消耗取得最大的经济效果；可以运用价值规律，制定正确的价格政策，合理调整全民所有制和集体所有制之间、工业企业和农业企业之间、大型企业和中小型企业之间的经济关系。在社会主义制度下，尽管各个企业由于经营状况的不同，企业利润有大有小，企业基金有多有少，企业职工的物质福利水平和企业扩大生产的能力有高有低，但是这种差别不会导致社会主义商品生产和商品交换向资本主义生产转化。即使有企业经营管理很差、亏损严重，无产阶级专政的国家政权和本企业的劳动群众也会采取有力措施，及时改变企业的落后面貌。

从上面的分析中，我们可以看到，社会主义商品生产和商品交换，同资本主义没有必然的联系。"四人帮"胡说社会主义商品生产和商品交换必然产生资本主义，是毫无根据的。

当然，这并不是说，在我国现阶段的社会主义社会里，已经不存在资本主义，已经不会再产生资本主义。事实上，我国现阶段除了占据着统治地位的社会主义商品生产和商品交换，还存在着有资本主义性质的商品生产和商品交换，还有搞资本主义活动的，还会产生新的资产阶级分子。那么，资本主义活动和新资产阶级分子是从哪里产生出来的呢？我们只要用马克思主义的观点，实事求是地进行调查研究，就可以看出，旧社会遗留下来的资本主义残余、小资产阶级和它的习惯势力，就是产生新资产阶级分子的根源。我们的社会主义制度在经济计划和管理方面，在生产、交换和分配等方面，还很不完善，给资本主义活动留下了可乘之机，这就是资本主义活动和新资产阶级分子产生的条件。而社会生产力水平比较低，商品生产不发达，一些商品供应不足，则是在一个相当长的时期内不能完全消灭资本主义和资产阶级的最终原因。马克思在1845年的著作《德意志意识形态》中指出："实现共产主义必须以生产力的巨大增长和高度发展为前提，如果没有这种发展，那就只会有贫穷的普遍化；而在极端贫困的情况下，就必须重新开始争取必需品的斗争，也就是说，全部陈腐的东西又要死灰复燃。"我国的实践也证明，哪种商品缺货，资本主义势力就钻哪种商品的空子，进行地下生产、投机倒把、黑市贸易等非法活动。所以，要战胜资本主义和资产阶级，我们当然要坚决打击阶级敌人的破坏活动和资本主义势力的猖狂进攻，要不断完善我们的社会主义制度；但是最根本的是要按照客观经济规律办事，高速地发展社会生产力，生产出更多更好的产品，让社会主义商品生产和商品交换充分发展。只有这样，才能满足工农业生产和城乡人民生活的需要，加速社会主义生产的发展，不断提高人民的物质文化生活水平，使整个社会主义经济繁荣兴旺，无产阶级同资产阶级斗争的物质力量更加强大，无产阶级专政更加巩固。"四人帮"反对社会主义商品生产和商品交换，实际上是妄图搞垮社会主义经济，实现他们"改朝换代"、复辟资本主义的迷梦。我们一定要在党中央的领导下，认真学习马列主义、毛泽东思想关于社会主义商品生产和商品交换的基本原理，彻底批判"四人帮"在商品生产和商品交换方面的谬论，大力发展社会主义商品生产和商品交换，为加速实现社会主义的四个现代化，为最终消灭资本主义和资产阶级作出应有的贡献。

由此可见，社会主义制度建立之后，如果不大力发展商品经济，生产力发展不起来，物资严重短缺，缺吃少穿，不但资本主义会发展，一切陈腐的东西都可能死灰复燃。只有大力发展商品生产和商品交换，促进分工和生产力的发展，才可能避免资本主义，才能更好发展社会主义。

试论社会主义计划经济同社会主义市场经济的结合问题

本文原载于《财经论丛》1979 年第 2 期

党中央决定把全党工作着重点转移到社会主义经济建设上来。在我们党着手进行经济管理体制和经营管理方法的改革以适应社会主义四个现代化发展需要的时候，探讨我国搞社会主义市场经济，实行社会主义计划经济同社会主义市场经济相结合的问题，具有十分重大的意义。

一、社会主义计划经济同市场经济结合的客观必然性

在社会化的生产过程中，不管其社会形态如何，生产总是同需要相联系的，按比例分配社会总劳动量，以生产各种不同的产品量，总要和社会各种不同的需要量相适应。马克思说："要想得到和各种不同的需要量相适应的产品量，就要付出各种不同的和一定数量的社会总劳动量，这种按比例分配社会劳动的必要性，绝不可能被社会生产的一定形式所取消，而可能改变的只是它的表现形式，这是不言而喻的。"①

生产资料所有制形式不同，生产同需要联系的方式也就不同。在社会分工存在的条件下，生产同需要的联系，是通过商品交换来实现的。市场是商品流通的总和，是和商品生产密切联系在一起的。列宁说："哪里有社会分工和商品生产，哪里就有市场，市场量和社会劳动专业化的程度有不可分割的联系。"② 在未来的共产主义全民所有制条件下，社会生产同社会需要是直接联系着的，人们能够有计划地根据社会需要直接组织生产，按照需要直接进行分配，不再通过商品交换这一迂回曲折的途径了。正如恩格斯说的："社会一旦占有生产资料并且以直接社会化的形式把它们应

---

① 马克思，恩格斯. 马克思恩格斯选集：第 4 卷 [M]. 北京：人民出版社，1972：368.
② 列宁. 列宁全集：第 1 卷 [M]. 北京：人民出版社，1959：83.

用于生产，每个人的劳动，无论其特殊的用途是如何的不同，从一开始就成为直接的社会劳动——诚然，就在这种情况下，社会也必须知道，每一种消费品的生产需要多少劳动，它必须按照生产资料，其中特别是劳动力，来安排生产计划。各种消费品的效用（它们被互相衡量并和制造它们所必需的劳动量相比较）最后决定这一计划。人们可以非常简单地处理这一切，而不需要著名的价值插手其间。"① 可见，资本主义经济是商品经济发展的顶峰，也是高度发展的市场经济；而共产主义经济则是高度发展的计划经济。在这两种根本不同的所有制条件下，计划经济和市场经济的结合问题都不存在。

社会主义公有制是社会主义生产关系的基础，它既不同于资本主义私有制，又不同于共产主义公有制，其特点在于生产资料已经归劳动者共同占有，共同使用，劳动成果归劳动者共同享用，使社会生产和社会需要之间在一定程度上建立起了直接的联系，使社会主义经济有计划按比例地发展成为可能。这是社会主义经济同资本主义经济的根本区别，是社会主义生产关系优越性的表现。

同时，我们还必须看到，社会主义社会和共产主义社会是发展成熟程度不同的两个阶段，社会主义公有制和共产主义公有制，也是有区别的。社会主义社会又分为不发达的社会主义阶段和发达的社会主义阶段，这两个不同发展阶段的社会主义公有制水平又是有区别的。我国目前还处于不发达的社会主义阶段，社会生产力水平还不高，这决定了现阶段社会主义公有制还很不成熟。

现阶段社会主义公有制的不成熟性，首先表现在社会主义全民所有制和社会主义集体所有制并存，决定了商品交换是这两种公有制形式之间经济联系的唯一可能的形式。

其次，社会主义集体所有制企业对生产资料具有完全的所有权，即有生产资料和劳动力的支配权、生产计划和经营管理的决定权、交换上的等价要求权、收益分配权，以保证在生产、交换、分配等环节实现其经济利益。过去，相当一部分地方，集体所有制部分没有得到或完全没有得到保障和承认，集体所有的生产资料和劳动力被无偿调用，生产计划和经营管理受到瞎指挥的干扰，生产成果被无偿占用，生产队自主权遭到侵犯。发

---

① 马克思，恩格斯. 马克思恩格斯选集：第 3 卷［M］. 北京：人民出版社，1972：348.

生这种状况，是由于林彪、"四人帮"的破坏，把集体所有制同全民所有制甚至同共产主义全民所有制混淆。现在，必须充分尊重社会主义集体所有制，充分尊重生产队的自主权，以适应生产力发展的要求。

而社会主义全民所有制较之共产主义全民所有制则是不完全的，现阶段的全民所有制较之共产主义全民所有制，这种不完全性更为突出。现阶段的社会主义全民所有制企业除了生产资料属于全体劳动者所有，对国家负有经济责任，必须向国家缴纳利润外，企业具有较大的相对独立性，有较多的经营管理自主权，还有部分收入支配权。这部分收入的支配权，是由企业利润提成形成的，是社会主义物质利益原则所决定的。由于只有把企业的经营状况同企业的经济利益联系起来，才能充分调动企业职工的积极性，这就决定了社会主义全民所有制企业也要求在生产、交换、分配等环节实现其经济利益，在同其他全民所有制企业、集体所有制企业和劳动者个人的交换中，要求把产品作为商品，按价值规律的要求进行等价交换。将来，由于社会生产力的高度发展，社会主义公有制的两种形式将过渡到单一的社会主义全民所有制，全民所有制企业的一定自主权和部分收入支配权也还可能存在，因而商品交换也还可能存在。过去，全民所有制企业缺乏经营管理自主权，国家对企业基本上是统收统支，没有实行严格的经济核算制度，全民所有制企业之间的交换是作为产品调拨而不是作为商品交换，没有把企业经营状况同企业职工的物质利益联系起来，这是由于林彪、"四人帮"的干扰，把现阶段的社会主义全民所有制同共产主义全民所有制混淆。现在扩大企业权力，是适应目前生产力发展要求，符合现阶段社会主义全民所有制的性质的。

再次，社会主义的"各尽所能，按劳分配"的规律是通过商品、货币来实现的。劳动者以所得的货币收入同全民所有制企业、集体企业和其他劳动者的商品进行交换时，同样要求等价交换，以实现其经济利益。

至于目前农村集体经济的成员还保留着少量自留地和家庭副业，是现阶段社会主义经济的必要补充。它不属于社会主义公有制的范围，仍带有个体所有制的性质，在商品交换中更要求等价交换，以实现其经济利益。

社会主义公有制的上述特点，决定了全体劳动者在根本利益上的一致性，使生产同需要的直接联系成为可能，即决定了社会主义计划经济存在的客观必然性；同时，又由于社会主义公有制的不成熟性，在生产资料公有制的条件下，还存在国家、企业、集体、个人之间以及企业与企业之间、集体与集体之间、个人与个人之间经济利益上的矛盾，要求把产品作为商品来生产和交换，这就决定了社会主义市场经济存在的客观必然性。因此，社会主义计划经济同社会主义市场经济的结合，是社会主义公有制的特点所决定的。

新中国成立以后，直到第一个五年计划期间，在坚持社会主义计划经济的同时，又比较注重发挥商品生产、市场的作用，有力地促进了社会主义经济的发展。但由于缺乏社会主义经济管理的经验，基本上仿效苏联斯大林时代的经济管理的理论、体制和方法，尽管客观上存在着与商品经济相联系的市场经济，但是没有自觉地把它同计划经济结合起来。后来，由于陈伯达，特别是林彪、"四人帮"的干扰，社会主义计划经济遭到破坏，社会主义市场经济被诬蔑为资本主义经济的同义语而遭到排斥，以致在经济管理体制上权力过于集中，计划管得过多、过死，结果走向反面，出现了严重的无政府和半无政府状态，使国民经济的比例失调，阻碍了生产的发展和人民生活水平的提高。总结近三十年来经济管理上正反两方面的经验教训，并借鉴其他社会主义国家经济改革的成功经验，我们认识到，在社会主义公有制条件下，必须把社会主义计划经济同市场经济结合起来。如果把社会主义公有制同资本主义私有制混同起来，否定社会主义计划经济，这是对社会主义公有制的否定，当然是不对的；如果把社会主义公有制同共产主义公有制混同起来，否定社会主义市场经济，同样是对社会主义公有制的否定，同样是不对的。无论从哪一个方面否定社会主义公有制，都会阻碍社会生产力的发展。实践证明，后一种否定比前一种否定对社会主义经济建设事业的危害更大。所以，在统一计划指导下，把社会主义计划经济同市场经济结合起来，是生产关系一定要适合生产力性质规律的要求，是社会主义经济发展唯一正确的途径。

二、社会主义市场经济的特点和作用

人类历史上有三种不同性质的市场经济，即小私有制条件下的市场经济、资本主义市场经济、社会主义市场经济。其共同点在于：它是社会分工和商品生产存在的条件下，建立生产同需要联系的一种形式。

市场经济是怎样建立社会生产和社会需要之间的联系的呢？根据马列主义的论述，那就是通过迂回曲折的道路，即通过市场商品交换来实现的。在社会分工和不同所有制存在的条件下，各个生产者或各个经济组织生产什么、怎样生产、生产多少，都是由生产资料所有者决定的。但是，对各个生产者或各个经济组织来说，社会需要则是一个未知数，无论社会所需要的对象的品种、质量，还是它们的数量，都是未知的。生产和需要之间的这种矛盾是怎样解决的呢？是通过决定商品的价格的竞争来解决的。竞争包括三方面：首先是卖主之间的竞争。同一种商品有许多不同的卖主供应，谁以最便宜的价格出卖同一种质量的商品，谁就一定会胜过其他卖主，从而保证自己有最大的销路。于是，各个卖主彼此就进行争夺销路的竞争。这种竞争降低它们所供应的商品的价格。其次是买主之间的竞争，谁都希望尽快买到自己需要而又比较满意的商品。这种竞争则反过来提高供应的商品的价格。最后是买主和卖主之间的竞争。买主想买得尽量便宜些，卖主却想卖得尽量贵些，这种竞争的结果要依上述双方的对比关系怎样来决定，这就是说要看是买主之间的竞争激烈些呢，还是卖主之间的竞争激烈些。而哪一方竞争激烈些，又取决于市场的供求关系。某种商品如果供不应求，买主中间的竞争会在某种程度上加剧，使价格上升；如果供过于求，卖主中间的竞争会在某种程度上加剧，使价格下降。某种商品价格上升，会抑制需求，并使生产者或经济组织感觉到这种商品太少，会引起这种商品生产和供应的增加；某种商品价格下降，就会刺激需求的增加，并使生产者或经济组织感到这种商品的数量已经大大超过社会需求，从而抑制这种商品的生产。价值规律就是这样通过市场竞争、通过价格对价值的背离来调节供求，力图使供和求互相适应，又永远不会互相适应，从而在社会生产和社会需要之间建立一个永无止境的摇摆不定的平衡。这就是与计划经济相区别的市场经济的一般特征。

由此可见，"商品的价格对商品价值的不断背离是一个必要条件，只有在这种条件下，商品价值才能存在。只有通过竞争的波动从而通过价格的波动，商品生产的价值规律才能得以贯彻，社会必要劳动时间决定价值这一点才能成为现实"①。

我们搞社会主义市场经济，就是要重视价值规律的调节作用，通过一定程度的竞争，通过价格对价值一定程度的背离，调节供求，建立社会生产和社会需要的平衡。过去我们一方面主张运用价值规律，另一方面又排斥竞争，各企业生产的产品由物资、商业或供销部门按比较固定的价格统

---

① 马克思，恩格斯. 马克思恩格斯全集：第 21 卷 [M]. 北京：人民出版社，1972：215.

一收购，生产单位和消费者的生产生活需要由物资、商业部门按比较固定的价格统一调拨或销售；生产者与消费者不能直接见面，价格不根据市场供求情况的变化而进行适当的调整，以为这样就可以"限制"价值规律的作用。事实上，价值规律的作用并没有被"限制"住，却产生了和我们主观愿望相反的结果。由于不合理的价格没有得到及时调整，供求失调，产销脱节，已有大量积压的产品还在加紧生产，市场早已脱销的商品仍然继续脱销。那些长期大量积压的商品，长期停滞在流通中，影响着再生产的正常进行；而那些长期脱销的商品，由于供不应求，又出现粗制滥造、质量降低、变相涨价等现象，从而引起销路的堵塞。这种生产和需要之间、供和求之间的尖锐对立，是违背价值规律的必然结果。

所以，重视价值的作用，就要改革现行的经济管理体制，在坚持计划经济的同时发展社会主义市场经济，造成一定的市场经济的条件，允许搞点竞争，利用价格对价值的一定背离，调节供求，使生产较好地适应社会的需要。正如恩格斯所说的："在一个进行交换的商品生产者的社会里，如果谁想把劳动时间决定价值这一点确立起来，而又禁止竞争用加压力于价格的办法，即一般说来是唯一可行的办法来确立这种价值的决定，那就不过是证明，至少在这方面，他采取了空想主义者惯有的轻视经济规律的态度。"① 因为，如果禁止竞争而用价格的升降把社会需求情况告诉生产者或生产单位，又希望生产者或生产单位把生产安排得适应社会需要，在社会分工和不同所有者存在的条件下，那简直是异想天开、痴人说梦。

社会主义市场经济既具有一般市场经济的共性，也有不同于一般市场经济的个性或特点。社会主义市场经济的特点在于：①它是以社会主义公有制为基础的不同公有者之间的经济关系，是根本利益一致基础上整体利益与局部利益、局部利益与局部利益以及个人利益与整体利益、局部利益和其他个人利益之间的矛盾，已经根本不同于资本家之间那样带有完全敌对性质的冲突；②它是以满足劳动者日益增长的物质和文化需为目的的，而不是像资本主义市场经济那样是以实现和追逐剩余价值为唯一的目的；③社会主义市场经济是在社会主义统一计划指导下进行的，而不是像在资本主义社会那样处于无政府状态；④社会主义市场竞争的手段是按市场需要组织生产，大力提高劳动生产率，而不是像资本家之间的竞争那样，唯

---

① 马克思，恩格斯. 马克思恩格斯全集：第 21 卷［M］. 北京：人民出版社，1972：215.

利是图，不择手段，乘人之危，乘机发财，以至指望不幸事件，指望荒年、大火灾等。所以，社会主义公有制条件下的市场经济，是社会主义性质的经济。过去，一提到市场经济，就不加分析地把它一概说成资本主义的东西。对于这种观点，现在看来应该加以摒弃。

在统一计划指导下，把社会主义市场经济搞起来，对社会主义经济的发展意义很大。

（1）能促使工农业企业按照社会需要安排生产，使"以产定销"的问题迅速而又合乎规律地得到解决。恩格斯在谈到市场竞争时曾经指出："竞争的实质是消费力对生产力的关系。"① 这就是说，在生产决定消费的前提下，消费对生产又有巨大的反作用，"因为消费创造出新的生产的需要……没有需要，就没有生产，而消费则把需要再生产出来"②。如果生产的东西不符合社会需求、卖不出去，生产就无法继续进行；如果被迫降价推销，生产费用不能全部得到补偿，生产就不能扩大。各个企业为了能在市场交换中处于有利的地位，能把所生产的商品顺利销售，他们一定会密切注视市场，按市场需要组织生产，随市场需求的变化而变化，抓紧生产供不应求的商品，避免生产供过于求的商品，并认真研究消费者新的需要。日本的企业称用户是"帝王"，这一方面反映了资本家实现和追逐剩余价值的目的，另一方面也反映了社会生产过程中消费对生产的反作用。有的同志说得好，生产市场产品而又不关心市场、不顾销路，无异于"自杀"。所以，改革现行物资部门、商业部门、供销部门对许多工农业产品的统一收购、统一调拨、统一销售的制度，按社会主义市场经济的要求，实行商业、供销部门选购和生产单位、生产者自销相结合的制度，那么，任何生产单位都会立即按需要组织生产，"以产定销"的状况就会扭转过来，以往用行政手段难以解决的问题将由于改用经济办法而迎刃而解。

（2）能使市场交换的买卖双方都比较满意，并保护各自的经济利益。恩格斯说："价值是生产费用对效用的关系。价值首先是用来解决某种物品是否应该生产的问题。只有在这个问题解决之后才谈得上运用价值进行交换的问题。如果两种物品的生产费用相等，那么效用就是决定它们比较价值的决定因素。"③ 生产费用的多少是由耗费的物化劳动和活劳动决定

---

① 马克思，恩格斯. 马克思恩格斯全集：第1卷 [M]. 北京：人民出版社，1972：615.

② 马克思，恩格斯. 马克思恩格斯全集：第2卷 [M]. 北京：人民出版社，1972：94.

③ 马克思，恩格斯. 马克思恩格斯全集：第1卷 [M]. 北京：人民出版社，1972：605.

的。而物品效用的大小又怎样决定？恩格斯说："竞争是唯一能比较客观地、似乎一般能决定物品效用大小的办法。"① 这就是说，两种物品尽管生产费用相等，但它们对社会的效用不同，从而供求状况不同，通过市场竞争会表现为不同的价格，这种价格对于买卖双方来说都是比较满意的，他们都会觉得自己的经济利益得到了保障，无论价格高于价值还是低于价值都是如此。如果违背价值规律的要求、排斥竞争，由某些部门控制产品的收购和销售，靠行政手段制定价格，买方或卖方被迫交换，就总有一方不满意，甚至双方都不满意，认为自己的经济利益受到损害。以往成都市的蔬菜经营就是一个例证。生产队按行政命令规定的渠道和价格送菜，国营蔬菜部门按规定的网点和价格收菜和卖菜，消费者只能在国营蔬菜店按规定的价格买菜，结果呢？国家赔本，生产队觉得吃亏，消费者也不满意。现在有些地方实行了产销直接见面，有了竞争，情况大变，蔬菜品种增加，质量提高，价格合理，买卖双方都比较满意了。这就表明，搞市场经济和竞争，是使买卖双方都比较满意并保证各自经济利益的切实可行的办法。

（3）能促使生产单位主动加强经济核算，自觉讲求经济效果。市场交换是在使用价值符合社会需要的前提下按商品的社会价值进行的。因此，在按市场需要安排生产的同时，努力降低商品生产上物化劳动和活劳动的消耗，使商品的个别价值低于社会价值，对生产单位的经济利益关系极大。所以，在扩大企业的权力、把经营状况同企业的经济利益联系起来以后，把企业的生产同市场联系起来，搞点竞争，就能促使企业大力挖掘潜力，加强科学研究，抓好职工技术培训，加强科学管理和民主管理，开展技术革新和技术革命等，以增加生产，提高质量，厉行节约，减少消耗，降低成本，增加利润，千方百计地争取以最小的劳动消耗取得最大的经济效果。否则，企业不讲经济核算，不计成本，不讲经济效果的状况还会继续下去，不但浪费它本身的劳动，还会把其他企业的有效劳动也变成无效劳动，给社会主义经济建设事业造成巨大的危害。

（4）能教会我们正确处理国家、企业、集体、个人四者的经济利益关系，充分调动各方面的建设社会主义的积极性。恩格斯在谈到私有制条件下的市场竞争时曾经指出："个人的利益要占有一切，社会的利益则是要

① 马克思，恩格斯. 马克思恩格斯全集：第1卷［M］. 北京：人民出版社，1972：605.

使每个人所占有的都相等。"① 在社会主义市场经济中，已经不存在个人利益要占有一切的情况，但是每个企业和劳动者仍然希望获得尽可能大的经济利益，而市场竞争则使他们只能得到应得的份额。因为价值规律的作用，要求对企业有利的，首先就得对社会有利；对社会不利的，对企业也不利。价值规律的贯彻，能使国家的、企业的、集体的、个人的利益得到正确的结合和合理的调整，从而把各方面的积极性充分调动起来。如果不搞市场经济，排斥竞争，用行政方法进行产品调拨和统购包销，用违背价值规律要求的办法制定价格，必然使那些盲目生产不对路、不合规格的产品的企业，不但经济利益不受损失，反而可能得到好处；还会使一些企业的经济利益被一些企业无偿占有，占有者会感到不需要努力就可以坐享其成；而被占有者会感到加倍努力仍然劳而不获。这样，就破坏了各方面经济利益关系的正确结合，就会挫伤各方面的积极性，到头来，国家、企业、集体、个人的利益都会受到损害。

毛泽东同志指出："价值规律是一个伟大的学校，只有利用它，才有可能教会我们几千万干部和几万万人民，才有可能建设我们的社会主义和共产主义。否则一切都不可能。"可见，把社会主义计划经济同社会主义市场经济结合起来，重视价值规律的作用是多么重要！

三、社会主义计划经济和社会主义市场经济的相互关系

社会主义公有制的特点，既决定了要坚持社会主义计划经济，又决定了必须搞社会主义市场经济。社会主义全民所有制企业和集体所有制企业，既要坚持生产国家计划产品，又要根据市场需要生产市场产品。在这种情况下，社会主义计划经济和市场经济这两个领域如何划分？可不可以将关系国家经济命脉作为一个界限？答案是肯定的——凡关系国家经济命脉的，如国民经济的基本比例关系、国家重点项目的建设、人民生活的最基本的需要，主要根据有计划按比例发展规律的要求，通过国家计划把生产同需要在一定程度上直接联系起来，保证全体劳动者的根本利益；属于国家计划之外的，在计划指导下运用市场，发挥价值规律的调节作用，把生产同需要间接地联系起来。不管是计划经济领域还是市场经济领域，都服从社会主义基本经济规律的要求，即高速地发展社会主义生产，以满足

---

① 马克思，恩格斯. 马克思恩格斯全集：第 1 卷 [M]. 北京：人民出版社，1972：613.

劳动者的物质和文化需要。

社会主义计划经济和市场经济虽然可以在一定意义上划分为两个领域，但社会主义经济毕竟是一个互相联系的整体，社会主义计划经济毕竟不同于共产主义社会那种计划经济，即市场经济已经消亡的计划经济；社会主义经济毕竟不同于资本主义社会那种无政府状态的市场经济。所以，社会主义计划经济和市场经济的因素又是互相渗透的，即在计划经济中有商品交换这种市场因素，在市场经济中又有在计划指导下进行这种计划因素。而社会主义基本经济规律、有计划按比例发展规律、价值规律等经济规律，对社会主义计划经济领域和市场经济领域都共同地起着作用。只有按照社会主义经济中一系列客观经济规律办事，才能达到我们预期的目的；违背这些经济规律的要求或违背其中某一个经济规律的要求，都必定受到客观规律的惩罚。有的同志把有计划按比例发展规律和价值规律的关系，说成第一与第二的关系、人和工具的关系、一个从正面起作用一个从反面起作用的关系。这种观点，在理论上和实践上未必是妥当的。有的同志说，不重视有计划按比例发展规律，就是否定社会主义公有制。但是，还必须补充说明，不重视价值规律的作用，不按价值规律办事，同样是否定社会主义公有制。难道近三十年来的实践，不是从正反两个方面一再证明了这一点吗？！因此，社会主义计划经济和社会主义市场经济在一定意义上又是不可分割的。可以说，社会主义经济就是计划指导下的市场经济、市场基础上的计划经济。所以，我们在计划经济领域中，要重视有计划按比例发展规律的作用，而且要重视价值规律的作用。只有这样，才能保证国家计划的正确制订和顺利实现。而在市场经济领域中，要坚持计划指导，自觉地运用价值规律的调节作用，如向生产单位提供社会需求情况，运用价格、税收、信贷等工具指导生产，调节生产和需求之间的平衡，避免盲目生产给社会主义经济造成损失和浪费。这样，社会主义计划经济和市场经济是否还存在矛盾呢？肯定存在矛盾，而且很有可能发展为生产市场产品而冲击国家计划产品生产的问题，这是整体利益同局部利益的矛盾的反映，只要坚持国家计划产品以经济合同作保证，又搞好经济立法，成立经济法院，发生问题依法制裁，而且对不按时、按质、按量等交付国家计划产品而造成损失者要求其负经济责任，赔偿经济损失。这样即使出现问题也是可以解决的。

总之，在统一计划指导下，把社会主义计划经济同市场经济结合起来，是社会主义公有制的特点所决定的。只有结合，才能进一步完善社会主义生产关系，正确协调各方面的经济利益，充分发挥社会主义制度的优越性，充分调动各方面的积极性，把社会主义经济搞得"活而不乱，管而不死"，促进社会主义生产力的迅速发展，加快实现社会主义四个现代化的步伐。

社会主义经济发展的客观要求

——谈谈社会主义计划经济和市场经济结合的客观必然性

本文原载于 1979 年 3 月 13 日《四川日报》

随着党的工作重点的转移，从经济理论上探讨社会主义计划经济同市场经济的结合问题，对于在社会主义经济建设中进行经济体制改革，具有十分重大的意义。

在社会生产过程中，生产同需要总是有着一定的联系。但是，由于生产资料所有制形式不同，生产同需要联系的方式也就不同。在社会分工和私有制存在的条件下，生产同需要的联系是通过商品生产和商品交换来实现的，也就是通过市场活动来实现的。在未来的共产主义公有制条件下，生产同需要是直接联系着的，人们能够自觉地有计划地根据社会需要直接组织生产和进行产品分配，不再通过商品交换这一迂回曲折的途径。资本主义经济是高度发展的市场经济，而共产主义经济则是高度发展的计划经济，在这两种根本不同的所有制条件下，都不存在计划经济同市场经济的结合问题。

社会主义生产关系的基础是生产资料的社会主义公有制，社会主义生产的目的是满足社会的需要，社会主义生产关系使社会主义经济有计划按比例发展成为可能。这是社会主义经济同资本主义经济的根本区别，是社会主义生产关系优越性的表现。

同时，我们还必须看到，社会主义社会和共产主义社会是发展成熟程度不同的两个阶段，社会主义公有制和共产主义公有制是有区别的。而且，我国目前还处于不发达的社会主义阶段，社会生产力水平不高，生产资料所有制还存在全民所有制和集体所有制两种形式，社会主义公有制还很不完善。在社会主义集体所有制中，生产单位对生产资料具有完全的所有权，它在经营管理、计划安排、生产资料和劳动力的调配和使用、收益分配等方面享有自主权，以保证在生产、交换、分配、消费等环节实现该集体的经济利益。那种把社会主义集体所有制同社会主义全民所有制甚至同共产主义全民所有制相混淆，对集体所有的生产资料和劳动力无偿调用，对集体经济的生产计划、经营管理横加干涉，对集体的劳动成果无偿占有等，都是由于在理论上的含混不清，以致严重侵犯集体所有制、侵犯生产队自主权的错误行为。

就是在我国现阶段的全民所有制企业里，生产资料虽然属于全体劳动人民所有，但企业也具有相对的独立性，有着经营管理自主权和部分收入的支配权。这部分收入是由企业基金提成形成的，是社会主义物质利益原则所决定的。只有把企业的经济利益同企业的经营状况紧密联系起来，才能调动企业和广大职工的积极性。这就决定了全民所有制企业要把产品作为商品来生产，并同其他全民所有制企业、同集体所有制生产单位、同劳动者个人之间，按等价交换的原则进行商品交换。这些年来，在这个问题上，我们有过深刻的教训。由于不承认现阶段社会主义全民所有制的客观实际情况，不尊重客观经济规律，不给全民所有制企业自主权，不实行严格的经济核算，不讲求经济效果，不重视物质利益，不承认全民所有制企业之间的商品交换关系，不按价值规律的要求调拨产品，企业的经营状况同职工的物质利益毫无联系，严重影响了社会主义经济建设的发展，不利于加快四个现代化的步伐。

再从我国现阶段实行的各尽所能、按劳分配的社会主义原则来看，它是通过商品、货币来实现的。劳动者以所得的货币收入同国营企业、集体经济和其他的劳动者的商品进行交换中，同样要求等价交换，以实现自己的经济利益。

至于目前农村人民公社社员还保留着少量自留地和家庭副业，这是社会主义经济必要的补充，社员将这部分产品作为商品在市场进行交换时也要求等价交换，以实现自己的经济利益。

社会主义公有制的上述特点说明，全体劳动者在根本利益上的一致性，使生产同需要的直接联系成为可能，这就决定了社会主义计划经济存在的必然性；同时，又由于在社会主义公有制条件下，还存在国家、企业、集体、个人之间，企业与企业之间，集体与集体之间，个人与个人之间经济利益上的矛盾，要求在交换中采取商品形式，进行等价交换，这就决定了社会主义市场经济存在的必然性。因此，在国家计划指导下，把社会主义计划经济同社会主义市场经济结合起来，是社会主义公有制的性质所决定的。

但是，过去林彪、"四人帮"极"左"路线的干扰破坏，加之我们缺乏经验，以致在经济管理体制上权力过于集中，管得过死，造成有的物资产销脱节，阻碍了生产的发展和人民生活水平的提高。总结多年的经验教训，并借鉴其他社会主义国家的一些成功经验，我们认识到，在国家计划指导下，社会主义计划经济必须同市场经济结合起来，这是社会主义经济发展的客观要求和正确途径。把社会主义公有制同资本主义私有制混淆起来，否认社会主义计划经济是错误的；把社会主义公有制同共产主义公有制混淆起来，否认社会主义市场经济，同样是不妥当的。其结果都会影响或束缚社会生产力的发展。

社会主义市场经济具有一般市场经济的共性，即在社会分工和不同所有者存在的条件下，生产同需要的联系是通过市场、商品交换、货币、价格、竞争，由价值规律的调节作用来实现的。但是，社会主义市场经济又有自己的特点，它是以社会主义公有制为前提，在根本利益一致基础上整体利益与局部利益、局部利益与局部利益之间的经济关系，已经根本不同于私有制条件下商品生产者之间那种"带有完全敌对性质"的冲突。发展市场经济的目的是满足劳动群众的需要，而不是像资本主义那样追逐和实现剩余价值；它是在社会主义国家统一计划指导下进行的，而不是像资本主义经济那样处于无政府状态；在这里作为商品交换的只是一部分产品，而不是像资本主义社会那样包罗一切；在这里竞争的目的是更好地按市场需要组织生产，更快地提高劳动生产率，争取以最小的劳动消耗取得最大的经济效果，而不是像资本家之间那样，唯利是图，损人利己，乘人之危，趁机发财。所以，社会主义市场经济是社会主义性质的，不能把它同资本主义经济混为一谈。

在国家计划指导下，把社会主义计划经济同市场经济结合起来，有利于进一步完善社会主义生产关系，正确处理各方面的经济利益关系，把社会主义经济搞活，以促进社会生产力发展，加快四个现代化的实现。

把计划调节和市场调节结合起来

本文原载于 1979 年 11 月 14 日《四川日报》

我省在扩大企业自主权的试点中，给了试点单位这样一个权力：在全面完成国家计划之后，可以买料和换料加工，可以接受来料加工，也可以自销商业、物资部门不收购的产品。实行这种办法，当然还只是经济管理体制上的小改小革，但仅从这一初步改革的实际效果也可以看出，在国民经济管理上，实行计划调节和市场调节相结合的方针，其好处是很多的。

首先，企业进入市场，产销见面，能较好地解决生产与需要的矛盾，弥补国家计划之不足。过去，产销不能直接见面，企业生产指标由国家计划安排，产品由上级统一调拨或包销。尽管计划规定的产品品种、规格、数量等不符合社会的实际需要，但是企业也只能按计划生产。即使生产的产品已经大量积压，未计划安排的产品又早已脱销，企业也无能为力。现在，试点企业突破了这种限制，有权直接进入市场与消费者见面，根据市场需求来安排一部分生产，情况就发生了显著的变化。有些产品原来积压较多，商业部门又拒绝收购，企业便主动将产品结构作适当调整，不仅把积压的产品全部卖光，还接到大批新的订货。有些产品过去是质量老提不高，企业在市场上了解了用户的需要，便可以在产品升级换代上下功夫，创造出受用户欢迎的新产品。这些事实充分说明，企业有权根据市场需要来安排一部分生产，这就弥补了计划上的不足之处，使社会生产与社会需要之间的矛盾得到了较好的解决。

其次，企业通过市场"找米下锅"，有效地解决了原材料的实际需要和计划供应之间的矛盾，促进了生产的发展。以往，企业生产所需的原材料全部按计划供应，供应得多就多生产，供应得少就少生产，企业没有一点机动余地。扩大自主权之后，一些原材料供应不足的企业可以通过市场，买料、换料和来料加工，就扭转了原材料不足的局面，由生产任务"吃不饱"变为"吃不了"。这就弥补了计划供应上的缺陷，改变了一些企业需用的原材料不足，而另一些企业的原材料又长期积压的状况，既促进了生产的发展，又满足了使用单位的需要。

最后，产品直接进入市场，接受市场的考验，能促使企业主动提高产品质量，增强竞争能力。以往，企业脱离市场，又缺乏物质利益的推动，即使技术落后、管理混乱，产品的个别价值大大高于社会价值，企业也安于现状，不求改进，产品质量低、生产成本高的问题长期得不到解决。现在，企业进入市场，产品要受用户的检验，又与同类企业处于相互比较的地位，本企业商品的个别价值与社会价值的矛盾尖锐地摆在企业领导和职工的面前。他们要使自己的产品物美价廉，在市场上有竞争能力，就必须改进技术，改善经营管理，挖掘企业的潜力，减少消耗，降低成本，努力把个别价值降到社会价值之下。所以，试点企业普遍加快了技术改造的步伐，初步形成了自觉讲节约、堵漏洞的风气，建立和健全了全厂、车间、班组的经济核算制度，努力做到既增产又节约，创造出更多的利润。

在社会主义经济管理中，把计划调节与市场调节结合起来，这不是出于什么人的主观愿望，而是由社会主义经济的本质所决定的。社会主义经济是建立在生产资料公有制基础上的计划经济，同时，它又是社会主义的商品经济。因而，国民经济有计划按比例发展的规律，必然是社会生产的主要调节者，与此同时，价值规律也就必然在社会生产中起调节作用。所以，我们在经济工作中，就要按客观规律办事，把计划调节和市场调节结合起来。我省试点企业在这方面迈出了第一步，其可贵之处就在于它以社会实践检验了计划调节和市场调节相结合这个理论的正确性，证明了二者结合是符合社会主义经济规律、能推动社会主义经济迅速发展的正确方针。

把计划调节同市场调节结合起来，市场调节会不会冲击国家计划呢？不会。新中国成立以来的实践证明，当我们把计划调节同市场调节结合起来的时候，国家计划并没有受到冲击；相反，有时片面强调计划调节而否定市场调节，国家计划反而受到了严重的冲击（或者说受到了客观规律的惩罚）。当然，在二者的结合中，相互之间不可能没有一点矛盾，但这种矛盾能够妥善处理，使之不致于发展到冲击国家计划的地步。因为，我们要实行的市场调节，是同计划调节紧密结合，并在计划指导下进行的，这就是说，我们首先要用严密的计划来调节国民经济各方面的比例关系，规定国民经济的发展方向，使社会主义的各部门不致于陷入无政府状态。在这个前提下，我们又给予企业以必要的自主权，使它们同市场保持联系，主动按照市场需求及其变化情况进行生产和经营，把社会主义经济搞活。所以，只要坚持计划调节与市场调节相结合，冲击国家计划的问题，就是可以避免的。况且，国家可以而且应当运用价格、税收、信贷、投资、物资供应、利润等经济手段，去影响企业的经济利益，调节它们的经济活动，把它们纳入计划发展的轨道。

对市场调节的计划指导问题

本文原载于《经济与管理研究》1981 年第 1 期

一、在充分发挥市场调节作用的基础上加强计划指导

在社会主义经济这个计划经济和商品经济的统一体中，计划经济和商品经济以及由此决定的计划调节和市场调节各自的地位和作用是什么呢？简单地说，计划经济是以商品经济为基础，商品经济是以计划经济为指导。计划调节是以市场调节为基础，市场调节是以计划调节为指导。社会主义经济生活中，计划调节和市场调节这种指导和基础的关系，有如社会主义政治生活中集中与民主的关系，集中是在民主基础上的集中，民主是集中指导下的民主。

在社会主义所有制条件下，各企业还是独立的或相对独立的商品生产者，存在着经济利益上的差别。在社会化生产中，它们之间的经济联系只能通过商品生产和商品交换来实现。如果否认企业是商品生产者，抹煞它们之间经济利益上的差别，企图过早地用共产主义高级阶段的产品调拨、分配关系来取代现阶段必然存在的商品交换关系，就必然把社会主义经济管死，挫伤企业和职工生产经营的主动性和积极性，造成生产与需要脱节，浪费劳动力和生产资料，阻碍社会生产力的发展。所以，社会主义经济一定要充分发挥市场调节的作用。

开展市场调节的实践已经初步证明，它对于搞活社会主义经济是十分必要的。

首先，开展市场调节，按需生产开始成为企业的实际行动。过去，企业完全按照国家下达的指令性计划进行生产，不问市场需要，产销脱节的现象十分严重。开展市场调节以后，企业除完成国家计划任务以外，有权根据市场需要生产。而且，生产是否符合市场需要同企业的经济利益的关系非常密切。因此，企业不仅积极按市场供求状况努力生产适销对路的产品，而且积极进行市场调查和市场预测，掌握市场需求的变化趋势，以便

使本企业的生产更好地同市场需要相适应。这样，生产和需要之间通过市场就建立起了密切的联系，而且有利于保持生产和需要之间的相对平衡。

其次，开展市场调节，从商品流转开始就朝经济合理的方向发展。过去以物资调拨、分配渠道代替商品流通渠道，按行政区划、行政层次对企业所需设备、原材料等实行统一分配，对企业生产的产品实行统一收购，对物资的流转实行统一调拨，搞得企业不是供应不足，就是严重积压，迂回运输、往返运输的现象更为突出，造成了社会劳动的巨大浪费，严重地影响了生产的发展。开展市场调节以后，生产资料和消费品按正常的商品流通渠道（如交易会、展销会、贸易中心等）流通了，计划上没有供应来源和销路的东西在市场上找到了，计划规定要远程供应和销售的问题就近解决了，过去要高价才能得到的问题在市场上低价就买到了，以往要层层申请、层层审批才能解决甚至仍然不能解决的问题在市场上方便而灵活地解决了。这不仅大大节约了社会劳动，还为生产的发展和人民生活的改善创造了更为有利的条件。

最后，开展市场调节，使改进技术、改善经营管理成为企业的自觉要求。以往上级有关部门也号召企业要改进技术、改善经营管理，但由于企业既无内在的经济动力，又无外部的市场压力，所以往往是推推动动，不推不动，搞形式、走过场，收效甚微。扩大了企业自主权，开展市场调节以后，企业产品品种、质量、价格、服务质量等在市场上展开了竞争，内在的动力、市场的压力促使企业不得不主动积极地改进技术、提高管理水平，以增加品种，提高产品质量，增加生产，减少消耗，降低成本，改进服务态度。这样，不仅能使生产更适应社会消费的需要，而且大大促进了社会生产力的发展。

开展市场调节对于搞活社会主义经济的积极作用是很明显的。虽然它不可避免地会存在一定的自发性、盲目性，会给社会带来一定的损失和浪费，但是，无论如何，它总比否认社会主义经济是商品经济，排斥市场调节，搞中央集权式的计划管理，对社会劳动所造成的损失小得多，对社会生产力发展的促进作用大得多。所以，如果看到市场调节的某些弊病就大惊小怪，想取消它，走回头路，显然是不妥当的。

那么，是不是说可以对市场调节的某些弊病听之任之、放任自流呢？不能！一定要在充分发挥市场调节作用的基础上，加强计划指导。因为：

第一，社会主义生产是社会化大生产，各生产部门、地区、企业之间存在着非常复杂的分工和协作的关系。社会需要既有质的要求又有量的规定。社会需要的比例性，要求各部门、企业按比例地分配社会劳动。市场调节通过市场供求关系来调节生产，是各企业出于自身经济利益的考虑自发地进行的，建立的生产与需要的平衡是相对的动摇不定的平衡。只有对市场调节加强计划指导，自觉地保持社会化大生产所要求的比例关系，才能在生产和需要之间建立起一个较为稳定的平衡，保证社会主义经济稳定地持续地迅速发展。

第二，社会主义经济中，各企业之间虽然存在经济利益的差别，但是根本经济利益是一致的。在市场调节中，企业为追求自身的经济利益而进行的经济活动，在多数情况下与社会整体利益是一致的，但是在某些情况下也会与社会整体利益发生矛盾，损害整体利益或损害局部利益。由于根本经济利益的一致，任何一方的经济利益受到损害，都会损害全社会劳动者的根本经济利益。所以，只有对市场调节加强计划指导，才能使企业在市场调节中所进行的经济活动，如投资、转产、缩减某项生产等重大经济决策，同社会整体利益尽可能协调起来，共同增长。

第三，社会主义生产是以充分满足全体劳动者日益增长的物质和文化生活需要为目的的。它要求尽可能充分地利用人力、物力和财力资源，迅速地发展生产。市场调节的自发性不可避免地会带来一些生产资料和劳动力的浪费。只有加强对市场调节的计划指导，才能更充分利用社会人力和物力资源，加速社会主义生产的发展，更好地实现社会主义生产目的。

计划调节和市场调节结合的过程，也就是在充分发挥市场调节的作用基础上加强计划指导的过程，自觉地、有计划地利用市场并以计划性不断克服市场自发性的过程。社会主义经济就是在计划性和自发性的矛盾运动中向前发展。

二、对市场调节加强计划指导的途径

对市场调节怎样加强计划指导是一个十分复杂的问题，现在就以下几个方面谈点想法。

第一，了解和掌握市场需要是正确进行计划指导的根本前提。

社会主义经济在客观上是有计划的商品经济。这种客观必然性要通过人们的自觉活动才可能变成现实。对市场调节进行计划指导的过程就是将必然性变为现实性的过程。但是，由于社会主义经济的计划性质与我们对市场调节进行指导时所依据的计划不是一个东西，而是两个不同的东西，前者是客观的必然，后者是意识形态，是对客观实际的反映。正确地反映客观实际的计划才可能实施正确的指导，否则就可能是错误的指导；正确的计划指导有利于克服市场调节的某种盲目性，更好地建立社会生产和社会需要的平衡，而错误的指导不但无助于克服市场调节的某些盲目性，而且会加剧这种盲目性，甚至导致社会生产与社会需要的比例关系的破裂。所以，了解和掌握市场需要，使计划正确地反映客观实际，符合有计划按比例发展规律的要求，是正确进行计划指导的前提条件。

目前，我们对市场调节的计划指导还显得十分薄弱，许多商品还存在卖不掉才知其过多、排长队抢购才知其过少的状况。但是，这种状况是完全可以改变的。发达的资本主义国家尚且能掌握许多商品的市场状况及其发展趋势，我们是社会主义国家当然也可以办到，而且会办得更好。因为在社会主义经济中，积累和消费等主要比例关系是由国家计划安排的，主要产品的生产量和销售量有比较准确的统计资料，生产结构上哪些是"长线"，长到什么程度，哪些是"短线"，短到什么程度，现实消费水平条件下消费构成情况，消费水平提高后消费结构的变化趋势等，是可以通过调查研究加以掌握的。社会主义经济不仅存在有计划发展的可能性，而且确实存在把这种可能性变为现实性的优越条件。问题是以往的计划工作没有很好地把建立社会生产和社会需要的平衡作为自己的根本任务，而是"计划在先，需要在后"。这使得我们现在还不善于了解和掌握市场需要，不会搞市场调查，更不会搞市场预测。因为对市场需要及其变化趋势心中无数，所以无法对市场调节进行计划指导。只要我们从调查研究着手，从客观实际出发，实事求是地研究市场需要及其变化趋势，我们就能够避免"瞎指挥"，正确实施计划指导。

第二，由国家计划机关统一指导是计划指导的中心环节。

在社会主义经济中，市场调节是通过全国统一市场对生产和流通的调节，计划指导的市场是全国的不可分割的统一市场。由于我国幅员辽阔，资源分布不平衡，经济发展不平衡，为了加速各地区、各部门经济的发展，促进各自的优势的发展，必须打破封锁，保护竞争，加强地区和部门之间的经济联系，这就要求充分发挥全国统一市场的调节作用。那种搞地区割据，画地为牢，分裂全国统一市场的想法和做法，是小生产者的自然经济思想的反映，与社会化大生产的要求是很不适应的。一些发达的资本主义国家尚且能适应社会化大生产的要求，几个国家组成共同市场，我们怎么能在一个国家之内搞地区壁垒而孤立地经营自己的小天地呢？与全国统一市场相适应，对市场调节的计划指导就应该由国家计划机关根据统一计划进行指导。只有这样，为满足市场需要，什么生产应当大力发展，什么生产应当适当缩减，什么生产应当大体稳定，才能有一个明确的态度，才能对市场调节实行有效的指导。

对于现在的计划管理，部门有部门的计划，地区有地区的计划。这些计划对于建立生产与需要的平衡虽然有许多积极的作用，但是对全国统一计划的实现却存在某些不良影响，如有的地区用损害全国统一的计划平衡来建立地区内部的平衡，有的部门、地区为建立自己的平衡各自为政，导致全社会重复投资、重复建设、重复生产等。因此，应该让企业同部门、地区脱钩，使之真正以一个商品生产者出现在全国统一市场上。现行的各个工业部门可作为国家统一计划机关的一个部门，专门从事某类商品的调查研究，预测市场变化，制定发展规划等，作为计划指导的依据。地区则不干预企业的经济活动。这样，由国家计划机关根据统一计划，对全国统一市场进行指导，将更有利于促进国民经济有计划按比例地发展。因为随着社会主义商品经济和专业化协作的发展，企业性的专业公司、联合公司的建立，各种类型的公司的计划将成为国家计划的坚实基础，各公司之间、企业之间的经济合同又是计划的必然补充，国家计划机关就能更有效地对市场调节进行指导，而计划的实现就会有更为可靠的保证。

第三，综合运用各种经济办法是计划指导的主要手段。

对市场调节进行计划指导，采用某些行政手段是必然的。尤其在目前经济调整和改革过程中，对某些供不应求、市场紧缺的商品，既不能轻易提价，又要求增加生产和供应，采用某些行政手段是很重要的。今后，在某些特殊情况下，行政手段也是不可避免的。在计划指导中，采取向企业下达具有指令性、强制性计划的办法，目前和今后对某些关系国计民生的重要产品来说，在生产不能满足需要的情况下，也是完全必要的。但是，由于社会主义企业毕竟是有自身局部经济利益的商品生产者，虽然在采取行政手段时，在下达指令性计划中，也考虑了企业自身的经济利益，但是，作为商品生产者更乐于接受经济办法的指导。因此，经济办法是计划指导的主要手段。

价格、税收、信贷等经济办法，本质上是调整国家与企业、企业与企业、生产者与消费者的经济利益，采取这些影响企业经济利益的手段，目的是把各企业的生产和经营活动纳入有计划按比例发展的轨道。因此，为了促进或限制某项商品生产的发展，鼓励或阻止对某项生产的投资，迫使生产某种商品的一些后进企业转产，就要全面考虑、综合运用某种或某几种经济手段。物价、税收、银行等部门要统一安排，坚决执行，决不能各自为政、各行其是。如果你提高价格，促进其发展，我增加税收，限制其发展；你放宽信贷鼓励投资，我压低价格，限制其投资，弄得企业左右为难，无所适从，那么这些经济办法对市场调节就失去了计划指导的作用。

各项经济办法中，价格是最重要而又最灵活的办法。在以私有制为基础的商品经济中，价格的自发涨落是市场供求的自动调节器。在社会主义经济中，对国家计划内的商品，可以把计划价格作为计划调节器；对国家计划外的商品，浮动价格可以作为有计划加以控制的调节器；对小商品和小宗农副产品可以让自由价格发挥自动调节器的作用。目前不少商品的价格很不合理，影响着国民经济按比例发展，必须对物价管理体制进行改革，在稳定市场物价总水平的条件下对不合理的价格进行调整，以适应对市场调节进行计划指导的需要。当前，正确运用价格这个经济手段，还能够促进国民经济比例关系的调整，使我国经济更快地走上按比例发展的道路。

第四，健全经济立法和加强经济司法是实现计划指导的基本条件。

对市场调节进行计划指导的一切手段要真正发挥作用，达到预期的目的，没有健全的经济立法和有力的经济司法，肯定是不行的。目前，随意建厂，任意投资，随意涨价，变相涨价，以次充好，以劣充优，克扣斤两，缺尺短寸，乱挤成本，偷税漏税，任意撕毁合同，中断合同规定的供销关系等现象不断发生，有的相当普遍、相当严重。对于这些问题如果不用调整社会经济关系的经济法规加以约束，正常的社会经济秩序就将受到严重破坏，对市场调节进行计划指导的一切手段必将失去效力。所以，当前要迅速建立和健全工厂法、计划法、合同法、价格法、税收法等经济立法，加强经济司法，使建厂、转产、计划、合同、价格等有章可循、有法可依，建立起正常的社会经济秩序。这样，计划指导才有最基本的经济条件，计划指导的一切手段才能发挥应有的作用。

总之，只要我们把握社会主义经济是有计划的商品经济这个本质特征，如赵紫阳同志指出的那样，把社会主义制度同商品经济统一起来，把计划指导和运用市场机制结合起来，我们就能够做到既有高度统一的计划指导，又有千百万个企业充满生机地发展，走出一条中国式的加速发展社会主义经济的道路。

（本文最先系四川省经济学会首届年会（1980 年 8 月于成都）的大会发言，后由四川省经济学会收入《经济体制改革论文选》（1980 年 11 月内部发行），再由《经济与管理研究》杂志（1981 年第 1 期，第 23～27 页）公开发表。）

论价格调节的形式问题

本文原载于《价格问题探索》1982 年第 3 期

党的十一届六中全会《关于建国以来党的若干历史问题的决议》（以下简称《决议》）指出："必须在公有制基础上实行计划经济，同时发挥市场调节的辅助作用。"为了深入理解和正确贯彻《决议》精神，探讨在社会主义制度下价值规律通过市场价格进行调节的形式问题，以保证社会经济对准社会主义生产目的有计划按比例而又生机勃勃地迅速发展，具有十分重要的意义。

价格调节也就是价值规律的调节或市场调节。长期以来，都不同程度地存在着社会主义国民经济有计划按比例发展规律通过国家计划进行的调节与价值规律通过市场价格实现的调节彼此对立、相互排斥的观点。有的强调计划调节，认为价值规律通过价格实现的调节就是与计划性相反的自发性，因而主张排斥价格调节。有的强调价格调节，认为以计划调节为主，加强计划指导，就违背价值规律的要求，于是就否认国家计划调节。这些观点是很值得研究的。到底什么是价值规律？价值规律通过价格实现的调节是否只能是自发的作用，不能为人们自觉地运用？我国现阶段自觉运用价值规律，价格调节应该采取哪些形式？采用这些形式的好处是什么？本文想就这些问题谈一点初步的看法。

一

任何社会生产，不管其社会形式如何，生产总要同需要相适应，建立起社会生产与社会需要的平衡。在社会分工和生产资料属于不同所有者的条件下，必然存在商品生产和商品交换，价值规律也就必然在建立社会生产与社会需要的平衡中发挥其应有的调节作用。

所谓价值规律，就是商品的生产和商品交换都必须符合由生产商品的社会必要劳动时间所决定的商品的社会价值的规律。它的基本内容是：第一，生产商品的社会必要劳动时间决定商品的价值。这就是说，生产商品的抽象劳动形成价值，生产商品的抽象劳动时间量决定商品的价值量，决定商品社会价值的不是个别劳动时间，而是社会必要劳动时间。社会必要劳动时间是商品价值的实体，价值是商品生产条件下社会必要劳动时间的社会形式。第二，商品价值决定商品交换比例。商品交换首先表现为一种使用价值和另一种使用价值相交换的数量上的关系或比例。这种比例，不是由商品的使用价值或效用决定的，而是由于它们都是无差别的人类劳动的产品。这种凝结在商品中的无差别的人类劳动，就是商品价值。在货币产生之后，价值决定商品交换比例就表现为价值决定商品价格。在商品交换中，尽管价格经常高于或低于价值，但等量价值同等量价值相交换，仍然是不以人们意志为转移的必然趋势。所以，马克思说："商品交换的内在规律是等价交换。"[1] 列宁说："价格是价值规律的表现。价值是价格的规律，即价格现象的概括表现。"[2]

价值规律上述两个方面的内容，是既相区别又相联系的。二者的区别在于：价值决定是商品生产过程中的规律性，即个别劳动时间所形成的个别价值转化为社会必要劳动时间所形成的社会价值的必然性；价格决定是商品交换过程中的规律性，即按照社会必要劳动时间所形成的价值量进行交换或定价的必然性。二者的联系在于：商品价值决定是商品价格决定的基础，没有商品价值的决定，就没有价格决定；而价格决定则是商品价值在商品交换中的贯彻和表现。如像物体的浮力要在水中才能得到表现一样，商品价值也只能在商品交换过程中才成为现实。更为重要的是，价格不仅消极地被动地反映价值，影响价值的实现，还会影响商品价值量的变化。例如，社会需要增大或减少既强烈又持久，从而引起价格较大幅度和持久地上涨或下降时，就会影响商品生产过程中生产规模的扩大或缩减，引起生产这种商品的部门内部所投入的劳动总量在优等、中等、劣等各个不同生产条件之间的分配比例，从而影响价值决定的易位，如单位商品的价值从原来由中位生产条件的劳动量决定，改而趋向由优位或劣位生产条件的劳动量决定。价格对商品价值量的影响，与社会必要劳动时间决定价值并不矛盾，因为价格仍然只是影响价值量变化的外部条件，而商品生产过程中社会必要劳动时间量的变化依然是决定商品价值量变化的内在原因。

① 马克思. 资本论：第1卷 [M]. 北京：人民出版社，1953：188.
② 列宁. 列宁全集：第20卷 [M]. 北京：人民出版社，1958：194.

在商品生产和商品交换中，价值规律正是通过由生产商品的社会必要劳动时间决定的价值来决定价格，并由价格决定供求；同时，由于社会需要强烈和持久地增大或减少，价值规律又通过供求对价格的影响来调节流通，并调节生产规模的扩大或缩减，从而在社会生产和社会需要之间建立起一个相对的平衡。所以，马克思说："商品生产的价值规律是商品平衡的自然规律。"①

价值规律对商品生产和商品交换的调节作用，在货币产生之后是通过商品的价格来贯彻和实现的。因而价值规律的调节就表现为价格的调节。价值规律通过价格而实现调节作用的经济过程，可以简要如图1所示。

供→供不应求→价格上升→盈利增加→生产扩大→供
求　　　　　　　　　　　　　　　　　　　　　　求
平　　　　　　　　　　　　　　　　　　　　　　平
衡←生产缩减←盈利减少←价格下降←供过于求←衡

图1　价值规律通过价格而实现调节作用的经济过程

价格在调节商品生产和流通的全过程中的作用表现为如下三点：

第一，发出经济信息。某种商品价格的上升，就等于向生产者发出经济信息，说明这种商品的生产和供给的数量不足，还可以扩大生产，增加供给；某种商品的价格下降，也就等于向生产者发出经济信息，说明这种商品的生产和供给已经过多，应该缩小生产规模。

第二，提供经济动力。当社会对某种商品的需要量强烈而又持久地增加或减少时，必须相应地扩大或减小生产规模，价格的上升或下降就为生产者扩大或缩小生产规模提供了经济动力。如果价格上升，原有的生产者的盈利就会增加，原有生产单位扩大生产或由其他生产部门转入这种商品的生产也有利，就会推动它们去扩大生产规模，以更多的商品投入市场。如果价格下降，生产者盈利就会减少，其中劣位生产条件的生产者还可能发生亏损，就会推动生产者缩减生产乃至一部分生产者转产，从而减少这种商品的市场供给。假如没有价格的变动作为经济动力，生产规模的扩大或缩减就将成为不可能，供过于求的状况如无人统购也许不致过分严重，但供不应求的状况则可能长期存在。

第三，调整经济利益。社会需要强烈而持久地增加或减少，通过价格上升或下降的变化，就调整了社会生产各部门的生产者和消费者的经济利

---

① 马克思. 资本论：第3卷 [M]. 北京：人民出版社，1953：209.

益。社会需要某种商品生产规模扩大，价格就上升，一开始是价格高于该商品的价值，随着生产规模的扩大，单位商品的价值量将从原来由中位生产条件的劳动量决定改而趋向由劣位生产条件的劳动量决定，上升了的价格与生产规模扩大后的商品价值仍然是相适应的。社会需要某种商品生产规模缩小，价格就下降，一开始是价格低于价值。正如马克思所说的："如果某种商品的产量超过了当时社会的需要，社会劳动时间的一部分就浪费掉了……这些商品必然要低于它们的市场价值出售，其中一部分甚至根本卖不出去。"① 随着生产规模的缩小，劣位生产条件的生产者转产，单位商品的价值量从原来由中位生产条件的劳动量决定改而趋向于由优位生产条件的劳动量决定，下降了的价格与生产规模缩小后的商品价值也仍然是相适应的。通过价格上升或下降而实现的生产者和消费者的经济利益的调整，社会生产与社会需要可以平衡，生产者之间、生产者与消费者之间的经济利益也得到平衡。

但是，我们必须看到，价格在自发地起调节作用的条件下有着固有的局限性：①价格的升降所发出的经济信息通常是迟缓的，因为价格的升降变化往往是在某些商品生产已经不足或已知太多的情况下才发出经济信息。这时社会某些需要已经不能满足或某些商品已经生产太多，生产资料和劳动力的浪费已经造成。②价格升降的幅度不能表明生产规模应当扩大或缩小的程度。价格上升 20%，并不说明生产规模应扩大 20%；价格下降20%，也不说明生产规模应缩减 20%。凭价格的升降来扩大或缩小生产规模，就不可避免地会出现生产规模仅扩大或缩小过头的状况，使社会生产与社会需要的平衡处于大起大落、摇摆不定的混乱之中。③市场价格可以因一时一地暂时的偶然因素引起供求关系的变化而波动，并不表明社会某种产品的生产规模应当扩大或缩小。如果以价格的一时变动作为安排生产的依据，就可能扩大供求矛盾，造成社会劳动的大浪费。所以，在商品生产存在条件下，否认价值规律的调节作用是不恰当的；但盲目崇拜价值规律的调节作用，也未必是正确的。

---

① 马克思. 资本论：第 3 卷 [M]. 北京：人民出版社，1953：209.

二

在人类社会几个不同的历史阶段所存在的商品生产中，价值规律都存在并通过价格实现调节作用，这是不以人们意志为转移的。但是，在不同类型的商品生产中，价值规律可以在人们不能认识和运用的情况下完全自发地发生作用，也可以在人们能够认识和运用的情况下发生作用。因为商品生产不是孤立存在的，总是与其他社会经济条件相联系的。斯大林说："决不能把商品生产看作是某种不依赖周围经济条件而独立自在的东西。"① 商品生产同资本主义经济条件相联系，便是资本主义商品生产。它同社会主义经济条件相联系，便是社会主义商品生产。由于商品生产性质不同，价值规律就可以有盲目地自发地起作用和被人们自觉地运用这样两种不同的状况。

我们知道，资本主义商品生产是以资本主义私有制为基础的，不仅劳动与资本的利益是根本对立的，就是资本家之间在经济利益上也"带有完全的敌对性质"，资本主义企业都是各自追逐最大限度利润，彼此尔虞我诈，损人利己，乘人之危，趁机发财。整个社会生产处于无政府状态之中，按比例分配社会劳动的必要性只能通过价值规律的盲目作用来实现。正如马克思说的："资产阶级社会的症结正是在于对生产自始就不存在有意识的社会调节。合理的东西和自然必需的东西都只是作为盲目起作用的平均数而实现。"② 于是，生产资料和劳动力的巨大浪费、生产过剩的经济危机便成了资本主义经济的必然伴侣。在社会主义公有制基础上，价值规律就不应该再是"自发的力量""盲目的规律"，而应该是在人们自觉运用的条件下发生作用。因为：劳动者共同占有生产资料，各个企业在根本经济利益上是一致的，为满足人民日益增长的物质和文化需要的生产目的是共同的，这就要求对整个社会生产进行有计划的调节。社会生产中按比例分配社会劳动的必要性可以通过国家计划来实现，即可以自觉地保持社会生产和社会需要的平衡。让价值规律完全盲目地起作用来调节社会劳动按比例分配，而造成生产资料和劳动力的巨大浪费，与劳动人民的根本利益和生产目的是不相容的。社会主义国家是全体人民的根本利益和社会整体利益的代表者，可以履行对社会生产进行计划调节的职能，并自觉地运用

① 斯大林. 苏联社会主义经济问题 [M]. 北京：人民出版社，1961：10-11.
② 马克思. 马克思恩格斯选集：第4卷 [M]. 北京：人民出版社，1975：369.

价值规律来为社会主义经济建设服务。

所以，在社会主义商品生产存在条件下，忽视或否认价值规律的调节作用，就是忽视或否认价值规律是商品生产的运动规律的普遍性。但是，如果以为社会主义商品生产中价值规律和以往的社会一样，都是完全自发地发生作用，就忽视或否认了价值规律的特殊性。必须既承认价值规律作用的普遍性，又承认价值规律作用的特殊性，才能自觉地正确地运用价值规律，使其发生作用的后果有利于而不是有害于社会主义经济的健康发展。

三

建立在社会主义生产资料公有制基础上的经济必然是计划经济，而在社会主义商品生产和商品交换存在并且还要大力发展的条件下，价值规律必然存在并发生作用，必须自觉运用价值规律通过市场价格所起的调节作用。在我国现阶段的社会主义经济中，价格调节应该采用哪些具体形式呢？大体可以采用下列几种形式：

一是国家计划直接调节，价格作为计划调节的辅助工具，即以所谓自觉调节的形式发挥作用。社会主义计划经济是通过社会主义国家制定和实行国民经济计划来贯彻和实现的。国民经济计划应当根据社会主义生产目的、社会生产和社会需要的状况、场供给和需求的状况等在综合平衡的基础上加以制订。其中与国计民生的关系十分密切的基本生产资料和基本消费资料有必要下达指令性计划，以保证国民经济有计划按比例地发展。为了协调社会整体利益与企业局部利益、企业局部利益之间的关系，在保证社会整体利益的前提下，应该兼顾企业局部利益，根据价值规律的要求，正确制定相对固定的价格，并适时地合理调整这些价格，使价格成为实现国家计划而不是与计划要求背道而驰的工具。

在这里，价值规律的调节作用仍然是客观存在的，只不过是以被社会主义国家自觉运用的形式发挥作用。因此，首先就要求国家计划是符合按比例发展规律要求的，而不是违背这个要求的；同时，管理计划和管理价格应当是统一安排、协调一致的，而不是彼此分离、各行其是的；再者，除特殊情况下社会整体利益与企业局部利益无法从价格上予以兼顾，对企业实行强制性的生产和供货以外，一般情况下，国家指令性计划范围内的商品价格应当兼顾社会整体利益与企业局部利益，即对社会整体有利的，对企业局部也应当是有利的。不能是对社会整体利益贡献越大，而企业本身越吃亏。一般说来，国家自觉规定的相对固定的价格要大体符合商品的价值。计划要求迅速增长的商品，过去的价格偏低而限制了它的发展的，应当适当提高其价格，以促进它的发展；计划要求缩小生产规模的商品，过去的价格偏高而促使它盲目发展的，应当适当降低其价格，以限制它的发展。这样，价格就能成为计划直接调节的有效的辅助工具。

二是国家计划通过各种经济手段实现间接的调节，价格作为计划调节的经济手段之一，在一定的限度内以所谓自动调节的形式发挥作用。除国家下达指令性计划的商品外，还有一部分商品的生产和流通，国家只下达指导性计划，通过财政、税收、信贷、价格等经济手段，把企业的经济活动纳入有计划按比例发展的轨道。在这个领域内，价格可以不是固定的，而是在一定限度内浮动的。如规定中准价，允许在一定幅度内上下浮动；或规定最高限价，允许向下自由浮动；或规定最低限价，允许向上自由浮动。通过价格的浮动来调节生产和流通，价格是起着自动调节的作用。但是，这种自动调节，已根本不同于无计划控制的那种自动调节，而是受着国家计划控制的自动调节。有如采用电子计算机控制的自动化设备那样，是处于社会主义国家计划的控制之下。因此，它与价格的自觉调节形式相比，仅在于国家计划调节经济有直接调节和间接调节这两种方式，因而价格有自觉调节和自动调节这两种形式，此外，在都受计划控制这一点上并无本质的区别。

在国家计划控制和指导下，发挥价格在一定程度上的自动调节作用，国家计划正确仍然是必要的前提；同时，计划、价格、财政、银行等部门密切配合，也是完全必要的；正确规定价格浮动的方向和幅度，也是必不可少的。此外，还有必要定期或不定期地发布各种经济信息，严格控制基本建设投资和企业的转产，把价格自动调节可能发生的盲目性缩小到最低限度，这样才可能使这部分商品的生产和流通真正符合计划的要求。

三是不由国家计划进行直接或间接的调节，而是在法令和政策允许的范围内，价格以自行调节的形式发挥作用。在这个领域内，价格是由买卖双方根据市场供求状况自由议定、自由波动。价值规律基本上自行发挥调节作用，国家只能在经济立法、经济政策上加以制约，或由国营企业进行一定的吞吐调剂，以保护生产者和消费者的利益。

价格调节的上述三种形式，都是处于国家计划指导之下的，也是把社会生产和流通划分为三个"板块"的，而每一个"板块"内部计划与市场因素又是互相渗透的。所以，上述价格调节形式所体现的计划与市场的关系，就是在国家计划指令下的多板块的相互渗透的关系。这就是我们所要实行的计划经济，即社会按照预定计划自觉管理下的国民经济，和我们所要发挥的市场调节的辅助作用。在国家计划指导和控制下，价格调节采用自觉调节、自动调节、自行调节三种形式，是适合现阶段社会主义经济发展的要求的。

首先，符合现阶段社会主义公有制的状况，有利于促进社会生产力的发展。

生产过程同人类所进行的各种活动一样，都是有一定的目的的，都有为实现目的所要求的计划。各经济单位内部的计划性是任何社会经济制度下都存在的。全社会范围的计划性则只存在于生产资料公有制的基础上，并且取决于生产资料公有制的状况：公有化范围越广，直接计划化的范围也越广；公有化程度越高，计划化的程度也越高。

在我国现阶段，社会主义公有制还不是生产资料所有制唯一的形式，除了占优势的公有制之外还有一定量的个体经济。在社会主义公有制范围内，还有全民所有制和集体所有制这两种形式。对个体经济不能实行直接的计划管理，这是不言而喻的。对集体经济也不能实行直接的计划管理，除了要求其必须完成国家征购和统购的任务以外，国家只能下达指导性、参考性的计划，通过各种经济手段加以引导，使它们的经济活动尽可能符合计划的要求。国家对全民所有制企业可以实行直接的计划管理，但基于全民所有制企业还存在着局部经济利益。为解决企业存在的"吃大锅饭"的问题，有必要分不同情况实行扩权、自负盈亏和利润留成制度，因此，国家下达的指令性计划指标也不宜过多。即使是下达指令性指标的产品，也要给企业以完成计划后有自行安排生产和自行销售的一定权力。这样，既符合生产资料社会主义公有制基础上根本利益一致所要求的经济的计划性，又符合现阶段生产资料所有制关系的具体状况所决定的计划化的程度，使全民所有制企业享有一定的必要的生产经营自主权。尊重集体所有制经济和个体经济的自主权，有利于充分调动全民所有制经济、集体所有制经济、个体经济主体的积极性、主动性和创造精神，促进社会生产力的发展。

其次，既符合社会主义计划经济的要求，又有利于企业蓬勃发展。

社会主义经济的基本特征是计划经济。这不仅要求对宏观的即关系国民经济全局的经济活动，如国民经济发展方向、主要比例、基本建设规模、投资方向、重大建设项目、人民生活提高幅度等，要通过国家中长期计划加以控制，而且对重要的微观的即生产关系国计民生的基本生产资料和基本消费资料的企业的经济活动，也必须通过国家下达指令性计划加以控制。否则，就不能保证经济有计划地协调发展。但是，社会需要是异常复杂的，适应社会需要而进行的生产资料和消费资料的生产也是异常复杂的。假若把为满足社会需要的一切产品的生产和流通统统纳入国家指令性计划，那样做，不仅现实的所有制关系不允许，而且是办不到的。采用三种价格调节形式，国家下达指令性计划和征购统购所控制的产品，将占社会总产品的主要部分，就有足够的经济力量有计划地控制整个国民经济，使之按计划发展。一般产品的生产和交换，是在国家计划指导下，赋予企业以必要的自主权，企业可以根据市场需要自行安排生产，在国家规定的浮动价格的浮动幅度内自行协商价格。这样，既保证了宏观经济的计划性，又保持了微观经济的灵活性，使整个社会主义经济做到"活而不乱，管而不死"。

最后，计划调节与市场调节既彼此分离又相互促进，有利于社会主义计划经济更健康地发展。

价格调节采用三种不同的形式，计划调节与市场调节在每一种形式中无疑都是相互渗透的。可是，每一种形式以何种调节为主，仍然是非常清楚的，自觉调节和自动调节形式都是以计划调节为主，只有自行调节是以市场调节为主。在以何种调节为主这个意义上，计划和市场是彼此分离的。当然，在实践中还应当有更明确更具体的界限，以避免二者的混淆。但是，计划和市场还存在相互促进的关系。以计划调节为主导，加强经济的计划控制和指导，正是为着纠正和克服市场价格调节的盲目性；市场调节则起着重要的不容忽视的辅助作用。①计划的制订要考虑市场的需求情况，要通过市场调查，预测人民消费水平提高后消费结构的变化，以决定消费资料和生产资料的生产计划；②要根据市场供求情况的变化，调整和校正国家计划中可能存在的不符合实际的东西；③要正确利用价格杠杆之类的市场调节工具，调动企业完成国家计划的积极性，以保证国家计划的顺利完成；④市场调节还是国家计划调节的必要补充。价格的自行调节、自动调节补充了国家计划之不足，是很明显的。就是国家下达指令性计划的产品，除完成国家计划任务外，企业可以根据市场需要进行生产和销售，这对国家计划也是一个十分重要的补充。既有国家计划调节的主导作用，又发挥市场调节的补充作用，社会主义生产与社会需要必然能紧密结合，相互协调，使社会主义经济更健康地发展。

坚持有中国特色的社会主义建设道路

本文原载于《财经科学》1983 年第 4 期

邓小平同志在《中国共产党第十二次全国代表大会开幕词》中指出："把马克思主义的普遍真理同我国的具体实际结合起来，走自己的路，建设有中国特色的社会主义，这就是我们总结长期历史经验得出的基本结论。"邓小平同志这一科学论断，是我国社会主义建设的一个根本指导思想，对于我国社会主义建设事业的顺利发展，具有十分重大的指导意义。

一

各国的社会主义革命和社会主义建设，都必须具有本国自己的特色，这首先是马克思主义的科学社会主义理论本身的一个基本要求。马克思和恩格斯指出了资本主义必将被社会主义所取代的历史趋势，阐明了社会主义基本经济制度的特征，如建立生产资料公有制，实行按劳分配等，揭示了实现社会主义的一般规律。但是，马克思主义从来没有要求各国无产阶级把实现社会主义的一般规律照搬照套，而是要求各国必须有本国自己的特色。恩格斯就曾经指出："从研究以前各种生产方式的基本条件出发，我们顶多只能断定：随着资本主义生产方式的倾覆，旧社会所特有的一定占有形式，就成为不可能了。甚至过渡的措施也是到处都必须适应当前存在的关系；这些措施在小土地所有制的国家里和在大土地所有制的国家里将大不相同。"[1] 列宁对恩格斯这一论述非常重视，曾经多次加以重申和引用，并且强调指出："世界上任何一个社会主义者也不否认，建设共产主义在大农业和小农业国是不同的。这是初步最起码的常识。"[2] 这里讲的在大农业和小农业国家里，社会主义建设，甚至从资本主义向社会主义过渡的措施，都会有很大的不同，不就是讲各国社会主义革命和社会主义建设

---

[1] 马克思，恩格斯. 马克思恩格斯选集：第 2 卷 [M]. 北京：人民出版社，1972：548.

[2] 列宁. 列宁选集：第 3 卷 [M]. 北京：人民出版社，1972：798-799.

都必须有本国自己的特色吗？

马克思、恩格斯强调各国的社会主义革命和建设必须有本国自己的特色，根本的是要求各国的社会主义革命和建设必须从本国的实际出发。马克思主义所阐明的科学社会主义理论，不是凭空想象出来的，而是从资本主义生产方式发展的实际出发，从资本主义制度的批判性的分析中所得出的科学结论。马克思还认为，历史的每一个发展阶段，都遇到一定的生产力和一定的生产关系，它们一方面"为新的一代所改变"，另一方面，"它们也预先规定新的一代的生活条件，使它得到一定的发展和具有特殊的性质"。各国社会主义建设的根本出发点是本国的具体实际，即所遇到的一定的生产力和一定的生产关系。而各国的具体实际是不同的，这就决定了各国社会主义建设必然具有"特殊的性质"，也就是说具有本国自己的特色。马克思、恩格斯还对不从本国实际出发，把科学社会主义理论当成万古不变的教条，或者把预先虚构出来的消除一切社会祸害的办法当成灵丹妙药的观点，进行了严厉的批驳，指出："再没有什么东西比这些预先虚构出来的适用于一切场合的'实际解决办法'更不切实际的了。"[1] 如果脱离本国实际，企图按照什么统一的固定不变的模式去进行社会主义革命和建设，反对有本国自己的特色，那么就如马克思说的："他的社会革命的基础是意志，而不是经济条件。"[2] 走有中国特色的社会主义建设道路，还是我国特殊的具体实际的要求。列宁当年在预见包括我国在内的东方国家的革命时，曾经指出："东方那些人口无比众多、社会情况无比复杂的国家，今后的革命无疑会比俄国的革命带有更多的特色。"[3] 列宁这一预见，已经为中国革命的实践所证实。但是，列宁的预见，不仅对我国革命来说是正确的，对我国社会主义建设来说，也是完全正确的。我国是东方国家中人口最多、社会情况十分复杂的国家，这种特殊的国情，决定了我国会比其他社会主义国家的社会主义建设带有更多的特色。

有中国特色的社会主义建设的道路，是我国社会主义事业巩固和发展的唯一正确的道路。我国已经进行三十多年的社会主义建设，虽然已经取得了巨大成就，但是在某些时期由于"左"的思想的影响，不顾我国的具体实际，生搬硬套马克思主义的某些个别原理，或者照抄外国某些社会主

---

① 马克思，恩格斯.马克思恩格斯选集：第2卷［M］.北京：人民出版社，1972：550.
② 马克思，恩格斯.马克思恩格斯选集：第2卷［M］.北京：人民出版社，1972：636.
③ 列宁.列宁选集：第4卷［M］.北京：人民出版社，1972：690.

义模式，给社会主义建设事业带来了巨大的损失。党的十一届三中全会以后不久，邓小平同志就指出："过去搞民主革命，要适合中国情况，走毛泽东同志开辟的农村包围城市的道路。现在搞建设，也要适合中国情况，走出一条中国式的现代化道路。"从此，我们党坚持从中国实际出发，努力探索和创造有中国特色的社会主义建设道路，采取了一系列适合我国具体实际的方针和政策，有力地促进了社会主义事业的顺利发展。

总之，邓小平同志所阐述的走有中国特色的社会主义建设道路的思想，是对马列主义、毛泽东思想的继承和发展，是从我国的具体实际出发，对马克思主义的基本理论完整准确的理解和运用，是对我国社会主义建设的历史经验的科学总结。

二

新中国成立之前它是一个半殖民地半封建国家，既不同于马克思、恩格斯在 19 世纪后半叶预见未来的社会主义社会时所着重研究的资本主义发展水平较高的西欧国家，也不同于列宁探讨社会主义革命和建设时所着重研究的十月革命前资本主义发展已具有中等发展水平的俄国。新中国成立后，经过新民主主义发展阶段和从新民主主义到社会主义的转变时期，对生产资料私有制进行的深刻的社会主义改造已经取得巨大的成就。这是必须充分肯定的。但是，正如邓小平同志指出的：要使中国实现四个现代化，至少有两个重要特点是必须看到的——一个是底子薄，另一个是人口多、耕地少。这就是我国进行社会主义建设所面临的最基本的实际。而这个最基本的实际，就决定了我国的社会主义建设必然带有许多中国的特色。

对于我国社会主义建设的特色，如果不分主次，一一列举，那就可以列出许许多多。而且，很多比较具体的特色是发展变化的，在一定时期可能是一个较为明显的特色，而在另一时期则随着实际情况的变化，被新的特色所取代。所以，我们必须从我国最基本的实际出发，把握我国社会主义建设最基本的特色。从经济方面来说，下面的几个特色，可能是最基本的，是关系全局、贯穿于社会主义建设的全过程的。

首先，我国社会主义建设具有长期性和艰巨性。

列宁在十月革命胜利之后，指出："由于历史进程的曲折而不得不开始社会主义革命的那个国家愈落后，它由旧的资本主义关系过渡到社会主义关系愈困难。"① 列宁的论述，虽然是就从资本主义向社会主义过渡来说，但对于社会主义建设来说，也是适合的。

我国的社会主义建设有许多有利的条件，比如：地域辽阔，有丰富的多种多样的自然资源；有十亿勤劳勇敢的人民，他们迫切要求改变祖国的落后面貌；有优越的社会主义制度，为充分发挥主观和客观因素的积极作用开辟了广阔的天地；经过三十多年的建设，基本上解决了人民的吃穿问题，建立起了独立的比较完整的工业体系和国民经济体系，培养了一大批技术人才，为社会主义建设打下了初步的物质基础。对这些有利条件如果没有充分的估计和足够的认识，对社会主义建设持有消极悲观的态度，是完全错误的。但是，也要看到：我国目前仍然是世界上很贫穷的国家之一；科学技术力量不足，科学技术水平在总体上远远落后于世界先进国家；人口多，有劳动力资源丰富的一面，但在生产发展水平不高的情况下，使吃饭、教育、就业等都成为严重的问题的另一面；地大物博，资源丰富，但按人口平均计算，我国的许多资源并不富裕，还有很多资源没有勘探清楚，没有开采和使用，还不是现实的生产资料；我国按现有人口平均的国民收入很少，能够用来扩大生产建设和改善人民生活的资金不多，这就限制了建设的规模和劳动者的技术装备水平；等等。特别是在经济体制方面，存在不少弊端，对社会主义的社会化生产和生产力的发展十分不利。这一切都说明，在我国进行社会主义建设是一项非常艰巨的任务，不经过长时期的艰苦奋斗，是不可能成功的。

我国在过去三十多年的社会主义建设中，某些时期由于没有全面地客观地认清我国的基本实际，只看到有利条件，忽视了不利因素，甚至认为经济文化愈落后，社会主义建设的过程愈迅速。在这种思想下，生产建设超越客观实际的可能，搞"大跃进"，高指标，急于求成。由于脱离了我国实际，违背了我国社会主义建设发展的特殊规律，我国经济发展一再陷入困难的境地。这些教训深刻地说明，我国实际是经济文化比较落后的、人口多、底子薄的社会主义国家，必须清醒地看到社会主义建设的长期性和艰巨性。只有长期努力，艰苦奋斗，在每一个发展阶段上又量力而行，循序渐进，并且全面地有领导、有步骤地进行经济体制改革，才能真正加速社会主义建设的步伐，赢得社会主义建设事业的胜利。

---

① 列宁. 列宁选集：第3卷 [M]. 北京：人民出版社，1972：454.

其次，社会主义建设过程中，在生产关系方面需要采取许多过渡性的经济形式。

列宁根据十月革命胜利后，俄国生产力水平低、小资产阶级占优势的情况，曾经指出："直接过渡到纯社会主义的经济形式和社会主义分配，不是我们力所能及的事情。"[①] 这就提出了过渡到社会主义社会之后，要在社会主义生产关系占统治地位的条件下，从生产力发展的实际状况出发，采取一些具有过渡性的经济形式问题。我国早已完成向社会主义的过渡，并且经过三十多年的社会主义建设，取得了巨大成就。这就和列宁当年所处的条件已经大不相同。但是，列宁说的不要超越客观，企图过渡到纯社会主义的经济形式和社会主义分配的观点，对我国今天来说，仍然有着现实的意义。

我国是一个社会主义国家，必须坚持公有制经济，必须坚持按劳分配，这是应当肯定的。但是，我国现在又是一个人口多、底子薄、生产力水平低，而且经济发展很不平衡的国家，还不可能实现"纯社会主义的经济形式和社会主义分配"。按照马克思主义关于生产关系一定要适合生产力发展要求的原理，我国的具体实际决定了必须在坚持社会主义基本经济制度的前提下，采取许多具有过渡性的经济形式，例如，在所有制方面，要在社会主义国营经济占主导地位的前提下，大力发展社会主义合作经济，适当发展依附于社会主义经济的劳动者个体经济，还要适当发展中外合资、独资的国家资本主义经济，建立多种经济形式并存的所有制结构，让它们各自在一定范围内发挥积极作用。又如，在经济的计划方面，要坚持计划经济，同时运用市场调节。既加强管理，又把经济搞活，就有利于国民经济按比例地协调发展。在经营管理方式上，在坚持集中统一领导的前提下，在国营经济内部实行责权利结合的经济责任制，在农村合作经济内部对劳动者个人、家庭或小组实行责权利结合的联产承包责任制，以充分发挥企业和劳动者的积极性。在交换方面，在坚持国营商业的主导地位的条件下，发展合作商业和个体商业，允许农民经商，允许个体劳动者进行长途贩运，作为社会主义商业的必要补充。在个人消费品分配方面，在坚持按劳分配占主导地位的前提下，在合作经济的某些范围内可以是按劳分配为主，同时存在按资金分红。如此等等。这和社会主义发展的成熟阶

---

① 列宁. 列宁选集：第4卷 [M]. 北京：人民出版社，1972：661.

段相比，还不是纯粹的社会主义经济形式和分配。但是，在社会主义生产关系占统治地位的条件下，允许某些过渡性的经济形式的存在，并不影响我国社会主义经济的性质。而且，这种由非纯粹的社会主义走向纯粹的社会主义，由不成熟的社会主义走向成熟的社会主义，乃是社会主义发展的一般规律，不过在我国的具体情况下，表现得更加突出而已。

我国在过去长时期内受"左"的指导思想的影响，不顾我国具体实际，不顾生产力发展的具体状况，在生产关系方面盲目追求"一大二公"，搞"穷升级""穷过渡"，结果是欲速则不达，严重地影响了生产力的发展。这个教训是十分深刻的，应当牢牢记住。

最后，提高经济效益，始终是我国社会主义经济建设的核心问题。

马克思指出："时间的节约，以及劳动时间在不同的生产部门之间有计划的分配，在共同生产的基础上仍然是首要的经济规律。这甚至在更加高得多的程度上成为规律。"[1] 我们现在所强调的提高经济效益，在根本上就是劳动时间的节约问题。节约劳动时间，提高经济效益，虽然在公有制经济中"在更加高得多的程度上成为规律"，是社会主义经济的一个普遍规律，但对于我国有着特别重要的意义。因为，我国进行社会主义建设，一方面担负着发展生产和改善人民生活的艰巨任务，另一方面又面临着国力有限、资金和物资不足的困难。这就特别需要把提高经济效益摆在十分重要的地位，切实抓好。

要提高经济效益，不但要提高微观经济效益，尤其要提高宏观经济效益。为此，就要正确处理农业、轻工业和重工业的关系，使社会生产的两大部类按照客观要求的比例协调发展；要加强能源开发，大力节约能源消耗，同时大力加强交通运输和邮电通信的建设，使它们逐步适应我国经济发展的需要；要大大加强智力开发，努力提高全民族的科学文化水平，培养各种专业人才，提高国民经济各部门的技术水平、国民经济计划和管理水平以及企事业的经营管理水平；要有重点有步骤地进行技术改造，充分发挥现有企业的作用；要集中资金，保证正确处理积累和消费的关系、国家建设和人民生活的关系，使国家建设能稳步发展，人民生活水平能逐步提高。

过去的某些时期，我们在社会主义建设中，片面追求经济增长的速

---

① 马克思，恩格斯. 马克思恩格斯全集：第46卷（上册）［M］. 北京：人民出版社，1979：120.

度，不讲求经济效益，尽管经济发展速度并不慢，但社会财富增加不多，人民没有得到本来应当得到的更多的实惠。这种"左"的指导思想和做法，必须加以摒弃。我们应当从我国的实际情况出发，坚定不移地把经济工作转移到以提高经济效益为中心的轨道上来，并且始终坚持下去。

正确认识我国农村商品生产的发展

本文原载于《财经科学》1984 年第 6 期

当前，我国农村正在向专业化、商品化发展，自给半自给经济正在向较大规模的商品生产转化。这是我国社会主义农村经济的一场深刻的变革。为了加速这一转化，有许多问题需要我们去解决，有许多工作需要我们去做。不过，我认为在一些同志中存在的一些认识问题，正影响着农村商品生产的发展，应该首先加以解决。所以，对于发展农村商品生产上的一些认识问题进行一点探讨，是十分必要的。

一

人类社会的发展，撇开社会经济形态，单纯从生产和交换的形式上看，总是从自然经济发展为商品生产，经过商品生产的充分发展，然后进入直接社会化的产品生产阶段。我国农村经济的发展，是否可以逾越商品生产阶段而进入直接社会化的产品生产阶段，是不少同志关心的问题。这是他们不了解自然经济的历史局限性和商品生产的历史进步性所引起的。

我们知道，所谓自然经济即自给自足经济。它的基本特点是：生产的目的是直接满足本经济单位（如原始氏族公社、奴隶制庄园、封建庄园、个体农民家庭等）的需要，不是市场交换。在自然经济条件下，社会是由许多各自独立的经济单位组成的，每一个经济单位除主要经营农业（少数则是畜牧业）以外，还从事其他各种经济活动，从采掘原料开始，直到最后把这些原料加工成消费品。正如马克思指出的："在真正的自然经济中，农产品根本不进入或只有极小部分进入流通过程……此外，它还要以农村家庭工业和农业的结合为前提。"①

自然经济向商品生产转化，就能克服自然经济的历史局限性，发挥商品生产的历史进步性。

---

① 马克思. 资本论：第 3 卷［M］. 北京：人民出版社，1953：886，896.

首先，这一转化，突破了农户之间的孤立性和分散性，发展农户之间广泛的社会联系。在自然经济条件下，小农的人数众多，他们的生活条件相同，但是彼此没有发生多种多样的经济关系。他们的生产和交换的形式不是使他们相互交往，而是使他们互相隔离。他们进行生产的地盘，即小块土地，不容许在耕作时进行任何分工、应用任何科学，因而也就没有任何多种多样的发展，没有任何不同的才能，没有任何丰富的社会关系。每一个农户都是自给自足的，都是直接生产自己的大部分消费品，因而他们取得生活资料多半是靠与自然交换，而不是靠与社会交换。一边是一小块土地，一个农民和一个家庭；另一边是另一块土地，另一个农民和另一个家庭。一批这样的单位就形成一个村子，一批这样的村子就形成一个县、一个省。这样，一个国家的广大农民群众便是由一些同名数相加形成的，好像一袋马铃薯是由袋中的一个个马铃薯所集成的那样。随着社会分工的发展，自然经济向商品生产转化，农民的才能必将显示出差别性，各个农户的发展也必将显示出多样性，农户之间的社会关系就必然呈现出丰富性。

　　其次，这一转化，必然冲破农村的闭塞性，把农民卷入激烈的市场竞争。在自然经济中，一家一户便是一个生产单位，生产单位之间几乎没有任何经济关系。鸡犬之声相闻，老死不相往来，便成了这种经济的常规，从而把农民同农村以外的世界所发生的一切完全隔绝开来，使农民处于十分闭塞的状态。当自然经济向商品生产转化，农民一经卷入商品经济的漩涡，要想把产品卖出去，就要受到社会的核算——首先是地方市场的核算，其次是国内市场的核算，最后是国际市场的核算，即商品在符合社会需要的前提下，如果生产这个商品所消耗的个别劳动时间超过社会必要劳动时间，超过部分就得不到社会的承认。如果这个商品不符合社会需要，生产它所消耗的劳动时间就白白地浪费掉了。这样，农民就要密切注视市场需求变化的情况，关心经济信息，加强经济核算，他们同外界的隔绝状态就被彻底打破了。农民不管愿意与否，都必然要关心本地区的、本国的以至世界的市场的动向。因此可以说，商品生产是"将田园生活卷入历史运动的动力"[①]。

　　最后，这一转化，必然突破自然经济的停滞性，推动社会生产力的迅

[①]　马克思.哲学的贫困［M］//马克思恩格斯选集：第 1 卷. 北京：人民出版社，1972：149.

速发展。与自给自足的状态相适应，人们需要的范围是固定有限的。加之各经济单位之间处于彼此分散、孤立的状态，因而因循守旧、墨守成规等，就成了这种经济必然具有的特征。由于一般自然经济的这种性质，它"完全适合于为静止的社会状态提供基础"①。随着自然经济向商品生产转化，生产发展了，人们需要的范围扩大了，就会打破农村经济长期停滞的状态，推进农业的技术改造和农业生产力的发展。自给自足的"小而全"的农业的单一性必将被商品性的"小而专"的农业的多样性所代替；传统的农业工具必将被现代化的农业机械所取代；旧的耕作制度和耕作方法必将让位于新的科学的耕作制度和耕作方法。这一切变化的过程都必然是同农业专业化过程密切联系着的，而且是按照变化莫测的，连生产者也不总是知道的市场进行的。总之，自然经济向商品生产转化，必然使农业无可估量地越来越多样化、合理化、现代化，推动农业生产力极其迅猛地向前发展。

由上述分析可以看出，自然经济向商品生产的转化是历史的进步。只有经过商品生产的充分发展，才有可能为进入产品生产阶段准备条件。因此，商品生产阶段不仅是不可逾越的，而且连企图逾越的设想都是没有道理的。

二

因为历史上商品生产的高度发展是和资本主义的发展交织在一起的，加之马克思、恩格斯在预见未来社会时认为资本主义制度的消灭和商品生产的消亡是结合在一起的，所以，长期以来，人们总是把商品生产的消亡同资本主义制度的消灭等同起来，把商品生产的发展同社会主义经济的发展对立起来。现在，有一部分同志还持有这种看法。其实，这种看法并不符合马克思主义的基本原理，也不符合社会主义经济发展的实际。

马克思早就指出：商品生产"是历史上完全不同的社会经济形态所共有的"②。这就明确地告诉我们，商品生产存在于历史上几个完全不同的社会经济形态，并非资本主义社会所特有。它从原始社会末期产生之后，经过奴隶制社会、封建社会、资本主义社会，已经存在了几千年或者更长的时间，而资本主义生产不过是近几百年的事情。可见，把商品生产同资本

---

① 马克思. 资本论：第3卷 [M]. 北京：人民出版社，1953：897.
② 马克思. 资本论：第1卷 [M]. 北京：人民出版社，1953：192-193.

主义生产等同起来，是没有根据的。

马克思和恩格斯在预见未来社会即社会主义社会时，是以商品生产已获得充分发展，同时资本主义也已高度发展的国家为典型进行分析的，所以认为随着资本主义的灭亡和社会主义制度的建立，商品生产也就消亡，社会进入直接社会化的产品生产阶段。而历史发展的实际是：社会主义革命不是首先在资本主义高度发展，同时商品生产高度发展的国家取得胜利，而是首先在资本主义没有获得高度发展，商品生产也没有高度发展的国家取得胜利。这些国家在消灭了资本主义制度，建立了社会主义制度之后，能不能立即消灭商品生产呢？不能。列宁、斯大林、毛泽东根据马克思主义的基本原理和社会主义经济发展的实践，早就指出，要利用商品生产为社会主义经济服务。列宁指出：原来打算取消商品生产是"犯了错误"①。斯大林指出：与商品生产相联系的"货币在我们这里还会长期存在，一直存在到共产主义第一阶段即社会主义的发展阶段完成时为止"②。毛泽东指出：在要不要商品生产的问题上，我们还要搬斯大林，而斯大林是搬列宁的。我国的社会主义经济发展的实践反复证明，限制商品生产的发展就会妨碍社会主义经济的发展。有的国家的实践也证明，消灭商品生产、废除货币关系之路是绝对走不通的。特别重要的是，党的十一届三中全会以来，我国农村经济发展的实践异常清楚地表明，农村由自给半自给经济向较大规模的商品生产转化，商品生产的迅速发展，正有力地推动着社会主义经济的发展。这是因为：

第一，农村商品生产的发展，充分调动了农民发展生产的积极性。

在实行联产承包责任制的基础上，大力发展农村商品生产，鼓励农民为市场生产更多更好的商品，并按等价原则进行交换，这就把社会利益同农民的个人利益密切地结合起来了，为社会提供的商品越多越好，越为社会所需要，社会所得的利益就越大，农民从社会所得到的收入也越多，个人所得利益也就越大。反之，农民个人所得利益也就越小。这样，就可以充分调动农民发展生产的积极性。现在农村处处都可以看到，农民正在废寝忘食地、夜以继日地发展商品生产，把生产资料和劳动力的一切潜力充分发挥出来，向生产的深度和广度进军。这既使农民对社会的贡献愈来愈大，又使农民自身逐步走向富裕。

---

① 列宁. 列宁选集：第4卷 [M]. 北京：人民出版社，1972：571.
② 斯大林. 列宁主义问题 [M]. 北京：人民出版社，1964：603.

第二，农村商品生产的发展，能促进农村向专业化方向发展。

我们知道，发展商品生产，实行等价交换，在价值上交换双方互不吃亏，而在使用价值上对交换双方都有好处。这种好处是使双方各自的需要都能得到满足。"但是好处可能不只是这一点。卖葡萄酒买谷物的A，在同样的劳动时间内，大概会比种植谷物的B酿出更多的葡萄酒，而种植谷物的B，在同样的劳动时间内，大概会比酿酒的A生产更多的谷物。可见，与两人不进行交换而各自都不得不为自己生产葡萄酒和谷物相比，A能得到更多的谷物，B能得到更多的葡萄酒。因此，就使用价值来看，可以说，'交换是双方都得到好处的交易'。"① 社会分工和生产资料的存在以及劳动产品属于不同的所有者，引起商品生产的发展。而商品生产和商品交换对交换双方都有好处，就会反过来促进社会分工的发展，使农业走上专业化的道路，并使这种专业化日益发展。这种专业化趋势在我国农村已经出现。全国已涌现了2 400万户重点户和专业户，占全国总农户的13%以上。这种专业化趋势还在继续发展。农业生产专业化的发展，将有助于提高劳动者的劳动熟练程度和科学技术水平，推进生产工具的改进，大大提高劳动生产率。正如恩格斯指出的："分工是大工业建立以前的最强有力的生产杠杆。"②

第三，农村商品生产的发展，将大大促进农村技术的进步和经营管理水平的提高。

在商品生产中，每一个生产者所生产的商品都必须按照生产商品所耗费的社会必要劳动时间决定的价值进行交换。如果生产商品所耗费的个别劳动时间不超过甚至低于社会必要劳动时间，按社会价值出售商品，就能使生产上的劳动耗费得到补偿甚至获得一部分额外收入。否则，生产上的劳动耗费就不能全部得到补偿。所以，每个商品生产者都会千方百计地降低生产上个别劳动时间。要做到这一点，关键是改进技术，提高经营管理水平，以提高劳动生产率。而劳动生产率的提高，也就是农业生产力的发展。

目前我国农村商品生产的发展，正推动着农业技术的进步和经营管理水平的提高。尊重科学技术知识和经营管理知识，尊重科学技术人才和经营管理人才，正在成为农村普遍的风气；学习科学技术，学习经营管理，

---

① 马克思. 资本论：第1卷 [M]. 北京：人民出版社，1953：179.
② 恩格斯. 反杜林论 [M] //马克思恩格斯选集：第3卷. 北京：人民出版社，1972：330.

特别是重视子女的上学，正在掀起热潮；运用先进的生产技术和经营管理方法，购置和采用现代化的机器设备，正在成为广大农民群众的迫切要求。这一切，必将促使我国农村生产力发生一个质的飞跃。

第四，特别重要的是，农村商品生产的发展，必将大大促进我国农村社会主义生产关系进一步巩固和发展。

随着农村商品生产的发展，专业户将大量涌现，客观上就要求建立新的经济联合。这种经济联合或合作，当然不是重新走"三级所有，队为基础"的老路，而是根据发展商品生产的要求，在育种、植保、防疫、水利灌溉、农机作业、农副产品加工、运输、储存、供销等方面进行联合，实现生产过程本身及产前、产后服务的社会化。这样，就使作为农村社会主义合作经济一个经营层次的农民家庭经营进一步成为社会主义农村经济体系中的一个细胞或环节，使它不可能脱离社会主义合作经济而得到独立的发展。同时，随着农村商品生产的进一步发展，农村新的经济联合将同社会主义国营工业、农业、商业发生更加广泛的经济联系。农村商品生产越发展，这种经济联系就越密切，农村合作经济和农民家庭经营就越受到社会主义国营经济的制约和调节。这样就使社会主义经济因素在农村中日益加强，使社会主义合作经济更加巩固和发展。可见，我国农村商品生产的发展，就是社会主义经济的发展。

三

我国农村商品生产的发展是否会产生资本主义，这是一些同志十分担心的问题。我认为这种担心是不必要的。

马克思主义经典作家从来没有说过商品生产一般必然产生资本主义。列宁说的资产阶级产生于商品生产，那是指的小商品生产，即以生产资料的个体私有和个体劳动为基础的商品生产。而且，就是这种小商品生产也不是在任何条件下都会产生资本主义，它产生资本主义也需要一定的历史条件。马克思在《资本论》中就科学地论证了货币转化为资本的条件。马克思指出：货币所有者用他手中的货币购买了劳动力这种特殊商品，强迫劳动者在生产过程中生产出大于其劳动力价值的价值，货币才转化为资本。这就清楚地表明，生产资料和生产者的分离、劳动力的自由买卖，是资本产生的条件。而这个条件并不是小商品生产存在就存在的，它只是在一定的历史发展阶段上才会出现。正如恩格斯所说，以货币所有者为一方同以除了自己的劳动力外一无所有者为另一方的这种关系，绝不是自然史上的关系，也不是一切历史时期所共有的关系。它是在 15 世纪末和 16 世纪初，由于封建生产方式的崩溃，这种自由的劳动者才在历史上第一次大量地出现。只有在这个基础上，"现存的大量生产必然要愈来愈多地转化为资本"①。我国现阶段农村正在发展着的商品生产，尽管还带有某些小商品生产的特点，但其基本性质是社会主义商品生产。作为商品生产者的农民虽然还占有一定的生产资料，但由于土地等基本生产资料属于公有，他们仍然是公有生产资料的主人，因而不具备资本产生的条件。

尤其应当看到，现在我国农村的广大农民已经具备了许多不同于过去的个体农民的新特点：①经过农业的社会主义改造，农民已经由生产资料的私有者变为土地等基本生产资料的公有者；②经过农民群众的努力，在农村建成了各种类型的灌溉系统，推广使用农业机械、农副产品加工机械、运输机械，组织起了优良品种、配合饲料的供应和农副产品的销售系统等，使生产过程已经在相当程度上社会化了。离开国营经济、合作经济及农户之间的广泛的社会协作，农民的家庭经营已难以正常进行，因而他们的发展必然受到社会主义经济的制约和调节；③在实行家庭联产承包责任制的基础上，统一经营和分散经营是密切结合的，并且用合同把农民的生产活动纳入了国家计划，这就把农民的个人利益与合作经济的集体利益、国家利益密切结合起来了，就能够使农民的生产、交换和分配等符合社会主义经济的要求；④特别是党在农村长期坚持社会主义教育，使广大农民有了比较高的社会主义觉悟，他们自己一旦富裕起来，总是尽力设法帮助周围农民勤劳致富。就是在那些目前由于发展商品生产的需要，请帮工、带学徒的人数稍多一点的企业中，许多业主都在劳动报酬、利润返还、提供公共积累等方面实行了很多区别于私人企业的制度，使之逐步具有社会主义合作经济的性质。把现阶段的农民同合作化以前的农民混为一谈，把现阶段的社会主义商品生产同过去的小商品生产混为一谈，认为必然产生资本主义，是不符合客观实际的。

至于我国农村商品生产发展的前景，已在某些地区初步展现出来。在那些商品生产比较发达的地区，农民的富裕程度虽然还存在比较大的差别，但是农民的富裕程度普遍地提高了，有的地方富裕程度上的差别还呈

---

① 恩格斯. 反杜林论 [M] //马克思恩格斯选集：第 3 卷. 北京：人民出版社，1972：245-246.

现出缩小的趋势。富裕程度的差别本来就根本不同于阶级差别。既然是富裕程度的普遍提高，怎么会有资本主义产生的条件呢？南斯拉夫长期发展农村商品生产的实践更清楚地证明，它并不会导致资本主义的发展。南斯拉夫从 20 世纪 50 年代就开始探索不同于苏联农业集体化的改造小农经济的道路。目前其还有 260 多万户个体农户，拥有全国耕地 80% 以上，农业劳动力 90% 以上。其大力发展农村商品生产，现在农村的社会分工相当发达，商品生产发展达到相当高的水平。由于南斯拉夫积极鼓励农民加入供销性质的综合农业劳动者合作社，广泛发展社会所有制的农工商联合企业和农场同个体农民的各种形式的联合，把个体农民纳入了社会主义的社会化生产的轨道，所以其并没有出现阶级分化和资本主义泛滥的严重局面。

四

我国现阶段强调发展农村商品生产，是不是等于承认我们党过去领导的农业合作化运动实质上是搞的"农业社会主义"呢？这个看法同样是不妥当的。

"农业社会主义"，就是列宁在 19 世纪末和 20 世纪初批判俄国民粹派时讲的"农民社会主义"。民粹派是 19 世纪 60 年代俄国同情革命的小资产阶级知识分子的一个政治派别。这个政治派别既反映了农民群众反对专制制度和地主阶级剥削、压迫的革命要求，又反映了农民群众对资本主义在农村的发展所产生的恐惧心理，它否认资本主义的发展在历史上的进步作用，留恋自给自足经济，把俄国原始公社瓦解后残存的农民村社的土地占有制度视为社会主义的理想王国，以为只要能实现村社土地的平均分配、平均私有，就可以避免资本主义的发展道路而直接进入社会主义社会。列宁曾经深刻地批判了这种"农民社会主义"思想，指出它"纯属神话式的观念""一接触现实就烟消云散"①。我国也存在这种"农业社会主义"思潮。太平天国革命颁发的著名的《天朝田亩制度》，确定"凡天下田，天下人同耕"的原则，准备实现"天下一家，共享太平"的理想社会，就是这种"农业社会主义"思潮的反映。

我们党在领导中国革命的过程中，非常注意批判"农业社会主义"思想。在 1948 年，经党中央审定发表的《关于农业社会主义的问答》，对

---

① 列宁. 列宁全集：第 1 卷 [M]. 北京：人民出版社，1956：225.

"农业社会主义"作了评介，指出："'农业社会主义'思想，是指在小农经济的基础上产生出来的一种平均主义思想。抱有这种思想的人们，企图用小农经济的标准，来认识和改造全世界，以为把整个社会经济都改造为划一的、'平均的'小农经济，就是实行社会主义，就可以避免资本主义的发展。过去历史上代表小生产者的原始社会主义的空想家或实行家，例如帝俄时代的民粹派和中国的太平天国的人们，大都是抱有这一类思想的。"毛泽东同志在晋绥干部会议上的讲话，批判了与"农业社会主义"有联系的错误思想，指出："现在农村中流行的一种破坏工商业，在分配土地问题上主张绝对平均主义的思想，它的性质是反动的、落后的、倒退的。我们必须批判这种思想。""谁要提倡绝对的平均主义，那就是错误的。"

我国农村在土地改革之后，原来的贫农、雇农虽然分得了土地，但因缺乏农具、耕畜，缺乏生产资金，甚至缺少口粮，生产生活都有很大困难。如果遇到天灾人祸，刚刚得到的土地就有重新失去的危险。因此，占农村人口大多数的贫农下中农迫切希望党和政府领导他们走一条避免贫困破产、能够共同富裕的道路。所以，我们党在农村及时领导了互助合作运动，根据自愿互利原则，通过典型示范，经过由互助组到初级农业生产合作社、再到高级农业生产合作社这样几个阶段，逐步把农民的个体私有制改造成为社会主义集体所有制。我国实现农业合作化的过程，总的来说是比较顺利、比较成功的。当然，在合作化的后期要求过急，工作过粗，改变过快，形式上过于简单划一。在合作化基本完成之后，农村经济又经历了许多曲折和挫折。1958年的人民公社化运动和十年"文化大革命"，由于"左倾"思想的影响，农村集体经济受到严重挫折。我们应当总结历史的经验教训，改正在农村工作上的缺点和错误。但是，如果抓住上述问题，就指责我们党在农业合作化问题上搞的是"农业社会主义"，则是完全错误的。

应当看到，我们党领导农业合作化运动的指导思想与"农业社会主义"没有任何共同之处。

首先，对农民的认识根本不同。"农业社会主义"者崇拜农民的自发性，认为农民是天生的社会主义者，农民运动是真正的、直接的社会主义运动，不需要先进的革命阶级的领导，就能够建立自己的社会主义理想王国。相反，我们党则认为农民不可能自发产生科学社会主义思想，他们只能在无产阶级及其先锋队的领导下才能走上社会主义道路。因此，毛泽东同志指出，严重的问题是教育农民。正是由于我们坚持以科学社会主义思想教育农民，我国过去深受帝国主义、封建主义、官僚资本主义三座大山压迫剥削、在土地改革后又面临破产威胁的农民，在无产阶级及其先锋队的领导下，有走社会主义道路的巨大积极性。

其次，对社会主义的理解根本不同。"农业社会主义"者是根据农民小生产者的幻想，企图保全小块土地所有制，维护农民的小生产者地位，认为这就是社会主义。恩格斯在批判这类错误观点时曾经指出：无产阶级政党不应该向小农作出长期保存小块土地所有制这种"明知不能兑现的诺言"①。他还说：在小农经济行将灭亡的情况下，"企图在小农的所有权方面保护小农，这不是保护他的自由，而仅仅是保护他被奴役的特殊形式而已"②。我们党在领导农民走合作化道路的过程中，并不是维护土地的农民私人占有制度，而是根据科学社会主义理论，逐步把农民"私人生产和私人占有变为合作社的生产和占有"③。党的十一届三中全会以来，我们党在农村实行一系列政策，也不是要改变土地等基本生产资料的公有制，而是要使农村合作经济更适应生产力发展的要求，更好地促进农村社会主义经济的发展。

再次，反对资本主义的立场不同。"农业社会主义"者是从维护中世纪遗留下来的个体经济出发，反对刚刚走上历史舞台的资本主义。他们只看到资本主义给人民群众带来的灾难，看不到资本主义促进生产力的发展、推动历史前进的进步作用。我们党对资本主义采取分析态度，既承认它在历史上的进步作用，又领导人民反对资本主义，坚持社会主义道路。因为世界的历史已经前进到了社会主义代替资本主义的时代，资本主义已经走向没落，成为生产力进一步发展的桎梏，而社会主义则代表着历史前进的方向，是适应先进生产力发展的社会制度。

最后，对待绝对平均主义的态度也根本不同。"农业社会主义"者是提倡绝对平均主义的。他们把平分土地、平均私有当作社会主义，要求把整个社会变为平均划一的个体经济。我们党历来反对绝对平均主义。领导农民走合作化道路，是要逐步实现生产资料公有和按劳分配，丝毫没有平

---

① 恩格斯. 马克思恩格斯选集：第4卷 [M]. 北京：人民出版社，1972：303，309-310.
② 恩格斯. 马克思恩格斯选集：第4卷 [M]. 北京：人民出版社，1972：303，309-310.
③ 恩格斯. 马克思恩格斯选集：第4卷 [M]. 北京：人民出版社，1972：303，309-310.

分土地、完全恢复个体经济的想法。应当承认，我们在农村工作中曾经在一段时间内犯过绝对平均主义倾向的错误。这种错误的产生和我国农民中存在的"农业社会主义"思想有一定的关系，但在指导思想上并不是要在我国建立"农业社会主义"，而是由"左"的思想倾向混淆了社会主义和共产主义的界限，在条件尚不具备的情况下就企图否定商品生产、否定按劳分配等造成的。而且，农村工作上出现的绝对平均主义错误毕竟是支流，不是主流。所以，把我们党在农村工作上所犯的绝对平均主义错误称为"农业社会主义"，是不符合农业合作化的历史事实的。

可见，我们党领导的农业合作化运动搞的不是"农业社会主义"，而是科学社会主义。现在强调发展农村商品生产，也正是根据科学社会主义理论，走社会主义农村经济发展的必由之路。一些同志之所以会认为我们党过去搞的是"农业社会主义"，现在是补资本主义这一课，根本的原因是他们头脑里还残存农民小生产者的"农业社会主义"思想，迷恋自给自足的自然经济，害怕商品生产，企图在自然经济的基础上建立高度发达的社会主义经济。其实，这纯粹是一种幻想。我们应当以科学社会主义理论武装头脑，积极促进我国农村由自给半自给经济向较大规模的商品生产转化，从而由传统农业向现代化农业转化，为社会主义农村经济的迅速发展贡献力量。

从实际出发正确改革工业品价格体系

本文原载于中国价格学会《价格论文选集》第 2 集 1984 年

我国目前是在公有制基础上实行计划经济，建立计划经济为主、市场调节为辅的计划管理体制。与此相适应，必须实行计划价格为主、非计划价格为辅的价格管理体制。正因为如此，所以有必要探讨我国工业品计划价格体系如何改革的问题。

正确改革我国工业品价格体系，是关系着全面提高经济效益、实现社会主义现代化的重大问题。关于我国工业品价格体系如何改革，我国经济理论工作者和实际工作部门的同志已经发表了许多具有创造性的见解，但目前对于到底应该按价值还是按生产价格原则定价，在认识上仍然存在着分歧。本文想就这一问题谈一点粗浅的看法。

一

工业品计划价格体系要走向合理化，首先应该弄清楚我国当前工业品价格体系上存在的主要问题。只有这样，才能做到"对症下药"，由到"药到病除"之效。否则，不但不能解决问题，反而可能带来新的更大的问题，以致对整个经济体制的改革造成不良影响，妨碍经济效益的提高，延缓社会主义现代化的进程。

我认为，当前我国工业品计划价格体系上存在的问题，主要是各种商品比价不合理。由于历史的原因，加之长期以来实行按平均成本盈利率定价，价格由 $C+V+（C+V）\times P$ 组成。盈利的多少、价格的高低，取决于物化劳动和活劳动消耗量的多少。由于不同生产部门不同商品的生产中，物化劳动和活劳动消耗所占的比重是不同的，有的物化劳动消耗占的比重很大，活劳动消耗占的比重很小；有的相反，相差非常悬殊。由于物化劳动消耗量成为计算盈利额的重要因素，所以物化劳动消耗大、活劳动消耗小的部门、企业或产品，在计算盈利额从而在价格上处于有利的地位，而物化劳动消耗小、活劳动消耗大的部门、企业或产品在计算盈利额从而在价格上处于不利的地位。

就生产部门之间来说我国目前的采掘业、手工业等部门的特点就是耗用物化劳动较少，而耗用活劳动较多。而机械加工、纺织工业、轻工业等部门则耗用物化劳动较多、耗用活劳动较少。后者由于每个劳动者平均转移的价值多于前者，所以后者每个劳动者平均得到的盈利高于他们实际为社会劳动所创造的价值。而前者由于每个劳动者平均转移的价值少于后者，所以前者每个劳动者平均得到的盈利低于他们为社会劳动所创造的价值。

就同一生产部门的不同生产阶段来说，前一工序的商品价格构成后一工序的物化劳动消耗。越是靠后的工序，物化劳动消耗越多，按成本盈利率定价，耗用的单位活劳动所得到的盈利越多，越高于他们为社会劳动所创造的价值。在纺织工业中纺纱、织布、印染这三道工序是这样，在机械工业中零配件和总装的先后工序也有类似情况。

就同一个企业内部的不同产品来说，按成本盈利率定价的条件下，企业往往愿意生产些物化劳动消耗多、活劳动消耗少的商品，而不愿意生产那些物化劳动消耗少、活劳动消耗多的商品，因为单位活劳动消耗所得到的盈利，后者低于前者。例如，灯泡厂愿意多生产高支光灯泡、少生产低支光灯泡，就是由此产生的。

上面所列举的各种商品比价不合理的现象，造成了多方面的不良后果：

第一，各种商品比价不合理，引起了不同生产部门的企业之间"苦乐不均"。不同生产部门的盈利水平的高低不是取决于各部门劳动者为社会劳动所创造的价值的多少，而是取决于成本的高低，特别是其中物化劳动消耗所占的比重的大小。物化劳动消耗少而活劳动消耗大的部门即使经营管理很好，也可能由于价格低于价值而只能得微利，甚至亏损。物化劳动消耗大而活劳动消耗少的部门即使经营管理差，也可能由于价格高于价值而获得大量利润。这样，就无法通过盈利水平来考核各企业的经营管理状况，无法正确地把企业的经营成果同企业集体和劳动者个人的经济利益联系起来，从而影响工业企业经济责任制的顺利推行，妨碍经济管理体制的改革。

第二，商品比价不合理，使企业向着不合理的方向发展。长期以来，各种商品的极不合理的比价，已经导致社会劳动在不同生产部门之间的分配不符合客观要求的比例关系，即某些加工工业发展过多，某些原材料工业、燃料工业发展过少。现在，扩大了企业一定的自主权，不合理的商品比价会促使企业盲目地向价格高于价值、盈利水平高的生产部门转移，使某些长线更长、短线更短。

第三，各种商品比价不合理，影响按专业化协作原则改组工业。在连续生产的行业或先生产零部件而后总装的一些行业中，有的由于进行最后一道工序的企业盈利水平高，各企业都愿意进行后工序的生产或总装，而不愿意进行前工序的生产或零部件的生产，这就阻碍了专业化协作的发展。

第四，各种商品比价不合理，影响着国家财政的正常收支。某些产品的生产是符合社会需要的，而进行这种产品生产的企业的劳动者本来为社会劳动创造了比较大的价值，但由于价格低于价值，以致这些企业发生亏损，而且生产的数量越多，亏损越多，使国家财政不得不予以补贴。而有些企业生产的产品对社会需要来说已经过多，而且这些企业经营管理不善，劳动者为社会劳动所创造的价值并不多，但由于价格高于价值，这些企业获得比较多的盈利，国家财政在收缴利税，企业在分成，但由于统购包销这些物资还积压在物资或商业部门仓库里，国家所得的是一笔虚假的收入。

第五，各种商品比价不合理，不利于正确处理国家、企业、劳动者个人三者的经济利益关系。某些企业劳动者为社会劳动所创造的价值较大，但产品价格低于价值使它发生亏损，国家很难正确衡量这些企业对国家贡献的大小，当然也就很难适当地照顾企业和劳动者个人的利益。而那些对国家贡献很小甚至没有贡献的企业，由于产品的价格高于价值而表现为盈利很多，国家固然也可以多得，但企业和劳动者也多得了，远远超出他们应得的部分。国家对各个国营企业的功过难分，赏罚难明，企业和劳动者个人所得与他们对国家实际贡献脱节。

二

为了解决我国目前价格体系不合理的问题，近几年来我国已经提出了不少主张和方案。许多同志都比较赞成这样一种提法，就是要逐步建立起一个适合我国国情的、符合客观经济规律要求的合理的价格体系，从而正确调整和处理各方面的经济利益关系，以促进生产和流通，推动技术进步，合理利用资源，提高经济效益，更好地满足人民群众日益增长的物质和文化需要。这一提法，作为改革我国目前价格体系的目标，无疑是比较正确的。

为了实现上述目标，以什么作为价格形成的基础，是一个关键问题。目前有的同志主张按工业部门平均资金盈利率即按生产价格原则定价，有的主张按平均工资盈利率即按价值定价。据有的同志估计，目前主张按生产价格原则定价的同志已占多数。但是我认为，解决我国目前价格不合理问题的正确途径，还是按价值定价。

目前我国工业品价格体系不合理的种种表现及其造成的不良后果，其根源在于等量价值不能同等量价值相交换。因为，按平均成本盈利率定价，无论是不同生产部门之间、同一生产部门的不同生产阶段之间，还是同一企业内部生产的不同产品之间，所得的盈利都高于或低于劳动者为社会劳动所创造的价值。根据活劳动才能创造价值的原理，社会主义企业中劳动者的劳动总是分为为自己的劳动和为社会的劳动这样两部分。根据工资额按一定比例计算盈利额，即按平均工资盈利率来定价，最接近于各种商品的价值。这样，就可以使工业品价格体系走向合理化，从而促进整个国民经济的健康发展。

第一，按价值定价，有利于解决不同生产部门的企业之间的"苦乐不均"的问题。不同的生产部门无论生产何种产品的企业，劳动者为自己劳动的部分和为社会劳动的部分的比例大体是相当的，单位活劳动消耗所创造的价值总是按一定比例分解为为自己劳动创造的价值和为社会劳动创造的价值。按平均工资盈利率计算各种商品的盈利，无论是商品生产中物化劳动消耗的比重是大还是小，资金有机构成是高还是低，都能得到与本部门劳动者为社会劳动所创造的价值相当的盈利。各个生产部门的企业的盈利，按一定的比例分解为上缴国家部分和企业留成部分，企业利润留成按一定比例分解为生产发展基金、集体福利基金、职工奖励基金等，每个职工平均占有的集体福利基金、职工奖励基金也大体相当。如果说还有差别，那就不是由价格不合理造成的，而是由各企业经营管理好坏的不同从而经济效益高低的不同引起的。这种差别不再是通常说的客观条件形成的"苦乐不均"，而是主观努力程度不同的结果。承认这种差别，正是为更好地贯彻奖勤罚懒的原则，鼓励先进，鞭策落后，推动社会经济的发展。

第二，按价值定价，有利于国民经济按比例地协调发展。因为，以价值为基础制定价格的条件下，投资于国民经济任何一个生产部门，等量价值都可以得到等量价值的补偿，都可以获得同等程度的经济利益。盈利的分配仅同各部门劳动者为社会劳动所创造的价值相联系，不再受商品生产中物化劳动消耗所占比重大小及资金有机构成高低的影响。这就可以避免企业盲目地向价格高于价值、盈利水平高的部门转移，保持国民经济中各个生产部门的比例关系的协调。

第三，按价值定价，有利于按专业化协作的原则改组工业。因为，同一生产部门不同生产阶段所生产的商品都是按价值进行交换的。无论进行前工序的生产还是进行后工序的生产，也无论是进行零配件的生产还是总装，所得盈利都大体相当于本企业劳动者为社会劳动所创造的价值，不因生产中物化劳动消耗所占比重的大小或资金有机构成的高低而多得或少得盈利。在这种条件下，搞"大而全""小而全"不如走专业化道路能更快地提高劳动生产率，降低单位商品的个别价值。搞"万事不求人"，一切零配件由自己制造，不如通过分工进行等价交换有利。这样会使各个企业都乐于接受按专业化协作原则进行改组，促进专业化协作的发展。

第四，按价值定价，可以使国家财政收支逐步走向正常。因为，各种生产部门的商品都是按价值定价，那种因价格低于价值、一部分价值未能正常实现而需要进行的财政补贴就可以取消了。而且，这些企业的劳动者为社会劳动所创造的价值还要按一定比例上缴国家。而那些因商品价格高于价值、所得盈利超过该企业劳动者为社会劳动所创造的价值的情况，也就可以排除了。这些企业为多得盈利而大肆挥霍浪费的经济条件也就相应消除。国家按一定比例收取税金和利润，不致因这些企业多得盈利，企业利润留成相应增多，企业和职工多分多占而使国家财政收入减少。国家对于各个生产部门的企业就有了一个科学的统一的标准来收取税金或利润，应得的收入不因其他因素的干扰而被侵占，又可以消除不必的支出，这不仅有利于解决目前财政上的困难，而且可以使财政收支正常化。

第五，按价值定价，有利于正确调节和处理国家、企业和劳动者个人三者的经济利益关系。因为各个生产部门的每一个企业所生产的任何商品都是按社会价值进行等价交换的，商品价值中除去生产资料的转移价值和劳动者为自己劳动所创造的价值之后，余下的部分即盈利按一定比例分配，一部分上缴国家，一部分留给企业。留给企业部分按一定比例分作生产发展基金、集体福利基金、职工奖励基金等。盈利越多，上缴国家的就越多，留给企业的越多，劳动者个人所得也越多。国家、企业和劳动者个人三者之间的经济利益，成为一个水涨船高、水落船低的关系。劳动者想多得物质利益，就不能靠资金转移到价高利大的生产部门，只能靠努力劳动，靠企业改善经营管理，改进技术，为社会作出更大的贡献，这就能充分调动各企业和劳动者的积极性和创造性，更快地发展社会主义生产。

按价值定价，最根本的是有利于推动各个企业以至整个社会经济效益的提高，推进社会主义现代化的实现。首先因为它能充分调动各个企业和广大劳动者的创造性和积极性，这就为提高经济效益提供了强大动力。而且它有利于国民经济按比例发展和专业化协作发展，这就为提高宏观和微观经济效益创造了良好的条件。在这种情况下，各企业的劳动者为增进集体和个人的物质利益，关键是改进技术，推进技术进步，改善经营管理，提高经营管理水平，千方百计地使本企业生产的商品的个别价值低于社会价值，争取超额盈利。各个生产部门的各个企业都这样办，就能推动各个企业和整个社会经济效益不断提高，这不仅可以为国家积累更多的资金，而且可以使人民的生活水平不断提高，从而加速整个社会主义现代化的进程。

三

主张按生产价格定价的同志认为，解决我国目前工业品价格体系不合理的问题的途径是按生产价格定价。这些同志还认为，按生产价格定价有许多好处：一是有利于国民经济有计划按比例发展；二是有利于推动技术进步；三是有利于促进专业化协作的发展。我认为，这些观点都是值得商榷的。

在社会主义公有制基础上的社会主义企业，要求等量价值同等量价值相交换，而不是等量资金获得等量盈利。我国目前价格体系不合理的关键，不在于等量资金没有获得等量利润，而在于不等价交换。马克思在假定工人各自占有自己的生产资料的情况下，尚且说："在这种假定下，利润率的差别是一件无所谓的事情。"在社会主义公有制的条件下，特别是在全民所有制的条件下，企业运用全民所有的生产资料进行生产经营，生产目的是满足人民的需要，有什么理由要求等量资金得到等量盈利？而近几年来，由于扩大企业自主权，推行经济责任制，价格不合理的问题突出，到处都在说现在是"苦乐不均"。"苦乐不均"是指的等量资金未获得等量盈利吗？当然不是！"苦乐不均"所指的正是等量价值不是同等量价值相交换。

按生产价格定价，有利于国民经济有计划按比例发展吗？我们并不否认，在社会主义条件下，资金会有一定程度的自由转移。问题在于，一些比较重大的投资项目都是国家根据社会主义基本经济规律、国民经济有计划按比例发展规律和价值规律等自觉地、有计划地安排的。这不是靠生产价格去吸引企业将资金投向有机构成高的部门，更不是靠市场价格自发围绕生产价格波动来调节国民经济发展所需的比例关系。有机构成高的部门和企业的资金，一般是全民所有，企业只有一定的占有、支配和使用的权力，他们没有理由因占有的资金较多而要求按平均资金盈利率分得盈利。再者，我国目前工业内部是轻纺工业落后于重工业的发展，采掘工业落后于加工工业的发展。一般说来，重工业的有机构成高于轻纺工业，加工工业的有机构成高于采掘工业。如果按生产价格定价，重工业产品的价格将会提高，轻纺工业的产品价格将会降低，某些加工工业将继续赚钱，某些采掘工业将继续亏本。这就难于改变轻纺工业落后于重工业，采掘工业落后于加工工业的局面，怎么能有利于国民经济有计划按比例发展呢？

按生产价格定价，才有利于技术改造吗？不见得。按价值定价，生产同种产品的不同企业，谁先采用先进技术装备，提高生产率，使商品的个别价值低于社会价值，按社会价值出售商品，谁就能获得超额盈利。超额盈利就是推进企业进行技术改造的动力。为什么说一定要按生产价格定价才能推动技术进步呢？如果真的按生产价格定价，情况又会怎样呢？那就是有机构成高的部门可以获得高于本部门劳动者为社会劳动创造的价值的盈利，有更多的资金用于进一步改进技术，而有机构成低的部门只能得到低于本部门劳动者为社会劳动所创造的价值的盈利，缺乏必要的资金进行技术改造。对于有机构成高即资金密集型的部门来说是"锦上添花"，而对有机构成低即劳动密集型的部门来说却非"雪里送炭"，只有利于有机构成高的部门的技术改造，而不利于有机构成低的部门的技术改造，因而不利于国民经济的各部门共同的技术进步。

按生产价格定价，有利于专业化协作的发展吗？这也有问题。生产同一产品的不同生产阶段，有机构成是不同的。有机构成高的工序可以获得高于劳动者为社会劳动所创造的价值的盈利，而有机构成低的工序只能获得低于劳动者为社会劳动所创造的价值的盈利。那么，各企业就可能都去争取承担有机构成高的工序，而不愿承担有机构成低的工序。这不是有利于专业化协作的发展，而是妨碍专业化协作的发展。

总之，目前工业品价格不合理的关键是价格不合理地背离了价值。如果不是按价值定价，使价格接近于价值，根据活劳动消耗中为社会劳动所创造的价值来决定盈利额，而是根据高于所费资金的所用资金来决定盈利水平，不仅不能使目前价格体系走向合理化，反而可能使目前价格不合理的状况更加严重。这样，不仅无助于目前价格不合理所带来的一系列问题的解决，而且会使这些问题更加难于解决。所以，按生产价格定价的问题，需要进一步调查研究、权衡利弊。

社会主义制度下商品生产命运理论的发展过程

本文原载于《四川干部函院通讯》1985 年第 10 期

马克思主义经典作家对于社会主义制度下商品生产的命运问题，有一个长期的曲折的认识发展过程。

19 世纪后半期，资本主义在英国已有很大发展，资本积聚、资本集中、生产集中已达到相当高的水平。农村中主要是资本主义农场，基本上没有小农经济。马克思和恩格斯在形成自己的学说的时候，是以当时资本主义发展程度较高的英国作为主要研究对象的，因此他们设想，在这样的资本主义高度发展的国家，社会主义革命成功以后，生产资料将全部转归社会公有，商品生产可能被消除。因此，马克思在《哥达纲领批判》这部著作中写道："在一个集体的、以共同占有生产资料为基础的社会里，生产者并不交换自己的产品；耗费在产品生产上的劳动，在这里也不表现为这些产品的价值。"① 恩格斯在《反杜林论》这部著作中也曾经指出："一旦社会占有了生产资料，那么，商品生产以及与之一起的生产品对生产者的统治就将被消除。"② 马克思和恩格斯还对认为社会主义制度下存在商品生产的观点进行过批判，而且把社会主义制度下是否消除商品生产作为划分真假社会主义的标志之一。他们之所以作出上述预言，是以资本主义发展的历史趋势和当时英国资本主义发展的情况为依据的。

列宁领导的俄国十月社会主义革命取得胜利以后，出现了与马克思、恩格斯的设想不同的许多新情况。由于革命前的俄国资本主义发展水平不高，小农经济还占相当大的比重，在这种情况下，列宁对社会主义制度下商品生产的命运问题的认识，也有一个曲折的过程。革命前，列宁认为社

---

① 马克思. 哥达纲领批判 [M] //马克思恩格斯选集：第 3 卷. 北京：人民出版社，1972：10.

② 恩格斯. 反杜林论 [M] //马克思恩格斯选集：第 3 卷. 北京：人民出版社，1972：323.

会主义制度下不存在商品生产。十月革命胜利初期，列宁仍然认为，资本主义的消灭和商品生产的消灭是结合在一起的过程。在战时共产主义时期，他主张不要商品货币关系，按共产主义原则实行产品的生产和分配。这对于保证战争的胜利起过积极的作用。但后期整个社会经济的发展遇到很大的困难，工农联盟面临崩溃的危险。列宁后来总结这段时间的经验时指出："现实生活说明我们犯了错误。"① 从此开始实行新经济政策。列宁从领导社会主义经济的实践中认识到：商品货币关系与资本主义经济关系是不能混为一谈的；应当发展商业，商业是千百万小农和大工业之间唯一可能的经济联系；社会主义国家对全民所有制企业实行经济核算制的管理制度，也必然要利用商品货币关系。所以他强调，活跃国内商业是党和国家必须全力抓住的环节。这样做的结果是恢复了经济，巩固了工农联盟，巩固和发展了苏维埃政权。这些都说明，列宁不是照搬马克思恩格斯原来的设想，也没有拘泥于自己原来的想法和做法，而是从实际出发，实事求是地对社会主义制度下商品生产的命运问题做出了自己的新的结论。

列宁逝世之后，在斯大林的领导下，苏联完成了生产资料私有制的社会主义改造，社会主义公有制已占据统治地位，在这种形势下商品生产的命运又如何呢？当时，苏联国内学术界争论很大。不少人认为列宁讲的商品生产有必要存在的观点，只适用于多种经济并存的过渡时期，一旦国家对私有制的社会主义改造完成，全民所有和集体所有两种公有制占据了国民经济的统治地位，商品生产也就该停止了。另一种意见是不否认当时苏联存在商品生产的现实，但认为现实的商品不是真正的商品，货币也不是真正的货币，价值规律在社会主义条件下根本不起作用，或是以被改造了的形式起作用。直到 1952 年斯大林发表了《苏联社会主义经济问题》这部著作，才使否认社会主义制度下存在商品生产的理论出现了有重大意义的转折。

斯大林在这部著作中，总结了苏联社会主义经济建设的经验，明确地提出了两种形式公有制经济的存在是社会主义社会里商品生产存在的原因。他指出："只要还存在着两种基本经济成分，商品生产和商品流通便应当作为我国国民经济体系中必要的和极为有用的因素而仍然保留着。"② 至于全民所有制内部各企业之间的交换，斯大林则认为，它具有商品的形

---

① 列宁. 列宁选集：第 4 卷 [M]. 北京：人民出版社，1972：571.
② 斯大林. 苏联社会主义经济问题 [M]. 北京：人民出版社，1961：12.

式，而不具有商品的实质，即仅仅保持着商品的外壳。斯大林承认社会主义制度下存在商品生产，并从生产资料所有制关系上论证了社会主义商品生产存在的原因。这是对马克思主义关于社会主义制度下商品生产命运理论的丰富和发展。

我国对生产资料的社会主义改造取得胜利以后，毛泽东同志总结了我们自己进行社会主义建设的经验，并以苏联的经验为借鉴，坚持和发展了马克思主义关于社会主义制度下商品生产命运问题的理论。1958年，康生、陈伯达之流鼓吹取消商品生产和商品交换。毛泽东同志针锋相对地指出，在要不要商品生产的问题上，我们还要搬斯大林，而斯大林是搬列宁的。对待农民，只能采取商品交换，不能剥夺。在国家只占有一部分生产资料的情况下，废除商品生产和商品交换，就是否认集体所有制，就是剥夺农民。他还指出，只要还存在两种所有制，商品生产和商品交换就极其必要、极为有用。毛泽东同志还指出，斯大林的《苏联社会主义经济问题》一书关于商品存在的条件，阐述得不完整。两种所有制存在，是商品生产的主要前提，但商品生产的命运，最终和社会生产力水平有密切联系。因此，即使过渡到了单一的社会主义全民所有制，产品还不很丰富，某些范围内的商品生产和商品交换仍然可能存在。毛泽东同志第一次提出了实现单一的社会主义全民所有制之后商品生产的命运问题，是对全民所有制内部各企业之间的交换只具有商品外壳的观点的重大突破。

在20世纪50年代后期，特别是在十年动乱中，"左"的错误指导思想的影响，特别是林彪、江青反革命集团的干扰破坏，使社会主义制度下商品生产命运的理论又出现一个大倒退。林彪、江青反革命集团把社会主义制度下的商品生产说成是复辟资本主义的最肥沃的土壤，把价值规律说成资本主义的规律，叫嚷对商品生产要加以限制等，给我国国民经济的发展造成巨大的损失。

粉碎江青反革命集团以后，特别是在党的十一届三中全会以后，人们解放思想，实事求是，使我们对社会主义制度下商品生产命运的认识达到了一个新的高度。党的十二届三中全会通过的《中共中央关于经济体制改革的决定》，明确地提出了社会主义经济是在公有制基础上的有计划的商品经济。这一科学命题的提出，是一个重大的突破，是对马克思主义政治经济学的丰富和发展。

上述简要的历史回顾表明，马克思主义关于社会主义制度下商品生产命运问题的理论，是随着社会主义建设实践的发展而向前发展的。所以，我们在研究这个问题的时候，既要坚持马列主义、毛泽东思想的基本原理，又要反对本本主义，要破除迷信，解放思想，将实践作为检验真理的唯一标准，认真研究新情况，解决新问题，把马列主义、毛泽东思想继续向前推进。

两个不同的命题不能混淆

本文原载于《贵州财经学院学报》1985 年第 3 期

    《中共中央关于经济体制改革的决定》（以下简称《决定》）指出：社会主义经济是"有计划的商品经济"。这一崭新的理论概括，是对传统的社会主义经济理论的一个重大突破，是对马克思主义政治经济学的一个重大发展。在学习、研究和贯彻《决定》的过程中，马洪同志在《经济研究》1984 年第 12 期《关于社会主义制度下我国商品经济的再探索》这篇文章里提出"社会主义经济是有计划的商品经济"和"社会主义经济是存在着商品生产和商品交换条件下的计划经济"是互相补充的命题；有了这两个命题的相互补充，"不仅有助于划清社会主义商品经济与资本主义商品经济的界限，也有助于消除把我国社会主义计划经济与落后的自然经济条件下的计划经济以及未来产品经济条件下的计划经济混为一谈的误解"。我认为，这个观点是值得商榷的。

    在党的十二届三中全会以前，有人曾经坚决反对用"社会主义经济是有计划的商品经济"这个提法，认为不能说社会主义经济是商品经济，因而落脚点不应该是商品经济，而应该是计划经济。在这种条件下，有些同志才暂时改用"社会主义经济是有商品的计划经济"，或者"商品生产的计划经济"，或者"存在着商品生产和商品交换条件下的计划经济"等提法。这些同志当然不是在肯定社会主义是计划经济的同时否定社会主义经济仍然是商品经济，不过是"有计划的商品经济"这个命题在特定条件下的特殊表达方式。《决定》在总结社会主义经济建设实践经验、吸收国内外经济理论研究成果的基础上，已经明确肯定社会主义经济是有计划的商品经济，所以今天则不宜再说有计划的商品经济与有商品的计划经济即"商品生产和商品交换存在条件下的计划经济"是相同的或互相补充的命题了。

    首先，从理论上讲，有计划的商品经济与有商品的计划经济是两个截然不同的命题：前者肯定社会主义经济在整体上都是商品经济，而后者只承认社会主义经济中存在商品生产和商品交换，而存在的范围是不确定的，尽管局部范围内存在或少量存在也是一种存在。除此之外，当然就意味着还存在一部分自然经济。前者肯定对社会主义经济有计划地领导、管理和调节，落实到整个社会商品经济活动上，而后者有计划地领导、管理和调节可以落实到社会主义经济中存在的那部分商品生产和商品交换活动上，也还可以落实到社会主义经济中存在的那部分自然经济活动上；前者肯定社会主义经济是计划经济，又是商品经济，是有计划的商品经济，后者则只承认社会主义经济是计划经济，并未肯定社会主义经济是商品经济。可见，"有计划的商品经济"与"有商品的计划经济"这两个命题的含义根本不同，不能相提并论。

其次，从社会主义经济发展的历史来说，有商品的计划经济在客观上早已存在。斯大林的《苏联社会主义经济问题》这部著作发表以前，可以说当时苏联实行的就是有商品的计划经济。当时客观上存在着商品生产和商品交换，又实行了计划经济，能够说那不是有商品的计划经济吗？斯大林明确肯定社会主义全民所有制和集体所有制之间存在着商品生产和商品交换关系之后，苏联实行的不也是有商品的计划经济吗？新中国成立以来客观上一直存在商品生产和商品交换，我们又实行了计划经济，虽然长时期内把社会主义经济作为一个大的自然经济来对待，但不能否认客观上是存在商品生产的，我们过去实行的不就是有商品的计划经济吗？如果说"有商品的计划经济"与"有计划的商品经济"是两个实质相同、相互补充的命题，那么，前几年我国经济理论界关于社会主义经济是不是有计划的商品经济的讨论，都是毫无意义的了；而且，《决定》肯定社会主义经济是有计划的商品经济，与以前早已实行的有商品的计划经济也就没有什么区别了；同时，"有计划的商品经济"这个理论概括也就没有什么意义了，不过是将"有商品的计划经济"这个提法变换一个说法而已，谈不上是对传统观念的突破和对马克思主义经济理论的发展了。

最后从我国现实情况来说，我国现在还是商品经济很不发达的国家，不仅存在商品生产和商品交换，而且还需要大力发展商品经济。正如《决定》所指出的："商品经济的充分发展，是社会经济发展不可逾越的阶段，是实现我国经济现代化的必要条件。只有充分发展商品经济，才能把经济真正搞活，促使各个企业提高效率，灵活经营，灵敏地适应复杂多变的社会需求。"《决定》还明确指出：社会主义经济是有计划的商品经济。这还肯定了商品关系是植根于社会主义经济本身的一种经济关系，是它所固有的一个重要属性。而"有商品的计划经济"的提法，则仅仅满足于"有商品"或"存在着商品生产和商品交换"，既未肯定商品关系是整个社会主义经济的固有属性，又不肯定发达的商品经济是社会主义经济发展的必然趋势。这也表明，它不能将"有计划的商品经济"作为实质相同、相互补充的命题看待。

"有计划的商品经济"这个命题，是否需要"有商品的计划经济"或"存在商品生产和商品交换条件下的计划经济"这个命题来补充，才"有助于划清社会主义经济与资本主义商品经济的界限"，才"有助于消除把我国社会主义计划经济与资本主义商品经济区别开来"呢？不必要！因为社会主义商品经济是有计划的，能够自觉保持整个国民经济重大比例关系的大体平衡，而不是资本主义社会那种无政府状态的商品经济；同时，它又和过去我们搞的有计划的自然经济和未来社会才可能搞的有计划的产品经济区别开来了，不需要什么补充，已经能清楚地划分它们各自的特点和相互的区别。如果用"有商品的计划经济"或"存在着商品生产和商品交换条件下的计划经济"这个命题来补充，反而会使它们各自的特点和相互的区别模糊起来。比如，"存在着商品生产和商品交换条件下的计划经济"，可以是存在一点或很不发达的商品生产和商品交换条件下的计划经济，那么，是否可以说社会主义商品经济和资本主义商品经济的区别，除了一个是"有计划的"、一个是"无政府状态"，还有一个商品生产和商品交换的发展程度的区别，一个只存在于社会经济的一个局部，一个则包括整个社会经济的全部呢？同时，"存在着商品生产和商品交换条件下的计划经济"与"落后的自然经济条件下的计划经济"的区别又在哪里？在一个自然经济占统治地位的社会里，在自然经济的缝隙中不是也可以存在一点商品生产和商品交换吗？假定一个社会是落后的自然经济，不存在一点商品生产和商品交换，那么一个社会是先进的自然经济，总该存在一点商品生产和商品交换，在这种条件下的计划经济，不就是"存在着商品生产和商品交换条件下的计划经济"吗？先进的自然经济条件下的计划经济与"存在着商品生产和商品交换条件下的计划"不应是一回事了吗？至于"有计划的商品经济"与"有计划的产品经济"的区别，本来就很清楚，更无须由"存在着商品生产和商品交换条件下的计划经济"这个命题来补充。

弄清社会主义经济是"有计划的商品经济"与"有商品的计划经济"或"存在着商品生产和商品交换条件下的计划经济"这两个命题的本质区别，绝不是简单的概念之争，而是关系到对社会主义经济性质和特点的认识，关系到整个经济体制改革的理论基础问题。两个命题的相同点是承认社会主义经济是计划经济，不同点则是一个承认社会主义经济是商品经济，一个则否认这一点。而这正是正确认识社会主义经济性质的关键所在。过去有人曾坚决反对谈社会主义经济是有计划的商品经济，但并不反对说社会主义经济是有商品的计划经济，这从反面也证明这两个命题是根本不同的。

　　社会主义经济是"有计划的商品经济"这个命题，既然已经能够科学地表达社会主义经济的性质和特点，那么以前在特定条件下出现的某些不够科学的命题，则应当有分析地予以肯定或否定，不宜简单地把它们同现在已经提出的科学命题搅在一起。这不仅无助于提高对社会主义经济是有计划的商品经济的认识，反而可能造成一些新的思想混乱。

论价值决定和价格体系的改革

本文原载于《财经科学》1986 年第 5 期

　　价值决定，是马克思的劳动价值学说的基本理论问题，也是经济学界长期以来存在争议的重要问题，同时还是我国当前进行价格改革中具有重大指导意义的现实问题。我们现在探讨这个问题，不仅有助于我们对马克思的劳动价值学说特别是价值决定的理论有一个正确的理解，而且将对我国价格改革提供一个科学的理论依据。

一

　　在价值决定问题上的讨论，基本上是围绕"另一种意义"的社会必要劳动时间是否参与价值决定问题展开的，所以本文主要探讨这个问题。对于认为只有"另一种意义"的社会必要劳动时间才决定价值的观点，只在本文的后面作一点简要的分析。马克思没有把"另一种意义"的社会必要劳动时间称为第二种含义的社会必要劳动时间。鉴于学术界许多同志都这样说，本文也暂时使用第二种含义的社会必要劳动时间这种说法。

　　主张第一和第二含义社会必要劳动时间共同决定价值（以下简称"共同决定"）或第二含义社会必要劳动时间单独决定价值（以下简称"二含单独决定"）的同志常常引用马克思和恩格斯的下列几段论述作为理论根据，并且断言马克思和恩格斯就主张共同决定或二含单独决定。所以，对价值决定问题的讨论，有必要从对马克思和恩格斯的几段论述的理解谈起。

　　第一，马克思在《资本论》第三卷上有这样一段话："价值不是由某个生产者个人生产一定量商品或某个商品所必要的劳动时间决定，而是由社会必要的劳动时间，由当时社会平均生产条件下生产市场上这种商品的社会必需总量所必要的劳动时间决定。"

　　主张共同决定的同志认为，上述这段话中，单个商品生产上所耗费的社会必要劳动时间是指第一含义社会必要劳动时间，符合某种社会需要的商品的总量所必要的劳动时间则是指第二含义社会必要劳动时间，说马克思也主张两种含义的社会必要劳动时间共同决定价值。

我认为，主张共同决定的同志的理解不一定符合马克思的论述的本意。前一个社会必要劳动时间无疑是指第一含义，而后一个必要劳动时间则不是第二含义社会必要劳动时间，而仅仅是前一个社会必要劳动时间的解释。马克思的话中所提到的"生产市场上这种商品的社会必需总量所必要的劳动时间"，是说这种分析是以供求平衡或一致为假定条件，即排除了供求关系的影响。没有两种含义社会必要劳动时间共同决定价值的意思。这里需要指出的是，上面引的那段话是马克思在《资本论》第三卷第三十八章研究级差地租问题时讲的，这里不是专门研究价值决定问题，而是对前面已经作过的研究进行简要的概括。如果说在《资本论》第一、二卷和第三卷的前三十七章都找不到关于共同决定的观点，怎么能单独用这段话证明马克思主张共同决定呢？同时，马克思在《资本论》第一卷中考虑商品的使用价值时，考察的是单个商品，所以假定这个商品能满足某种社会需要就可以了。在《资本论》第三卷第十章考察的是整个生产部门的产品，所以必须考察社会需要的量。因而在上述的那段话中从假定供求一致这个意义上提到社会必需总量，这是很自然的事，根本不存在马克思在这里突然主张共同决定的问题。

第二，恩格斯在批判洛贝尔图斯时说过这样一段话："如果他研究过劳动通过什么和怎样创造，从而决定价值并成为价值的尺度，他就会得出社会必要劳动——不论从个别产品对同类其他产品的关系上来说，还是从它对社会总的需求方面来说都是必要的劳动。"[①] 主张共同决定的同志认为，恩格斯的这段话明确地表达了两种含义的社会必要劳动时间共同决定价值的思想。其实，这段话指的是第一含义社会必要劳动时间决定价值，第二含义社会必要劳动时间决定价值的实现。如果联系这段话的上下文来研究，应该说是很清楚的。在这段话的前面，恩格斯说，洛贝尔图斯研究价值问题不考察生产商品所耗费的是个别劳动时间还是社会必要劳动时间，生产的商品是否为社会所需要，"或者虽然需要但却在数量上是多于

———————————
① 恩格斯.马克思和洛贝尔图斯［M］//马克思恩格斯全集：第21卷.北京：人民出版社，1965：216.

需要还是少于需要"①。在以私有制为基础的商品经济中，生产什么，怎样生产，生产多少，都由私人商品生产者决定。但是，对他来说，社会需要永远是一个未知数，所需要的对象无论是质量、品种，还是数量。生产和需要之间的矛盾是怎样解决的呢？恩格斯说："通过竞争解决。竞争又怎样解决问题的呢？非常简单，凡是品种、数量不符合当前社会需要的商品，竞争就使它们的价格落到它们的劳动价值之下，通过这种曲折的途径，使生产者感觉到，他们或者是生产了根本不需要的东西，或者东西本身虽然需要，但生产的数量已经超过需要，成为多余的了。"② 显然，恩格斯讲的是，凡是生产的商品的数量超过了社会必需的量，竞争就使价格降到价值之下。这是价值不能全部实现的问题，与价值决定无关。脱离上下文，孤立地用恩格斯的一段话，说恩格斯也主张共同决定，是缺乏根据的。

主张共同决定的同志认为，既然价值只是劳动的特定社会历史形式，是通过交换才能表现出来的社会劳动，因此它在量上也必定是符合社会需要的量，而不是任何一种个别的劳动量，并且首先不可能是社会所不需要的劳动量。社会不需要的劳动，就不是社会劳动，不论它的量多大，都不能形成任何价值。他们还引证恩格斯评论洛贝尔图斯的价值观念时的一段话：洛贝尔图斯不问"他们的劳动时间是耗费在生产社会必需的物品和生产社会需要的数量上，还是耗费在根本不需要的东西上，或者虽然需要但却在数量上是多于需要还是少于需要"，来证明他们的观点是和马克思恩格斯的观点相一致，都主张共同决定。事实上，恩格斯是讲，所生产的商品在数量上超过了社会需要，价格就降到价值之下。这就是说，超过社会需要的部分所耗费的劳动量，仍然是形成价值的，然后才存在价格落到价值之下的问题。不然，价格就和价值相一致了，怎么会出现价格降低到价值之下的问题呢？所以，要想从恩格斯评论洛贝尔图斯的话得出马克思和恩格斯都主张共同决定的观点，是很困难的。

第三，马克思在《剩余价值理论》中说过一段话：如果某个部门花费的社会劳动时间量过大，那么，就只能按照应该花费的社会劳动时间量来

---

① 恩格斯. 马克思和洛贝尔图斯 [M] //马克思恩格斯全集：第21卷. 北京：人民出版社，1965：212.

① 恩格斯. 马克思和洛贝尔图斯 [M] //马克思恩格斯全集：第21卷. 北京：人民出版社，1965：212.

② 恩格斯. 马克思和洛贝尔图斯 [M] //马克思恩格斯全集：第21卷. 北京：人民出版社，1965：215.

支付等价。因此，在这种情况下，总产品或者说总产品的价值就不等于它本身所包含的劳动时间，而等于这个领域的总产品同其他领域的产品保持应有的比例时按比例应当花费的劳动时间。

主张共同决定的同志认为这是马克思主张共同决定的有力证据。其实，马克思这段话之后接着讲的，还是花费在整个这一生产部门中的社会劳动总量过多了，超过必要量了，这个领域总产品的价格就降低到价值以下。如果说花费在某一生产部门的社会劳动总量超过按比例应当花费的劳动时间就不形成价值，那么，又怎么会出现价格低于价值的问题呢？如果说这里的价格低于价值的论述是正确的，那么，又怎么能说两种含义社会必要劳动时间共同决定价值呢？

总之，如果将马克思和恩格斯的某些论述孤立起来看，似乎可以理解为他们主张共同决定。但是，联系上下文来看，马克思和恩格斯的基本思想则不是主张共同决定。

二

主张共同决定的同志为了论证自己的观点，强调创造价值的劳动是社会劳动，是被社会承认了的劳动，从而认为超过社会需要总量的劳动时间不是社会劳动，不创造价值，因而价值是两种含义的社会必要劳动时间共同决定的。这种看法也值得商榷。

这里的问题不在于创造价值的劳动不是私人劳动而是社会劳动这个观点本身，而在于对社会劳动应该怎样理解。我认为，创造价值的社会劳动是抽象的一般人类劳动，是区别于具体劳动的人类劳动，是使商品能够或可以由一种使用价值转化为另一种使用价值的劳动，是为了满足社会某种需要而耗费的可能被社会承认的劳动，并不一定是已经为社会所承认的劳动。因为：

第一，马克思认为："价值规定就是劳动时间在商品生产中特殊地表现出来的社会劳动。"① 这个社会劳动是指什么呢？马克思说："生产者的私人劳动真正取得了二重社会性质。一方面必须作为有用劳动来满足一定的社会需要……另一方面，只有在每一种特殊的有用的私人劳动可以同任何另一种有用的私人劳动相交换从而相等时，生产者的私人劳动才能满足

---

① 马克思，恩格斯. 马克思恩格斯全集：第26卷（第3分册）［M］. 北京：人民出版社，1972：145.

生产者本人的多种需要。完全不同的劳动之所以能够相等，只是因为它们的实际差别已经抽出，它们已被化为它们作为人类劳动力的耗费，作为抽象劳动所具有的共同性质。"① 这表明，创造价值的社会劳动是一种有用的私人劳动，可以同另一种有用的私人劳动相交换从而相等，而并不是说这种交换已经发生。

第二，价值可以通过一定形式相对地表现出来，如通过货币。商品的价值以货币形式表现出来即为商品的价格。商品有了价格，并不等于已经卖出、已经被社会所承认。但是，在用货币表现商品价值时，前提是商品已经具有价值。马克思说："要使商品能把它们的交换价值独立表现在货币上，表现在第三种商品，即特殊的商品上，其前提是已经存在商品价值。"② 如果说已经被社会承认了的劳动才算社会劳动，才创造价值，那么，一切待售商品所标的价格都不是以价值为基础的了。

第三，退一步说，商品已经卖出，已被社会所承认的劳动为社会劳动，在以货币为媒介的商品交换中，商品可以高于价值的价格出售，也可以等于价值的价格出售，还可以低于价值的价格出售。社会所承认的这种商品的劳动量和生产它所耗费的社会必要劳动时间量之间可以出现一定的差额。在这种情况下，能说商品供不应求时同一数量的第一含义社会必要劳动时间创造了更大的价值吗？商品供过于求时同一数量的第一含义社会必要劳动时间只创造了较小的价值吗？其实，商品的价值是商品生产者在生产过程中所耗费的劳动的物化或对象化。流通中供求的变化并不会改变已对象化在商品中的社会必要劳动量。

主张共同决定的同志所谓被社会承认了劳动才算社会劳动，才创造价值的观点，首先是把价值决定和价值实现这两个有区别的问题混为一谈了，似乎没有实现的价值就是没有价值。同时，也把以私有制为基础的商品生产中的私人劳动和社会劳动混为一谈了，好像未被社会所承认的劳动既不是社会劳动，也不是商品生产中的私人劳动，如果是已经被社会所承认的劳动当然是社会劳动，同时也才是商品生产中的私人劳动。这样，私人劳动和社会劳动真正是合二为一了，因为把未被社会所承认的劳动排除在社会劳动之外，从价值上说是把未能实现或未能全部实现的价值排除在

---

① 马克思. 资本论: 第1卷 [M]. 北京: 人民出版社, 1953: 90.

② 马克思, 恩格斯. 马克思恩格斯全集: 第26卷（第3分册）[M]. 北京: 人民出版社, 1972: 144.

已经形成的价值之外，那么，私人劳动都已经转化为社会劳动，创造的价值都是已经实现了的价值，以私有制为基础的商品生产中所特有的私人劳动和社会劳动的矛盾已经不存在了。这是不符合以私有制为基础的商品经济的客观实际的。

三

马克思指出："社会劳动时间可分别用在各个特殊生产领域的份额的这个数量界限，不过是整个价值规律进一步发展的表现，虽然必要劳动时间在这里包含着另一种意义。"① 在价值决定问题上，共同决定论、二含单独决定论都引用这句话作为论据，说他们的观点就是马克思的观点。所以，有必要讨论对这句话应该作何理解才是正确的。

马克思讲社会劳动时间在不同生产领域的分配问题时，首先指出：地租存在的主观条件，是"直接生产者的劳动时间，必须超过再生产他们的劳动力即再生产他们本身所必需的劳动时间"②。这里提出了第一个"必需的劳动时间"。马克思进一步考察认为"食物生产是直接生产者的生存和一切生产的首要条件"，指出：生产食物的全部劳动，"对社会来说，它所代表的，只是生产食物所必需的劳动"③。这里又提出一个社会"必需的劳动"。马克思更进一步地考察指出：在社会分工条件下，生产某种特殊物品，满足社会对特殊物品的一种特殊需要的劳动，也是必要的劳动。正是在这个基础上提出所谓第二含义的社会必要劳动时间问题，即社会劳动时间在不同生产领域的分配问题。

对于社会劳动时间在不同生产领域的分配问题，马克思指出：为满足社会需要（在商品经济条件下是指市场上出现的需要，下同）要求每一种商品的生产只使用必要的劳动时间。"如果社会分工按比例进行，不同类产品就按它们的价值出售。"④ 为满足社会需要，还要求在社会总劳动时间中，也只把必要的比例量使用在不同类的商品上，条件仍然是使用价值。这里讲的是社会产品总量的使用价值，是指它能满足社会对每种特殊产品的特定数量的需要，所以要根据它把社会总劳动时间按比例地分配在不同

---

① 马克思. 资本论：第3卷 [M]. 北京：人民出版社，1953：717.
② 马克思. 资本论：第3卷 [M]. 北京：人民出版社，1953：715-716.
③ 马克思. 资本论：第3卷 [M]. 北京：人民出版社，1953：717.
④ 马克思. 资本论：第3卷 [M]. 北京：人民出版社，1953：716.

生产领域。

社会按比例分配社会总劳动时间与价值的关系，仍然是社会产品总量的使用价值超过了社会需要的量，用于生产这种产品的劳动时间过多，所形成的价值中多出的部分就不能实现。正如马克思说的："这不过是已经在单个商品上表现出来的同一规律，也就是，使用价值，是它的交换价值的前提，从而也是它的价值的前提。这一点，只有在这种比例的破坏使商品的价值……不能实现。"

"社会劳动时间可分别用在各个特殊生产领域的份额的这个数量界限，不过是整个价值规律的进一步发展的表现。"我对这段话是这样理解的：价值规律包括两个方面——一方面是价值决定，另一方面是价格决定。这两方面就构成整个价值规律。它既是商品生产规律，又是商品流通的规律。价值规律的一个重要作用，就是调节生产和流通，使社会生产和社会需要相适应。这是以私有制为基础的商品经济中解决社会生产与社会需要之间的矛盾的唯一可能的途径。至于说到"整个价值规律进一步发展的表现"是社会劳动时间可分别用在各个特殊生产领域的份额的这个数量界限，就是指价值规律通过自发作用来实现的社会劳动的按比例分配，发展为通过社会的自觉运用来实现按比例分配社会劳动。正如马克思所说："社会在一定生产条件下，只能把它的总劳动时间中这样多的劳动时间用在这样一种产品上。"这对以私有制为基础的商品经济来说，是根本办不到的，但对于公有制经济来说，则非这样办不可。

总之，马克思说的整个价值规律的进一步发展，丝毫不包括由第一含义的社会必要劳动时间决定价值发展为第一和第二含义的社会必要劳动时间共同决定价值的意思，更不包括由第一含义的社会必要劳动时间决定价值发展为由第二含义的社会必要劳动时间决定价值的意思。

四

关于价值决定问题的讨论，绝非纯粹的学术之争，它为我国目前价格改革提供了一个正确的理论依据，使我们能够正确认识和运用价值规律，为社会主义经济建设服务。

基于上面对价值决定问题的理解，我认为我国在价格改革中使价格既反映价值，又反映供求关系，就是正确地依据和运用了价值规律的要求，而无须借助于共同决定论和二含单独决定论。因为，价值规律就是商品的生产和交换都必须符合商品的社会价值的规律。它包括商品的价值由生产该商品所耗费的社会必要劳动所决定，商品的交换要以价值为基础，贯彻等价交换的要求，同时反映供求关系的变化。价格反映价值，很明显，这是符合价值规律要求的，价格反映供求关系，同样符合价值规律的要求。因为在供求不平衡的情况下，价格高于或低于价值，但是，从长时期的平均价格来看，价格和价值是相符合的。而且，即使从一个较短的时期来看，供求不平衡使价格高于或低于价值，随之而引起该商品的生产规模的扩大或缩小，使生产条件向"低位"或"高位"发展，这就会使原来高于或低于价值的价格，变成和已经发生变化的价值量相接近或相一致。

在社会主义商品经济中，价格既反映价值，又反映供求，对社会主义经济发展有着十分重大的意义。我国进行社会主义经济建设，发展社会主义经济，必须解决好两个问题：一是要大力发展社会生产力，以较小的劳动耗费生产越来越丰富的社会产品，以不断满足人民群众日益增长的物质和文化生活的需要；二是要经常保持社会生产和社会需要之间的平衡——不仅要求总量上平衡，而且要求结构上平衡，这才能更好地发展生产、满足人民群众的物质文化生活需要。这两个问题，都必须通过自觉依据和运用价值规律来解决。而价格既反映价值，又反映供求，是正确解决这两个问题的关键。因为，价格所反映的价值，是社会价值而不是个别价值，这就能利用个别价值同社会价值之间的矛盾，促进各个商品生产者改进生产技术，改善经营管理，降低商品的个别价值，从而促进社会生产力的发展。价格既反映价值，又反映供求，供不应求的商品，价格适当提高；供过于求的商品，价格适当降低。通过价格的升降，必将促使社会劳动在各个生产部门之间的分配，按社会需求的变化进行调整，使社会生产更好地和社会需求相适应。而在流通中，价格反映价值和供求，在供求不平衡时，通过价格的升降变化，可以增加或减少供给，抑制或扩大需求，从而在供给和需求之间建立起一个相对的平衡。

可见，价格反映价值和供求，正确地体现了马克思主义的劳动价值学说，符合价值规律的要求，又有利于社会主义经济的发展。它就是目前进行的价格改革的一个理论依据，又是价格改革的一个重要的指导思想，而无须借助于第一和第二含义的社会必要劳动时间共同决定价值的理论，更不必借助于所谓第二含义的社会必要劳动时间决定价值的理论。

试论社会主义初级阶段最基本的
经济特征

本文原载于《财经科学》1987 年第 6 期

一

在党的十一届三中全会重新恢复和确立实事求是、从我国国情出发的马克思主义路线之后，中共中央于 1981 年作出的《中共中央关于建国以来党的若干历史问题的决议》首次指出了"我们的社会主义还处于初级的阶段"。1982 年，党的十二大政治报告重申了这一观点。1986 年，党的十二届六中全会通过的《关于社会主义精神文明建设指导方针的决议》，对社会主义初级阶段问题作了进一步的阐述。在党的十三大政治报告中，把我国正处在社会主义初级阶段这个问题摆在中心的地位，作了全面深入的论述，并作为我们现在所采取的方针政策、确定社会主义经济的发展战略和经济体制改革的方向等的基本立足点和出发点。我们党这样反复强调和充分肯定我国正处于社会主义初级阶段，是具有重大的理论意义和实践意义的。

首先，提出社会主义有一个初级阶段，就是对马克思主义关于共产主义、社会主义发展阶段划分理论的一个重大发展。马克思根据辩证唯物主义和历史唯物主义科学地把共产主义社会形态划分为共产主义的低级阶段——社会主义和共产主义的高级阶段——共产主义。列宁发展了马克思主义，提出了社会主义社会也可以划分为几个发展阶段，并且提出了有一个发达的社会主义阶段。当然，与社会主义发达阶段相对应，还有一个社会主义不发达阶段。列宁也曾提到一个初级形式的社会主义，但那是指的从资本主义到社会主义的过渡时期，和我们党指出的我国现在所处的社会主义初级阶段有本质的区别。我们党提出的社会主义初级阶段，不同于过渡时期，而是比一般的社会主义不发达阶段更低的一个阶段。这就在共产主义、社会主义发展阶段划分理论上丰富和发展了马克思主义。

其次，充分肯定我国正处于社会主义初级阶段，是新中国成立以来进行社会主义革命和建设的历史经验的科学总结。新中国成立以来，特别是生产资料私有制的社会主义改造基本完成之后，在相当长的时期内，我们对我国正处于社会主义的什么阶段总是估计过高，对于建成社会主义以至最终进入共产主义的长期性、艰巨性总是估计不足。正是在这种思想指导下，在社会主义革命和建设中，急于求成，急于求"纯"，企图在一个早上实现社会主义公有制经济以至全民所有制经济的"一统天下"，结果搞了"穷升级""割尾巴"等许多蠢事，给社会主义事业带来了严重的危害。现在，实事求是地确认我国正处于社会主义的初级阶段，而且这是一个相当长的、绝非转瞬即逝的历史发展阶段，这无疑是对我国历史经验的科学总结。它表明我们的主观认识更符合我国的客观实际，是认识上的重大进步。

最后，确认我国正处于社会主义初级阶段，是正确制定经济发展战略、方针政策、决定经济体制改革方向等的基本依据。过去，在社会主义建设中，认为公有化程度越高越是搞社会主义，反之，就是搞资本主义；坚持计划经济是搞社会主义，发展商品经济就是搞资本主义；坚持按劳分配是搞社会主义，允许非按劳分配形式存在就是搞资本主义。这种"左"的观点在理论上的一个重要根源，就在于不知道我国还处于社会主义的初级阶段。前一段时间，有些人又主张我国实行全盘西化，他们又忘了我国早已进入社会主义社会。这些观点，对社会主义改革和建设都是有害的。确认我国正处于社会主义初级阶段，由此出发来制定发展战略、方针政策、经济体制改革的方向、政治体制改革的原则等，就能够防止和克服偏差，不断推动社会主义事业顺利前进。

二

要正确认识社会主义初级阶段最基本的经济特征，必须对我国社会主义初级阶段的含义有一个正确的理解。

肯定我国处于社会主义初级阶段，它不同于一切社会形态刚诞生之后都有的一个初级阶段，也不同于一般社会主义国家刚进入社会主义社会之后都必须经历的社会主义不发达阶段。因为，一切社会形态的初级阶段以及社会主义不发达阶段，在经济上的最基本的特征都可以简单地概括为

"不纯"，即除基本的生产资料所有制形式和分配形式之外，还会存在其他的所有制形式和分配形式。例如，在社会主义不发达阶段，除社会主义公有制和按劳分配形式之外，还会存在许多非社会主义所有制和非按劳分配形式。这种"不纯"不能充分揭示我国社会主义初级阶段的本质特征。

社会主义初级阶段是专指我国现在所处的社会主义的一个发展阶段，它是由我国特殊的历史条件和社会条件决定的，是必须经历而且不可逾越的阶段。这个特殊的历史条件和社会条件就在于中国进入社会主义，不是脱胎于资本主义，而是脱胎于半殖民地半封建社会，由此产生了生产力、生产关系和上层建筑的一系列特点。正是这一系列的特点，构成了我国目前所处的阶段是社会主义初级阶段。确认我国正处于社会主义初级阶段，表明了两个要点：一是肯定我国已经是社会主义，不能搞全盘西化，不能退回去搞资本主义；二是肯定我国还是初级阶段的社会主义，还不能搞合格的社会主义或马克思和恩格斯所设想的那种社会主义。也就是说，经过社会主义初级阶段之后的下一个发展阶段，才能搞合格的社会主义，才是合格的或马克思和恩格斯设想的社会主义。

三

考察社会主义初级阶段最基本的经济特征，我认为还是要从生产关系特别是生产资料所有制关系上进行。因为，划分各个社会经济形态及同一社会经济形态的不同发展阶段的根本标志是生产关系，而不是生产力。同时符合客观要求的生产关系取决于生产力发展水平，又反映了生产力的状况。所以，将生产关系作为划分不同社会经济形态和同一社会经济形态的不同发展阶段的标志，并没有排斥生产力的最终决定作用。还有，说社会主义初级阶段的经济特征，是指它为这个阶段所特有。如果用生产力作为划分阶段的标准，那么，我国现在的生产力水平在某些资本主义国家的历史上曾经有过，现在世界上有的国家生产力水平也和我国现在差不多，怎么能说生产力水平低是社会主义初级阶段的特征呢？

目前经济学界一般认为，社会主义初级阶段最基本的经济特征，就是社会主义公有制和按劳分配的不成熟、不完善，以及除公有制和按劳分配之外，必然存在多种经济成分、多种经营方式和非按劳分配。这种认识当然有一定的道理，但也还有些问题。例如，公有制和按劳分配的成熟与不成熟、完善与不完善，是一个相对的概念，缺乏质和量上确定的界限。如果说社会主义初级阶段公有制和按劳分配不成熟、不完善，在社会主义下一个发展阶段就能够说公有制和按劳分配完全成熟和完善吗？如果说社会主义初级阶段还存在着多种经济成分、多种经营方式和非按劳分配，在社会主义下一个发展阶段就能够说除公有制和按劳分配以外，就不存在多种经济成分、多种经营方式和非按劳分配了吗？

1986 年 9 月 28 日，党的十二届六中全会通过的《中共中央关于社会主义精神文明建设指导方针的决议》指出："我国正处在社会主义的初级阶段，不但必须实行按劳分配，发展社会主义的商品经济和竞争，而且在相当长历史时期内，还要在公有制为主体的前提下发展多种经济成分，在共同富裕的目标下鼓励一部分人先富裕起来。"我认为这一段论述，科学地阐明了社会主义初级阶段最基本的经济特征。这是因为：

第一，生产资料公有制是社会主义和共产主义的共同特征。所以在分析社会主义社会（包括社会主义初级阶段）基本经济特征时，没有提公有制问题。

第二，按劳分配和社会主义商品经济与竞争，是整个社会主义社会基本经济特征。它既不存在于共产主义社会，又非社会主义初级阶段所特有，所以它不构成社会主义初级阶段的基本经济特征。

第三，真正成为社会主义初级阶段最基本的经济特征的，是"在公有制为主体的前提下发展多种经济成分，在共同富裕的目标下鼓励一部分人先富裕起来"。这就是说，要"两坚持"：一要坚持公有制为主体，二要坚持共同富裕的目标。"三发展"：一要发展多种经济成分，二要发展多种性质的商品经济，三要发展多种分配形式。这三个方面的发展是密切联系的，发展多种经济成分，必然要相应地发展多种性质的商品经济，也必然要相应地发展多种分配形式，这也就是鼓励一部分人先富裕起来。

上述特征的具体表现是：

（1）在以公有制为主体的前提下发展多种经济成分。

首先是占主体地位的公有制经济的发展。因为，公有制经济不仅是社会主义初级阶段多种经济成分中的一种成分，而且是主要的经济成分。公有制经济的发展包括公有制的两种基本形式的存在和发展。农村基本生产资料的集体所有和部分生产资料的农户所有，集体统一经营和农户分散经营结合的形式将适应生产力发展的要求而发展，特别是全民所有制企业还会有大的发展。全民所有制企业特别是大中型国有企业，生产资料的单纯国家所有、各企业经营，将发展为生产资料的所有关系上国家占大头、企业占中头、职工占小头的格局，实现企业完全自负盈亏，使国家、企业、个人三者在生产资料所有关系上实现"一荣俱荣，一损俱损"。实现这种关系的途径，当然不是对现在归国家所有的生产资料化大公为小公，化公为私，而是企业以自留利润进行投资而形成的资产，一部分划归国家所有，一部分划归企业所有，使企业所有资产和国有资产的增长形成一种水涨船高的关系，从而保证国有资产在企业全部资产中始终占主体地位。同时，通过吸收职工入股，形成职工个人对企业资料的占有，实现列宁所说的把国民经济的一切大部门建立在个人利益的关心上面，从而充分调动全体职工的积极性和创造性，增强企业活力。

其次是非社会主义经济成分的发展。这是指不仅要发展劳动者个体所有制经济，还要发展外国资本主义所有制经济以及有雇工的私营经济。个体所有制经济主体是指从事农业、工业、商业、服务业等的个体劳动者。中外合资、合作经营的企业中外商投资的部分以及外商独资经营企业的投资，则属于外国资本主义所有制经济。国内私人雇工经营的企业则是有雇工的私营经济。这些非社会主义经济成分的发展，对于实现资金、技术、劳力的结合，尽快形成生产力，对发展生产，繁荣市场，方便人民生活，扩大就业等，在相当长的历史时期内都有积极的不可代替的作用。在生产力水平还很低的社会主义初级阶段，需要发展非社会主义经济成分，作为公有制经济的补充。过去我们追求纯粹的社会主义公有制，使非社会主义经济成分几乎绝迹。党的十一届三中全会之后，非社会主义经济成分虽然有所发展，但在整个国民经济中所占比例仍然很小。根据 1985 年年底的统计，从我国劳动者从所有制类型来看，城镇个体劳动者仅占 0.9%，各种外商合资企业职工仅占 0.1%。从这种实际状况看，在社会主义初级阶段对非社会主义经济成分也需要发展。中央领导同志在 1987 年 9 月同十名最佳农民企业家座谈时指出："在社会主义制度下，个体企业和私营企业是同强大的社会主义经济联系在一起的，在发展社会主义商品生产中，同样能起到应有的作用，在我们国家是允许的、合法的。"还说："你们是最佳农民企业家，希望通过你们的实际行动和榜样的作用，让更多的农民企业家成长起来，为发展农村经济贡献自己的力量。"这里强调个体企业、私人企业是国家允许的、合法的，还希望更多的包括经营个体企业、私人企业的农民企业家成长起来，不就是在鼓励非社会主义经济成分的发展吗?!

最后，发展混合型经济。随着不同经济成分之间横向联合的发展，混合型经济必然会有大的发展。这包括国家所有制企业与集体的混合，以及中外混合等。今后许多企业将不再是某种单一的所有制形式，而是多种所有制的混合体。对某一个企业只能以占主体地位的所有制形式来说它是什么所有制形式的企业。

（2）在社会主义商品经济为主体的条件下发展多种性质的商品经济。

这里所说的多种性质的商品经济，既包括以公有制为基础的社会主义性质的商品经济，也包括以私有制为基础的非社会主义性质的商品经济。发展多种经济成分，在社会分工和生产社会化已经有一定程度发展的今天，必然引起各种性质的商品生产和商品交换的发展。而多种性质的商品经济的发展，由于商品经济运行规律即价值规律的作用，又会促进多种经济成分的发展。

我国是生产力水平低、商品经济极不发达的国家。要大力发展社会生产力，必须充分发展商品经济，利用商品的社会价值和个别价值的矛盾，促使每一个商品生产者改进生产技术，改善经营管理，推动社会生产力的发展。

发展多种性质的商品经济，必须以社会主义商品经济为主体。只有这样，才能保持社会主义初级阶段商品经济的基本的社会主义性质。保持社会主义商品经济的主体地位，关键是要保证社会主义公有制经济在多种经济成分发展中的主体地位，因为商品经济的性质，归根到底是由所有制的性质决定的。

（3）在共同富裕的目标下，发展多种分配形式，鼓励一部分人先富裕起来。

所谓多种分配形式，包括按劳分配、个体劳动者劳动收入、按资分配等。由于社会主义初级阶段也是以公有制为主体，所以按劳分配也就必然成为主要的分配形式。当然，全民所有制为主的企业的劳动者的收入，不纯粹是按劳分配收入，而将是一部分取决于劳动者向企业提供的劳动数量和质量，一部分取决于企业经营状况，还有一部分来自投入企业的股金分红。农村集体包含着按劳分配因素，一部分又属于劳动者自劳自得。至于几种非社会主义经济成分，又各自有与之相应的分配形式。

当然，"三发展"是有限度的。这个限度就是：①要保证公有制经济的主体地位。对全社会来说要保证公有制经济的主体地位，并不排斥某些局部地区和部门非公有制经济占较大比重。在全民所有制经济内部来说，要保证国家所有的生产资料占主体地位，并不排斥个别部门、行业、企业归企业和职工个人所有的生产资料占较大比重。②要有利于生产的发展和人民生活水平的提高。例如，多种性质的商品经济的发展，都要遵纪守法，诚实守信，不能采取非法手段坑害国家、坑害用户、坑害消费者。③要坚持共同富裕的目标。多种经济成分、多种性质的商品经济和多种分配形式的发展，必然在集体、个人之间的收入上出现较大的差别，就要求在既保持必要的差别又不至于过分悬殊的前提下，对某些过大的差别进行管理和调节。

社会主义初级阶段的基本经济特征是在"两坚持"的前提下进行"三发展"，表现为人们的主观认识，但这种主观认识是反映了我国现阶段的客观实际的，归根到底是反映了生产关系一定要适合生产力发展的客观规律的。中国革命的胜利，是在一个落后的半殖民地半封建国家取得的。新中国成立前，生产力水平很低，而且在地区之间发展得很不平衡，小生产占优势，农村经济处于自给、半自给状态，商品经济远未充分发展，经济文化落后。经过三十多年的社会主义建设虽然已取得了巨大成就，但生产力水平仍然远远低于发达的资本主义国家。在这种生产力水平上，社会主义公有制不能搞得太纯，公有化程度不能搞得太高，非社会主义经济成分还需要存在和发展。所以"两坚持"前提下的"三发展"，是生产力发展的要求。同时，过去在"左"的思想指导下，以为只要不断变革生产关系，就可以"跑步进入共产主义"，以为把社会主义公有制搞得比较纯，把公有化程度搞得比较高，就能推动社会生产力的发展，而结果却相反。所以，现在实事求是地承认我国现阶段生产力状况，也应该在"两坚持"的前提下"三发展"。只有这样，才能发展我国社会生产力，否则，发展生产力就会成为一句空话。

社会主义初级阶段最基本的经济特征和从资本主义到社会主义的过渡时期的特征的区别是十分明显的：前者是公有制为主体，后者则不是；前者公有制经济与非公有制经济之间是主体与补充关系，后者在社会主义经济和非社会主义经济之间还存在"谁战胜谁"的问题。

社会主义初级阶段最基本的经济特征和社会主义初级阶段的下一个、再下一个发展阶段，或者称为社会主义不发达阶段、发达阶段的特征也有区别。社会主义初级阶段是在公有制为主体、共同富裕为目标的前提下，发展多种经济成分、多种性质的商品经济、多种分配形式，而在社会主义不发达阶段进而走向发达阶段，非社会主义经济成分、非社会主义性质的商品经济及非社会主义分配形式则是随着生产力的高度发展而逐步走向消失。

社会主义初级阶段最基本的经济特征，一是"两坚持"，二是"三发展"，这两个要点，是和党的十一届三中全会以来路线的两个基本点——一是坚持四项基本原则，二是坚持改革、开放、搞活密切联系的。如果我们确实根据社会主义初级阶段最基本的经济特征的客观要求，制定和执行正确的方针政策，改革经济体制和政治体制，制定正确的经济发展战略等，就一定能大大发展我国社会生产力，把社会主义事业不断向前推进。

重新认识计划和市场的关系

袁文平　吴天然

本文原载于《理论与改革》1988 年第 1 期

　　党的十三大报告为我们勾画出有计划商品经济新体制的基本特征，就是计划与市场的内在统一。这样看来，重新认识计划与市场的关系，明确计划与市场的作用范围，阐明现阶段计划与市场结合的新形式，从而理解新的经济运行机制的总体特征，既是深入理论探讨的必要，也有助于经济体制改革的深入发展。

一

　　长期以来，我们都认为社会主义国家要利用计划，资本主义国家则离不了市场机制的作用。但是，现实的情况是，资本主义国家也有制定和实施经济计划的必要，社会主义国家也需要利用商品货币关系，需要市场。那么，怎样认识计划与市场同社会制度的关系呢？其实，如果我们不是只看到马克思主义创始人的个别结论，而是运用辩证唯物主义和历史唯物主义的原则和方法去考察这一问题，我们就会看到，市场和计划都不具有社会经济制度方面的属性，更不是相互对立的，它们是以社会化大生产为基础的现代商品经济的客观需要。

　　首先，市场是商品经济的必然产物，市场机制和市场调节是任何性质的商品经济都必须利用的手段和方法。马克思主义认为，市场、市场机制和市场调节是与社会分工、商品生产联系在一起的，资本主义经济和社会主义经济是两种不同性质的商品经济，社会分工和商品生产是它们的必然前提，无论是资本主义商品经济，还是社会主义商品经济，都离不开市场这个基础，市场机制的存在和市场调节的作用是谁都否认不了的客观事实。我们既然已经认识到社会主义经济是商品经济，我们就不必讳言市场、市场机制、市场调节的存在及其对经济生活的调节作用。更进一步说，要发展社会主义商品经济，就必须遵循商品经济的客观规律，利用它们（譬如说价值规律、竞争规律、供求规律、商品流通规律、货币流通规律等）来为社会主义建设服务，发挥市场机制调节生产、流通、分配和消费的作用，促使商品产销对路，分配大体合理，加速资金局转，提高产品质量和经济效益，促进社会生产力的发展和人民物质文化生活水平的改善。

市场是随着商品经济的发展而不断发育、成长起来的，我国商品经济不发达，市场也不发达。因此，对我们来说，利用市场机制和市场调节的作用是个崭新的课题，认识上需要不断发展和深化。随着经济体制改革的深入和商品经济的发展，各类社会主义市场将会越来越趋于完善和壮大，商品货币关系活动的范围将日益扩大和深化。因此，我们必须根据社会主义市场发展的客观情况，逐步学会主要运用间接调控手段，包括运用经济手段、法律手段去有效地组织市场和引导市场。我们必须承认，处于初期发育阶段的市场是存在很多问题的，以间接管理为主的宏观经济调节体系仍未健全，使市场固有的盲目性更加明显地暴露出来，但是，我们应当看到，通过实践，正确认识和利用经济规律，社会主义市场是可以驾驭的。随着宏观经济管理方式的改善和企业活力的增强，市场机制和市场调节将在一个"管而不死、活而不乱"的经济环境下发挥作用，社会主义市场将会逐步向开放、有序的方向发展。

其次，计划是社会化大生产必须利用的调节手段和方法，制订经济计划和进行计划调节是现代社会经济发展的客观需要和逻辑结论。马克思主义创始人都曾提到过计划调节在现代化大生产条件下的必要性和可能性。在现代社会中，一方面，社会生产力水平的迅速提高，使生产社会化得到了突飞猛进的发展，国民经济各部门、各地区、各单位的分工协作形成了一个相互制约、相互依存的有机整体。为了使经济生活协调发展，从而更有效率，要求在时间上、空间上相互密切配合，以及经济运行和宏观经济管理有一套基本的规则和明确的目标，这就必须制订经济计划和进行计划调节。另一方面，现代社会科学技术的发展，特别是信息、电子业的出现和发展，交通运输、邮电业的迅速现代化，也为一个国家有计划地调节和控制宏观经济提供了物质条件，使微观经济运行情况能够很快地传达汇集起来，使宏观经济管理中枢能够迅速了解经济运行的状况和存在的问题，并及时采取有效的措施加以调节，从而使经济生活的发展大体上符合预定的目标，这就使经济计划的制订及施行计划调节有了现实的可能性，并使得政府有必要也有可能利用计划手段和方法对宏观经济实行有计划的调节、控制和管理。

由此看来，计划和市场都是以社会化大生产为基础的商品经济的管理手段与方法。那种认为只有社会主义经济才有计划管理，资本主义经济则只有市场、市场机制和市场调节的观点，不符合经济生活的实际情况，带有主观性和片面性。从世界上绝大多数国家的情况来看，尽管它们在市场开放的范围、计划管理的程度以及具体的管理方法等方面存在着差别，但是都没忘记计划调节和市场调节这两种手段和形式的作用。当然，这并不意味着这些国家在基本经济制度方面发生了变化。我们知道，一个国家的社会经济性质，是由这个国家占主导地位的所有制关系决定的。资本主义商品经济与社会主义商品经济的本质区别，不在于具体的经济运行方式和管理手段，也不在于是否实行和在多大程度上实行计划调节或市场调节，而在于它所依据的所有制基础。资本主义国家利用了计划调节，并没有改变资本主义经济制度的性质；我们利用了市场机制和市场调节，也不会改变我国社会主义经济制度的性质，而只会使社会主义经济管理体制和管理手段趋于完善，只会有利于社会生产力的发展和人民生活水平的提高。不但如此，在社会主义条件下，由于实行了生产资料公有制，可以更好地把国民经济各部门、各地区、各企业组织成为一个有机的统一整体，有可能在利用计划调节和市场调节的手段和方式上做得更有成效。即是说，社会主义商品经济有可能更好地利用市场机制和经济计划的作用，使全社会保持国民经济的协调发展，从而比资本主义商品经济发展得更快。这是社会主义优越性的一个重要表现。不过，这在目前仅仅只是一种可能性，要使它成为现实，还必须通过改革，学会正确地利用市场机制和采用更为适宜的计划手段与方法，必须通过艰苦的努力才能达到。

二

社会主义经济是有计划的商品经济，社会主义计划和市场的作用范围当然也都是覆盖全社会的。那种把计划和市场当成两个互不相联的板块，认为一部分企业和产品的生产、流通和分配通过计划进行，另一部分则只与市场有关的观点，既不符合社会主义经济的实际，也不利于社会主义经济的发展。

我们知道，计划和市场都是有计划商品经济发展的客观需要。要使经济生活能够协调、有序地发展，正确处理好国家与企业、企业与企业、企业与个人之间的利益关系，一方面，各种消费资料生产的比例要符合人们对各种消费资料的需要，各种生产资料的生产的比例要符合制造消费资料对各种生产资料的要求，分配领域、流通领域的比例也要符合社会需要，这就需要充分利用计划和计划调节的作用；另一方面，这些比例关系的平衡和实现还必须充分考虑市场和市场机制的作用，不但那些直接通过自由交易才能进入消费领域的产品需要市场，必须接受价值规律，供求规律等的调节，而且那些直达供货或中转供货的产品，也有一个买卖问题，也需要市场，并接受价值规律、供求规律等的调节。我们可以这样说，在有计划的商品经济中，任何企业和产品实际上都在接受市场和计划的调节，离开这两种形式和手段的作用，社会经济生活就不可能健康发展。

过去对计划和市场的作用范围认识不清，一个重要原因在于对计划、市场存在着理解上的失误，这些失误主要是：第一，把计划和指令性计划等同起来，把这种计划当成社会主义经济计划主要的甚至唯一的形式。其实，指令性计划只是产品经济的产物，它在我国的实行和推广有很多原因。其一，它是传统经济理论的必然的实现形式。这种理论认为，在生产资料公有制基础上，不存在各种利益群体之间的利益差别和矛盾，而只有经济利益上的一致性，因而认为计划的集中性和指令性是区别于资本主义计划调节的根本标志，并且也是社会主义优越性的重要体现。其二，它是学习苏联计划管理体制的结果。俄国十月革命胜利以后，迫于当时帝国主义封锁和国内战争的形势，从迅速恢复国民经济和形成强大的防御能力出发，苏维埃俄国及以后的苏联建立并发展了这种指令性计划为特征的计划管理体制。这种体制也曾经在社会主义国民经济发展中起过重要的作用。新中国成立以后所面临的形势，有某些相似于当年俄国的特点，加之当时我们没有社会主义建设经验，只有向苏联学习，当然也就学习了它的计划体制。其三，我国实行以指令性计划为特征的经济体制也与我们错误地学习革命战争年代的经验有关，把经济建设当成一场战役或至多一场战争来打，以为光凭革命热情和集中统一的行政命令就能解决一切问题。但是，随着经济的发展和科学技术的日新月异，它的弊病就表现出来了，并且越来越为人们所认识。现在，就连苏联也要对这种体制进行改革，而像我国这样一个处于社会主义初级阶段，需要进一步发展商品经济的社会主义国家就更有必要对这种体制进行改革。为此，就要逐步抛弃把指令性计划当作唯一的调节手段和方式的观点，而代之以适应商品经济发展要求的计划方式。

第二，把计划与实物性计划混为一谈，以为只有列入实物性计划中去的企业和产品，才属于计划的作用范围。实际上，实物性计划只有在工业化初期才具有可能性和必要性，因为那一时期的商品经济很不发达，市场未发育成熟，需要广泛而具体的政府干预。随着商品经济的发展，市场的发育逐步成熟，经济关系日趋复杂，实物性计划自然会逐步丧失其作用，需要用一种更为行之有效的计划来逐步代替它。这就表明，不但实物性计划不能等同于计划，而且其本身也是一种低级形式的计划，是与经济不发达相适应的计划；只有在这类计划中，才有被列入计划的企业、产品与未被列入计划的企业、产品之分。而在形式或为高级的计划中，尽管并不列入什么企业和产品，但在一定的手段和措施的作用下，一切企业的活动和产品的生产与流通都必然趋近于计划的目标，实际上都处于计划的覆盖面下。

第三，把市场与进行买卖活动的固定场所等同起来，以为只有进入某一场所的产品才处于市场的作用范围中。其实，市场并不仅仅是指进行买卖活动的固定场所，而是泛指一切商品交易行为，是商品交换活动的总和。那种从全社会看来只有固定场所的市场，只存在于商品经济不发达的时期，在现代社会中，买卖行为的发生往往不需要固定场所和多方参加，只需要产销见面，甚至人不见面有一个电话就可以完成买卖交易，因此，已不可能再按以前的观念来理解市场了。所以，在有计划商品经济条件下，几乎没有不接受市场调节的企业，只不过有的自觉，有的不自觉罢了。

我国在新中国成立前是一个半殖民地半封建国家，商品经济极不发达，大多数人都几乎没有商品货币观念。新中国成立以后，我们又长期实行以指令性计划为特征的传统经济体制，商品经济没有得到应有的发展，有关这方面的理论当然也没得到有效的传播。因此，无论是从理论还是从实践来看，目前立即取消带有实物指标的指令性计划，从而使计划和市场作用范围真正做到覆盖全社会都比较困难，需要经过一个阶段的努力以后，我们才有可能完成这个任务。现在，我们有必要在开始这一过程的同时，做好以下几个方面的工作。首先，我们需要在思想观念上有一个大转变。几十年来，传统的计划管理体制，主要是通过实物分配和指令性指标来进行管理的，人们在思想上也把这一切和计划管理画了等号，要使计划和市场的作用范围真正做到覆盖全社会，就必须破除产品经济观念，逐步改变"只有指令性计划才是计划经济"的思想，清除实行计划管理"手中必须有实物"的看法，牢固树立社会主义商品经济思想。其次，各级政府要逐步学会用经济办法管理经济，指令性计划的逐步消除，会逐渐使政府过去管理经济常用的那套行政办法失去用武之地。因此，各级政府必须逐步改变职能，减少直接计划控制的范围，学会用经济办法管理好经济，以适应新的经济运行机制的要求。最后，国家减少直接计划控制的范围以后，对仍要保持直接控制的极少数大型骨干企业和产品，其控制的内容和方式也应有所变化和改进，也即是说要遵循社会主义商品经济的原则。总之，要在多个方面形成计划和市场广泛作用和紧密结合的经济环境和社会条件。

三

正确处理好计划和市场之间的关系，使它们二者由目前仍在两个联系不多的"板块"上发挥作用转变到二者同时作用于全社会，就必须把整个国民经济的计划工作建立在商品交换和价值规律的基础上。这就需要找到计划与市场结合得比较适宜的形式。从宏观上来说，政策性计划是一种计划与市场结合的好形式：而从企业来看，按照等价交换原则签订的经济合同，则是又一种颇受欢迎的计划手段。政策性计划包括政策目标、政策手段、政策措施。它的特点在于：主要采用政策而不是指令性计划指标和实物性计划指标调节社会经济生活；是一种弹性发展计划，在执行过程中可以不断评价，修改和完善；是把计划与市场的作用在全社会规模上结合起来计划，形式是经济计划，制订必须依据价值规律，并且要通过市场机制的作用来保证计划的实施。从实物性计划向政策性计划的转变，是计划管理工作的大转变。实践证明，政策性计划作为指导性计划，仅仅靠传统的划分指导性计划作用范围和确定指导性计划指标的方法是解决不了什么问题的，必须将政策目标、政策手段，政策措施配合起来实施。因此，政策性计划的实施，实质上是有计划地利用市场机制，通过有关政策的调整以影响经济单位的利益，达到引导经济单位的行为符合计划要求的目的。因此，政策性计划的实施，必须通过市场，从而把市场与计划有机结合起来。制订和实施政策性计划，不仅是保证宏观经济持续稳定发展的要求，而且也是当前经济改革面临的重要任务。

我们这里所说的经济合同，实际上也是一种计划形式，是国家与企业之间、企业与企业之间以及其他各个单位之间，按照等价交换原则，通过引进市场机制，通过招标投标，各自根据择优原则选择合同对象，并明确规定有关各方经济利益，责任及相应的权利而签订的契约。用这种形式的计划逐步取代指令性计划，绝不是削弱计划，而恰恰是为了加强计划性和计划的科学性与实践性，这样做的好处在于：首先，合同形式的计划是建立在科学的基础上的，可以避免指令性计划难以避免的主观主义和脱离实际的现象；其次，这种形式的计划建立在经济利益和经济责任的基础上，并通过法律手段保证实现，有利于使企业成为商品生产者和经营者，同时也可以约束政府管理部门的行为；再次，它可以使计划和市场内在地、有机地结合起来，避免板块式"两张皮"的现象；最后，它有利于政府机构职能的转变，就是使其从下达指令性计划和分钱分物，逐步转向主要通过经济规划、经济合同、经济杠杆等经济手段和法律手段的作用，实行间接管理、调节和控制，并为机构改革创造条件。

当我们的计划工作基本上转变到政策性计划和经济合同计划上来的时候，我们就能形成"国家调节市场，市场引导企业"的新的经济运行机制。所谓"国家调节市场，市场引导企业"是指国家通过市场这个中介，主要运用经济手段和法律手段调节市场的供求关系，创造适宜的经济环境和社会环境，引导企业进行自主的决策，开展有利于企业和整个社会的活动。这首先需要在国家和企业之间、企业与企业之间以及其他单位之间确立以等价交换为原则的契约关系。这种关系用招标投标形式，从而以互利为原则确定，国家在制定政策性目标的同时，确定与之配套的政策、手段（如财政、税收、信贷、货币等手段）和政策措施（如对税率、汇率、准备金率、利率、价格等的调整），并在企业制订自己的计划之前或在招标前公布，使企业知道按国家的要求去做会得到什么样的利益，从而自觉地听从国家通过市场对它们的引导，与国家形成契约关系，并开展符合宏观经济要求的经济活动。只有在这种情况下，我们才算使市场与计划真正结合起来了；也只有这样，我们才算完成了确立社会主义有计划的商品经济新体制的任务。

从我国目前的情况来看，虽然计划与市场的关系已开始理顺，计划和市场的作用范围在开始变化，计划与市场内在结合的形式正趋于完善。

"国家调节市场，市场引导企业"的新的经济运行机制的雏形也已经形成，但是，由于目前我国仍处于新旧体制交替时期，国家以间接管理为主的宏观经济调节体系仍然有待于健全，比较完善的社会主义市场体系尚未建立，特别是资金、劳务、技术、信息、房地产等生产要素市场仍然需要培育，我国经济的微观基础企业也尚未完全搞活，更未真正成为商品生产者和经营者，指令性计划和实物性计划仍在发挥作用等，因此，有计划的商品经济体制及新的经济运行机制仍是我们有待于实现的目标模式。从目前双重体制并存时期，新旧两种模式都起作用到新的经济体制及经济运行机制的确立，是一个需要一定时间的渐进过程。这就需要我们加快经济体制改革的步伐，分阶段有步骤地进行各个方面的配套改革，逐步建立社会主义有计划的商品经济的新体制，确立新的经济运行机制。

社会主义经济中还存在对抗性矛盾

本文原载于《天府新论》1988 年第 6 期

列宁曾经认为："对抗和矛盾断然不同。"毛泽东则认为，"对抗是矛盾斗争的一种形式，而不是矛盾斗争的一切形式"，当矛盾斗争采取外部冲突形式时则称之为对抗。他在《关于正确处理人民内部的矛盾问题》这部著作中，又进一步创造了对抗性矛盾与非对抗性矛盾的提法。他指出，在人民利益根本一致的基础上的矛盾属于非对抗性矛盾，否则，就是对抗性矛盾。他还说，对非抗性矛盾，如果处理不当，可能转化为对抗性矛盾；而对抗性矛盾，如果处理得当，又可以转化为非对抗性矛盾。这些论述，不仅仅是把对抗看成矛盾斗争的一种形式，而且还对社会上存在的对抗性矛盾和非对抗性矛盾赋予了特殊的性质。目前，国际、国内对毛泽东的这一论述有不同看法，而我认为毛泽东的观点是正确的，是对马克思主义的一个发展。

但是，毛泽东的下述观点是不正确的。他说："社会主义社会的矛盾同旧社会的矛盾，例如同资本主义社会的矛盾，是根本不同的。资本主义社会表现为剧烈的对抗和冲突，表现为剧烈的阶级斗争，那种矛盾不可能由资本主义制度本身来解决，而只有社会主义革命才能够加以解决。社会主义社会的矛盾是另一回事，恰恰相反，它不是对抗性的矛盾，它可以经过社会主义制度本身，不断地得到解决。"这里，首先肯定了社会主义制度中不存在对抗性矛盾，其次，认为对抗性矛盾一定表现为剧烈的阶级斗争。这些看法都是值得研究的。

在社会主义社会，特别是在社会主义初级阶段，根据生产力发展的要求，我们必须在坚持公有制的主导地位的前提下发展多种所有制经济，包括发展城乡合作经济、个体经济、私营经济、国家资本主义经济等，实行以按劳分配为主体的多种分配方式，个人收入可以包括劳动收入、经营收入、资金和资产收入等。多种经济形式和多种分配方式的存在和发展，在现阶段都是有利于社会生产力发展的，从而有利于社会物质财富的增加，有利于人民需要的满足，有利于社会的进步。因而多种经济形式和多种分配方式之间存在的矛盾，当然是属于人民利益根本一致基础上的矛盾，是非对抗性的矛盾。但是，目前社会存在的少数严重贪污盗窃、索贿受贿，特别是那些利用自己和父母手中掌握的权力进行倒买倒卖，牟取暴利，大发横财的人，他们所代表的是反动、腐朽、没落的经济关系，完全是寄生在社会主义经济上的毒瘤。他们的存在绝不是个别的偶然的现象，实际上已经成了串通一气、相互默契的团体，从总体上说，已经形成了一个特定的社会阶层或特殊的利益集团。尽管他们在中国总人口中所占比例不大，人数不多，并且分散在社会的许多角落，但这个阶层大量地侵占劳动人民流血流汗创造的劳动成果。较之地主、资本家的剥削有过之而无不及，还给我国经济发展制造了很多困难，严重败坏了社会风气，腐蚀着人们的灵魂，极大地损害着人民群众对党和政府的信任，对社会的破坏力量是不可低估的。这个特殊的利益集团和人民群众的利益是根本对立的，因而他们和人民群众的矛盾是对抗性矛盾。

解决对抗性矛盾的办法，在现在的条件下，当然不一定表现为"剧烈的阶级斗争"，即不能搞"以阶级斗争为纲"，开展什么"运动"，改变经济建设这个中心。但是，对抗性矛盾的解决只能是一方吃掉一方或双方同归于尽。在现阶段，对于上述特殊的利益集团，应当没收其非法收入，对情节特别恶劣、危害特别严重者，必须给予严厉的打击。

有人说，低价进、高价出，是商品经济中正常的经济行为，无可非议。这个看法，无疑是正确的。但是，我们说的是那些依仗人民授予其本人或父母的权力进行的倒买倒卖，较之他人在购销中具有无与伦比的"优势"，无异于对人民财产的公开抢劫和掠夺。这与正常的商品经济行为毫无共同之处。

有人可能会认为，那个特殊利益集团的所作所为，是改革中出现的问题，要依靠进一步改革来解决。这个说法不能成立。贪污盗窃，索贿受贿，倚仗权势牟取暴利等恶劣现象，不是改革中才出现的，在改革以前就存在，甚至在旧时代就存在，与我国经济体制改革没有必然的联系。当然，这些腐朽的东西在今天改革中特别突出，特别引人注目，改革过程中存在的某些漏洞为其膨胀、泛滥提供了某种条件。但是，我们的许多干部并没有在这种条件下，利用手中的权力胡作非为，而真正滥用权力牟取暴利，大发横财者，是极少数人。这怎么能说是改革中必然出现的问题呢?!

所谓要依靠进一步改革来解决的说法，也要分析。如果仅仅是指通过改革将价格双轨制改为单轨制，就能使倚仗权力进行倒买倒卖者无可乘之机，这显然是不够的。而且将使这些社会的蛀虫逍遥法外。如果是指通过改革使胡作非为者无可乘之机，又运用法律手段及其他措施，对那个特殊的利益集团进行严厉的惩治，这无疑是正确的。

肯定社会主义社会还存在对抗性矛盾是重要的，但解决这一矛盾是比较困难的，尤其是解决其中利用权力索贿受贿、凭借权力倒买倒卖、牟取暴利等腐败问题，更加困难。其难度与那些滥用权力者官职的高低，权力的大小成正比。但是历史总是要向前发展的，凭借人民给予的权力大发横财者，无论官职多高，权力多大，终将受到历史公正的审判。

宏观经济运行中的国家行为分析

袁文平　洪昆

本文原载于《湖北社会科学》1988 年第 12 期

　　"国家调节市场，市场引导企业"是党的十三大提出的关于我国经济运行机制的目标模式。要保证这一新模式得以建立并有效运行，除须构造出一个合理的微观基础、建立和培育一个竞争和开放的市场体系之外，科学地规范国家即政府经济行为无疑是十分重要的。因为在新模式中，国家（主要指政府）对市场的调节总是依据一定的决策目标，并运用相应的经济、法律以至行政手段来实施和完成的。如果在这一过程中，国家或政府行为本身就是盲目的、混乱的，那么由此而形成的各类市场信号也必然是扭曲的，从而难于起到正确引导企业经济活动的目的。所以，在新模式中，国家行为的合理化较之于企业行为的合理化进而整个经济活动的合理化具有前提性的意义。为此，有必要从综合的角度对传统的及现实的国家行为原则、方式及其缺陷等问题作分析，以求找出矫正的途径及方法。

一、问题的提出

　　在现代社会中，国家总是作为一个积极的行为主体存在于社会经济生活中并发挥作用的。其经济行为不是现实经济状况的简单反映，而是带有强烈的主体意识的主观选择，其活动主要致力于实现资源合理配置、收入公平分配、经济稳定发展等。在社会主义条件下，贯穿于各项经济活动之中的国家行为的基本原则就是服务于维护和增进全体人民的利益。这一具有高度规范化性质的国家行为原则所要表明的只是国家"应该做什么"，但在现实的经济生活中，国家的行为方式即普遍而稳定的行为意向和规则以及由此而来的行为后果与行为原则之间并无必然的联系。即是说，在社会主义条件下，国家并不因为取得了人民利益的代表这一身份就绝对地保证了它所做出的每一项决策都能最大限度地体现人民群众的利益。简言之，国家并不具有正确无误的天赋。

对于上述判断，多少年来我们总是自觉或不自觉地持否定的态度，有意无意地向社会灌输和强化国家似乎具有一贯正确无误的天赋这类观念。可惜，这一观念在事实面前却难于完全成立。一个基本事实是：新中国成立以来，虽然取得了举世瞩目的伟大成就，但在不少年份，国家决策的相当部分不论其主观愿望如何，至少在客观效果上不仅谈不上代表和维护人民的利益，还表现为对后者的严重偏离和损害。那么，是什么使得国家行为的后果与行为原则相分离呢？除了"反革命集团的破坏"，常用的解释是"指导思想的失误"。这当然不失为一种解释，但未免过于肤浅。为此，我们有必要从深层次的角度探讨国家行为方式及其偏差产生的原因。

二、国家行为的决定

所谓国家行为的决定问题所要研究的是国家的规律性行为背后的客观基础。

现代行为科学的研究成果表明：任一主体的行为作为对外部环境变化的刺激所作出的现实的反应活动，其行为方式是取决于主体自身的素质及行为发生的外部环境。前者包括主体的结构形式和它身处其中的社会文化背景，它决定着主体活动的动力；后者是指主体与外部世界的关系，它提供主体进行活动的刺激。研究国家经济行为时，在上述两个方面，起着基本决定作用的是经济制度和矗立于其上的政治制度，以及经济、政治制度在一定时期的具体形式——经济体制和政治体制。因为经济政治制度及其体制既塑造了主体的素质，又构成了主体活动的环境，所以，制度和体制表现为国家经济行为决定中的最基本的因素。

从对我国传统的和现实的国家行为的分析中，我们可以看到它的各类行为方式及趋向首先是植根于现行的生产资料国有制以及由此派生的经济运行机制之中。这一体制以及在与国家行为的关系上具有如下一些特征：

（1）在财产关系上，传统的经济体制以产权分属于中央（以各产业部为代表）及各级地方政府为基础，这是我国在产权关系上既区别于西方，也不同于苏联和东欧各国的一个重要特征。从理论上讲，尽管这些分属于各产业部和地方政府的企业财产都属于国有资产，但由于这些企业一开始就被打上了特有的行政隶属标志，其经济收益权也只属于它们各自所隶属的某一行政层次，并构成了各级政府和产业部经济利益、经济职能独立化的财产关系基础。所以，国家作为全民资产的代表者如何使这些"分级所有"的资产在运用上不至于背离或损害全民的利益，就成了现实中的国家行为首先要解决的一个问题。

如果说产权半独立化（中央和地方都享有产权，但又都谈不上充分享有）是财产—利益关系边界紊乱的基本原因的话，那么从内部来看，国有财产关系又是非人格化的。这两点就决定了管理方式的特点。

（2）在管理方式上的特点是各级政府对经济的高度行政控制，即政府总揽企业的经营决策权和投资决策权，用行政指令调控企业的生产经营、投资及分配活动。这是国有产权关系半独立化和非人格化的必然结果和要求：首先，产权的"分级所有"为行政控制提供了法律依据；其次，利益边界的模糊又驱使各级政府加强对所属企业的超经济管理，以防止因控制不力而产生利益的"溢出"或损耗；最后，企业内部产权关系的非人格化现状决定了放权给企业的结果只能是"一放就乱"，于是更有必要加强对企业的行政控制。所以，在这种产权关系形态下，政府行为内在地具有一种"反市场"的倾向，因为市场机制作用的正常发挥是以产权的独立化和人格化为其制度条件的，而这一条件本身恰恰是与现有产权关系形态相对立的。

国家行为在政府对企业的管理方式上处于一种两难的境地：一方面，听任各级地方政府过度集权倾向的发展，意味着企业活力的丧失，所以从提高微观效率的角度出发，中央政府倾向于给予企业以更多的自主权；另一方面，中央政府苦于企业内部约束机制的不健全，出于对企业短期化行为的忧虑，往往又对地方政府的收权行为表现出某种默认和宽容。改革十年来，企业可实际享有的自主权水平也正是取决于前两者的现实矛盾、抗衡状态。

（3）从利益机制上看，则是产权在各个时点上的非均等分布以及收益上的非均等占有。如果说产权的"分级所有"是对我国现有产权关系形态的质的概括的话，那么这一产权的非均等分布和收益上的非均等占有则是其量上的特点。就各级地方政府而言，对这种财产—收益在量上的非均等占有所持态度是不同的：那些在占有和收益上居于优越地位的地区、部门希望维持以至扩大这种差距，而那些处于劣势地位的则持相反的态度。考虑到这些财产所具有的国有性质以及产权配置的计划化的事实，从协调矛盾出发，国家行为内在地具有一种追求收益均等化的倾向。就中央与地方政府关系而言，因为这两类行为主体所处的地位、承担的职能、决策目标及权限不同，所以其利益追求和动力机制也有差异，全局利益和局部利益的矛盾在所难免。由于在现实经济生活中缺少一个外在化于各利益主体的协调力量和机制即市场，所以这一矛盾就常常处于一种外部性的冲突状态之中。国家固然可以凭借自身所拥有的巨大的行政强制力量，做出损害地方及部门利益的行为，但后者也因不乏抗衡手段而不会轻易就范，这种状态在宏观经济范围内的集合就表现为双方强烈的不信任感和剧烈的内耗，从而影响着整体经济效益的提高。

（4）从信息机制上看，由于传统的经济体制的决策结构、协调方式和利益结构，我国经济运行中的信息的收集、传递和反馈方式具有典型的纵向配置的特征，即各类分散的经济活动的信息由下而上地通过行政渠道汇总于各级决策机构，而各类具有直接指令性的信息又循着相反的方向逐级下达。企业间的横向信息传输要么不存在，要么即使存在也很难对对方的行为进行刺激诱导。这种信息配置方式出于信息量浩繁、信息传输通道狭窄、信息加工过程中出现失真和损耗等原因，使得最终汇总于中央决策机构的信息既不及时，也不完整、准确。与之相适应，基于这一低质量的信息所做出的决策也很难保证是正确无误的。所以，中央的集中决策所要求的信息集中化和政府机构极其有限的信息之间的矛盾，从一开始就为国民经济的发展播下了失衡的种子，使国家计划难免有较大的盲目性。

如果说传统经济体制是传统的国家行为发生的经济方面的原因的话，那么矗立于其上的政治体制则成为国家行为决定的政治原因。这一以高度集权为基本特征的政治体制完全是适应传统经济体制的需要而建立的，无论从其结构形式上看，还是从其运行机制上看，它与前者都有着惊人的一致性和同步性。

与产权的"分级所有"相适应，现行的政治体制在结构形式上具有一种以纵向分层为基础的横向并列的特征。所谓纵向分层是指权力的层次性，表现为"中央→省→地（市）→县→企业→职工"这样一个由上而下的序列，指令性信息传递过程大致也是按照这一序列逐级往下传递的。鉴于纵向分层的权力结构中的各级政府领导人受其管理幅度的限制，为保证工作的开展，势必在其下面设置众多的横向并列的若干职能部门。尽管从理论上讲，这些横向并列的职能部门并不是下一层次领导人的上级，但是鉴于这些部门的领导人代行上级领导的部分职责，所以他们事实上成为纵向分层中的一个层次，并和下一层次的领导及对口部门之间形成了一种错综复杂的关系。尽管当代世界各国的政治体制在外观上也大致相同，但我国的政治体制在其运行上却具有明显的特征，表现在：

（1）权力主体对权力客体的深度和广度上。从深度上看，行政权力的控制不仅包括各类企事业单位，而且包括个人；从广度上看，不仅个人作为社会人的各类行为要受到行政权力的约束，有时甚至个人作为自然人的某些行为也得受其制约。这与经济活动中国家对企业的高度行政控制是完全一致的。

（2）与几乎无所不在的权力控制相适应，就要求权力控制手段的多元化。这就是说对个体行为的控制手段不仅包括各类法律、政策和行政性法规，而且还包括意识形态力量以至为政者的个人好恶。因为中国劳动力的流动水平甚低，所以即使是后两类控制方式的约束也具有高度硬化的性质。这是传统经济体制在政治上的必然要求和反映。因为控制手段的单一化必将导致控制强度的弱化，而这恰恰是与传统经济体制所要求的生产者个人行为的高度规范化和空间位置的相对凝固化的准则相对立的。

（3）权力客体对权力主体行为约束的高度弱化。这是指作为权力客体的单位和个人既缺乏畅通的、多元的渠道来自由地表达自身对权力后果的不同意见，更缺乏相应的规则以实现自身对权力主体行为的约束和监督。犹如在经济生活中，当缺乏一种外在化的力量以协调各行为主体的活动方式，企业只能听命于上级主管部门一样的道理，在政治、社会生活中，当缺乏一种独立的权力制衡机制时，权力的运行将扩展至它的最终边界。

如果说传统经济体制下的国家行为内在地具有一种"反市场"的倾向，那么现行的政治体制下的国家行为则内在地具有一种抑制民主进程的特质。如果说传统经济体制主要以企业为统制对象，以经济效益的损害为其后果的话，那么，现行的政治体制则主要以个人为统制对象，以对个人的生活的合理性的损害为其后果。姑且不论后者本应是全部经济活动的终极目的，即使就前者而言，在人的解放程度甚低、个人的活力及创造精神都要受到抑制的条件下，怎么谈得上经济效益的提高呢？民主化和商品化作为现代社会生活的潮流和本质要求，是两个相互协调和制约的进程，具有不可分离的性质。我国历经十年的经济体制改革，虽然取得了不小的成就，但也存在不少困难，其深层原因在于政治体制改革未能与经济体制改革同步发展。已大幅度引入市场机制的经济体制与甚少实质性变动的政治体制之间存在着严重的摩擦，这也正是导致国家行为呈现出某些紊乱、无序的基本原因。

体制固然在国家行为决定中起着首要的作用，但体制的运行说到底仍不过是创建、维护和操作这一体制的人的活动。在这个意义上讲，国家行为这一概念准确地说是指在国家机构中承担着决策控制、协调管理等职能的人的行为，是这些具有特定的性格、心理特征和思想倾向的人在外部刺激、行为压力等诸因素作用下的一个动态的过程。尤其联系到我国社会生活民主化水平较低，为政者受制约度小，因而有活动的自由度极大这一基本特点，更有必要把国家行为的分析深入到"人"这一层次上来。

正如国家并不是神的造化一样，为政者也同样不是什么"特殊材料制成的人"，具有超凡入圣的禀赋。从本质上讲他们与其他人相比并无差别。他们并不会因为拥有了什么权力，就会脱离一般人的本性。在暂时假定其他条件不变的情况下，这种一般人的本性的存在及其驱动将导致政府的公共决策与公众利益之间呈现出程度不同的偏离。在体制既定的条件下，这一过程是如何演进的呢？

（1）政府官员决策行为的利益诱导。在我们这样一个政治、经济权力高度集中的体制中，政府官员面临着过量决策的负担，大至经济社会发展目标的确定，小到对犯罪活动的控制，几乎无一不进入决策层的视野之中。在如此浩繁的决策任务中，究竟哪些目标应置于首位并给予优先保证，哪些要求可暂时搁置一边或维持现状，就和决策者的决策倾向有关了。我国教育经费老是难以获得有实质性意义的增长，国家穷，当然是个理由，但在这么穷的国家中，每年仅在集团消费一项上就花费了数倍于前者的金额，且屡禁不止，这又是为什么呢？决策倾向问题本质上是个利益问题，它构成了对政府官员决策行为的诱导。这一利益诱导可表现为物质上的和精神上的（如威信、职业成就等）两个方面。一般说来，政府官员在从事决策时，假如有可能，某些决策者宁可作出那些能给他们带来更大个人满足的决定，即使该决定与另一个少给他们带来一些满足的决定相比，该决定不甚符合公众利益，他们也可能会这样干的。

利益的诱导还表现在精神和心理方面。迄今为止的历史表明，权力作为人类社会公共生活的产物，在任何时代和社会都是必需的，但权力本身又是一种极富诱惑力的东西，要想知道掌权的重要，只需要看看无权者的诸多苦衷；要想了解权力的重要，只需要瞧瞧有多少人为谋得一官半职而煞费苦心，就足以获得深刻印象。鉴于权力一般来说总是与官职相联系的，所以"取得官职然后保持官职的政治法则贯穿于整个政治制度"，而这本身就构成了对决策者的强有力的行为诱导。

保持权力最好的手段之一不外乎是显示权力，而努力地去追求和创造足以为世人所瞩目的政绩则又成为权力显示的最佳途径和某些为政者的基本行为方式。当然，追求和创造政绩本身并不是坏事，但这里的关键是对"政绩"的理解以及某一政绩与公众利益的关系。在这方面，我们的党政领导人固然做出了大量的既符合社会长远发展利益又有利于增进人民近期利益的壮举，但也有着不少失误。在决策权统属于各级政府领导人的条件下，我们的政府领导人常常面临着一种抉择：是把稀缺资源用于那些轰轰烈烈、足以"彪炳后世"的宏大项目上呢，还是用于那些在本届政府以至下届政府都看不出明显效益但对国家、民族的长远发展更具有深远意义的项目上呢？合理的选择应是后者，但创造政绩的诱惑和"对发展中的展览品的偏爱"却使某些人更倾向于前者。进行这种选择，与其说是以经济效益极大化为基础，倒不如说是出于"确立决定者的政治生存目标"的考虑更恰当些。

（2）利益集团的压力对决策者行为的影响。从一定的意义上讲，决策过程实际上就是一个利益的确定、实现和维护的过程。在今天的中国社会中已经存在众多的利益集团（或称利益群体）。这些利益集团在现实中每时每刻都用各种可能的方式向决策层提出自己的要求，望自身的利益能够得到确定、实现和维护。这一过程本身势必对决策者行为形成压力和牵制，并最终影响决策的形成。比如，在发展顺序上究竟是"农→轻→重"还是"重→轻→农"；在发展重点上究竟是各地区合理分工、协调发展还是由东到西、梯度推移；在价格改革上究竟是先放农产品价格还是先放工业品价格。不同的决策将直接导致利益分配的倾斜。而各利益集团对决策形成的影响，一般说来，是经济实力雄厚或集中化、组织化程度较高的利益集团较之情况相反的集团在对决策形成的影响上更有效率和"说服力"，但因为这类活动大多仅具有"院外集团"活动的特点，是非公开的、随机的，而不是按照法定的规则、程序进行的，所以由此而形成的利益格局并不是各利益集团相互制衡的产物，而是带有很大的随意性，所以在现实中某些以全民利益为先做出的决策，其实质不过是反映着某些相当狭小但却在利益争夺中取得成功的集团的目标。比如，前些年几乎是以疯狂的劲头进口大量小汽车的决策，不就是这种情况的反映吗？现在还屡禁不止地大建楼堂馆所的决策，不就是这种情况的又一反映吗？

意识形态在国家行为决定上也有着重要作用。国家行为作为人的行为，它总要受到特定的文化和观念形态的影响和制约，它既决定着政府权力的使用方向，也影响着体制的构造和政策的形成。这里问题的核心在于：①某种意识形态好与不好的标准是什么；②意识形态最根本的社会功能是什么。换言之，意识形态究竟是服务于生产力的发展、人的解放和自由，还是要后者卑微地屈从于它，以证明自身的所谓"纯洁性"。对这两个问题的回答在理论上都不难，但要在现实中真正实施和体现却又非易事。过去如此，即使是改革十年后的今天也不能说这个问题已经最终得到解决。现在我们不是经常遇到关于……是姓"社"还是姓"资"的争论吗？我们有些同志为什么就不去想想这些"……"究竟是不是有利于生产力的发展呢？就算是决策者现在对所谓"纯洁性"问题抱着相对冷漠的态度，但意识形态"专家集团"的存在及其对决策层发挥的影响，也足以对他们的决策发挥巨大的牵制作用。

上面，我们沿着体制、人和意识形态的线索对国家行为的决定问题作了分析。现实中的国家行为正是这些多重复合因素作用的产物。其中，体制表现为行为决定的基础，而具有一定价值取向和受意识形态制约的为政者的素质又赋予了国家行为以人格化的色彩。所以，现实中的国家行为既是体制的，又是超体制的。说它是体制的，是因为人在着手改变环境时，他起着受控者的作用；说它是超体制的，是因为他又起着控制者的作用。在体制既定的情况下，人的素质不同，也可以使国家行为具有不同的特征。

但上述分析严格说来还侧重于从相对静止的角度出发考察各个因素对国家行为决定的影响，为了更贴近现实，有必要将上述因素结合起来考察现实中的国家行为决定。

三、国家行为的动态过程及其缺陷

前已述及，体制表现为国家行为决定的基础，所以对现实的国家行为过程的描述须置于我国经济体制改革这一背景之中。

我国经济体制改革的最初冲动，不是源于科学的理论思维，而是来自社会的现实需要。针对旧体制下国家对经济活动管得过多、统得过死、企业缺乏活力等弊病，在改革之初，我们选择了一条以"简政放权""减税让利"为基本内容的改革思路，如扩大企业自主权、财政上分灶吃饭（1980年）、将大部分国有企业下放至"中心城市"管理（1984年）以及实行"部门包干制"等。这些改革对于提高地方和企业的积极性无疑起到了一定的作用，但是，至少在1984年以前，在思想上没有充分认识到解决传统经济体制弊端的关键在于实现由命令经济向市场经济模式的转换，以为在原有体制框架内实行行政性分权就能药到病除；出于对市场缺陷的一种根深蒂固的忧虑（"计划经济为主、市场调节为辅"的方针实际上正是这一观念的反映），国家在组织和形成市场体系、市场规则方面的步伐极为缓慢，时至今日，我们所拥有的也仅是一个有限的商品市场，资金、劳务、产权等市场尚处于萌芽状态之中；企业产权的半独立化和非人格化状态及其弊病尽管早已为理论界所提出，但现实的改革却极为有限。凡此种种都使得宏观经济运行呈现出混乱、无序的状态。

伴随着行政分权而来的利益格局和经济货币化程度的提高，现在部门、地方及企业的利益高度硬化了起来，其独立的利益追求也日益突出。一般说来，利益主体的明确化、多元化和利益追求的独立化这本身并不是坏事，从一定的意义上讲，它恰恰可以构成经济社会发展的基本动力。但如前述，这里的前提是各利益主体之间必须有一个"共振环"，即相互促进的内在联系形式，从而能将各主体的利益追求汇入到对社会总福利的增长过程之中。但是在行政性分权的格局中，这一要求却难于实现，因为：①这一分权从本质上讲属于一种"体制下放"，无非是把中央政府的一部分职能分解到各省、市、区，因而并没有从根本上解决经济主要靠行政力量来推动这一弊端，如果说实践已经证明中央政府尚且不能很好起到"共振环"作用，那么各级地方政府就更无能为力了；②为现有体制和地方政府的身份所决定，行政性分权措施没有也不可能解决各级地方政府权力的扩大而相应提高其行为约束度的问题。主要为此两点所决定，地方政府在对自身利益追求过程中的不合理行为不断发生，表现为：①各地竞相铺摊子、争投资、上项目，力求提高本行政区域内的产业配置；②运用行政力量实行地方保护主义，争夺稀缺资源，阻碍商品流通，造成宏观上的资源配置效益低下；③采取各种手段截留利润，偷税漏税，擅自扩大企业利润提成比例，化预算内收入为预算外收入等。

如果说单向的行政性分权是导致中观层次行为不合理的直接诱因的话，那么微观基础改革的迟滞则成了企业行为不合理的内在原因。在所有权缺位和产权边界未曾界定的情况下，企业内部不可能具有追求长远发展的激励机制和自我约束的风险机制，一旦权力在手，其行为必然趋向于短期化，这又成为市场体系形成的障碍。

面对上述局面，国家行为陷入一种极度的矛盾状态。一方面，改革作为一种不可逆转的历史趋势，使得国家不能采取"一乱就收"的措施，使整个经济运行回到过去那种高度集中统一的轨道上；另一方面，市场体系的不健全和微观基础的不合理，又使得上述混乱状态呈现出发散而不是收敛的特征。国家若不加以控制，假以时日，就可能导致宏观运行系统的崩溃。不该"统"，又不能不"统"，这就是进入20世纪80年代中期以后国家行为方式的内在矛盾之处。这一矛盾在现实中的反映是随处可见的，表现为：①在价格改革上，我们选择了"双轨制"的思路，其中，计划一轨体现了"统"的要求，而市场一轨则又代表着"放"的意愿。②在供给管理上，我们一方面强调进一步扩大企业自主权，希望通过扩权以激发企业活力，提高供给水平，另一方面又规定企业的隶属关系、利税解缴渠道等不变；一方面，下放投资决策审批权限，另一方面，一旦出现投资严重失控局面，要么采取"一刀切"的方式收紧银根（1985年），要么干脆将已经下放的审批权限再度收回（1988年）。③在需求管理上，一方面强调职工收入与企业效益挂钩，上不封顶，另一方面又实行高额累进的奖金税政策。④在企业改革上，一方面强调"自负盈亏"的原则，可真的哪个大中型国营企业陷入困境中时，却又实行"输血"政策。凡此种种，不一而足。孤立地看，这些政策措施都有其实行的现实必要性，再考虑到社会心理和职工的承受能力，以及转轨时期动作确实不宜过大过猛等，尤其如此。但问题的关键在于：①诱使这些政策措施（尤其是其中加强行政控制的部分）出台的原因，究竟是新体制的要求还是旧体制的回声；②这些政策措施究竟是构成后续改革的不可缺少的条件还是出于一时的应急之需，甚至成为继续改革的障碍。对这些问题的回答，我们是倾向于后者的。以奖金税政策为例，在旧体制下，微观经济行为主体内在地具有一种膨胀需求的行为趋向，在价格体系不合理、资源转移困难的条件下，强调收入与效益挂钩，必然出现收入分配严重不公、需求膨胀的局面。按理讲，慎重的做法应是先治理环境，改造微观基础，然后再变更收入分配政策，我们却把这个顺序颠倒了过来。面对需求膨胀的局面，旧体制必然诱使国家作出行政性紧缩的决策（哪怕它以经济手段的面貌出现，但并没有改变问题的实质），从而导致新的对收入分配政策的否定。收入分配问题如此，在上述的其他问题大抵也是如此。总之，我们在进行"放"的改革的同时，由于没能同步确立一套新的宏观和微观的约束机制，国家由"放"而"乱"的反应方式就只能是从旧体制中寻找行政控制这一法宝，由此而来的综合政策效应就很难不是"进三步、退两步"。今天的改革之所以陷入矛盾状态，其症结正在于此。从中，我们可以对国家行为的方式作出如下概括：

第一，宏观决策存在某些短期化的现象。宏观决策不是建立在通盘考虑基础上的、有步骤、分阶段并前后贯通一致的操作性行为，而许多是属于一种对外部环境变化刺激的简单应答行为：企业活力不足了，实行"放权让利"；行为不合理、需求膨胀了，就搞行政紧缩；价格体系不改革，改革难以深入了，就搞价格"过关"；出现通货膨胀，使价格难以改革，就说"明年基本不动"。有时甚至一年内把改革中心多次变换，比如今年年初说改革以承包制为中心，几个月后又是"优化劳动组合"，没几天又是价格改革。导致宏观决策趋向短期化的原因很多，既有理论准备的不足，致使改革的总体目标和分阶段目标及其步骤含混，也有决策的科学化、民主化水平不高，致使主观随意性增强。此外，从体制上看，还在于已引入市场机制的经济运行系统和甚少变化的宏观调控系统以及变化不大的政治体制之间的矛盾。集权型的政治体制一方面阻碍着民主化的实现，致使决策科学化水平难于提高，另一方面也抑制着理想的社会功能的发挥。在这种情况下，已引入市场机制的经济运行系统每时每刻都在产生大量的且变动不居的经济变量，必然逼迫决策层作出短期化反应。

第二，宏观政策存在某些非理性化的现象，即存在决策的随意性。这既与决策的民主化水平不高有关，又是我们这个民族几千年来的非理性思维方式的产物。反映在决策者身上就是对现代经济所具有的计量、分析、归纳、模式、理论、试运行、鉴定、争论等一系列完整的、理性的决策方式不很习惯，而是用指挥政治运动的方法去调动经济舞台上一个又一个方案的出台。比如以价格改革来说，改是无疑的、必需的，但什么时候搞，配套条件是什么，需要有科学的论证，还要做大量耐心细致的思想教育工作。在这一切条件都不具备的情况下，突然发出"过关"的号令，怎能不引起混乱呢？如果还责怪群众"盲动"，还不如说决策盲目更恰当。

第三，宏观决策存在某些急功近利性。纵观十年来的改革，我们可以看到这样一个现象，即凡是好改的先改，难改的就往后拖，实在不得已又采取"毕其功于一役"的迈大步的方法。比如企业扩权与企业体制再造问题，前易后难，于是后者时至今日尚无大的变化。如果说改革的内在要求应是先易后难，那上述做法自然无可非议，但事物发展的逻辑有时却恰恰相反，只有抓住根本症结所在，其他问题才有望迎刃而解。但在急功近利、避难就易的行为方式下，不仅已有的改革措施难以发挥应有的效应，而且在一定程度上还可能因此而增加关键问题解决的难度。

第四，宏观决策效应的递减及变形。一般说来，这个问题在各种体制下都不同程度地存在，其原因在于：①决策信息在传输过程中失真；②作为决策信息的接受者对决策信息本身所产生的一种"自适应性"，即根据自身的利益，在可能的范围内有意识地进行再操作，使其效应递减或变形。就我们这种体制而言，如前述，其信息结构呈纵向配置，它必然因决策所需的信息的不全和失真而影响决策质量。但在旧体制下，任何一项重大决策却因强有力的行政垂直协调的保证，而使其失真和变形度减小。改革以来，原有的纵向协调机制还存在着，但其功能已大大弱化；横向的市场协调已发展起来，却又很不完善。在这种"看得见的手"和"看不见的手"并存却又不完善、不配套的情况下，宏观决策效应的衰减及变形程度急剧上升。首先，在分权化的条块格局中，所谓国家已被肢解为一条条相互隔绝的多头主管部门，这些横向并列的主管部门，身兼中央代表和部门利益代表的身份，这就不可避免地会把国家对国民经济的宏观管理和本部门的中观管理混淆起来，并把部门利益渗透到代表中央的决策和管理行动中，在这种情况下，宏观决策被淡化、扭曲以至吞没了；其次，作为"块块"的各个地区，基于自身利益的考虑，也会采取"条条"相同的行为方式；最后，在利益关系硬化的过程中，那些过去作为中央的忠实的"调控代理人"的某些综合经济部门现在也逐渐变成了追逐机会利润因而同样存在着短期行为的经营者，这一职能的异化使其不仅不能有效地贯彻宏观决策，相反倒成了宏观决策实现的中间隔离带。如果把上述变异一直延伸到基层，我们可以想象呈现在人民群众面前的宏观决策会被扭曲成什么样子。这当然不是指的他们口头或文字"声明"，而是说他们的实际行为。我们一些同志面对此种现象老是抱怨"歪嘴和尚"太多，殊不知这是利益关系使然！所以，与其乞灵于道德上的呼唤，倒不如面对现实，下大气力改革体制，重塑国家行为基础。

四、国家行为的矫正

作为一个发展中的社会主义国家，"赶超"的压力使我们难于利用市场机制缓慢的自然发育去配置资源，促进生产力的提高。所以，合理地运用国家的力量，以干预和促进经济发展就成为理所当然的事。但国家应该干预是一回事，怎样干预是另一回事，如果干预不合理，经济的发展同样会受到阻碍。对此，早在20世纪20年代末，布哈林就已指出：计划经济本身并不一定比非计划或计划性不强的经济优越，如果计划者大权在握且十分无能，则其破坏性后果远比无计划的资本主义经济危害更烈。可惜，他的这一预感在后来的社会主义各国的经济发展中都得到了证实。所以，国家行为的矫正成为我们需要着重解决的问题。

1. 前提及其配套条件

传统经济体制的一个基本弊端，就在于经济运行高度依赖行政控制。在政府承担着过量的经济决策的条件下，计划本身注定了是难于科学、合理的。所以，从保证计划的科学性和国家行为的合理性出发，一个基本前提就是国家应该把伸得太长的手缩回来，少管一些，管好一些。在这里，"少"是"好"的前提。用政治—权力学的话来讲就是：有效的权力必须是有限的权力。国家行为的重点主要应放在制定合理的产业政策、综合运用各类经济杠杆以调控市场，控制信贷规模和货币发行量，以及提供"公共物品"等，至于其他经济活动，则主要应由市场来加以调控。就我国目前的现实情况来看，显然离这一目标的实现还有相当的差距，若干配套条件尚不具备。为此，须在以下几方面加快改革步伐：①加快微观基础的改革，这是市场机制赖以发挥作用的前提条件；②加快市场培育的步伐；③适度控制放权的幅度。这主要是指中央对各部门和地方政府而言的。在有计划的市场经济体制中，地方政府和各产业部门当然应该拥有相当的权力和利益，但其权限的大小应以不妨碍宏观决策的实施和市场机制正常发挥作用为限。尤其是在目前市场体系不健全、企业改革尚无突破性进展的情况下，地方及各产业部门权限过大，只会导致和滋长经济中的混乱现象。在这个问题上，我们必须以南斯拉夫的"多中心国家主义"造成的恶果为戒。所以，在经济体制转轨时期，中央政府的集权程度理应高一些，相对于中央政府而言，各级地方政府在经济活动中的权力应按级别呈几何级数递减。

2. 决策的科学化、民主化及要求

如果说少管是管好的前提，那么决策的科学化、民主化则构成国家行为合理化的充要条件。决策的科学化是个老问题了，但始终没解决好，撇开管得过多这一点不说，决策的民主化程度太低则无疑是症结之所在。尽管民主的决策不见得都是科学的决策，但在不民主条件下所作出的决策就不可能是科学的决策。而决策民主化进而科学化程度甚低的根本原因则植根于现行的政治体制之中。在我国，作为一种规律性的现象就是：越是重大的决策，越是轻率，个人说了算的色彩越浓。所以，从保证决策的科学化、民主化出发，改革现行政治体制，就成为最基本的前提条件，为此必须做到以下几点：

（1）切实做到还权于政。重大经济决策、改革战略的确定必须提交全国人民代表大会讨论，真正确立全国人民代表大会作为全国最高权力机关和立法机构的权威，任何领导人关于经济、社会活动的讲话、指示在未经全国人民代表大会认可的条件下，不具有任何法律效力。要实现这一点，相应地要改革人民代表大会，使人民代表大会代表产生方式、代表的素质、工作程序及组织状况等都能更好地履行作为全国最高权力机关和立法机构的职能。道理很简单，在人民代表大会尚不足以充分实施对政府系统工作的控制和监督的条件下，还权于政府系统，无非是变换一种集权方式，问题的实质并没有改变。

（2）完善和强化监督机构及其职能。任何权力的运用都会涉及权力的客体，并产生相应的权力后果。为此，权力运行的全过程就理应受到权力授予者——在社会主义条件下是人民的监督，以保证权力主体对权力的运用不至于违背权力授予者的意志，同时，这也构成了决策民主化、科学化的一个重要条件。为了进行有效监督，首先，需要完善监督方式、建立起一个完整的包括行政、法律、舆论等在内的监督体系，由过去的单向监督即上对下的监督、内部监督即权力系统内部的自我监督变为双向的、内外结合的监督；其次，需要提高监督机构的独立性，即变过去的权力机构与监督机构之间的主从关系为并列关系，非此不足以保证监督的实现；再次，硬化监督后果，即对任何违规者或渎职人员必须给予相应的惩治，再也不能重现过去那种"人人不犯错误，可国家却犯大错误"的局面；最后，作为一个配套条件，要保证监督权的实现，还有赖于国家、政府活动的公开化，即提高透明度，以利于广大人民群众的监督。

3. 加强法制建设，实现民主政治

国家履行其经济职能可以有多种方式，其中最主要的是法律。因此，国家经济行为的合理性便常常表现为相应法律的合理性。因为，如果没有一套完备的法律，一套明晰、确定、权威和稳定的规则，就不可能建立起普遍有效的合理的经济秩序。在这种情况下，不要说现代社会高度复杂的经济活动无法实现，就是一般的商品交易也难于进行。反映在国家行为上，当其行为后果未充分显现时，公众无法判明其行为合理与否，即使不良后果显现了出来，公众也因"无法可循"而难于约束行为主体。即使是在国家机构内部，其也将因此而陷于权责不清、互相扯皮和推诿的状态之中。所以，无论从哪种意义上讲，完备的法律制度对于保证国家行为的合理性都是必不可少的。

就我国现今情况而言，在这方面的不足主要表现为：①法制不健全；②法律的权威性不够。而且后者在目前显得尤为突出。在某些领导人心目中，法律不过是招之即来、挥之则去的"婢女"。因人立法者有之，重罪轻罚者有之；反过来，轻罪重罚也有之。这怎么谈得上国家行为合理化呢？那么出路何在？答案可谓简单之极，那就是加强法制建设，实行民主政治。但真要实行起来，却又谈何容易。难就难在我国的改革时至今日还主要是自上而下的单向行动，还缺乏一种足够的由下而上的推动力。某些操纵改革的人所喜欢的东西也许正是需要改革掉的东西。在这种情况下，要进行一场彻底的自我革命、自我利益再分配，几乎等于割肉自啖，其难度可想而知。但好在"坚冰已被打破"，改革作为一种历史趋势在中国土地上已是不可逆转的了，尽管阻力重重，但历史终究会为自己开辟出道路！

坚持社会主义经济的基本特征

本文原载于《财经科学》1989 年第 5 期

　　只有社会主义才能救中国，只有社会主义才能发展中国，这是中国人民从长期革命斗争实践中所得出的唯一科学的结论。社会主义道路包含着十分丰富的内容。其中有经济、政治、意识形态等各个方面。这里，仅就经济方面而言，马克思主义的创始人马克思、恩格斯早就论述过社会主义公有制、按劳分配以及社会经济有意识有计划的调节问题。后来，列宁把生产资料公有和按劳分配概括为社会主义经济的两大特征。同时指出社会主义制度将实行计划经济。在党的十二大报告中十分明确地指出：社会主义在经济上的特征主要是"生产资料的公有，按劳分配，国民经济有计划按比例地发展"①。社会主义经济的上述三个基本特征，在一些人的心目中可能都成了说不清的问题。但是，事实上，这些特征是可以说清楚的。尽管这些特征的具体形式会随着生产力的发展发生这样那样的变化，但其本质是不会也不应该改变的。

生产资料的公有是社会主义经济制度的唯一基础

　　近年来，反对社会主义的极少数人越来越把矛头指向生产资料社会主义公有制。有的公然主张废除社会主义公有制，全面实现私有化。有的人还诬蔑公有制是万恶之源，公开发表《私有制宣言》。对此，我们不禁要问：坚持社会主义就必须坚持社会主义公有制，这难道也是说不清的吗？

　　生产资料公有思想的产生，由来已久。最早提出以公有制代替资本主义私有制的，是早期的空想社会主义者，距今已有 500 多年的历史了。三位伟大的空想社会主义者也有人提出过相同的主张。如果说空想社会主义者提出的生产资料公有的主张完全是幻想而没有科学根据的话，那么马克思、恩格斯关于社会主义公有制的思想，则是建立在科学的基础之上的，

---

① 中国共产党第十二次全国代表大会文件汇编 [M]. 北京：人民出版社，1982：20.

认为这是资本主义生产关系与生产力之间矛盾运动的必然结果，并且认为社会主义公有制是社会主义经济制度的唯一基础，是社会主义经济的最基本和最本质的特征，没有这个特征就没有社会主义经济。因为，没有社会主义公有制，就没有劳动群众的主人翁地位，就没有劳动者之间的新型的互助合作关系，社会生产就不可能服从于满足人民群众物质文化生活需要，就不可能通过按劳分配来达到共同富裕，就没有社会经济的有计划发展等。所以，要坚持社会主义道路，就必须坚持生产资料的社会主义公有制。

新中国成立后，我们确立社会主义公有制的主体地位，劳动人民成了国家和企业的主人。正由于这一根本变化，社会主义生产关系的各个方面都得以形成和发展，这就极大地促进了社会生产力的发展，人民生活得到了显著的改善，把我国建成初步繁荣富强的国家，初步显示了社会主义公有制的强大生命力。当然，某些时期我们在发展公有制上也是有缺陷的，教条式理解了马克思、恩格斯关于生产资料全部归社会所有的论述，忽视了生产力对生产关系的最终决定作用，急于求纯。希望尽快实现全社会生产资料的公有化，而且是不存在企业局部经济利益的成熟的公有制。由于违背了生产关系一定要适合生产力发展规律的要求：因而影响了生产力的发展。党的十一届三中全会以来，我们从生产力水平低、发展又不平衡的现实出发，确立了以全民所有制为主导、以公有制为主体的多种经济形式和多种经营方式同时并存、共同发展的方针，一方面积极扩大全民企业的生产经营自主权，归还集体经济组织和集体农民生产经营自主权；另一方面积极发展个体经济、私营经济等经济成分。使各种所有制关系适应不同层次的生产力发展的要求，又大大地发展了社会生产力。当然，如何进一步增强全民企业的活力，还有个探索的过程。同时，对迅速发展起来的个体经济和私营经济如何加强管理，也还缺乏经验。因而某些地方在经济效益上出现所谓"全民不如集体，集体不如个体和私营"的现象，是不足为奇的。如果以此来否定社会主义公有制，是毫无道理的。

10年来，社会主义经济体制改革已经取得很大的成效。但是，公有企业还需要进一步搞活，非公有经济也还需要继续发展。就目前情况看，全民企业和集体企业在生产资料占有、劳动者就业等方面还占着绝大部分，非公有经济所占的比重还是相当小的。今后，即使个体经济、私营经济等非公有经济有一个大的发展，我国仍然是以公有制为主体。如果我们在搞活全民企业、特别是大中型企业上取得显著的成效，又在对非公有经济的管理上取得成功的经验，那种所谓"公有不如私有"的状况将会根本改变，全盘私有化的鼓吹者将以彻底失败而告终。

最近一个时期，有的人以资本主义发达国家的生产力水平大大高于我国为由，竭力赞美资本主义私有制，诋毁社会主义公有制。其实，这是一种违反历史常识和科学对比方法而作出的错误的结论。现在，资本主义发达国家的生产力水平比我国高得多，这固然是事实。但是，它们是靠剥削本国人民和掠夺其他国家和民族发展起来的。并且，它们已经经历了几百年资本主义的发展才有今天。而我国的经济落后、生产力水平低是封建主义、帝国主义、官僚资本主义的统治造成的。社会主义制度在新中国成立后才只有短短30多年的历史，已经取得了举世瞩目的成就，这是任何一个有良心的中国人都不会否认的。要求我国现在就赶上资本主义发达国家的生产力水平，显然是不切合实际的。因而也是不现实的。假如真的要比，那为什么不说，如果社会主义公有制的发展也有几百年的历史，将会造成比资本主义发达国家还高得多的生产力呢？

个人收入按劳分配是社会主义根本的分配原则

社会主义公有制经济范围内个人收入的按劳分配，这几年也遭到极少数人的非议，说什么新中国成立后的40年从来没有实行过按劳分配，今后也不可能按劳分配。这个说法也是似是而非的。

按劳分配是由社会主义公有制决定的个人收入分配上的社会主义特征。我国要坚持社会主义道路，就不能不坚持社会主义经济的这个基本特征。在生产资料归剥削阶级占有的条件下，生产成果都是按有利于剥削者的原则分配的。生产资料公有制的建立，才可能按有利于劳动者的原则分配生产成果。而在社会主义公有制的条件下，既不必要像原始公社那样平均分配，又不可能像共产主义条件下那样按需分配，如果对个人收入不实行按劳分配，还能按什么原则分配呢？

新中国成立后的40年，我们一直坚持按劳分配原则。但是，怎样才能真正贯彻好按劳分配，也有一个不断探索的过程。我们一度对马克思的按劳分配理论作了教条式的理解，试图在全社会的全民所有制经济范围内按统一的计量劳动标准和报酬标准，进行按劳分配。这个做法脱离了现阶段还存在社会主义商品经济、全民企业还是相对独立的经济实体的现实。还一度急于向"按需分配"过渡，实际上是在社会产品还不丰富的条件下走向平均主义，这些都使本来未能很好贯彻的按劳分配出现了更大程度的偏离。结果是挫伤了劳动者的生产积极性、影响了生产的发展。这说明，由于我们未能很好地实行按劳分配，受到了客观经济规律的惩罚，但不能由此否定按劳分配是社会主义经济的基本特征。

改革开放以来，我们总结了按劳分配的经验教训，从我国现实情况出发，在全民所有制范围内主要以企业为经济实体对劳动者分配个人收入，使按劳分配得到了较好的贯彻，从而较大地调动了劳动者的积极性，促进了生产的发展。在农村集体经济中，由于广泛推行了家庭联产承包责任制，按劳分配较之过去有了重大的进步，促进农村经济的活跃和繁荣。当然，对公有制经济范围内按劳分配的具体形式还需要继续探索，使按劳分配对社会主义生产发挥更大的促进作用。

按劳分配作为社会主义特有的经济规律，同其他经济规律一样，是作为一种必然趋势而发生作用的。它不可能做到每个劳动者对社会或对企业的劳动贡献和劳动报酬完全一致，劳动报酬总是围绕劳动贡献上下波动。当然，社会或企业要尽可能根据每个劳动者的劳动贡献，给予应得的报酬。但是，劳动者本人却不应该斤斤计较，给多少钱干多少活，还是应该讲社会主义觉悟，讲奉献精神。如果以为按劳分配就是劳动贡献与劳动报酬完全吻合，那只能是一种幻想。如果以为劳动贡献与劳动报酬不能完全一致，就说社会主义根本作不到按劳分配，从而否认按劳分配是社会主义经济的一个基本特征，显然是错误的。

现在人们对社会分配不公问题很有意见。目前社会分配不公主要是，一方面，党政机关某些干部发生了许多腐败现象，搞权力与金钱的交易、对劳动人民进行变相的剥削；另一方面，一些个体和私营企业主靠偷税漏税，发了横财。这些问题和按劳分配没有直接联系，但它们对按劳分配有很大的冲击。我们必须坚决反对腐败，加强廉政建设，同时对个体和私营企业的非法收入要依法制裁，对他们过高的合法收入也要依法征收调节税，以实行社会的公平分配。如果以社会存在某些分配不公来证明社会主义不可能按劳分配，则是不恰当的。

国民经济有计划发展是社会主义经济运行的基本状态

近几年，有一种观点：否定计划经济是社会主义经济的一个基本特征，否认社会主义国民经济需要和可能有计划按比例发展，主张经济市场化。这种观点也是错误的。

社会主义经济是计划经济，即社会主义国民经济能够有计划按比例地发展，是马克思主义的一个基本原理。马克思还特别强调计划经济和社会主义公有制之间存在着内在的联系。他指出：通过社会对自己的劳动时间所进行的直接的自觉的控制，这只有在公有制之下，才有可能。因此，生产资料公有，全社会劳动者有共同的经济利益的条件下，只有按照共同的计划进行生产，才能使整个国民经济协调发展，使社会的人力、物力、财力得到最充分最有效的使用，更好地实现社会主义生产目的。

当然，社会主义计划经济是有计划的商品经济，而不是有计划的产品经济，就必须充分发挥价值规律的作用，即必须充分利用市场机制，实行充分利用市场机制的计划经济。但是，绝不能否定社会主义经济计划化，搞所谓经济市场化。经济市场化就是依靠价值规律及其作用机制——市场机制的自发作用，来调节经济的运行。事实上，市场机制对社会经济的调节，是既有不少长处也有许多缺陷。其长处在于：它可以通过商品价格的升降变化，较为灵活和有效地调节供求关系，从而调节社会生产和流通，达到社会供给和社会需求的局部的平衡；在资金、劳动力等生产要素能够自由流动的情况下，可以在一定程度上使资源得到合理配置；它还可以刺激和鼓励商品生产者改进生产技术和改善经营管理，提高劳动生产率，从而促进社会生产力的发展。市场机制的缺陷是：它的调节需要花费的时间比较长，后果又很不确定，很容易导致市场需求的虚假性和生产的盲目性；靠市场机制的调节，那些具有较大社会效益的基础设施和非盈利企业是很难发展起来的；市场机制在总供给与总需求的平衡，产业之间的平衡发展等长期问题上的协调能力也比较微弱，在总供求严重失衡的情况下，市场机制更难以自动恢复其平衡。实行经济市场化，就是要把社会主义经济推向无政府状态。所以，在社会主义的有计划商品经济中，要在充分发挥市场机制作用的同时，充分发挥计划机制的作用。计划机制有许多优点：可以集中必要的人力、物力和财力，保证重点建设需要、实现国家计划目标；可以统筹解决社会基础设施建设，消除企业给社会带来的环境污染等问题;可以避免价格的剧烈波动给社会生产和流通造成的震荡,并使社会稀缺资源得到合理分配;可以从社会整体和长远利益出发,调节长期资源的配置,使产业结构逐步走向合理化;等等。社会主义计划经济就是要将计划机制和市场机制正确结合起来,保证整个国民经济既生动活泼又大体按比例地协调发展。

在我国现阶段,计划机制和市场机制结合的具体形式应当是:

第一,对一部分关系国民经济全局的重大经济活动和重要产品中需要由国家调拨分配的部分,实行直接计划调节,在运用行政手段的同时,自觉利用市场机制,使之成为实现国家计划的工具。

第二,对比较重要的经济活动和产品,实行间接计划调节,主要依靠运用经济杠杆的诱导,使企业的生产经营活动符合国家计划的要求。在这里,市场机制也是被社会主义国家自觉利用的,但又和直接计划调节下市场机制的作用有所不同,它已不是单纯的实现计划的工具,而是起着一定的自动调节器的作用。

第三,对一般的经济活动和产品,实行市场调节,即发挥市场机制的自发调节作用。在这里,国家虽然不作计划,但还要通过政策法令和工商行政管理工作来进行管理。这也是社会主义国家自觉利用市场机制的一种形式。

包括直接计划调节和间接计划调节在内的计划机制起主导作用的部分,和市场调节部分,各自占多大比重,在不同时期是可以不同的。这种各自所占比重的变化,只能改变社会主义的充分利用市场机制的计划经济的具体形式,并不改变社会主义经济是计划经济这一本质特征,不能搞所谓的市场化。

当今世界,社会主义制度和资本主义制度"谁战胜谁"的问题还尖锐地摆在我们面前。国际资产阶级中的反共人士,总是企图交替运用武力颠覆和"和平演变"的两手策略,来扼杀和消灭新生的社会主义制度。在我们国内,虽然进入社会主义社会已经30多年了,但社会主义和资本主义的斗争也并未熄灭。这些年来出现的资产阶级自由化思潮,特别是平息最近发生的政治动乱和首都的反革命暴乱的斗争,就是有力的证明。因为这场斗争实质上就是坚持社会主义道路还是走资本主义道路的斗争。

我们强调坚持社会主义道路,坚持社会主义经济的基本特征,也强调在坚持社会主义基本制度的前提下,不断完善和发展社会主义制度。而改革则是社会主义制度自我完善和自我发展的途径。要搞好改革，就需要在理论和实践上大胆探索，勇于创新。顽固坚持搞资产阶级自由化的极少数人也打着"改革""探索""创新"的旗号，实际上不过是国际资产阶级中反共人士反社会主义的老调重弹，把我国变成一个完全附庸于西方的资产阶级共和国。这是中国人民绝对不答应的。我们的结论只能是：坚持社会主义道路，坚持社会主义基本经济特征，中国才有光辉灿烂的前途！

计划与市场结合中政府与国有企业的经济关系

本文原载于《财经科学》1990 年第 6 期

在政府同国有工业企业的经济关系中如何落实计划经济与市场调节结合原则问题，是当前需要深入研究的一个重要问题。为便于比较研究，本文不限于国有工业企业。

政府与国有企业的经济关系包括的内容十分广泛，如企业缴纳税金，上缴利润等，这里只讨论计划经济与市场调节相结合方面的经济关系，而只与计划有关或只与市场有关的方面则均不列入本文讨论范围。

下面谈几个问题。

一、对计划经济与市场调节结合的具体形式的看法

讨论计划经济与市场调节结合原则在政府与国有企业的经济关系中如何落实的问题，如果在肯定计划与市场调节必须结合的条件下不确定计划经济与市场调节结合的具体形式，这个讨论就缺乏基本的前提。

自从邓小平同志在 1989 年指出必须继续坚持计划经济与市场调节相结合的原则之后，1990 年年初以来，许多报刊开展了讨论，就最近的一些文章和发言看，对计划经济与市场调节结合的具体形式大体有以下三种主张：

一是"宏观经济与微观经济相结合"，即宏观计划，微观市场，"两者按照各自要求运动的同时，相互关照，密切配合，推动经济的发展"。这是主张完全实行宏观间接调控。

二是在正常的经济发展和经济改革进程中，从以直接调控为主转向以间接调控为主，即以"国家调控市场，市场引导企业"为主，但计划直接调控部分仍然长期存在。

三是"重大生产能力的建设由直接计划调节，生产能力既定条件下的

产品生产和流通由市场调节"。

　　上述观点我都不赞成。我的观点在《财经科学》1989 年第 5 期《坚持社会主义的基本经济特征》一文中已经提出，在 1990 年 1 月 9 日《改革时报》上又作了简要的说明，在 1990 年第 1 期《经济学家》杂志《治理整顿时期要加强经济的计划性》一文中又提到这个观点，《四川经济研究》杂志 1990 年第 4 期《谈谈计划经济和市场调节结合的具体形式》一文中作了较为详细的分析和论证。我的基本观点是：计划经济与市场调节结合的形式是多种结合方式的综合，可以称之为"综合调节论"。具体说来就是：国民经济的一定领域以计划调节为主，其他领域则以市场调节为主；以计划调节为主的经济领域也要自觉利用市场机制，以市场调节为主的领域也要受计划调节的制约；在以计划调节为主的领域中，将实行直接计划调节和间接计划调节相结合；在间接计划调节中，又将实行国家以行政手段去规定价格、利率等市场参数和国家不用行政手段去规定价格、利率等市场信号，只输入经济变量，让市场信号在市场供求关系变动的制约下形成这样两种方式。其结合的具体形式是：①直接计划调节与市场调节相结合，计划调节是最主要的调节者，市场调节作为实现计划的工具而起作用；②间接计划调节与市场调节相结合，计划调节是主要调节者，市场调节起辅助调节作用；③自发的市场调节与一定的计划调节相结合，自发的市场调节是主要的调节者，计划调节在一定的程度上对自发市场调节发挥一定的制约作用。

　　我认为上述主张是符合我国目前所处的社会主义初级阶段所有制结构的状况，也符合现阶段微观基础的构成情况、市场发育水平及宏观调控体系的发展状况，而且它具有极大的灵活性，不仅与我国经济体制改革的更为理想的目标模式相冲突，还有利于向这个目标模式过渡。

　　从《求是》杂志 1990 年第 12 期刊登的《关于计划经济与市场调节相结合问题的讨论》的发言来看，在年初还主张"纵向调节"即"国家调节市场，市场引导企业"的同志已改变了观点，开始主张"多层次结合"，与我说的"综合调节"大同小异。

二、计划经济与市场调节在政府与国有企业的经济关系中落实的基本途径

　　目前经济理论界和实际经济部门的同志都是根据他们自己对计划经济

与市场调节结合的具体形式的理解，提出各种落实的具体意见。我这里不准备罗列他们的各种主张，只想就自己关于计划经济与市场调节结合的具体形式的看法，谈一下落实的基本途径。

在计划经济与市场调节结合的多种具体形式中，关系到在政府与国有企业之间的经济关系上如何落实问题的，我认为就只有直接计划调节与市场调节相结合（以下简称"直接调控"）这一种形式。因为，只有这种形式政府与国有企业之间才存在不是完全通过市场的经济关系。间接计划调节与市场调节相结合（以下简称"间接调控"）这种形式，政府与企业之间是完全通过市场发生经济关系的。自发的市场调节与一定的计划调节相结合（以下简称"自发市场调节"）的领域，企业的生产经营活动完全面向市场同政府是完全通过市场发生经济关系。所以，这里的讨论将不予涉及。

直接调控这种具体形式如何落实到政府与国有企业的经济关系上，涉及的问题很多，这里有四个主要问题需要讨论。

第一，应该由谁来代表政府的问题。

我们常说国家代表社会整体和长远利益，对社会经济进行有计划的调节。实际情况是到底哪一级政府的哪一个部门代表国家？现在中央和地方各级政府以及这些政府的各个部门都以国家代表的身份来管理企业。

虽然他们基本上是从社会整体和长远利益出发考虑问题的，但有时有的部门并不完全代表社会整体和长远利益。由于他们受部门的局限，分头向企业下达的各种计划指标往往又互相冲突，在这种条件下，政府机构内部的关系都没有理顺，是很难使直接调控正确落实到政府与国有企业的经济关系之上的。我想在中央或地方应该有这样一个政府部门，真正代表社会整体利益和长远利益，对社会经济进行统筹兼顾，全面安排，正确处理各方面的经济利益关系，包括政府内部各级各部门之间的关系及政府与国有企业的经济利益关系，能把各级政府和政府各部门要向企业下达的各种计划指标综合协调，统一下达。只有这样一个政府部门才真正代表政府同所管辖的国有企业在直接调控上发生经济关系，计划经济与市场调节结合原则在政府与国有企业的经济关系上也许才可能得到较好的落实。

第二，国有企业的分类问题。

在研究计划经济与市场调节结合原则如何在政府与国有企业的经济关系中落实问题时，对国有企业如何进行分类也有各种观点。有的主张按企业规模分类，有的主张按企业所生产的商品分类，等等。我认为对国有企业应该按它们在宏观经济调控体系中的地位和作用分类，即国有企业作为市场调节者或作为直接计划的被调节者的身份出现，全部产品由计划直接调节或部分产品由计划直接调节，将国有企业划分为如下三类：

第一类是按政府直接计划的要求，代表政府参与调节市场的国有企业。如政府指定国营商业在市场上对某些商品进行"吞吐"活动，以调节商品供求关系，进而抑制或协调市场价格。这一类企业是一身二任，它既受市场调节，又按国家计划调节市场。现在这类企业只限于国营商业、粮食和物资企业，不涉及国营工业生产企业。

第二类是由国家直接计划调节而进行垄断性经营的企业，如民航、铁路、邮电通信、城市供电、供水、公用交通等企业。这类企业生产社会化程度很高，对生产和人民生活关系极大，又不能由多家企业进行竞争性经营，为保证生产和人民生活需要，必须由政府（包括中央和地方）进行直接计划调节。

第三类是部分产品按国家直接计划生产和调拨的企业。不论是大型还是特大型国有企业，它们只有或大或小的一部分产品需要按国家直接计划生产和调拨，一部分产品按市场需要生产和销售，所以它们都属于这一类。因为近几年军工企业纷纷从事一定的民品生产，军用品仅仅是这些企业生产的产品的一部分，所以军工企业也可以划入这一类。这类企业所生产的产品有一个或大或小的部分或者关系"国计"即对国家重点建设和某些特殊需要有重大意义，或者关系"民生"，即保证人民基本生活有重大意义，需要按国家直接计划生产和调拨。

除上述三类之外的国有小型工业或商业企业，政府对它们不进行直接调控，它们的生产经营是面向市场，受市场的调节。国家即使有时需要它们生产的一定量的某些商品，也需要通过市场进行购买。所以在研究计划经济与市场调节结合原则如何在政府与国有企业的经济关系中落实问题时，它们并不单独构成一种类型，甚至可以说它们与本文讨论的问题无关。

第三，政府同上述三类企业的经济关系问题。

政府同上述三类企业的经济关系，主要包括：①政府的计划要求同企业的生产经营计划的衔接，即政府下达的指令性计划怎样成为企业生产经营计划或这个计划的一部分？②政府所代表的社会整体利益和企业局部利益的合理调节，即如何使国家利益和企业利益得以正确结合？③政府对企业是否按合同提供企业本身难以解决的生产条件及其价格，对企业是否按合同向政府提供产品及其价格的影响问题。

对于第①个问题，政府的直接计划最好通过经济合同和前述三类企业的生产经营计划衔接，把直接计划的行政强制性和经济利益的吸引力结合起来，实现直接计划调节与市场调节的结合。其中，对于第三类企业还可以通过招标、投标方式签订经济合同，把竞争机制引入政府和企业的经济关系中来，使市场机制的作用得到较为充分的发挥。

对于第②个问题，我认为，在假定政府不向企业提供生产条件如能源，原材料等的情况下，对于第一类参与调节市场的企业，政府应按经济合同，一方面对它们的调节目标提出明确要求，另一方面给予定额补贴；对于第二类企业则应一方面加强监督，促使企业提高服务质量，另一方面正确制定计划价格，使企业在正常的生产经营情况下有合理的盈利；对于第三类企业，国家则在招标投标中，通过竞争形成合理的价格，把政府和企业的经济关系建立在平等互利，等价交换的基础上。

对于第③个问题，我认为，当政府不按合同向企业提供企业本身难以解决的生产条件如能源、原材料等，企业则有权不按合同向政府提供产品。如政府向企业提供的生产条件按合同规定的价格计价，那么企业向政府提供的产品也按合同的价格计价。反之亦然。这里的原则仍然是平等互利，等价交换。

这当然都是说的正常的经济发展时期政府同国有企业的经济关系。如果是非常时期，如严重的自然灾害时期或战争时期，可能要更多地强调国有企业利益服从全社会利益，这是每一个国有企业都能理解的。

第四，国家直接计划调拨的产品价格同市场价格的衔接问题。

我认为，解决的途径是计划价和市场价"合轨"。当然，价格双轨制要变为单轨，不可能也不应该一步到位，必须分步进行。这里只是想强调价格的单轨毕竟是一种发展方向。

我的这个看法，经济理论界有的同志是不赞成的。他们明确指出："在计划经济条件下，不能完全根据供求关系来制定计划价格。但制定价格时，必须认真考虑这个因素，特别是考虑商品在全国范围内和较长时期的供求情况。"这就是说，计划价格不受短时期的和局部地区的市场供求关系的影响。这个观点在从亿万次的具体交换关系中探讨价格围绕价值变化的规律性时，是完全正确的。但就具体的商品交换关系来讲，无疑是把时刻变化着的市场供求关系对价格的影响排斥在影响价格的因素之外了。这不是使计划价格适应商品经济发展的要求，而是脱离商品经济的现实空谈计划价格的合理性。这种计划价格，如果强制实行，只能引起价格关系的扭曲，与客观的有计划发展规律要求背道而驰。这已经不是单纯的逻辑推论，而是被过去长期的实践所证实了的。

三、在政府和国有企业之间建立上述经济关系的基本依据

计划经济与市场调节结合原则落实到政府和国有企业的经济关上，应该建立起上述的经济关系，其基本的依据是：

1. 实行真正的有计划的商品经济

我们知道，所谓有计划商品经济，是指社会主义经济的本质特征是计划经济，但计划的对象是商品的生产、交换、分配和消费活动即商品经济，其固有的价值规律及与之相联系的市场及市场机制还必然发生作用。我们承认社会主义经济是有计划的商品经济，首先是肯定商品经济是社会主义经济所固有的；其次是肯定社会主义经济是实质性的商品经济，而不是仅具有商品形式或"外壳"的商品经济；最后是肯定社会主义经济中除少量残存的自然经济之外是全局性的商品经济，而不是局部性的或仅在局部领域存在的商品经济。

在计划经济与市场调节结合上之所以还有多种结合形式，不是说某个领域如直接调控的领域可以保留不等价交换，而仅仅是说在正常的经济发展时期对某些领域通过对企业有约束力的直接计划，有利于保证宏观经济计划得以顺利实现；对某些领域实行间接调控，有利于使这个领域供求量的差距缩小，从而使整个国民经济较协调地发展。

新中国成立以来，许多计划内商品价格都低于市场价格，使人产生一种错觉，似乎计划价格就必然是不等价交换。如果说在有计划的产品经济条件下，这种看法还有客观依据的话，那么在有计划的商品经济条件下，这种看法就毫无根据了。

2. 国有企业是真正的相对独立的商品生产经营者

承认社会主义经济是公有制基础上有计划的商品经济，前提之一是肯定国有企业是相对独立的商品生产经营者。承认国有企业是商品生产经营者，就是包括所有的国有企业，既包括参与调节市场的企业，还包括部分

或全部产品的生产和流通执行指令性计划的企业。既然它们都是商品生产经营者，它们的商品的生产和流通都必然受价值规律的支配。

现在政府有的部门同某些国有企业争利的情况比较突出，这使企业和政府都不把注意力放在如何从生产和流通上提高经济效益，而是放在如何从分配上多争一点利益。这对社会主义经济发展是很不利的。不如把政府同国有企业的经济关系建立在等价交换基础上，从而调动企业提高经济效益的积极性，促使社会主义经济健康发展。

3. 建立真正的社会主义统一市场

要建立真正的社会主义统一市场，就要求把政府与国有企业的商品交换上的经济关系建立在等价交换的基础上。

现在政府有的部门和国有企业的商品交换关系上，有不少是不通过市场和不按等价交换原则行事的，经济利益关系的透明度较低。政府与国有企业在商品交换上真正实行等价交换，一是可以消除政府同国有企业之间的"父爱主义"；二是国家计划需要的物资通过招标，这将更充分地发挥优胜劣汰的竞争机制的作用，促进整个社会经济效益的提高；三是提高政府同国有企业经济利益关系上的透明度，有利于清除某些党政机关和干部个人利用手中权力"寻租"的腐败现象，有利于端正党风和社会风气。

4. 建立有效的宏观经济调控体系

在国有企业真正成为相对独立的商品生产经营者，并真正形成了社会主义统一市场的条件下，国家作为宏观经济的调节者将能更好地发挥其调节社会经济的作用。因为，国家可以把全部精力用于宏观经济计划的制订、实施、调控上，不必为直接管理国有企业的具体生产经营活动而分散精力；同时，政府和企业的经济利益关系是透明的，不必为政府和企业经济利益关系的扭曲而影响宏观经济调控措施的决定和贯彻；再者，宏观经济调控可以真正面对全社会经济，而不是只调控国有经济，从而有利于国民经济更健康地发展。

四、在政府与国有企业之间建立上述经济关系的重大意义

首先，有利于实现供给结构和需求结构的平衡。

社会供给和需求在总量平衡的前提下，社会供给结构即产业结构总是应该随社会需求结构的变化而变化，使二者得以实现相对的平衡。当然，市场机制包括价格机制对产业结构调整的作用不如计划机制的作用那么重要，但是不可否认市场机制总还起着一定的作用。我们还应该看到，我国当前产业结构不合理的状况与价格的不合理是有密切联系的。如果把政府与国有企业之间的经济关系建立在等价交换基础上，政府将有可能更好地运用经济杠杆包括价格、税收、信贷等杠杆，按产业政策的要求调整产业结构，使之走向合理化和高级化。

其次，有利于建立和巩固合理的经济秩序。

各级政府的有关经济管理部门对国有企业的管理，曾经并且现在仍然起着十分重要的积极作用。但是，如果我们能将政府和国有企业的经济关系建立在等价交换基础上，必将使"官倒"无立身之处，将会使社会主义商品经济所必需的经济秩序得以建立、巩固和发展。

最后，有利于经济效益的提高。

我国当前最大的经济问题就是经济效益不高，就某些方面看还有一定程度的下降。究其原因，我认为这和政府与国有企业之间的经济利益关系没有按社会主义商品经济的原则作明确的界定有很大的关系，以致政府和国有企业双方都不能不耗费大量精力用于争夺利益的讨价还价上，用在研究"对策"上。如果能按上述原则，理顺政府与国有企业的经济关系，企业就必然会积极面向市场，面对企业内部，靠调动广大职工积极性，靠技术改造，靠改善经营管理，大大提高经济效益。

关于计划经济与市场调节相结合的几个问题的探讨

本文原载于《天府新论》1990 年第 3 期

一、关于计划经济和市场调节能不能结合的问题

目前国内有一种观点认为，计划经济和市场调节，前者指的是社会经济制度，后者指的是经济调节的一种手段或方式，两个概念是不对称的，因而二者不可能结合。这里需要先谈一下我对计划经济、计划调节、计划机制和市场经济、市场调节、市场机制这些概念的理解。计划经济是指以生产资料公有制为基础的社会经济制度，这包括社会主义制度和共产主义制度，同时还指社会经济的调节方式是有计划的或计划调节，还指整个国民经济运行的基本状态是有计划地按比例发展的。计划调节是指调节经济的一种手段或方式。计划机制是计划体制，实现计划的手段等保证了计划调节发挥作用的机制。市场经济是指以资本主义私有制为基础的社会经济制度，又是指社会经济的调节方式是由市场进行调节的或市场调节，还指国民经济运行的基本状态是无政府的。市场调节是指市场机制的调节，这是资本主义和社会主义都可以采用的一种调节经济的手段或方式，不是某一种社会经济制度所特有的。市场机制是指市场调节的作用机制，即市场通过商品供求、价格、竞争的相互影响，从而调节商品生产和流通的机制。过去有一段时间，把市场调节定义为价值规律的自发调节。现在看来，这个定义不一定妥当。应该说，市场调节既指价值规律的自发调节，还包括自觉利用价值规律通过市场机制所进行的调节。明确这一点才有利于后面的问题的讨论。根据上述计划经济和市场调节的含义，当我们把计划经济这个范畴作为计划调节方式来运用时，与市场调节则应该说是对称的，是可以结合的。同时，讲计划经济与市场调节相结合，不直接用计划调节去和市场调节相结合，还因为计划调节是现代资本主义经济在某些局

部领域内也在使用的经济调节的手段或方式，它与计划经济没有必然的内在联系。而我们说计划经济与市场调节相结合时，计划经济中所包含的计划调节方式则是社会主义经济所特有的。所以在肯定我国计划调节是指社会主义计划经济所包含的特有的调节方式的前提下，讲计划经济与市场调节相结合，更能正确反映社会主义经济调节的特征。计划经济与市场调节相结合还可以这样理解，就是在坚持计划经济这一社会经济制度的前提下，计划调节与市场调节的有机结合。"计划经济"和"市场调节"这两个概念在字面上的不对称，并不影响它们实质上的对称性。

计划与市场的结合可以有多种方式，计划经济与市场调节相结合不过是计划与市场结合的一种特殊形式。目前国际上有一种观点认为，计划和市场是不可能结合的，说二者可以结合的人是"天真的改革派"，这种观点更是值得研究。

从社会主义经济的本质上讲，计划与市场需要结合应该说是毫无疑问的。社会主义经济是公有制基础上的计划经济，计划调节及其作用机制——计划机制就必然要发生作用；社会主义经济又是社会主义公有制基础上的商品经济，市场调节及其作用机制——市场机制也必然发生作用。更为重要的是，从计划机制和市场机制各自作用的后果来看，把二者结合起来也是十分必要的。市场的自发调节对社会经济发展是有一定的积极作用的，通过商品价格自发的升降变化，可以较为灵活和有效地调节供求关系，从而调节社会生产和流通，达到社会供给和社会需求的局部平衡；在资金、劳动力等生产要素能够自由转移的情况下，可以使资源在一定程度上得到合理配置；还可以激励商品生产者改进技术，改善经营管理，提高劳动生产率，从而促进社会生产力的发展。但是，市场自发调节的弊病也是十分明显的。它的调节所花费的时间较长，后果又很不确定，很容易导致市场需求的虚假性和生产的盲目性；靠市场自发调节，那些具有较大社会效益的基础设施和非盈利企业是很难发展起来的；市场机制在总供给和总需求的平衡、产业之间的平衡发展等长期问题上的协调能力是很微弱的。而计划机制的优点：它可以集中必要的人力、物力和财力，保证重点建设需要；实现国家计划目标；可以统筹解决社会基础设施建设，消除企业给社会带来的环境污染等问题；可以避免价格自发的剧烈波动给社会生产和流通造成的震荡，并使社会稀缺资源得到合理配置，还可以从社会整体利益和长远利益出发，调节长期的资源配置，使产业结构逐步走向合理化；等等。其弊病主要的是不利于调动企业生产经营的积极性，会使企业失去主动性、创造性和进取精神，妨碍社会生产力的发展和社会主义制度优越性的充分发挥。因而在社会主义经济中，把计划和市场结合起来，既可以充分发挥计划和市场的积极作用，又可以克服单一的计划调节和单一的市场自发调节所存在的弊病，使整个国民经济既生机蓬勃、又有计划按比例地发展。

我们说计划与市场、计划经济与市场调节能结合的原因首先在于，我国十年来社会主义经济体制改革的实践已经作了回答。十年来，我们对过去集中过多、统得过死的计划体制进行了改革，在实行计划指导的同时，发挥市场调节的积极作用，取得了促进国民经济发展，繁荣市场，提高人民生活水平的显著效果。这些效果是有目共睹的，而且已经得到世界各国有识之士的公认。其次，社会主义的经济关系为二者的结合奠定了客观基础。从经济关系即经济利益关系上说，在社会主义制度下，计划经济是以公有制条件下劳动人民根本利益的一致性为基础的，市场调节是以公有制基础上企业之间的局部经济利益的存在为条件的。计划经济与市场调节的矛盾即社会整体利益与企业局部利益的矛盾是根本利益一致基础上的矛盾，是可以结合的，因而计划经济与市场调节的结合应该说是没有问题的。最后，社会主义社会人们开始成为自觉的和真正的主人，也为二者的结合开辟了广阔的道路。在社会主义制度下，由于生产资料公有制，人们成为自己的社会结合的主人，原来作为统治人们的异己力量的经济规律，将可能被人们在全社会规模上认识和运用起来，为人们谋福利，从而使计划经济与市场调节的结合成为可能。

二、关于计划经济与市场调节结合的具体形式问题

根据最近我参加一些经济理论研讨会了解的情况，对计划经济与市场调节结合的具体形式有以下几种观点。

一是"三主论"，即以计划调节为主，指令性计划为主，行政手段为主。这种观点与计划经济和市场调节相结合的思想是不相符合的。而且严格地说，"三主论"与我国改革前的计划体制是没有多大区别的。主张"三主论"，实质上就是要回到排斥市场调节的旧的计划体制上去。

二是"市场取向论"，即以发挥市场调节作用作为经济体制改革的方向。这种观点有一定道理，但含义不明确。如果说，过去的计划体制的弊端，就在于坚持了计划经济，排斥了市场调节的积极作用，现在我们进行改革，就是要在坚持计划指导的同时，发挥市场调节的积极作用，如果把这叫作"市场取向"，当然是正确的。但是，如果说改革要以"市场取向"，是指要放弃计划指导而单纯发挥市场调节作用，就是错误的。

三是"纵向调节论"，即计划调节市场，市场引导企业。这种观点在理论上当然是没有错的，但是它可能是社会主义商品经济较为发达的条件下宏观计划调节的一种目标模式，要在今天实行这种模式则是不现实的。在计划—市场—企业的纵向调节调试中，对企业、市场和计划及其宏观调控体系都有很高的要求，都不是近一二十年所能达到的。在条件不具备的时候，勉强实行这种调节模式，对我国社会主义经济发展可能是很不利的。

四是"主导与基础关系论"，即在计划经济与市场调节的结合中，计划起主导作用，市场调节起基础作用。这种观点对计划经济与市场调节结合的具体形式未给予任何具体的说明。同时，如果说"计划是主导"是指计划调节是起决定性作用的话，那么市场调节就起不了基础性的调节作用。换句话说，如果市场调节作为基础性的调节，或者说以价值规律作为基本调节者，计划的主导作用也就会落空。

计划经济与市场调节结合的具体形式，我所持的观点可以称之为"综合调节论"，即计划与市场是多种结合方式的综合，而不是某一种单一的结合方式。具体说来：在国民经济的一定领域以计划调节为主，其他领域则以市场自发调节为主；在以计划调节为主的领域也要自觉利用市场机制，以市场自发调节为主的领域也要受计划调节的制约；在以计划调节为主的领域，既要在一定范围实行直接计划调节，还要在一定范围实行间接计划调节；在间接计划调节中，在一定范围由国家用行政手段去规定价格、利率等市场参数，在一定范围国家只输入经济变量，让市场信号在市场供求关系变动的制约下形成。把这些形式再加以具体化，无非通过以下三种方式来体现计划经济与市场调节结合的程度、方式和范围。

第一，直接计划调节与市场调节相结合。这种结合方式适用的范围主要是铁路、民航、邮电等重要部门及重点建设、重要企业和重要产品的生产和流通。在这种结合方式中，计划经济与市场调节结合的特点：直接计划是起决定性作用的，具有约束力，各部门各企业必须贯彻执行，以保证国家计划目标的实现，但为调动各部门和企业完成国家计划的积极性，也要自觉利用市场机制，发挥市场调节的作用，即合理地制定价格，努力贯彻商品等价交换原则。但在这里，市场调节是作为实现计划的工具而起作用的，并不独立地发挥调节作用。

第二，间接计划调节与市场调节相结合。这种结合方式的适用范围是国民经济中较为重要的经济活动。在这种结合方式中，计划经济与市场调节结合的特点：国家计划是主要调节者，市场机制起着辅助的调节作用。因为，在这里，国家计划虽然不具有指令性，但国家所运用的各种经济杠杆，包括直接规定价格、利率等市场信号和输入经济变量、让市场信号在市场供求变动制约下形成这两种形式，都是为实现国家计划服务的；同时，市场机制在这里已不是单纯的实现计划的工具，而是起着辅助的调节作用。在直接计划调节与市场调节结合中，实行的是国家统一调拨和国定计划价格，价格不能随市场供求变化而自发变动。在间接计划调节与市场调节结合中，实行的是企业自主交换和浮动价格，在一定范围和一定程度上存在着价格变动制约商品供求变化、商品供求变动制约价格变化的机制，从而对商品生产和流通发挥较大的调节作用。

第三，基本上由市场自发调节与一定的计划调节相结合。这种方式适用的范围主要是大量的一般商品的生产和流通活动。这种计划经济与市场调节结合的特点：市场机制是主要的调节者，计划机制起一定的制约作用。对这个范围内的商品的生产和流通，国家不制订和下达任何计划，基本上是由市场价格的自发波动来调节的，企业根据市场供求关系的变化和价格的涨落而自主地灵活地进行生产和经营。这个领域受计划机制的制约的表现是：国家要有计划地确定这个领域的范围，还要通过政策法令和工商行政管理工作进行管理，以限制市场自发调节可能给经济生活带来消极的甚至破坏性的影响，自觉地和最有效地发挥市场机制的积极作用。

上述计划经济与市场调节的三种结合方式，在不同时期应该根据具体情况，具体确定每一种结合方式作用的范围和各自所占的比重，比如，在经济调整时期，可以多一点计划调节；在另一些时期可以多一点市场调节。但是，无论是在什么时期，都要坚持计划经济与市场调节相结合。计划性多一点或市场调节多一点，所改变的只是上述三种结合方式各自所占的比重，并不改变计划经济与市场调节相结合的原则。

在我国实行计划经济与市场调节有机结合的社会主义商品经济运行机制，是有重大意义的。首先，这一运行机制符合我国社会主义初级阶段的实际情况。其次，这一运行机制具有极大的灵活性，能适应不同时期经济发展的不同状况。最后，这一运行机制是我国社会主义经济建设实践中对马克思主义的坚持和发展。

三、关于计划经济与市场调节相结合必备的基本条件问题

计划经济与市场调节的上述多种结合方式，尽管有很强的适应性，能适应不同时期的不同经济状况，但是要使这种结合取得良好的经济调节效果，保证社会经济持续、稳定、协调发展，仍然有一些基本条件是必须具备的。这些基本条件可以归结为如下几个方面：

第一，社会主义企业特别是全民所有制企业应该是分别不同情况，具有不同的预算约束硬度的商品生产者和经营者。

计划经济与市场调节的几种结合方式，都是以社会主义企业特别是全民所有制企业作为调节的接受者，都是要调节企业的经济行为使之适应国家计划和市场的要求。企业只有成为自主经营，具有自我激励和自我约束机制的商品生产者和经营者，各种调节方式才能发挥作用，才能改变企业的经济行为，国家计划和市场需要鼓励发展的产业和产品，企业才能积极去发展；国家计划和市场需要限制发展的产业和产品，企业才能主动予以限制，实现自我激励和自我约束。要实现这一点，关键是对企业经济利益的制约，国家计划鼓励发展的东西，企业积极发展了，经济利益上就应该得到好处；反之，经济利益上就应该受到损失。

从经济利益上制约企业的经济行为，重要的是分别不同情况对不同企业实行不同硬度的预算约束。预算约束就是企业资金运用不能超过资金来源，使企业的生存和发展，丧失外部保障，完全取决于自身经营结果。过去有不少人笼统地讲要硬化企业预算约束，这个说法相对于企业预算约束软化而言，是有道理的。但是，是否对所有的全民所有制企业都要实行硬度完全相同的预算约束呢？不能！就是在资本主义制度下，私人资本主义企业的预算约束并不是硬的，国家也以免税、补贴等措施解救某些濒临破产的企业。在社会主义条件下，更不能要求所有全民所有制企业的预算约束全部硬化。与实行计划经济与市场调节有机结合的要求相适应，应该根

据不同企业的不同规模，不同的生产社会化程度，在国民经济中的不同地位，分别确定其不同的预算约束的硬度。

第二，建立完整的社会主义市场体系，实行以混合价格为特征的有伸缩性的价格结构。

在计划经济与市场调节的多种结合方式中，市场机制都程度不同地发挥着作用。由于市场体系是市场机制发挥作用的基础和场所，所以要使市场机制的作用顺利发挥，必须建立和健全完整的社会主义市场体系。社会主义完整的市场体系应该包括消费品市场、生产资料市场、资金市场以及作为劳动力流动形式的劳动力市场。市场体系的完整是市场机制顺利发挥作用的基本条件。

在社会主义市场体系完整的条件下，要实行有伸缩性的混合价格结构。混合价格结构主要包括三种价格形式：计划价格，即国家根据产品成本和市场供求关系规定的价格；浮动价格，即在国家规定的价格浮动幅度内由市场机制自由运动所形成的价格；自由价格，即由市场机制自由运动所形成的价格。有伸缩性的混合价格结构是指计划价格、浮动价格、自由价格各自占多大的比重是可以变化的，而不是固定不变的，不存在以哪一种价格形式为主的问题。三种价格形式的适用范围与上述的计划经济与市场调节结合的三种具体形式相适应，从而把国家对市场机制的自觉利用与市场机制的自发运动结合起来。而为了使上述三种价格形式都能体现市场机制的要求，发挥市场机制的作用，必须反对垄断、保护竞争，以防止企业利用垄断地位操纵价格。

第三，建立符合计划经济与市场调节结合原则的、经济和行政法律手段综合运用的宏观调控体系。

实行计划经济与市场调节相结合，宏观调控体系当然应该与这一要求相适应。这种宏观调控体系是直接调控与间接调控相结合的。经济手段与行政手段、法律手段相结合的体系。这种宏观调控体系，是要对企业进行分类，有一部分企业主要是关系国计民生的大中型企业，它们的资金、原材料、能源、运力、产品销售，直接由国家计划协调，国家对企业的调控主要通过直接计划来实现。其他的企业的供销等经济活动则直接由市场协调，国家对企业的调控主要通过市场来实现。在调控手段上，直接计划调节为主的领域，行政手段是主要的；在间接计划调节为主的领域，经济手段是主要的。无论是以直接计划调节为主的领域、以间接计划调节为主的领域，还是以市场自发调节为主的领域，都须要运用法律手段，制定和实施一系列经济法规，把国家重大的方针政策和措施用法律形式固定下来，调整各种经济关系和经济活动准则，排除计划贯彻和市场运行的各种干扰和维护正常经济秩序。

（本文是作者提交给研讨会的论文，有删节）

创建有中国特色的社会主义经济运行机制

本文原载于《财经科学》1991 年第 4 期

邓小平同志将马克思主义的普遍真理与中国社会主义现代化建设的具体实践相结合，就计划与市场结合问题创造性地提出了一系列重要思想。认真学习这些思想，对我国当前深化经济体制的改革，实现第二步战略目标，建设有中国特色的社会主义，具有十分重大的意义。

实行计划指导下的市场调节是场彻底革命

早在我国经济体制改革之初的 1980 年，邓小平同志就深刻地指出："实行计划指导下的市场调节是场彻底革命。"

马克思、恩格斯在预见未来的社会主义社会运行时，以社会生产力高度发展、生产资料全部归社会占有为前提，认为社会经济将实行有计划有意识的调节，而商品生产和商品交换将废除，社会生产和社会需要建立起直接联系，而不需要著名的"价值"插手其间，他们设想的社会主义经济是商品经济消亡基础上的计划经济，是完全排斥价值规律和市场调节的，根本不存在计划与市场的结合问题。

列宁在十月革命前和十月革命胜利初期，也坚持马克思、恩格斯原来的设想，实行废除商品经济的计划经济。他很快发现犯了错误，转而采取新经济政策，发展商品交换和商业等，并取得了巨大的成就，但是，他没有在理论上正确解决社会主义社会计划与市场的结合问题。

在斯大林的领导下，苏联在 20 世纪 20 年代末特别是在 20 世纪 30 年代开始推行权力过度集中，以行政手段为主、以指令性计划为特征的经济体制。虽然他也一度承认社会主义经济中要运用商品、货币，甚至后来承认两种公有制形式之间必然存在商品生产和交换，但仍然基本排斥市场的调节作用，坚持实行商品经济基本消亡基础上的计划经济，或者说"有商品的计划经济"。随着这一体制的弊端的暴露，对社会主义经济中计划与市场关系的探索风起云涌。一些社会主义国家还开始了社会主义经济体制改革的实践，但似乎都还没有正确解决计划与市场的关系问题。

在我国，毛泽东同志虽然曾多次强调要大力发展商品生产和商品交换，要尊重价值规律，但是也未能提出和解决社会主义经济中的计划与市场关系的问题。

邓小平同志提出的"实行计划指导下的市场调节"的主要内容至少有以下几点：一是指明了社会主义计划经济必须与商品经济相结合，它既区别于无计划的商品经济，也区别于商品经济消亡条件下的计划经济，这里就内在地包含了社会主义经济是公有制基础上有计划的商品经济的思想；二是计划调节与市场调节，或计划机制与市场机制必须结合，社会主义经济既不能搞离开计划的市场，也不能搞离开市场的计划；三是计划与市场结合的基本方式是以计划为主导，市场为基础，市场是经济运行的基本形式，计划对宏观经济运行发挥导向作用，使整个社会经济活动具有计划性。这区别于完全或主要实行指令性计划，在一定程度上利用市场机制作为实现计划的工具的传统经济体制，也区别于放弃计划指导和调控，完全由市场自发调节的体制。

社会主义经济实行计划指导下的市场调节，之所以说是场彻底革命，其深刻的原因在于：

第一，它是马克思主义经济理论的一个创造性发展。在马克思主义经典作家的论述中，无一例外地都把社会主义计划经济与商品经济对立起来，把计划与市场对立起来。斯大林虽然曾认识到社会主义条件下必然存在商品生产，但只是社会主义半商品经济论，并未认识到社会主义经济是商品经济。经济理论界虽然有过某些深入的探讨，但并未成为执政党领导社会主义经济的指导思想。邓小平同志的思想却是在一个社会主义大国，把社会主义计划经济与商品经济统一起来，把计划与市场统一起来，把马克思主义关于社会主义经济中计划与市场关系的理论推向了一个新的阶段。

第二，它为社会主义经济体制改革提供了一个崭新的目标模式。邓小平同志的思想中内含的有计划商品经济新体制及其具体体现为"计划指导下的市场调节"，1989年再概括为"计划经济与市场调节相结合"。它是根本不同于以往曾经存在过的一切社会主义经济体制模式的新的目标模式。它已经被确定为我国社会主义经济体制改革的基本方向。

第三，它是马克思主义的普遍真理与中国社会主义现代化建设的具体实践结合的光辉典范。关于计划与市场的关系问题，不少社会主义国家在经济体制改革中都作过不少的理论探讨和实际试验，对我国曾起过某种借鉴作用。但是，照抄照搬到中国来都是不行的，邓小平同志曾十分明确地指出："把马克思主义的普遍真理同我国的具体实际相结合，走自己的路，建设有中国特色的社会主义，这就是我们总结长期历史经验得出的基本结论。"[①] 他正是从我国现阶段生产力水平低，发展又不平衡，所有制结构中公有制为主体，多种经济成分并存和发展等实际出发，得出要"实行计划指导下的市场调节"的结论，它既符合马克思主义实事求是，一切从实际出发的根本观点和根本方法，又切合中国实际。

资本主义也有计划，社会主义也有市场

邓小平同志之所以提出我国社会主义经济要实行计划指导下的市场调节，是基于这样一种新的认识：计划和市场都是资源配置的两种手段和形式，不是划分社会主义与资本主义的标志。资本主义有计划，社会主义有市场。社会主义不搞市场，商品经济不发达，经济就很难繁荣，人民的物质文化生活得不到满足，就只能处于落后地位。

邓小平同志的上述思想是科学的，是马克思主义经济理论在当今世界经济条件下的一个新发展。

我们知道，计划经济和商品经济这些经济范畴，反映的是由生产力状况所决定并直接与生产资料所有制形式相联系的社会经济关系，与计划经济和商品经济这些经济关系相联系，各自有其特殊的经济运行规律，如计划经济的运行规律是国民经济有计划按比例发展规律，商品经济的运行规律则是价值规律、供求规律和竞争规律。至于计划和市场作为经济运行机制则是更为具体的概念。对这些机制的选择，一方面固然要取决于经济运行规律，另一方面还要取决于当时社会的主客观条件。特别是要取决于生产力状况，当计划和市场仅仅作为经济运行机制、作为调节资源配置的手段和形式时，在社会化大生产条件下，就不再是某一社会所专有，而成为社会主义和资本主义都可以采用的调节经济的方式和方法。所以，当今的

---

① 邓小平. 邓小平文选（1975—1982）[M]. 北京：人民出版社，1983：372.

资本主义不仅有市场，而且有了计划；社会主义不仅有计划，而且也有了市场。

当今的社会主义社会，计划经济和商品经济都有其存在和发展的内在原因。前者是根源于社会化生产条件下的生产资料公有制，后者是根据源于社会分工基础上社会主义公有制的不成熟性，我国现阶段的社会主义经济是计划经济和商品经济的矛盾的统一，是公有制基础上的有计划的商品经济，经济运行规律既有国民经济有计划按比例发展规律，又有价值规律，经济运行机制也就应该是既有计划，又有市场，是计划与市场的有机结合。

马克思、恩格斯、列宁等经典作家否认资本主义经济是计划经济的观点，是完全正确的，今天也没有过时，当然，资本主义经济也是发展变化的。在它处于自由竞争阶段时，是完全排斥国家干预而纯粹由市场调节的。在它进入垄断阶段以后，发达的资本主义国家开始对国民经济进行这样那样的干预，宏观上开始了有了某种计划性，制订了这样或那样的经济发展计划。某些国家的计划管理还取得了较大的成效，积累了一定的经验。这些国家选择计划作为资源配置的手段和形式，有其深刻的原因：一方面是社会生产力的发展和生产社会化程度的大大提高，迫使资产阶级在资本主义生产关系范围内作某些局部的调整，从形式上适应生产社会性乃至国际性，以弥补市场调节的缺陷；另一方面资产阶级作为"共济会团体"，为着自身的阶级利益，要维持一个经济稳定发展的宏观经济环境，也有必要进行一定程度的计划调节。

当然，资本主义有市场也有了计划，社会主义有计划也有了市场，二者的本质区别仍然是客观存在的。首先，社会主义的计划经济和资本主义经济计划存在的生产资料所有制基础不同，服从于根本不同的生产目的；其次，由于受资本主义私有制的限制，资本主义国家经济计划的覆盖面是有限的，而以社会主义公有制为基础的社会主义经济决定了有覆盖全社会的计划性；最后，在资本主义经济中市场是起主导作用的，计划只在一定程度上弥补市场调节的缺陷，而在社会主义经济中，就整个国民经济活动而言，计划是起主导作用的，因而它的整体特征是计划经济。

继续坚持计划经济与市场调节相结合

对集中过多、统得过死的传统经济体制进行改革以来，我国按邓小平同志的思想，在实行计划指导的同时，发挥市场调节的积极作用，取得了促进国民经济发展，繁荣市场，提高人民生活水平的显著效果。现在的任务是深化改革。关于我国深化经济体制改革的基本方向，邓小平同志在1989年6月总结十年经济改革经验基础上，明确指出："我们要继续坚持计划经济与市场调节相结合，这个不能改，实际工作中，在调整时期，我们可以加强或多一点计划性，而在另一个时候多一点市场调节，搞得灵活一些。"邓小平同志讲的计划经济与市场调节结合，就是在坚持有计划商品经济的前提下，实行计划调节与市场调节相结合，计划经济这一范畴本身内在地包含了对社会经济的计划调节。与市场调节结合的是"计划经济"，就突出了计划与市场结合中计划经济这一社会主义经济运行的整体特征，邓小平同志讲的在实际工作中，要根据不同时期经济发展的客观情况的不同，计划与市场结合的程度、方式和范围应该有所不同。这就告诉我们在坚持计划指导和发挥市场调节作用的前提下，应该从经济发展的实际出发，灵活地实行计划与市场的结合，而不要拘泥于一成不变的模式。

对于如何搞好计划与市场的结合，邓小平同志也有许多重要论述，其中主要的有以下几点。

他十分强调保持宏观经济总量平衡和结构平衡，特别是四大平衡。他非常严肃地指出，"财政不平衡、信贷不平衡、物资不平衡、外汇不平衡的局面"必须改变。改变这种局面，"是实现现代化的必要条件……才能取得全局的稳定和主动，才能使整个经济走上健全发展的轨道"①。

他十分重视计划的全面性和预见性。他指出：我们的计划"不但要看到近期的需要，而且必须预见到远期的需要，不但要依据生产建设发展的要求，而且必须充分估计到现代科学技术的发展趋势"。"我们的经济是有计划按比例发展的。""我们过去长期搞计划，有一个很大的缺点，就是没有安排好各种比例关系，……但要根本扭转这种状况，还要经过很大

---

① 邓小平. 邓小平文选（1975—1982）［M］. 北京：人民出版社，1983：105，135，211，214，314.

努力。"①

在计划与市场结合中，邓小平同志指出要下放权力，特别强调要扩大企业自主权。他还说："现在我国的经济管理体制权力过于集中，应该有计划地大胆下放，否则不利于充分发挥国家、地方、企业和劳动者个人四个方面的积极性，也不利于实行现代化的经营管理和提高劳动生产率，应该让地方和企业、生产队有更多的经营管理的自主权……目前最迫切的是扩大厂矿企业和生产队的自主权。"②

邓小平同志还强调"我们要学会用经济方法管理经济""要继续把经济搞活，发挥地方、企业、职工的积极性。当然要防止盲目性，特别要防止只顾本位利益、个人利益而损害国家利益、人民利益的破坏性的自发倾向。"③

邓小平同志强调要承认个人物质利益，又反对"一切向钱看"。他在同外宾的谈话中，当问到"共产主义是否也承认个人利益"时，说："承认。"他还说：革命是在物质利益的基础上产生的，如果只讲牺牲精神，不讲物质利益，那就是唯心论，但要批判和反对资产阶级损人利己、唯利是图、"一切向钱看"的腐朽思想④。

邓小平同志关于计划与市场结合的思想，内容十分丰富，这里仅仅是所能收集到的一小部分。这些思想都是实事求是精神的产物，是以经济建设为中心，既坚持四项基本原则，又坚持改革开放的伟大实践的思想结晶。我们应该按照邓小平同志所指引的方向，深化经济体制的改革，进一步研究和探索怎样把计划经济与市场调节结合得更好，把两者的优点和长处都充分发挥出来，创建有中国特色的社会主义经济运行机制，以促进整个国民经济持续、稳定和协调发展。

---

① 邓小平. 邓小平文选（1975—1982）［M］. 北京：人民出版社，1983：105，135，211，214，314.

② 邓小平. 邓小平文选（1975—1982）［M］. 北京：人民出版社，1983：105，135，211，214，314.

③ 邓小平. 邓小平文选（1975—1982）［M］. 北京：人民出版社，1983：130，140，322，328.

④ 邓小平. 邓小平文选（1975—1982）［M］. 北京：人民出版社，1983：130，140，322，328.

努力创建社会主义市场经济新体制

本文原载于《经济学家》1992 年第 6 期

党的十四大报告提出，我国经济体制改革的目标是建立社会主义市场经济新体制。这就以党的文件的形式，充分肯定了邓小平同志关于社会主义也可以搞市场经济的思想。党的十四大确立了创建社会主义市场经济新体制的目标，无论对于发展马克思主义经济理论，还是对于社会主义实践，都具有十分重大而深远的意义。

一、社会主义市场经济理论的提出是对传统理论的重大突破

早在我国经济体制改革的初期，邓小平同志就指出，社会主义也应该搞市场经济。1991 年年初他再一次指出，社会主义不搞市场经济，就是自甘落后。在 1992 年年初南方谈话时他更为明确地讲到，市场经济不等于资本主义，计划经济不等于社会主义。这些谈话是对传统社会主义经济理论的重大突破。马克思主义关于计划与市场关系的理论是在实践中不断发展的。在 19 世纪 80 年代以前，马克思和恩格斯认为，社会经济的计划性是社会主义经济制度的特征，无计划性或者说无政府状态则是资本主义经济制度的特征。到了 19 世纪 90 年代，由于资本主义股份公司和托拉斯的出现，恩格斯以及后来的列宁开始肯定资本主义经济在一定范围和程度上的计划性。在后来的社会主义国家的经济体制改革中，逐步把计划经济和计划、市场经济和市场区别开来，认为计划经济、市场经济分属于社会主义和资本主义两种不同的社会经济制度，而计划和市场则属于经济调节手段，不为某一特定的社会制度所专有，社会主义国家利用市场调节绝不等于搞资本主义。当前，社会主义要赢得与资本主义相比较的优势，就必须大胆吸收和借鉴人类社会创造的一切文明成果，吸收和借鉴当今世界各国包括资本主义发达国家的一切反映现代化生产规律的先进经营方式、管理方法，这就包括运用市场和计划的方式和方法。正是在这种条件下，邓小平同志突破计划经济等于社会主义、市场经济等于资本主义的传统观念，

提出社会主义也可以搞市场经济的重要论断，为社会主义搞市场经济扫清了理论上的障碍，创造性发展了马克思主义经济理论。

邓小平同志关于社会主义也可以搞市场经济的论断，绝不是主观臆断，而是以当今世界各国经济发展的客观事实为依据的。在自由资本主义阶段，商品经济完全依靠市场和市场机制进行调节，当时的资本主义经济确实是无政府状态的。正是由于看到了社会经济无政府状态的严重弊端，马克思和恩格斯在预见未来社会的时候，理所当然地强调在公有制基础上对社会经济必须而且可以进行有计划的调节，即后来列宁所说的实行"计划经济制度"。随着社会生产力的进一步发展，社会分工日益发达，生产更加社会化，客观上要求对社会经济进行有计划的调节。特别是20世纪30年代资本主义世界经济大危机之后，随着凯恩斯主义经济学的应运而生，有计划的宏观经济调节逐渐成为市场经济体制的必要组成部分。在世界的另一极，社会主义国家一开始基本上都实行计划经济体制，毋庸讳言，在建设的初期，这种高度集中的集权经济起了一定的积极作用，但随着建设事业的进一步发展很快就暴露了自身的弊端。于是从20世纪五六十年代开始，各国纷纷进行经济体制改革，开始利用市场，逐步发挥市场调节的作用。我国从20世纪70年代末也开始进行市场取向的改革，迄今已取得了举世瞩目的巨大成就。总之，当代社会主义国家和资本主义国家的社会经济都在同时运用计划和市场这两种手段，这就是当今世界的现实。邓小平同志从这个现实出发，把市场经济和计划经济都作为资源配置的方式和方法来看待，认为社会主义也应该搞市场经济，是完全符合现代社会化大生产基础上商品经济发展的客观规律的。

二、搞社会主义市场经济是对传统的计划经济体制的根本变革

邓小平同志讲到改革也是解放生产力时指出：社会主义基本制度确立以后，还要从根本上改变束缚生产力发展的经济体制，建立起充满生机和活力的社会主义经济体制。搞社会主义市场经济，正是对传统的计划经济体制的根本变革，即以市场机制作为配置社会资源的基本方式。

传统的计划经济体制，本质上是以国家高度集中决策、以行政手段贯彻指令性计划为特征的经济体制。其主要内容是：第一，原本意义上的计划经济是以商品经济消亡为前提的，后来一些社会主义国家虽然在一定程度上接受了商品货币关系，但也是把它作为推行计划经济的工具而排斥市场的调节作用；第二，将指令性计划作为社会经济的基本调节方式，遍及社会再生产过程的生产、交换、分配、消费等各个环节；第三，将行政命令作为贯彻计划的唯一手段，甚至把计划称为法律，不执行计划被视为违法。在这种体制下，政府把社会经济一切方面都管得死死的。企业作为政府机构的附属物，一切听命于上级主管部门，生产经营的主动性、积极性被无情地扼杀。在统一计划、平均主义分配的管理下，劳动者的生产积极性、创造性受到严重挫伤。在集中决策失误和各地方、部门条块分割的管理下，国民经济要求的合理比例关系遭到不断的破坏。这一切，都严重阻碍了社会生产力的发展。

搞社会主义市场经济，就是要以社会主义市场经济新体制取代束缚生产力发展的传统的计划经济体制，以解放生产力、促进生产力的发展。市场经济体制的一般规定性是：第一，商品和市场关系遍及社会经济各个领域。不仅消费资料和生产资料成为商品，而且资金、技术、信息、房地产乃至劳动力等生产要素都成为商品，都进入市场。没有商品经济的充分发展，某些生产要素如果尚未成为商品，就谈不上完善的市场经济。第二，微观经济基本上完全由市场调节。这是市场经济体制的核心。市场调节得以充分发挥作用的主要条件：一是企业自主地根据市场供求关系的变化进行生产经营决策；二是商品生产者之间、生产者与消费者之间的商品交换均实行自愿让渡，不受任何行政干预和超经济的强制；三是商品交换价格是根据市场供求和竞争自动形成的，不受行政机关的操纵和控制。市场调节，可以调动企业和广大劳动者的积极性，促进企业经营管理的改善，促进生产技术的进步，促进商品供求的相对平衡，促进产品结构、产业结构在一定程度上的合理调整。总之，将使各个企业和整个国民经济充满生机和活力，促进生产力的迅速发展。第三，以市场为基础进行宏观间接调控。这是市场经济正常运行的重要保证。市场机制虽然有许多优点和长处，但它并非万能的，也存在着一些固有的缺陷。例如，在市场价格的自发波动中，容易产生需求的虚假性和生产的盲目性；仅靠市场机制的调节，一些基础设施和非盈利性企业很难发展起来，也不能保护新兴产业的发展，还会给风险投资带来一定的障碍；市场机制还容易导致分配上的过分悬殊等。因而，为了保证市场经济的正常运行，需要加强宏观经济调控。但是，市场经济条件下的宏观调控，应该是建立在市场基础之上的间接调控，这样才能适应市场经济运行的要求。

社会主义市场经济的特殊规定性在于：第一，社会主义市场经济是在多种经济成分并存和发展的条件下，以公有制为主体的市场经济。由于我国现阶段生产力水平相当低，真正先进的生产力在全国所占比重还比较小，各地区生产力发展不平衡的状况还相当突出。因此，在保持公有制为主体的条件下，非公有经济还需要有更大的发展。但社会主义市场经济始终是以公有经济为主体的市场经济。第二，与上述所有制结构相适应，在分配上允许多种分配方式存在和发展的同时，坚持以按劳分配为主体。第三，实现共同富裕。不仅要确立共同富裕的目标，而且应该在经济运行中采取各种调节手段来实现共同富裕。

可见，建立社会主义市场经济体制，绝不是对原有体制进行某些修补和完善，不是对原有体制的个别方面进行局部改造，而是对原有体制进行根本的变革。

三、搞社会主义市场经济是社会经济中权力和利益关系的重新分配

要建立社会主义市场经济新体制，需要解决的问题很多，其中主要是：

第一，要重新塑造社会主义市场的主体，使企业尤其是全民所有制企业成为真正的商品生产和经营单位，从政府机构的附属地位中彻底解放出来。全民所有制企业不能成为市场的主体，就不可能有社会主义市场经济新体制。这里说的全民所有制企业，不仅包括工业、农业、商业等企业，还应包括金融企业，即要实行专业银行企业化经营。如果作为工业、农业、商业企业的资金供给者的专业银行不实行企业化经营，他们就会由过去吃财政"大锅饭"转向吃银行"大锅饭"，企业预算约束软化问题就无法解决，政府将会把专业银行作为贯彻经济和社会政策的工具，企业也会加强对政府的依赖，而不愿意进入市场。全民所有制各类企业要真正成为商品生产和经营单位，成为市场主体，关键是企业要自负盈亏。只有这样，企业才有进行自主决策、自我发展和自我约束的经济动力和压力。否则，一切都无从谈起。企业要能自负盈亏，股份制改革是一条可行的途径。实行股份制，使企业占用的生产资料的所有权一分为二，代表全民所有制的国家掌握着全民所有资产的最终所有权，坚持了这部分生产资料的社会主义全民所有制的性质，而企业则掌握了法人财产所有权，可以自主地营运资产并自负盈亏。当然，推行股份制改革要先进行试点，并积极创

造条件，然后才能逐步推开。这样，才能更好地维护股份制的声誉，使企业制度的改革更顺利地前进。

第二，充分发挥市场在资源配置中的基础性作用，改变以行政或计划配置代替市场配置的状况。就我国目前情况而言，要尽快缩小指令性计划的管理范围，大力培育各类市场，包括各种商品市场和各类生产要素市场，为以市场配置资源取代行政或计划配置资源创造必要的前提。同时，要打破垄断，反对封锁，保护竞争，把市场建设成为竞争性的、开放的、统一的社会主义市场。现在某些地方封锁和分割市场的状况还比较突出，这和建立社会主义统一市场的要求是背道而驰的，从长远看对该地区经济发展也是不利的，应该积极加以改变。目前有些企业背靠政府某些机构，利用行政权力垄断市场的状况时有发生。这和反对垄断、保护竞争的要求是冲突的，应该运用法律手段予以制止。再者就是要加快推进价格改革，让价格真正能在市场供求关系变化和商品生产者之间的竞争中自动形成。这是市场机制充分发挥作用的一个基本要求。可以说，没有这一条就没有市场经济。当然，价格放开，是就竞争性、盈利性企业的产品和劳务价格而言的。而垄断性和非盈利性企业的产品和劳务价格还是应该管住的。目前的问题是，应该放开的价格没有放开，应该管住的价格没有管住。如有些部门利用其垄断地位，服务质量下降、乱涨价的状况相当严重，亟须改变。要建立和健全各种市场法规，提高执法人员素质，严格执法，实现市场行为规范化。

第三，建立和健全宏观经济调控，并坚持以间接调控为主要方式。这是当代市场经济体制的一个共同特征，也是社会主义市场经济体制的一个必备要素。在我国要建立和健全以间接调控为主的宏观经济调控，目前最重要的是加快政府经济管理职能的转换。要由过去直接管理企业生产经营活动，转换为不直接管理企业的生产经营活动，而只负责宏观经济调控、管理国有资产的保值和增值、监督社会经济的运行和为市场经济的正常运行创造必要的条件等。这是政府经济管理的对象、内容和方式的根本转换，不是各级政府之间权力关系的某种调整，也不是政府与企业之间的权力关系在量上的增减变化。最近有的地方提出政府"少干预，多服务"，其用意是好的，"多服务"也是对的，而"少干预"则不太确切。问题是政府应不应该干预，不应该干预的则不能干预，再少也是不行的。

从建立社会主义市场经济新体制需要解决的主要问题来看，无论哪一个方面，都涉及政府与企业之间甚至政府内部各级和各部门之间权力和利益的重新调整、重新分配。原来无权无利或权利很少的某些机构将会拥有很大的权力和利益，原来拥有极大权力和利益的某些机构将失去其权力和利益。这不能不使建立社会主义市场经济新体制的过程充满矛盾和冲突。对此，我们一方面相信党和国家能够依靠广大干部和群众正确处理和解决这些矛盾和冲突，另一方面也需要根据国有企业改革状况、市场培育情况和政府职能转换情况，综合配套推进社会主义市场经济体制的建立。这样，我们就能够将社会主义市场经济这一崭新的经济体制建立起来，让它在发展我国社会主义社会的生产力、增强社会主义国家的综合国力、提高我国人民生活水平上发挥巨大的作用。

马克思主义计划和市场理论的重大发展

本文原载于《经济纵横》1992 年第 9 期

邓小平同志在 1992 年年初南方谈话时说："计划多一点还是市场多一点，不是社会主义与资本主义的本质区别。计划经济不等于社会主义，资本主义也有计划；市场经济不等于资本主义，社会主义也有市场。计划和市场都是经济手段。"这些重要论断，是在新的历史条件下对计划与市场问题的一个崭新的理论概括，是对马克思主义计划与市场理论的一个重大发展。

一、计划和市场都是经济调节手段

市场是商品经济的范畴，运用市场手段就是要充分发挥市场机制对社会经济生活的调节作用。对于这个问题，经济理论界的认识基本上是一致的。认识不太一致的是对计划的理解。什么是计划？毛泽东指出：计划是意识形态。意识是实际的反映，又对实际起反作用。根据毛泽东的论述，我认为，社会经济的计划，就是能在一定程度上正确反映社会经济发展的客观规律性，运用这种计划指导实践能够在一定程度上实现预期目的，使社会经济具有一定计划性。所谓计划性，就是列宁所指出的"经常地、自觉地保持平衡"。列宁给计划性所下的定义至少包括如下意思：一是自觉认识和运用客观规律，不仅包含经济规律，还包含客观社会规律和自然规律；不仅包含经济发展的一般规律，还包括一定国家、一定时期经济发展的特殊规律；但不包含那些纯粹主观主义的、盲目的、违背客观规律的"计划"。二是国家对经济发展中客观要求的比例关系，主动采取各种措施去保持相对的平衡，将不平衡转化为平衡。这里说的各种措施包括制订和贯彻实施经济计划以及运用各种经济杠杆等，当然都是以自觉认识和运用客观规律为前提的。三是能在经济发展的实践中在一定程度上实现平衡的目标，而不是不顾实际的结果。虽然计划目标不一定都能得到完满实现，但应通过不断实践，不断总结经验，向完满实现计划目标的方向逼近。四是经常保持比例关系的平衡。我认为，马克思主义政治经济学中所研究的计划，就是这种有计划性的计划，而不是那种纯粹主观主义的"计划"。因为说那种纯粹主观主义的"计划"是不是某一社会经济制度的特征或是不是社会主义和资本主义都可以运用的经济手段，都是毫无实际意义的。

目前有种意见认为，计划既然是属于意识形态的东西，怎么能把它说成某一社会经济制度的特征呢？我认为，这是把纯粹主观主义的"计划"同有计划性的计划混为一谈了。前者当然不可能成为某一社会经济制度的特征，而后者则确实曾经被确认为某一社会经济制度的特征。同时，把前者作为经济手段，当然也是荒谬的，而后者则可以作为经济手段。还有一种意见，是以我国过去那些所谓"计划"受人情关系、个人好恶等因素的影响，成了"有情的计划"，以无情的客观规律相冲突为由，否认计划的经济调节手段的作用。这同样是把纯粹主观主义的"计划"和有计划性的计划混为一谈了。我认为，过去作为社会主义经济制度特征的计划和我们现在作为社会经济调节手段的计划，都只能是指有计划性的计划，而不包括那种纯粹主观主义的所谓"计划"。否则，关于计划问题的讨论就是毫无意义的了。

这些不同的理解，可以归结为如下几种观点：第一是"社会经济制度特征不变"论——认为计划经济和市场经济分别是社会主义和资本主义经济制度的特征的理论虽然没讲，但依然不变，发生变化的是计划和市场作为经济调节手段可以为社会主义和资本主义同时使用。第二是"经济制度特征有所变化"论——认为计划经济和市场经济分别作为社会主义与资本主义经济制度特征的理论已经有所变化，即现在的社会主义计划经济已经变成"有计划的商品经济"，资本主义市场经济已变成有计划的市场经济，而作为调节经济手段的计划和市场则是社会主义和资本主义都必须同时使用的，不是划分社会主义和资本主义的标志。第三是"调节手段"论——认为计划和计划经济、市场和市场经济是作为同义语使用的，都是经济调节的手段、方式和方法，是现代社会主义和资本主义都可以并已经使用的，不是社会主义或资本主义经济制度的特征。

我认为上述第三种观点，正在把突破计划经济和市场经济分别视为社会主义和资本主义经济制度特征的理论，树立起计划和计划经济、市场和市场经济都是经济调节手段的新理论。这一点可以从邓小平同志南方谈话的全部内容中得到证实。首先，邓小平同志不讲计划经济是社会主义经济制度的特征和市场经济是资本主义经济制度的特征，只说"计划和市场都是经济手段"，是社会主义和资本主义两种社会经济制度都可以使用的手段，使用与否和特定的社会经济制度的本质没有必然的联系。其次，邓小平同志说："社会主义的本质，是解放生产力，发展生产力，消灭剥削，消除两极分化，最终达到共同富裕。"没有把计划经济列入社会主义的本质内容之中。这也表明，尽管社会主义的本质的实现需要借助于计划手段，但计划手段并非社会主义所独有。这就打破了传统理论过去长期的统治地位，将计划经济和市场经济分别视为社会主义和资本主义经济制度的本质特征，肯定了计划和市场都是社会主义可以运用的经济调节手段的理论。

二、马克思主义计划和市场理论的发展变化

马克思主义的计划与市场理论大体经历了三个发展阶段：

第一阶段，认为社会经济的计划性是社会主义经济制度的特征，无计划性则是资本主义经济制度的特征。马克思这方面的论述很多，这里仅仅引用下面两段论述。马克思曾指出："通过社会对自己的劳动时间所进行的直接的自觉的控制，这只有在公有制之下才有可能。"他又指出：在资本主义社会虽然社会需要有计划调节，"但负有这个使命的，肯定不是资本家阶级"。马克思在 1868 年指出："按一定比例分配社会劳动的必要性，绝不可能被社会生产的一定形式所取消，而可能改变的只是它的表现形式。"有人根据这句话就说，马克思早就认为资本主义和社会主义都可以运用计划手段调节社会经济。这个说法是不符合马克思的原意的。马克思说的"表现形式"的不同，正是指资本主义经济是无计划性的，而社会主义经济才可能是有计划性的，因为在上述那句话的后面，马克思明确指出："资产阶级社会的症结正是在于，对生产自始就不存在有意识的社会调节。"这就是说资本主义经济不可能有计划性。恩格斯在 1876—1878 年写作的《反杜林论》中还指出："一旦社会占有了生产资料，社会生产内部的无政府状态将为有计划的自觉的组织所代替。"这表明马克思和恩格斯都十分肯定地认为，只有在社会主义公有制基础上的社会经济才可能有计划性。马克思和恩格斯形成上述观点，是由于他们看到对社会生产进行有计划的"共同的、果断的和有预见的'控制'，是和资本主义生产的规律根本不相容的"。当时资本家也"高声责骂对社会生产过程的任何有意识的社会监督和调节，把这些说成是侵犯了资本家个人的不可侵犯的财产权、自由和自决的独创性"。

第二阶段，认为资本主义经济在一定范围和程度上有计划性。1891年，恩格斯指出：德国社会民主党爱尔福特纲领草案关于"根源于资本主义私人生产的本质的无计划性"的提法，"需要大大修改"，因为"资本主义私人生产是由单个企业家管理和监督的生产，可是这种生产愈来愈成为一种例外了。由股份公司经营的资本主义生产，已不再是私人生产，而是为许多结合在一起的人谋利的。如果我们从股份公司来看那支配着和垄断着整个工业部门的托拉斯，那么，那里不仅私人生产停止了，而且无计划性也没有了"。在这里，恩格斯只肯定资本主义生产在一定范围内即托拉斯范围内有了计划性，而不是肯定资本主义整个社会经济的计划性。恩格斯在同一篇文章的后面几页就指出："把为个人或股份公司谋利的资本主义生产转变为为社会谋利和按预先拟订的计划进行的社会主义生产。这个转变所需要的物质条件和精神条件，正由资本主义社会本身创造出来，唯有通过这一转变，工人阶级的解放，从而没有例外的一切社会成员的解放，才得以实现。"这告诉我们，只有资本主义转变为社会主义，整个社会经济才能为全社会谋利和按预定计划运行。

列宁在 1917 年 4 月指出："值得注意的是，恩格斯在 27 年前就已指出，关于资本主义问题的提法，未估计到托拉斯的作用，却说'资本主义的特点是无计划性'，那是不能令人满意的。恩格斯早就指出，'哪里有托拉斯，哪里就没有无计划性，而有资本主义'。现在指出这一点尤为恰当。因为现在我们看到的是军事国家，是国家垄断资本主义……现在资本主义正直接向它的更高的、有计划的形式转变。"恩格斯只是指出了资本主义托拉斯的有计划性，列宁则前进了一步，肯定了国家垄断资本主义条件下的有计划性。同时，列宁认为资本主义只有转变为社会主义，才能实现更高的有计划的形式。在这个阶段，恩格斯、列宁虽然从实际出发，承认了资本主义在一定范围和程度上有了计划性，但并没有从根本上改变计划经济和市场经济分别是社会主义和资本主义经济制度的特征的观点。列宁在1902 年谈到资本主义必然为社会主义所代替时，仍然指出：社会主义"这种制度将实行计划经济"，以区别于资本主义的市场经济。而且，这种观点不论是马克思主义经济学家还是资产阶级经济学家都是接受的，虽然他们对计划经济和市场经济的评价截然相反，但他们都说，社会主义的经济是计划经济，资本主义的经济是市场经济。直到今天，这种观点依然支配着许多经济学家。我们在他们的著作中，还经常可以看到他们比较计划经济和市场经济的优劣，并且把这种优劣看成社会主义制度与资本主义制度的具体体现。

第三阶段，把计划经济和计划、市场经济和市场区别开来，认为计划经济和市场经济分属于社会主义和资本主义两种不同的社会制度，但计划和市场则属于经济调节手段，不为某一特定的社会制度所专用，而是社会主义和资本主义都可以采用的。这种观点的萌芽，可以说是已经很久了。十月革命后，苏联实行新经济政策时期，就在理论上坚持计划经济是社会主义制度的特征，而事实上在一定范围内利用市场。第二次世界大战后，各资本主义国家在实行市场经济的同时，也开始运用计划手段。东欧一些经济学家早在20世纪20年代末30年代初就开始研究在保持生产资料国家所有制的条件下，模拟市场机制来解决资源有效配置的问题，后来还提出了"含有市场机制的社会主义计划经济的模式"等。我认为这些实践和理论都属于上述观点的萌芽及其发展。上述观点的真正形成是在党的十一届三中全会之后，《中共中央关于经济体制改革的决定》中曾把计划经济作为社会主义制度的特征，作为社会主义经济优越于资本主义经济的一个根本标志。同时，党的十三大报告又强调指出："我们的任务就是善于运用计划调节和市场调节这两种形式和手段……利用市场调节绝不等于搞资本主义。"这里是把计划和市场作为经济调节手段来看待的。

现在我们所面临的问题是，要不要把马克思主义的计划和市场理论再向前推进。因为，社会主义要赢得与资本主义相比较的优势，就必须大胆吸收和借鉴人类社会创造的一切文明成果，吸收和借鉴当今世界各国包括资本主义发达国家发展市场、建立和健全市场体系、发挥市场机制作用方面对我们有用的方式和方法，也要吸收和借鉴他们运用计划对宏观经济进行调节的方面对我们有用的方式和方法；如果仍然坚持以往的计划与市场的理论，特别是把计划经济和市场经济分别视为社会主义和资本主义制度的特征，必将对这种吸收和借鉴形成一个不可逾越的障碍，在有关计划、市场的一些具体事物的"姓社姓资"问题上进行无休止的纠缠。更重要的是，现代社会化大生产和商品经济发展的客观事实表明，计划和计划经济、市场和市场经济都是经济调节手段，都是现代社会化大生产和商品经济发展的客观需要，都与社会主义和资本主义制度没有必然的联系。正是在这样的条件下，邓小平同志以高度的马克思主义的理论修养和无产阶级革命家的胆识，提出"计划经济不等于社会主义""市场经济不等于资本主义""计划和市场都是经济手段"的重要论断，显然这是对马克思主义的计划与市场理论的创造性发展。

三、邓小平同志的计划和市场理论是马克思主义实事求是的思想路线的体现

邓小平同志关于计划和市场都是经济手段的重要论断，是以当今世界各国经济发展的客观事实为依据的，是马克思主义的实事求是的思想路线的生动而具体的体现。马克思、恩格斯、列宁当年把社会经济有计划发展看成和资本主义制度不相容，只同社会主义制度相联系。即使后来资本主义托拉斯产生之后，资本主义经济在一定的经济领域和一定程度上有了经济计划性，并未从根本上改变资本主义整个经济是无政府状态的观点。他们之所以形成这种观点，就是由于在自由资本主义阶段，微观经济主体生产规模相对狭小，社会分工和企业之间的协作远未高度发展；资本主义基本矛盾尚未激化，单纯依靠市场和市场机制的自发调节（尽管它要表现为再生产矛盾的强制解决形式即周期性的经济危机形式，才能协调再生产的内在比例关系，基本保持国民经济的正常运转），对社会经济进行有计划调节还未成为经济发展的内在需要。当时，资本主义社会经济确实是无政府状态的，政府不干预经济，被称为"守夜政府"，它的任务仅仅在于维护私有财产的神圣不可侵犯。对社会生产进行任何有计划的调节，都会遭到资本家的坚决反对。这一经济现象在英国古典政治经济学最杰出的代表及其理论体系的建立者亚当·斯密的著作中得到了体现。斯密就认为：个人是他本人利益最好的判断者，那么最明智的做法当然就是让每一个人在经济活动上选择自己的道路。"一只看不见的手"是一切都听其自由地进行社会指导的力量，而这一指导力量所借以发挥作用的机制就是市场的完全竞争。斯密还认为：如果政治家企图指导私人应如何运用他们的资本，那不仅是自寻烦恼地去注意不需要注意的东西……而这种管制几乎是毫无例外地必定是无用的或有害的。斯密这种经济自由主义一开始就是以反对国家干预主义的姿态出现的，它反对国家的一切干预，当然包括反对国家对社会经济的有计划的调节。和亚当·斯密从抽象的人性论出发，阐明资本主义经济与有计划调节相对立的观点不同，马克思、恩格斯是从资本主

义生产关系和生产力的矛盾运动揭示资本主义经济与无政府状态的必然联系。这一思想，在当时的历史条件下应该说是符合客观实际的。但是，在一定的历史条件下符合实际的认识，随着客观实际的发展，认识也应该深化。对马克思、恩格斯、列宁关于计划与市场的认识也是这样，它必然随历史的发展而发展。随着社会生产力的发展，社会分工日益发达起来，进入大机器工业阶段后，就形成了生产的社会化。这主要表现在：由于社会分工的深化，新的生产部门不断出现，各生产部门之间的相互依赖大大加强；地区之间的经济联系和产品交换在广阔的范围日趋频繁；劳动协作和生产集中有了极大的发展，各生产单位的孤立性、分散性趋于消失，劳动社会化程度迅速提高。这时，产品的生产过程已不是仅仅表现为一个个生产单位的内部过程，而是表现为一系列的社会过程。这时，各地区、各部门和各生产单位之间的协调一致的配合，就有了特别重要的意义，运用计划手段调节社会经济的必要性也就应运而生。特别是当资本主义进入帝国主义阶段后，生产社会化程度有了进一步的提高，更加要求运用计划手段使国民经济有计划地发展。1929—1933年资本主义世界经济大危机爆发，资本主义国家为了摆脱危机，巩固资本的统治，政府开始放弃经济自动调节趋于均衡的理论，转而奉行凯恩斯主义，加强了对社会经济生活的干预，有计划地进行宏观经济管理和调节，这从此作为政府的新责任。

特别是第二次世界大战以后，各资本主义发达国家更广泛地运用计划手段对社会经济进行调节。法国在1947—1950年实施第一个四年计划，即"莫尔计划"，到20世纪80年代末，已制订和实施了九个计划，并取得了较大的成就。日本也制订了许多全国性经济计划，如"经济自主五年计划""新时期经济计划""国民收入增长计划"等，成为推行经济计划较为成功的国家之一。原联邦德国实行的社会市场经济，就不是放任不管的自由市场经济，而是有意识加以指导的即社会指导的市场经济，本质上就是充分的竞争、必要的计划。英国在20世纪30年代凯恩斯经济学说逐步奠定了正统经济学的地位以后，国家从对经济生活的自由放任也转为有限的控制和干预。后来在法国计划化的影响下也开始制订和实施经济计划。瑞典也是在20世纪30年代开始推行宏观经济计划与管理的，被世界称为"有计划的瑞典经济"或"计划协调下的市场经济"。资本主义发达国家推行的经济计划已经呈现出各具特点的两种类型：一种是以法国、日本为代表的指导性经济计划；另一种是以瑞典等国为代表的导向性经济预测和规划。美国在 20 世纪 30 年代开始推行"新政",实质上就是国家干预经济。至今美国虽然没有制订和实施国家经济计划,但政府通过各种手段,把市场经济引向国家要求的经济发展的方向和重点,从实质上看,应该说它仍然是以一定的计划性为前提的。

在资本主义国家在市场经济的基础上纷纷运用计划手段的同时,社会主义国家进入 20 世纪 50 年代之后,也在坚持计划指导的条件下,逐步利用市场,发挥市场经济的调节作用。最早进行经济体制改革的南联盟是这样,其他社会主义国家相继进行的经济体制改革大体上也是这样。我国在 20 世纪 70 年代末开始至今的经济体制改革,也是在坚持计划指导下的市场取向的改革,并已取得了令人瞩目的巨大成就。

总之,社会主义国家和资本主义国家都在同时运用计划和市场这两种经济调节手段,这就是当今世界的现实。所以,当今世界的许多经济学家,不管持什么立场,都不是主张只用市场或只用计划对社会经济进行调节,都认识到社会经济调节的某些方面"市场失灵",而另一些方面又"计划失灵"或"政府失灵"。有的经济学家还指出:在今天的世界,"没有一个政府完全依赖集中计划,也没有一个政府完全依赖市场,大多数欠发达国家都选择了集中计划和市场两者之间广泛密切的配合"。面对当今世界社会主义和资本主义都在运用计划和市场的现实,理论上应该如何认识呢?近半个世纪以来,虽然有经济学家作过一些研究,但尚未作出系统的科学的回答。其原因是明显的,就是对马克思主义经典作家们关于计划与市场问题的论述,作了教条式的理解,没有从当今世界的客观实际出发进行重新研究、做出新的结论。邓小平同志则从当今世界的实际出发,对计划与市场问题做出实事求是的科学论断,它不仅符合当今世界的客观实际,而且符合现代社会大生产基础上的商品经济发展的规律。

当今世界的社会主义经济和资本主义经济,都是现代社会化大生产基础上的商品经济,也就是市场经济。因为商品生产是为市场销售而进行的生产,商品交换是在市场上进行的交换,商品生产和流通都接受市场机制的支配和调节。所以,当代社会主义和资本主义都在运用市场这个手段,是具有必然性的,是符合现代社会化大生产和商品经济发展规律的。当代社会主义和资本主义都运用计划手段,同样是具有必然性的,同样是符合现代社会化大生产和商品经济发展的客观规律的。因为,在现代社会化大生产基础上的商品经济,不论是社会主义性质的还是资本主义性质的,单纯依靠市场调节，必然存在许多局限性，须要运用计划调节手段，以弥补市场之不足，这是运用计划手段的必要性。同时，社会主义国家本身就承担着领导和组织社会经济的职能，就有可能运用计划手段对社会经济进行调节。而当今世界的资本主义发达国家随着国家垄断资本主义的发展，国家干预经济生活的作用加强，政府运用计划手段对宏观经济进行调节也成为可能。这表明不同的社会经济制度的国家都有运用计划的可能性；再者，社会主义国家由于公有制的主体地位，人民群众根本利益的一致性要求运用计划手段调节社会经济，这就使运用计划的必要性和可能性必然变为现实。而资本主义国家为了资本家的共同利益，维持资本的统治，也要求运用计划手段对社会经济进行调节，这也使运用计划的必要性和可能性必然变为现实。所以，邓小平同志关于计划和市场都是经济手段，不是区分社会主义与资本主义的标志等重要论断，完全符合商品经济发展的实际，符合现代社会化大生产客观规律，是完全正确的。

什么是社会主义市场经济体制

本文原由四川人民广播电台 1993 年 1 月 11 日播出

    党的十四大明确提出，我国经济体制改革的目标是建立社会主义市场经济体制。什么是社会主义市场经济体制，就成为大家关心的问题。

    要弄清楚什么是社会主义市场经济体制，需要明确两个问题：第一，什么是市场经济；第二，在"市场经济"之前加上"社会主义"这个定语是什么意思。

    什么是市场经济呢？所谓市场经济，简而言之，就是主要由市场也就是由市场价格的变动、供求关系的变化和竞争来调节社会生产、流通并影响分配和消费的经济。

    市场经济的一般规定性有如下几个要点：第一，商品和市场关系遍及社会经济各个领域。不仅消费资料和生产资料成为商品、进入市场，而且资金、技术、信息、房地产及劳动力等生产要素都成为商品，都进入市场，商品经济的充分发展、市场关系的普遍建立，是市场经济能够存在和发展的基础。第二，微观经济基本上由市场来调节。这是市场经济的核心。市场调节得以充分发挥作用的主要条件，一是企业真正成为独立的商品生产者和经营者，有权自主地根据市场供求关系的变化进行生产经营决策；二是商品生产者之间、生产者与消费者之间的商品交换完全是自愿的，不受任何行政干预和超经济强制；三是商品交换价格是在市场竞争和供求关系变化中自动形成，不受行政机关的操纵和控制。市场调节，可以调动企业和广大劳动者的积极性，促进企业经营管理水平的提高、生产技术的进步，促进市场商品供求的相对平衡，促进社会资源在国民经济各部门之间在一定程度上的合理流动和正确配置，使产业结构、商品结构在一定程度上得到合理调整。总之，将使各个企业和整个国民经济充满生机和活力，促进生产力的迅速发展。第三，以市场为基础进行宏观间接调控。这是市场经济正常运行的重要保证。市场机制虽然有许多优点和长处，但它并不是完美无缺，事实上它存在着一些固有的缺陷。例如，在市场价格的自发波动中，容易产生需求的虚假性和生产的盲目性；仅靠市场机制的调节，一些基础设施和非盈利性企业很难发展起来，也不能保护新兴产业的发展，还会给风险投资带来一定的障碍；市场机制还容易导致分配上的过分悬殊等。因而，为了保证市场经济的正常运行，需要加强宏观经济调控。但是，市场经济条件下的宏观调控应该是建立在市场基础之上的间接调控，才能适应市场经济运行的要求。

"市场经济"之前加上"社会主义"这个定语，不是说市场经济本身有什么社会制度的属性，而是说它是存在于社会主义条件之下的市场经济。由于它是存在于社会主义这个特定社会制度之下，就会受到社会主义制度的制约和影响，经济运行上就会有一些不同于资本主义条件之下的市场经济的特殊规定性。

社会主义条件下的市场经济特殊规定性主要有以下几点：第一，社会主义市场经济是在多种经济成分并存和发展的条件下，以公有制为主体的市场经济。由于公有制的主体地位，人民群众根本利益的一致，将要求市场经济更有利于促进社会生产力的发展，开展更正当的合理的竞争，更好地满足人民的物质文化生活需要。第二，与上述所有制结构相适应，在分配方式上是多种分配方式并存的条件下，以按劳分配为主体。这就要求市场经济运行中，在效率优先的同时，更注意公平。在分配上实现社会公正，并逐步实现共同富裕。第三，在公有制居于主体地位的条件下，社会主义国家将能更恰当地处理整体与局部、长远与当前等经济利益上的矛盾，保证社会经济更有计划地发展。

建立和完善社会主义市场经济体制，是一个艰巨而复杂的社会系统工程，需要有一个较长的过程，我们需要作出长期的艰苦的努力。

价格、产权与市场机制

袁文平　李义平

本文原载于《财经科学》1994 年第 2 期

一、交换价值、价值与价格

在《资本论》里，马克思是从交换价值入手讨论价值问题的。这是因为交换价值是人们在日常生活中大量见到的更为具体的现象。马克思指出，"交换价值首先表现为一种使用价值同另一种使用价值相交换的量的关系或者比例"[①]。为什么两种商品可以比较进而交换呢？马克思透过交换价值，抽象出了更为本质的东西——商品的价值，即我们通常所讲的凝结在商品中的一般人类劳动[②]。

至于价格问题，当从比较抽象的层次理解的时候，马克思是把它当作交换价值的发展形式，是在货币出现以后的交换价值（价值）的表现形式。在《资本论》中，马克思专门写了一节"价值形式"或"交换价值"，集中研究了交换价值的发展。马克思认为，处在相对价值形式上的商品，不能自己表现自己的价值，而必须通过等价形式，即其他商品的使用价值去表现。按照马克思的代数式，假定"X 量商品 $A = Y$ 量商品 B"，那么商品 A 的交换价值是 $A = \dfrac{y}{x} B_0$。当一般等价形式固定由某种商品来担任时，就过渡到货币形式。货币是固定充当一般等价物的特殊商品。商品价格是商品价值的货币表现，出现了货币时，就产生了价格形式，于是公式就变为 $A = \dfrac{y}{x}$ 货币。$\dfrac{y}{x}$ 在这里表示同名货币的数量，它的值与商品 A 的价值量成正比，与货币的价值成反比。

---

① 马克思，恩格斯. 马克思恩格斯全集：第 23 卷 [M]. 北京：人民出版社，1972：49.
② 马克思，恩格斯. 马克思恩格斯全集：第 23 卷 [M]. 北京：人民出版社，1972：51.

以上是从更为抽象的层次上讨论问题，即使从马克思的经济学出发，如果进入到更为具体的层次，那么价格本身就更为丰富多彩。这里我们想通过对使用价值的社会承认问题的探讨，研究一下所谓两种社会必要劳动时间的含义。这种讨论对于深刻地理解价格现象是很有意义的。

在马克思看来，使用价值的社会承认问题在价值现象转化为价格现象中有着十分重要的作用。马克思指出，商品的使用价值是社会的使用价值，对于商品生产者自己来说仅仅是价值的物质承担者。价值形式的发展，使商品内在的使用价值和价值的矛盾得以外化，表现为商品总是与货币谈"恋爱"，但是爱情的道路是不平坦的，往往要通过"惊险的跳跃"才能使"恋爱"成功。马克思所讲的第一种社会必要劳动时间，是假定供求一致，即商品与货币的"恋爱"都能成功的。这是对现实的想象，多少有点"罗曼蒂克"。而真正的现实却要丰富得多。其中涉及产业结构问题，于是马克思讲到了"另外一种"意义上的社会必要劳动时间，即按比例分配社会劳动的问题：符合社会需要的，才会有价值；不符合社会需要的，就不会有价值。实际问题是，只有社会承认某种商品的使用价值（社会承认某种商品与否，事实上涉及需求一方的主观判断），耗费在该商品上的劳动才转化为价值。正是从使用价值对于价值的决定具有重要意义上讲，马克思认为使用价值"就属于政治经济学的研究范围"①。

总括上述的分析，可见要理解理论界通常所讲的两种社会必要劳动时间的含义，其要旨在于把握马克思从抽象到具体的方法。在抽象掉供求因素时，从理论上形成了所谓第一种含义的社会必要劳动时间，在引进供求因素从而更为具体时，形成了所谓的第二种含义的社会必要劳动时间。在现实中，我们可以把它们倒过来理解：供求先分配社会劳动于某一行业，该行业内部再把所分的社会劳动平均化为第一种含义的社会必要劳动时间。这一问题的实质是使用价值的社会承认问题。

那么，价格形式在这里起什么作用呢？实际上，社会对使用价值的承认是通过使用价值的货币选票表现出来的，货币选票多（价格高）就证明社会承认度大；货币选票少（价格低）就证明社会承认度小，甚至小到被社会淘汰的程度。因此，可以这样讲：如果说只有商品的使用价值得到社会的承认才能决定商品的价值的话，那么，社会对使用价值的承认则是通

---

① 马克思，恩格斯. 马克思恩格斯全集：第 46 卷（下）［M］. 北京：人民出版社，1979：411.

过价格形式表现出来的，因而在实际上是价格机制的调节作用问题（我们将专门就这一问题进行讨论）。

二、劳动价值论和价格机制理论是两种不同理论体系的基础

马克思经济学着重于劳动价值理论的讨论，现代西方经济学着重于价格机制的研究，在发展社会主义市场经济的今天，很有必要正确地理解这一现象，而理解这一现象的枢纽就在于劳动价值论和价格机制理论是两种不同的经济理论体系的基础，它们各自都是不同历史背景下的产物，旨在说明和解决不同的问题。

马克思和马克思以前的经济学家还没能把资源稀缺性问题提到议事日程上，他们所关注的是什么是社会的财富以及如何增加社会财富，关注他们所代表的阶级的社会历史命运。对于这些问题，他们站在不同的立场上作出了不同的回答：重商主义从商业资产阶级的实践出发，认为只有金银才是社会财富的唯一形式，于是财富的增加就只能来自流通领域。重农主义者虽然正确地指出农业部门是生产社会财富的部门，但因为是以反重商主义的面目出现的，故把问题推向了极端：认为农业是生产社会财富的唯一部门。古典学派一反重商主义和重农主义的偏见，正确地指出劳动是社会财富的源泉，是价值的本质所在。其代表人物亚当·斯密研究这一问题的目的是富资产阶级之国；李嘉图的研究则以分配为枢纽，探讨怎样分配才能有利于工业资产阶级，从而推动社会经济的发展（李嘉图认为工业资产阶级获得利润是为了发展社会生产）。

古典学派的劳动价值论为马克思所继承、发展和完善，但马克思创造劳动价值论的目的已完全不同于古典学派，是要以劳动价值论为基础，创建剩余价值理论，进而揭示资本主义社会人与人的关系和资本主义社会发展的历史趋势。

马克思从交换价值这一现象或表现形式入手，使用了不同于古典学派的抽象方法，认定具有不同的使用价值的商品之所以能够交换，就在于不同的商品中凝结了抽象的人类劳动。因此，价值范畴反映的是社会分工（私有制）下人与人的社会关系。这是马克思对于价值的质的深层分析。

马克思认为，无论在事实上还是在逻辑上，价值量的确定都先于价值的质的确定，质的界定只是对无数次交换的理论抽象。因此，马克思用了大量的篇幅去阐述价值量的确定，也正是在对这一问题的阐述中，充分地

揭示了价值规律的本质、作用及其作用形式和作用过程。从一定意义上讲，正是通过对价值规律的一系列分析，才得出了资本主义必然灭亡的历史结论。以下的分析，可以视为这一命题的例证。

在马克思看来，价值量的确定是在自发的竞争中通过无数次的交换形成的。如同我们在第一个问题已经指出的，在假定供求一致的情况下，他认为是由现有的正常生产条件下，以平均的劳动强度和平均的熟练程度生产某件使用价值所需的劳动时间决定商品价值量的。这就是马克思所讲的第一种含义的社会必要劳动时间。在引进供求，引进结构问题的情况下，社会必要劳动时间的确定还要取决于社会的需要，这就是马克思所讲的"另外"一种意义，即理论界所讲的第二种含义的社会必要劳动时间。一方面，商品的价值量调节着供求；另一方面，供求又调节着商品的价值量。正是在这种调节过程中，使社会生产以巨大的波动为代价而趋于暂时的平衡。马克思称此为价值规律的作用，它完全是盲目地、自发地发挥着自己的作用。单个商品生产者不仅不能左右它，相反还要受它摆布。马克思分析的是资本主义社会的商品经济，在他看来，由于商品生产的规律（价值规律）转化为资本主义占有规律，以及生产资料的资本家私人占有制，资产阶级国家完全不可能自觉地调节社会经济，于是，当价值规律自发调节而积累的矛盾愈来愈大时，资本主义社会就会被以生产资料公有制为特征的社会主义社会所代替。

上述分析说明，劳动价值论为马克思的整个经济理论奠定了基础，作为这一命题的推理，也可以说与劳动价值论同等程度的概念价值规律是马克思整个经济理论体系的基础。

19 世纪 70 年代资本主义经济学中的"边际革命"，为只讲价格，不讲价值，只讲价格规律，不讲价值规律的当代资产阶级经济学提供了一条通道。"边际革命"派把对财富、价值的理解和效用、稀少性结合起来，而且正是基于效用和稀少性这两个概念，边际学派对财富的思考就不是停在商品的量上，而是认为一定量的商品对各种人的效用是供给稀少性的函数。于是，对财富和价值的思考就转化为怎样用最小的代价来获得最大程度的满足。由于效用的大小只能用价格去表示，于是进一步的发展必然用供求论、平衡论，实则以单纯的价格理论来说明"价值"。正是由这样的逻辑出发，我们才不难理解奠定了现代西方微观经济学基础的马歇尔的《经济学》为什么以均衡价格理论代替了价值理论（马歇尔指出："价值这个名词是相对的，表示在某一地点和时间的两样东西之间的关系。"这种相对性实际就是价格）。可以说这是经济思想发展的必然逻辑。马歇尔的边际效用论说明需求规律，绘制了需求曲线；以生产费用论作为供给的基础，绘制了供给曲线；认为需求曲线和供给曲线的交点决定均衡价格。于是，均衡价格理论成为马歇尔为代表的现代微观经济学的基础。从一定意义上讲，马歇尔的均衡价格理论反映了商品经济下价格运动的一般规律。

历史发展到凯恩斯那里，干脆连价值提也不提了。自此以后的西方经济学流派都只讲价格，不讲价值；只讲价格机制，不讲价值规律。因为他们的前辈所面临的确认社会财富以及确定经济制度的问题已经不复存在，相反，经济制度的确定已成为客观前提。正是因为如此，他们认为新的一代经济学的任务就是要研究稀缺资源的最佳配置，促进资本主义国家经济的正常运行。而价格机制通过货币选票本身就可以解决生产什么，为谁生产，怎样生产的问题。对于价格机制的缺陷，则可以通过资产阶级国家的宏观干预使社会经济趋于均衡。这一历史变迁，是由他们的经济学所担负的历史使命决定的。无论是单纯的价格机制，还是国家宏观干预下的价格机制，都要通过价格变动起作用；无论是凯恩斯，还是新古典综合派和新自由主义经济学，都建立在价格机制的基础上。因此，有关价格机制的理论，既是现代西方经济学理论体系的基础，也是现代市场经济的核心。在发展社会主义市场经济的今天，我们更应当着重于价格和价格机制的研究。

三、关于价格问题的更深层次的理解

我们在第二个问题的阐述中已经指出，价格问题实际上是一个市场机制或市场经济的问题。为了充分理解市场经济的制度构造，有必要对于价格现象给以更深层次的理解。

按照我们在第一个问题中的介绍（当然是从更为抽象的层次的介绍），人们通常把价格理解为价值的货币表现，理解为是给凝结在其中的劳动的标价。这当然是不无道理的。然而，这种理解还停留在表面层次，因为它没有回答为什么价格是劳动的标价。

在马克思看来，劳动产品转化为商品的关键是交换；而价格量则是由在千万次交换过程中形成的社会必要劳动时间决定的。因此，人们拥有的商品的价值量的大小就成了人们拥有的可以交换的权利的大小，人们就是

以这种权利的大小进行交换的。而支撑这一切的是独立的商品生产者，因为商品总是要寻找自己的监护人，这是一种"法权关系""是一种反映着经济关系的意志关系"①。我们把这一切翻译为现代经济学语言就是交换是权利的交换，价格是权利的标价。显然，在马克思看来，离开了市场主体（商品生产者），离开了交换，价格是无法形成的，也无法发挥作用。

现代产权学派较为充分地研究了价格与产权（权力）的关系，揭示了价格与市场的内在联系，因而是值得借鉴的。在产权学派看来，价格是产权所有者的一种权利，是产权所有者在市场机制的驱使下，保护自己，实现自己意志的一种权利。而所谓的交换，则是在双方愿意接受的价格下的权利的交换。科斯教授解决无线电频率的合理使用以及灯塔收费问题的基本思路就是在明确产权的基础上，让定价制度（市场机制）给产权以标价。产权学派的另一个代表人物登姆塞茨更明确地写道："当一种交易在市场认定时，就发生了两束权利的交换，权利束常常附在一种有形的服务上。但是，正是权利的价值决定了所交换的物品的价值。"② 阿尔钦也就此讲道："物品的权利量就是愿意交换的量，在此所坚持的私有产权则是对价值的衡量。"③ 产权学派的代表人物的这一系列论述清楚地说明，在产权学派看来，价格只是产权的标价，交换也只是产权的交易，权利量的大小是制约价格高低至为重要的因素。正因为如此，"经济学家常常将产权束作为一个论据，来寻求对决定价格和这些权利所附着的物品单位数量的力量的解释"④。

根据以上分析，我们可以把产权与价格的关系理解为市场主体与价格的关系，因为产权是市场主体拥有的产权。进一步我们还可以由这一命题给出如下两个至为重要的推论：产权不明确就没有价格可言，或者说没有经济学意义上的价格；在产权明确的情况下，干涉价格就等于侵犯产权。

---

① 马克思，恩格斯. 马克思恩格斯全集：第23卷［M］. 北京：人民出版社，1972：102.

② 登姆塞茨. 关于产权的理论［M］//科斯，阿尔钦，诺斯. 财产权利与制度变迁：产权学派与新制度学派译文集，刘守英，等译. 上海：上海三联书店，上海人民出版社，1994：96.

③ 阿尔钦. 产权：一个经典注释［M］//科斯，阿尔钦，诺斯. 财产权利与制度变迁：产权学派与新制度学派译文集，刘守英，等译. 上海：上海三联书店，上海人民出版社，1994：168.

④ 登姆塞茨. 关于产权的理论［M］//科斯，阿尔钦，诺斯. 财产权利与制度变迁：产权学派与新制度学派译文集，刘守英，等译. 上海：上海三联书店，上海人民出版社，1994：96.

四、价格机制的功能

我们要建立的社会主义市场经济就是试图通过价格机制或者市场机制去合理地配置资源，这种稀缺资源的配置过程实际上是稀缺资源的权利交易过程。因此，建立社会主义市场经济就必须讨论价格机制功能，而讨论价格机制的功能又必须与产权问题联系在一起进行讨论。离开了产权问题虽然可以讨论价格问题，但所讨论的绝不是经济学意义上的价格。

1. 价格的经济计算和信息传递功能

联系产权问题讨论价格功能，其首当其冲的功能就是经济计算和信息传递。经济学上所讲的计算，不仅有投入、产出等工场内部计算，而且有各种不同劳动的比较、换算，以及合理配置社会资源的计算，后者的计算是一种社会核算。我们的讨论着重于社会核算，其实质就是价格的计算，是对于各种稀缺资源的产权的标价和比较。这一计算过程，就是马克思所讲的通过千万次的交换确定社会必要劳动时间的过程。阿尔钦和登姆塞茨在他们合作的论文《生产、信息费用与经济组织》中也曾明确指出："计量问题有时可通过竞争性市场上产品的交换来得到很好的解决。"[①] 这种竞争性的交换"要求市场报酬的变化对相应的产出变化负责任"[②]。这一过程将使社会资源的合理配置得到有效解决。

2. 价格的资源配置功能

按照产权学派的观点，离开了定价制度所决定的价格是断然不可能解决资源的有效配置的。科斯教授以无线电频率分配为例，认为"试图取代价格机制功能的行政机构将会碰到两大难题。首先是缺乏本应由市场决定的收益与成本的精确货币化标准。其次，实质上，行政机构不可能拥有每一商品经营者使用或可能使用的无线电频率的所有信息，也不可能了解消费者对各种运用无线电频率进行生产的产品和劳务的偏好"[③]。

3. 明确的产权和价格有助于把"外部性"内在化

如果借助于产权学派的观点看待价格功能，那么价格的另一个功能是

[①] 科斯. 阿尔钦, 诺斯. 财产权利与制度变迁：产权学派与新制度学派译文集. 刘守英, 等译. 上海：上海三联书店、上海人民出版社，1994：61.

[②] 科斯. 阿尔钦, 诺斯. 财产权利与制度变迁：产权学派与新制度学派译文集. 刘守英, 等译. 上海：上海三联书店、上海人民出版社，1994：61.

[③] 科斯. 阿尔钦, 诺斯. 财产权利与制度变迁：产权学派与新制度学派译文集. 刘守英, 等译. 上海：上海三联书店、上海人民出版社，1994：61.

"引导人们实现将外部性较大地内在化的激励"①。这里所讲的外部性一般包括外部成本，外部收益以及现金和非现金的外部性。那么，如何将外部性内在化呢？他们的基本思路就是通过法律手段明确产权，进而通过给产权标价进行交换。例如，科斯教授在 20 世纪 50 年代发表的论文《联邦通讯委员会》里详细考察了在频率产权不明确的情况下各个电台相互之间的干扰（外部性）。他说："私有财产制（可以理解为与市场经济相适应的一种财产形式——笔者注）加上价格体系将会解决这些冲突。如果信号受到干扰的台主有权制止干扰，那么只要他获得的收入多于干扰使他的服务降低的价值，或者大于他为抵消干扰而支付的费用，他就会愿意放弃这种权利。"② 对其他台主来说，道理也是一样的。于是，外部性得以内在化。

4. 明确产权基础上的价格具有降低交易费用的功能

在产权明确的基础上的价格功能由于降低了交易费用，可以使社会价值最大化，这是现代产权理论的独到之处。对于价格机制这一功能，科斯教授在 1960 年发表的题为《社会成本问题》的著名论文中，进行了深入的讨论。他以牛吃麦为例，作了两个相反的假设：在第一个假设里，麦地是农夫的私有财产，畜牧者没有权利让牛吃庄稼，如果吃了一定要赔偿。于是，畜牧者是选择赔偿还是选择筑栅栏不让牛吃麦，就取决于牛吃麦所带来的增殖与赔偿的比较。如果牛吃麦的边际价值大于赔偿的价值，则愿意采取让牛吃麦而赔偿的办法。反之，则选择建栅栏的办法，且栅栏的位置确定在边际收益等于边际损失那一点上。这时，两块地的总产值是最高的。第二个假设是农夫虽然可以在自己的土地上种麦，但畜牧者却有权让牛吃麦。于是由农夫选择赔偿还是建栅栏，赔偿数量的选择和栅栏地点选择标准，应当是两块地的总产值最高。当然，产权的明确和价格及计算的准确，是这里所讲的选择（社会价值最大）不言而喻的前提。

五、价格、产权与市场机制理论相互关系的启示

价格、产权与市场机制理论是不可分割的三位一体。由这种内在的，不可分割的相互关系出发，这里想讨论两个甚为重要的问题：一是价格到底在什么条件下才能起经济手段的作用，以及以往把价格作为经济手段时

---

① 登姆塞茨. 关于产权的理论［M］//科斯，阿尔钦，诺斯. 财产权利与制度变迁：产权学派与新制度学派译文集，刘守英，等译. 上海：上海三联书店，上海人民出版社，1994：98.
② 科斯. 企业、市场与法律［M］. 上海：上海三联书店，1990：52.

存在的问题；二是单纯放开物价是否会自然地建立起社会主义市场经济。

为了讨论价格在什么情况下才能起经济手段的作用，有必要讨论两个前提。

一是应当区分一下经济学意义上的价格和行政性价格（或曰计划价格）。经济学意义上的价格指通过市场机制形成的，反映当事人权利标价的价格。行政性价格是由行政当局按照某种政治意图或者所谓"自觉利用价值规律"的原则规定的价格。这种价格由行政当局掌握的信息和可利用的计算手段以及价值偏好共同决定。由于缺少与价格天生吻合的定价制度，其并不反映经济当事人的意志，具有外在性。

二是有必要重新讨论一下经济手段和行政手段的区别。人们通常把经济手段理解为通过调节经济利益关系，以诱导企业的生产经营活动，使其按照宏观经济目标的要求去发展；而行政手段则被理解为凭借国家政权的力量，用来直接干预和管理社会经济活动。这些规定虽然不无道理，但却是远远不够的。其中最主要的缺陷在于忽略了经济手段和行政手段不同的存在背景。可以说只有在市场机制存在的前提下才存在经济手段，因为经济手段的特点在于通过市场作为中介去发挥作用。在传统体制下实际上是不存在真正的经济手段的，特有的从属关系没有给独立的产权关系留下任何存在的空间，使得行政机构不需要任何中间环节就可以指挥一切，而且这种体制强调服从和利益一致。此外，还在于经济手段具有规范、稳定的特点，而行政手段则天生与这些特点联系较弱。看来，只有综合把握上述因素，才算理解了经济手段。

由以上的前提出发，我们觉得在以往把价格作为经济手段时存在着诸多值得重新探讨的问题。

首先，以往是在缺少经济手段存在的背景下使用"经济手段"的，具体到这里讨论的问题，则是在缺少市场机制从而没有准确定价的情况下把价格当作经济手段的。从逻辑上讲，应当是先有市场机制形成的经济价格，再有在这一基础上把价格当作经济手段的所谓"自觉利用"。如果没有经济价格作为参照，也没有市场机制的制约，那么，自觉利用给出的行政价格，很可能就成了无源之水，无本之木；既不能反映投入的消耗，也不能反映产出的价值，更不能反映社会资源的稀缺程度及其流向，这一逻辑上的颠倒，使价格完全失去了经济上的意义而蜕变为一种地道的行政手段。

其次，在缺少市场机制的情况下，由中央计划当局制定价格以作为经济手段，抛开政治的因素不谈，即使考虑到经济规律的作用，也是通常所讲的所谓的自觉利用价值规律。所谓的"自觉利用"，结果却总是不自觉地扩大了人（组织者）的主观能动性，混淆了工场内部的核算和社会核算等两种不同性质的核算。在否定了市场机制的情况下试图用会计手段计算社会价值，即交易价格，这就难免南其辕而北其辙了。

最后，深层次地讲是缺乏独立的产权主体亦即我们通常从马克思经济学所讲的缺乏支撑市场运行的、独立的、真正意义上的商品生产者。于是，当国家把价格作为所谓的经济手段而随心所欲地使用的时候，从来也没有意识到这是对产权的侵犯（也确实谈不上侵犯，因为根本没有独立的产权）。价格徒有其名，是因为没有可供购买的产权以及与之相应的市场机制。只要没有明确的产权，政企就很难分开。

在传统的所谓把价格当作经济手段的思想指导下，其直接后果是价格信号扭曲、失真，不能有效地反映供给和需求，以及资源的稀缺程度和流向。当以此信号作为决策依据时，结果是长线更长，短线更短，产业结构在错误的信号诱导下内在矛盾愈加尖锐，特别是当把价格作为分配的手段时，无异是"父爱主义"和保护落后的同义语。

作为第一个问题的逻辑必然，我们想讨论的第二个问题是：是不是放开物价就等于市场经济。

根据上面已有的分析，产权、价格与市场机制是三位一体的关系，在由传统的计划经济体制向社会主义市场经济转换的过程中，通常表现为缺乏与市场经济相适应的产权。在这种情况下，如果片面认为放开物价就等于市场经济，那么由于缺乏产权约束下的竞争，于是我们可以得出定理 I：放开物价+"父爱主义"=通货膨胀。它所表示的意义是，在放开物价的情况下，企业缺少独立产权，因而仍然是行政机关的附属物，于是也仍然只有攀比和寻求国家的保护，而没有真正的竞争（攀比只能使物价轮番加高，而真正的竞争才能使物价趋于降低），由此必然导致通货膨胀。

那么，在缺少与市场经济相适应的产权的情况下，将以什么样的权利代替产权呢？由此引发的结果如何呢？

缺少与市场经济相适应的产权，换言之，就是政企不分，以政代企，官权至上，企业必须仰仗和取悦于有关上级。在缺乏产权、官权至上的情况下，我们看到了西方市场经济中不曾看到的现象：或明或暗的权钱交易，大量权力进入市场。致使个别人在短时间内"白手起家"，成为百万富翁，千万富翁，此情此景，连西方资本家大概都要自愧不如。根据上面的分析，我们可以得出定理Ⅱ：放开物价+官权（权力）＝腐败。它所表示的意思是，在缺少与市场经济相适应的产权的情况下，难免以官权代替产权，权力全面进入市场，必然会出现人们深恶痛绝的腐败。

综合上述分析，可以清楚地看出，要发挥市场经济的功能，首先必须有真实而灵敏的价格信号，而真实的价格信号又建立在与市场经济相适应的产权形式的基础之上。如果说发展社会主义市场经济要重视价格现象的研究，那么，研究这一现象的出路则是建立在市场经济的制度构造之上的，即必须研究明确产权的问题。这就是本文结论。

当代崭新的社会主义经济理论

——学习《邓小平文选》第三卷的一点体会

本文原载于《经济学家》1994 年第 5 期

邓小平同志是当代最杰出的马克思主义者。他的思想内容丰富，博大精深。深入学习他的关于社会主义经济的思想，特别是其中关于有中国特色的社会主义经济的思想，有着十分重大的意义。

一、历史背景及基本理论前提

学习邓小平同志的社会主义经济思想，首先要了解他发展马克思主义关于社会主义经济思想的历史背景及其基本的理论前提。

马克思主义经济理论，就是关于实现共产主义第一阶段即社会主义以及实现其高级阶段即共产主义的理论。邓小平同志就指出："马克思主义，另一个词叫共产主义。"

马克思、恩格斯关于社会主义经济的理论，内容十分丰富，最主要的是在社会主义生产力水平高于资本主义的条件下，实现生产资料全社会的单一全民所有的理论、消除商品经济的理论、实行计划经济的理论以及社会主义实行按劳分配而共产主义实行各尽所能按需分配的理论等。这些理论在马克思于 19 世纪末去世之后的发展状况如何呢？应该说，基本上没有得到应有的发展。正如邓小平同志所说："马克思去世以后一百多年，究竟发生了什么变化，在变化的条件下，如何认识马克思主义，没有搞清楚。""社会主义究竟是什么样子，苏联搞了很多年也没有完全搞清楚，可能列宁的思路比较好，搞了个新经济政策，但是后来苏联的模式僵化了。"真正的马克思列宁主义者必须根据面临的现实情况，继承和发展马克思列宁主义，其中重要的也就是继承和发展他们关于社会主义、共产主义经济的理论，关键的"问题是要把什么是社会主义搞清楚，把怎么样建设和发展社会主义搞清楚"。

由于在变化了的条件下，如何认识、继承和发展问题没有搞清楚，于是把马克思、恩格斯一百多年前的论述，教条主义式地用于指导现实的社会主义运动，如不切实际地追求所有制上的"一大二公"，对非公有经济总想一个早上就加以消灭，总是把商品经济视为社会主义的"异己"之物，固守计划经济，按劳分配还未搞好就想早日实行按需分配，等等。这些观念和做法，在过去各个社会主义国家存在的程度和方式虽然有所不同，但基本点大体是相同的，所以都无一例外地妨碍了社会生产力的发展，阻碍了国民经济的增长、社会的进步和人民生活水平的提高，影响了社会主义制度固有的优越性的发挥，甚至在一定程度上败坏了社会主义的声誉，导致在一些人的心目中产生了对社会主义、共产主义的所谓"信仰危机"。邓小平同志正是在上述新的历史条件下，根据社会主义实践的需要，以高度的马克思主义理论修养、丰富的社会主义建设实践经验和无产阶级革命家的胆略和气魄，站在历史和时代的前列，创造性地发展了马克思主义，特别是将社会主义经济理论发展到了一个崭新的阶段。

对社会主义经济理论的发展的基本理论前提，主要集中在邓小平同志提出的"三论"上。这"三论"是：

（一）"中国特色"社会主义论

要继承和发展马克思主义关于社会主义经济的理论，最重要的是贯彻实事求是的原则，即从本国社会主义实践出发，创造性地运用马克思主义基本原理，而不是照搬个别原理和个别结论，正确解决面临的问题。正如邓小平同志指出的："我们历来主张世界各国共产党根据自己的特点去继承和发展马克思主义，离开了自己国家的实际谈马克思主义，没有意义。"对于我们中国而言，就是要"建设有中国特色的社会主义"。我们只有"建设有中国特色的社会主义，这样才是真正坚持了马克思主义"。

（二）"初级阶段"社会主义论

邓小平同志在强调有"中国特色的社会主义"的基础上，冷静地分析了我国社会主义目前所处的阶段。他不像某些国家所说的"马克思主义者"所鼓吹的是什么"发达的社会主义阶段""正在向共产主义过渡的阶段"等，而是明确肯定中国所处的是"社会主义初级阶段，就是不发达阶段。一切都要从这个实际出发"。我们知道，社会主义本身是共产主义的初级阶段，而中国又处在社会主义初级阶段，是初级阶段的社会主义。这虽然不符合我们的主观愿望，但它却是客观存在的事实。我们坚持和发展马克思主义，就应该如实地承认这个客观实际。

为什么必须接受"初级阶段"论？因为，马克思、恩格斯所阐述的社会主义，不仅已彻底摆脱贫穷，而且是生产力发展水平高于资本主义发达国家，较之于资本主义也具有明显的优越性的社会主义。而我国目前的状况是什么呢？生产力水平还不高，还未摆脱贫穷，离马克思、恩格斯所阐述的社会主义还有一个很长的距离。正如邓小平同志指出的："现在虽说我们也在搞社会主义，但事实上不够格。只有到了下世纪中叶，达到了中等发达国家的水平，才能说真的搞了社会主义，才能理直气壮地说社会主义优于资本主义。现在我们正在向这个路上走。"所以说中国目前处于社会主义初级阶段是符合中国实际的。

（三）社会主义"主体"论

我国社会主义所处的发展阶段还是初级阶段这一特征决定了中国的社会主义必然不是纯粹的社会主义，而只能是不纯粹的社会主义，也就是社会主义经济只占主体地位，非社会主义经济乃至资本主义经济还将长期存在和发展。正如邓小平同志指出的："我们现阶段坚持社会主义就是坚持中国的主体必须是社会主义。"

社会主义占主体，不仅指允许国内某些区域实行资本主义制度，比如香港、台湾，还包括大陆开放一些城市，允许一些外资进入，允许甚至鼓励私营经济、中外合资合作经济以至外商独资经济的发展。邓小平同志还告诫我们："不要怕，得益处的大头是国家，是人民，不会是资本主义。"

上述的基本理论前提本身，就是邓小平同志发展马克思主义关于社会主义经济理论的重要组成部分，也是进一步发展社会主义经济理论的基本前提。明确了这些基本前提，即明确告诉我们要研究的社会主义，是中国的、初级阶段的、占主体地位的社会主义，就使我们对于我国现阶段社会主义经济的研究，有了更加坚实的基础。

二、社会主义经济的核心内容

对中国的、处于初级阶段的、占主体地位的社会主义经济本身的论述，是邓小平同志发展马克思主义的社会主义经济理论的核心。在这个核心内容中，首先需要弄清楚的是关于什么是社会主义的问题。

什么是社会主义？邓小平同志对此的论述颇多，但其基本点主要是三条：一是发展社会生产力，二是发展社会主义公有制，三是最终达到共同富裕。正如邓小平同志讲的："我们要发展社会生产力，发展社会主义公有制，增加全民所得。我们允许一些地区、一些人先富起来，是为了最终达到共同富裕，所以要防止两极分化，这就叫社会主义。"

发展社会生产力成为社会主义经济的首要内容的原因在于：首先，马克思主义的基本原则就是发展社会生产力，认为生产力的发展是人类社会发展的最终决定力量。马克思主义的最高目的是要实现共产主义。而共产主义是建立在生产力高度发达的基础上的。其次，社会主义的任务很多，但根本的一条就是发展生产力，只有这样，才能在发展生产力的基础上，逐步提高人民的物质和文化生活水平，体现出社会主义优于资本主义。再次，我国 1958—1978 年这 20 年的经验告诉我们，贫穷不是社会主义，社会主义要消灭贫穷。要消灭贫穷，就要大力发展生产力，迅速提高人民的生活水平。最后，物质是基础，生产力发展水平高了，人民的物质生活好了，文化水平提高了，精神面貌才会有大变化。社会主义精神文明建设，从根本上讲要取决于物质文明建设，要取决于社会生产力的发展。所以，邓小平同志讲，我们搞的是"不断发展社会生产力的社会主义"。

社会主义公有制，这是社会主义经济的一个基本内容。邓小平同志讲公有制，强调的是"公有制为主体"。"公有制包括全民所有制和集体所有制"，同时要发展非公有经济。搞社会主义，公有制就应当占主体地位。因为，马克思主义的一个基本原理就是生产资料公有制是社会主义生产关系的基础。没有公有制占主体地位就谈不上社会主义的经济基础，也就谈不上社会主义的政治上层建筑的巩固和发展，从而就谈不上社会主义制度的巩固和发展。同时，在当今世界一个国家如果不是以公有制作主体，就必然是资本主义私有制作主体，二者必居其一。小私有制只能是一种过渡性的经济形式。

应该指出，我们对公有制的主体地位应该有一个正确的理解。因为"主体"固然要以一定"量"的比例为基础，但主要还是一个"质"的概念，是在国民经济中的地位和作用的概念。同时，以公有制为主体是就全国而言的，并不是要求各个地区、各个部门都是公有制经济占主要部分，各地区、各部门中哪一种经济成分占多大比重，应该根据生产力发展的需要而定。

以公有制为基础的生产关系，是为了更快地发展生产力，以"增加全民所得"，最终达到共同富裕。这是社会主义经济的又一个重要内容。邓小平同志一再强调："社会主义与资本主义不同的特点就是共同富裕，不搞两极分化。"因为，社会主义的目的就是要使全国人民共同富裕，不是两极分化。如果我们的政策导致两极分化，我们就失败了。其次，强调社会主义必须实现共同富裕，是由于"贫穷不是社会主义""共产主义要实行按需分配，就要求物质极大丰富，绝不可能有贫穷的共产主义。再者，社会主义最大的优越性就是共同富裕，这是体现社会主义本质的一个东西"。

应当看到，社会主义的目标是最终达到共同富裕，而不是要求全国人民立即实现共同富裕，也不是实现同步富裕、同等程度的富裕。所以，我们鼓励一些地区、一些人先富起来，以便带动越来越多的人富裕起来，达到共同富裕的目的。对一部分先富起来的，当然也要有一些限制，例如，征收所得税。还有，提倡有的人富裕起来以后，自愿拿出钱来办教育、修路。但这要坚持自愿原则，不能搞强迫、搞摊派。最终目标要达到共同富裕，根本的条件是迅速发展社会生产力。没有生产力水平的提高，共同富裕就会成为一句空话。

为了迅速发展我国社会生产力，在个人收入分配上就要坚持效率优先、兼顾公平的原则。让效率高者先富起来，鼓励所有的劳动者都提高效率，以发展生产力。同时又兼顾公平，调动所有劳动者的生产积极性，促进生产力的发展。生产力高度发展了，又防止了两极分化，共同富裕的目的最终就一定能实现。

上述关于社会主义经济的三项内容——发展社会生产力、发展社会主义公有制、最终实现共同富裕，是紧密联系的，共同构成社会主义经济的基本内容。其中，发展社会生产力是发展公有制、实现共同富裕的基础；没有生产力的迅速发展、公有制的发展，共同富裕的目标就会落空。发展公有制是发展生产力的条件，又是实现共同富裕的保证。而最终实现共同富裕，则是发展生产力和发展公有制的目的所在。

三、建设和发展社会主义经济的基本途径

邓小平同志在阐明了社会主义经济的基本内容之后，紧接着阐明了如何建设和发展社会主义经济的问题。

大力发展我国社会生产力，是邓小平同志着力强调的建设和发展社会主义的首要方面。他不仅反复地阐述发展社会生产力对于我国社会主义的

至关重要的意义，还领导全党和全国人民实现了整个工作重点由过去的抓阶级斗争向建设四个现代化的转移，制定了我国基本实现现代化的"三步走"的发展战略，提出了发展生产力的近期目标和远景规划，确定了发展国民经济的战略重点，强调科技是第一生产力，必须重点抓好，切实抓出成效。他还强调要抓住机遇，加快经济的发展。他说："发展太慢也不是社会主义。""能发展就不能阻挡，有条件的地方要尽可能搞快点。""低速度就等于停止，甚至等于后退。"世界上一些国家如苏联和东欧国家发生问题，从根本上说，都是因为经济上不去，没有饭吃，没有衣穿，工资增长被通货膨胀抵消，生活水平下降，长期过紧日子。如果经济发展老是停留在低速度，生活水平就很难提高。当然，邓小平同志强调的经济发展的速度，不是不切实际的高速度，而是扎扎实实的速度、讲求效益的速度、稳定协调发展的速度。同时，邓小平同志又指出：经济的稳定、协调是相对的，不是绝对的。绝对的稳定、绝对的协调在世界上是不存在的。"发展才是硬道理。"所以，加快发展社会生产力，应该是我国建设和发展社会主义的最重要的任务。

坚持和深化经济体制的改革，是建设和发展社会主义又一个重要方面。邓小平同志一个重要创新思想，就是认为"革命是解放生产力，改革也是解放生产力"。只有从根本上改变束缚生产力发展的经济体制，建立起充满生机和活力的社会主义经济体制，才能促进生产力的发展。我们所有的改革，都是为了一个目的，就是扫除发展社会生产力的障碍，或者说，都是为社会主义发展生产力服务的。

在改革上，邓小平同志正确地回答了社会主义运动中近百年来争论的社会主义能不能搞市场经济的问题。他指出："不要以为，一说计划经济就是社会主义，一说市场经济就是资本主义不是那么回事，两者都是手段，市场也可以为社会主义服务。"这就彻底抛弃了一百多年来把市场经济与资本主义等同的旧观点，解放了人们的思想，为我国经济体制改革指明前进的方向和目标。为了推进企业改革特别是国有大中型企业的改革，邓小平同志又提出："许多经营形式，都属于发展社会生产力的手段、方法，既可以为资本主义所用，也可以为社会主义所用。谁用得好，就为谁服务。"这就改变了以往"国有只能国营"的传统观念，为推行承包制、租赁制特别是目前正在推行的现代企业制度——公司制（包括股份制）等多种经营形式扫清了思想障碍。

尤为重要的是，邓小平同志总是大力倡导在改革中"看准了的，要大胆地试，大胆地闯""对的就坚持，不对的赶快改"。这就为各级领导和广大群众充分发挥改革的积极性、创造性提供了强大的精神力量，为我国改革走新路、创新业开辟了广阔的天地。

扩大对外开放，是建设和发展社会主义又一个重要的方面。邓小平同志深刻地提出，对外开放是当今世界一切国家经济发展都需要解决的一个共同性的问题。他说："经济上的开放，不只是发展中国家的问题，恐怕也是发达国家的问题。"因为，世界市场的扩大，如果只在发达国家中间兜圈子，那是很有限度的。同时，对外开放是当今世界各国经济加速发展的必然要求。任何一个国家要加速发展，孤立起来、闭关自守是不可能的。不加强国际交往，不引进发达国家的先进经验、先进科学技术和资金，是不可能的。对于我国来讲，坚持对外开放，扩大开放，打破闭关自守，对内搞活，既利用国内资源又利用国际资源，既利用国内市场又利用国际市场，才能调动全国人民建设社会主义的积极性。不这样，积极性永远调动不起来，生产力永远发展不起来，人民生活永远改善不了。

保持政局稳定，这也是建设和发展社会主义的一个重要方面。因为政局稳定，是发展社会生产力、深化改革、扩大开放的极其重要的条件。正如邓小平同志指出的："我们搞四化，搞改革开放，关键是稳定。"也就是说，稳定，是为了更好地改革开放和进行现代化建设。没有稳定的环境，什么都搞不成，已经取得的成果也会失掉。要保持政治稳定靠什么？"只靠我们现在已经取得的稳定的政治环境还不够。加强政治思想工作，讲艰苦奋斗，都很必要，但只靠这些也还是不够。最根本的因素，还是经济增长速度，而且要体现在人民的生活逐步地好起来。人民看到稳定带来的实在的好处，看到现行制度、政策的好处，这样才能真正稳定下来。不论国际大气候怎样变化，只要我们争得了这一条，就稳如泰山。"

综上所述，在如何建设和发展社会主义经济的问题上，发展生产力是首要的中心的任务，改革、开放是为生产力的发展扫清障碍，而保持稳定，则是发展生产力、搞好改革和开放的条件。所以，总的原则是"在坚持四项基本原则的基础上选择好的政策，使社会生产力得到比较快的发展"。

四、当代崭新的社会主义经济思想的重大意义

邓小平同志创造性地发展了马克思主义关于社会主义经济的思想，具有多方面的重大意义。

首先，他的社会主义经济思想，把马克思主义关于社会主义的经济理论发展到一个崭新的阶段。他在如何认识发展社会生产力对建设和发展社会主义的极端重要的意义上，在如何认识社会主义所有制范围、地位、作用上，在如何认识实现共同富裕上，以及如何认识改革、开放、稳定等等问题上，都创造性地发展了马克思主义，回答了马克思去世后一百多年没有正确回答的问题。这就大大丰富了马克思主义的理论宝库，使马克思主义在当今世界显示出了强大的生命力。

其次，他的社会主义经济思想，把我国的社会主义建设事业推向了一个崭新的阶段。党的十一届三中全会的基本精神是解放思想，独立思考，从自己实际出发来制定政策。因为在中国建设社会主义这样的事，马克思的本本上找不出来，列宁的本本上找不出来，每个国家都有自己的情况，各自的经历也不同，所以要独立思考。三中全会以来，我国社会主义建设所取得的巨大成就，都是在邓小平同志的社会主义经济思想指导下实现的。所以，邓小平同志的社会主义经济思想，不仅使我国社会主义事业进入了一个新的阶段，还将引导我国社会主义事业在现在和将来夺取更新更大的胜利。

最后，他的社会主义经济思想，还是对世界的一个重大贡献。因为，我们正在进行的建设和发展社会主义事业的各项措施，不仅在中国是一种试验，而且在国际范围内也是一种试验。如果成功了，可以对世界上的社会主义事业和不发达国家的发展提供某些经验，这就是对世界所作的一大贡献。当然，不是把中国经验照搬照套到别的国家，各国要紧紧抓住合乎自己的实际这一条，所有别人的经验都可以参考，但也只是参考，世界上的问题不可能都用一种模式解决。中国有中国的模式，其他国家也应该有自己的模式。需要指出的是，中国社会主义事业正在向前发展，世界也正在向前发展，马克思主义关于社会主义经济的理论也要不断向前发展。我们学习邓小平同志关于社会主义的经济思想，即当代崭新的马克思主义经济思想，并用以指导我们的实践，是完全必要的，但还不够，更为重要的是学习邓小平同志解放思想、实事求是的理论创新精神，掌握实事求是这

一马克思主义的精髓，深入实际，研究新情况，解决新问题，提出新理论，为我国社会主义的改革、开放、发展作出贡献，把我国社会主义经济不断推上一个又一个新台阶。

（文中引文均摘自《邓小平文选》第三卷）

重提社会主义初级阶段理论的现实意义

本文原载于《经济学家》1997 年第 6 期

首先，重提社会主义初级阶段理论，是从现实情况出发，对我国社会主义目前所处发展阶段的进一步确认。我们看不到已经取得的重大成就，固然不对；但把这些成就估计过头，认为我国已经走出了社会主义初级阶段，也是不对的，不符合现实的客观实际。因为，这些年来已经取得的成就虽然巨大，但是，决定我国处于社会主义初级阶段的一些基本因素，还没有根本改变，我国还属于世界上的低收入国家，还是"不够格"的社会主义。因此，现在重提社会主义初级阶段理论，就是为了从实际出发，进一步确认我国社会主义目前所处发展阶段还是初级阶段，从而对我国现实的基本国情保持一个清醒的认识，正确领导人民为实现新的目标而奋斗。

其次，重提社会主义初级阶段理论，还是目前正确执行党的基本路线和基本政策，并正确制定和执行新的方针政策的根本依据。从党中央第一次提出我国处于社会主义初级阶段至今，我国经济改革开放和经济发展所取得的成就，举世公认，人民信服，这是我国经济生活的基本方面。但是，我们也要看到，目前经济生活中还存在若干困难和问题，如一部分地区一部分人口的贫困问题、一部分职工下岗待业问题、社会成员个人收入差距悬殊问题、东西部地区经济发展水平差距扩大问题、部分国有企业经营状况不佳问题等。针对这些现实问题，我们就应该从社会主义初级阶段这个最根本的实际出发，正确执行党在社会主义初级阶段的基本路线和基本政策，还要从这个实际出发，正确制定和执行一些新的方针政策。

最后，重提社会主义初级阶段理论，还是我们目前澄清疑虑、统一认识的关键。面对改革开放和发展中所取得的巨大成就、所存在的种种问题和党中央所采取的政策措施，不免会产生各种议论。在各种议论中，支持拥护现行政策的肯定是多数，但也难免存在某些疑虑。其中比较重要的有这样两种：一种是从主观愿望出发，或从某些本本出发，主张现在应该实行更加"先进"的生产关系，似乎这才符合社会主义制度要求；另一种也是从本本出发或从主观愿望出发，看不到已经取得的成就，以目前生产力水平比较低为由，主张放弃社会主义基本制度，完全搞私有化。这些疑虑，都是不正确的。最根本的就在于离开了我国目前和今后长时期仍处于社会主义初级阶段这个实际。如果我们重新学习社会主义初级阶段理论，从我国社会主义所处的初级阶段这个实际出发观察和思考问题，我们就会看到，这些年来，我们坚持社会主义基本制度，进行改革开放，取得了巨大成就，证明社会主义基本制度必须坚持，决不能动摇；同时，从生产力不发达的现实出发，改革所有制关系、分配关系等，是适合生产力发展要求的，是能够促进生产力发展的。

社会主义初级阶段理论是我国社会主义建设经验的科学总结

本文原载于《财经科学》1997 年第 6 期

　　邓小平同志在党的十一届三中全会以后，提出了我国目前仍然处于社会主义初级阶段的理论。前不久才胜利召开的党的十五大的报告中，进一步强调这一理论，其意义十分重大。特别重要的是，这一理论是我国社会主义建设中正反两方面经验教训的科学总结。

　　我国从 20 世纪 50 年代中期进入社会主义初级阶段至今，已经过去四十多年了。这四十多年来的社会主义建设，可以说是成功与失败、胜利与困难交替出现。刚进入社会主义初级阶段不久，面对此前社会主义改造和建设的胜利，一些人头脑发热，脱离社会主义初级阶段这个实际，提出从各方面来个"大跃进"，在经济落后的情况下发展目标定为一二十年就要超英赶美，社会主义建设急于求成。在生产力很不发达的条件下，生产关系上急于求纯，搞"一大二公"，企图消灭商品生产、等价交换、按劳分配，搞"一平二调"，刮"共产"风。结果是严重破坏了社会生产力，弄得 20 世纪 50 年代末 60 年代初国民经济停滞甚至下降，人民生活十分困难，这是认识上违背我国仍处于社会主义初级阶段这个实际的第一个严重的教训。

　　20 世纪 60 年代初期到中期，面对国民经济停滞和人民生活的困难，头脑稍微冷静了一些，对我国国情有了比较符合客观实际的认识，采取了许多比较切合实际的政策措施，比如：强调利用商品生产，利用价值规律；农村实行三级所有，生产队为基本核算单位，还允许农民自留地、家庭副业和农村集市贸易的存在和发展；城市国有企业推行经济核算制，要求独立核算，并以利润作为考核指标；等等。国民经济得到迅速地恢复和发展，人民生活有了很大的提高。这是认识比较符合社会主义初级阶段这一实际的成功经验。

"文化大革命"期间，认识上更加严重违背社会主义初级阶段这个实际。似乎我国要立即向共产主义社会过渡了，把马克思主义的生产力论当成错误理论加以批判，根本不考虑我国生产力水平和生产力发展的要求，主张尽快消灭商品生产，消灭按劳分配，以便更快地向不讲等价交换的产品交换和按需分配的共产主义过渡。这一极"左"的路线和政策，给人民带来更大的困难，把国民经济推向了崩溃的边缘。这是严重违背社会主义初级阶段这个实际的更加严重的教训。

党的十一届三中全会以后，在邓小平理论指引下，特别是在他的社会主义初级阶段理论的指导下，一切从我国目前和今后长时期仍然处于社会主义初级阶段这个实际出发，从生产力水平比较低而且发展不平衡这个现实状况出发，从农村到城市、从微观到宏观、从企业到机关等，进行了一系列的改革：发展社会主义市场经济；农村推行家庭联产承包责任制；国有企业实行自主经营、自负盈亏，推行现代企业制度；在坚持公有制经济的主体地位和以国有经济为主导的前提下，发展非公有制经济；在坚持以按劳分配为主体的前提下，允许资本、技术等生产要素参与收益分配；等等。这些改革极大地促进了社会主义生产力的发展，综合国力得到增强，人民生活水平不断提高。这是明确提出社会主义初级阶段理论并认真贯彻这一理论的成功经验。

江泽民同志在党的十五大报告中指出："我们讲一切从实际出发，最大的实际就是中国现在处于并将长时期处于社会主义初级阶段。""十一届三中全会前我们在建设社会主义中出现失误的根本原因之一，就在于提出的一些任务和政策超越了社会主义初级阶段。近二十年改革开放和现代化建设取得成功的根本原因之一，就是克服了那些超越阶段的错误观念和政策，又抵制了抛弃社会主义基本制度的错误主张。"这就清楚地表明，社会主义初级阶段理论确实是总结我国社会主义建设经验的科学理论。

联系我国社会主义建设的历史，进一步学习社会主义初级阶段理论，我们还可以有如下三点体会：第一，在社会主义建设中，是否承认我国仍处于社会主义初级阶段，是我国能否取得胜利的关键。不仅如此，我们还可以进一步说，初步承认我国处于社会主义初级阶段就能取得初步胜利；明确而坚定地承认，就能取得辉煌胜利；违背这一理论，就会碰壁；严重违反这一理论，将会碰得头破血流。第二，在今后的社会主义改革开放和现代化建设事业中，一定要坚持社会主义初级阶段理论，充分肯定这是一个不可逾越的历史阶段，提出任务和政策都从社会主义初级阶段的实际出发，符合这个阶段的实际，我们就一定能取得更加巨大的胜利。第三，在认真贯彻社会主义初级阶段理论的过程中，四川应该看到自己的生产力水平比东部沿海地区更落后一些，更需要从这个实际出发，使所有制结构、分配结构等更适合四川生产力水平，以便更快地发展四川的生产力，促进"富民兴川"目标更快实现。

深入学习邓小平的社会主义本质理论

——对有关社会主义本质的几个重大问题的重新思考

本文原载于《东北财经大学学报》1999年创刊号

一、社会主义的本质是指社会主义事业的本质

邓小平的社会主义本质理论，主要就是指邓小平同志于1992年春在《在武昌、深圳、珠海、上海等地的谈话要点》中所讲的：社会主义的本质，是解放生产力，发展生产力，消灭剥削，消除两极分化，最终达到共同富裕。邓小平讲的社会主义的本质，主要指的是社会主义哪一方面的本质？以往的理论认为，"社会主义"一词，可以指思想、理论，即社会主义思想或理论；可以指运动，即社会主义运动；可以指制度，即社会主义制度。这三方面的含义的关系，就是在社会主义思想体系指导下，经过社会主义运动而建立起社会主义制度。很明显，这一理论主要是讲社会主义制度建立以前如何为建立社会主义制度而奋斗的问题，而主要不是讲社会主义制度建立以后如何发展社会主义事业的问题。

邓小平同志论述社会主义的本质的时候，恰恰是在我国社会主义制度已经建立三十余年之后，在如何发展社会主义事业的长期实践中已经积累了正反两方面丰富经验的时候。显然，这时不可能去研究社会主义制度如何建立的问题，而只能是研究社会主义事业如何发展的问题。所以，我认为，邓小平的社会主义本质论中讲的社会主义，主要指的是社会主义事业，是讲我国在社会主义制度早已建立的条件下，如何把社会主义事业不断向前推进；他讲的社会主义的本质，就是讲的社会主义事业在经济上的本质，即讲社会主义事业在经济上的根本目标，就是实现富裕，而且最终要实现共同富裕。实现这一根本目标的根本途径，就是解放生产力，发展生产力，以实现人民物质和文化生活的富裕；同时，在生产力高度发展的基础上，并在进一步发展过程中，逐步消灭剥削，消除两极分化，最终实

现共同富裕。

需要说明的是，强调社会主义的本质，即主要是讲社会主义事业的本质的同时，还要看到，社会主义的本质，在一定意义上，也可以说是社会主义思想、运动、制度的本质。因为，社会主义思想、运动、制度不论如何重要，相对于社会主义事业而言，它们本身并不是目的，它们都是为发展社会主义事业服务的。也就是说，它们要服从于社会主义事业所要实现的根本目标及实现目标的根本途径。从这个意义上讲，社会主义思想、运动、制度的本质与社会主义事业的本质是一致的。在社会主义制度已经建立的条件下，社会主义思想、运动、制度，应该服从于社会主义事业的发展；而社会主义事业的发展又应该服从于它的本质要求，从而使我们在推进伟大的社会主义事业的过程中有一个更加清晰的根本目标及实现这一目标的途径。

根据对社会主义事业的本质的理解，我们可以认为，在社会主义的任何发展阶段上，一切有利于解放生产力和发展生产力的经济关系（包括生产资料的所有制关系、分配关系等），都应该肯定它们有利于实现社会主义事业在经济上的根本目标，因而有利于社会主义事业的发展。在我国社会主义初级阶段这个相当长的历史时期中，有利于解放和发展生产力的经济关系，至少包括以下三项主要内容：一是属于社会主义性质的经济关系。例如，适应生产力发展要求的社会主义公有制和按劳分配。这是社会主义事业在经济方面的主体，需要大力予以发展。二是属于中性的（资本主义可以用，社会主义也可以用的）经济关系。例如，计划经济或市场经济这类调节社会经济的方式或手段。要保证社会主义事业的顺利发展，就要大胆使用适应现实经济关系的经济调节手段，特别是要大力推进社会主义市场经济体制的建立和发展。三是不属于社会主义性质的经济关系，甚至与社会主义性质的经济关系存在某些矛盾，但它们的存在和发展，有利于解放和发展生产力，有利于为将来逐步消灭剥削，消除两极分化，最终实现共同富裕创造物质条件，因而有利于社会主义事业的发展。例如，我国现阶段非公有制经济的存在和发展，非按劳的分配关系的存在和发展。

邓小平的社会主义本质论，在马克思主义关于社会主义经济理论的发展史上，是一个十分重大的发展。我们知道，马克思、恩格斯当年在资本主义条件下探讨和预测未来的社会主义社会时，是设想在社会生产力高度发展的基础上，实现社会主义制度取代资本主义制度。所以，他们讲的社会主义制度，在经济上就只有社会主义公有制和按劳分配，是纯粹的社会主义，即只存在属于社会主义性质的经济关系，不存在非社会主义性质的经济关系。列宁在领导当时俄国社会主义实践的过程中，发现在生产力发展水平不高的条件下，不可能实行纯粹的社会主义，于是提出了实践中的社会主义不纯的问题，即在所有制关系上不可能完全实行公有制，分配上不可能完全实行按劳分配，还应该允许和提倡非公有制经济的存在和发展。在新经济政策时期还将上述思想付诸实施，并且取得很大的成效。可惜列宁逝世过早。列宁逝世后，其继承者把列宁关于不纯粹的社会主义思想视为转瞬即逝的现象，把马克思当年关于纯社会主义的论述当作一成不变的教条，热衷于追求在短期内实现纯粹的社会主义。这一目标的实现，虽然在一定时期内在经济建设上也有过辉煌的胜利，但从长期的实践结果来看，效果并不好。苏联的解体及对社会主义制度的抛弃，可以说与他们不顾本国经济发展的实际、盲目追求纯粹的社会主义，从而妨碍了生产力的发展、影响了国家综合实力的增强和人民群众生活水平的提高是有重大关系的。

我国在改革开放以前，也曾经发生过与苏联类似的情况，在所有制关系和分配关系上，不顾生产力实际发展水平，照搬马克思、恩格斯一百多年前在生产力高度发展的基础上实现纯社会主义的设想，热衷于追求"一大二公"，也就是追求尽快实现纯粹的社会主义，而且认为越大越好、越公越好、越纯越好。其结果是破坏了生产力的发展，影响了人民生活的改善，给国民经济带来许多灾难性后果。这些教训是我们至今依然记忆犹新的。邓小平同志根据社会主义事业发展的需要，彻底贯彻了解放思想、实事求是的马克思主义思想路线，深刻总结了我国以往和国际共产主义运动史上的经验教训，从我国社会主义还处于初级阶段这个特定的实际出发，来回答什么是社会主义的问题，把社会主义事业的本质的理论，建立在真正的科学基础之上。

二、社会主义的本质与社会主义基本经济特征的关系

关于社会主义基本经济特征与社会主义本质的关系，理论界已经有学者作过研究，并且明确指出，社会主义基本经济特征即列宁所概括的社会主义公有制加按劳分配，是社会主义本质的前提和基础。如果我的理解正确的话，那就是说，社会主义公有制和按劳分配，不仅当然符合社会主义

本质的要求，而且它们还是社会主义本质得以存在的前提和基础条件，即没有这二者就没有社会主义的本质。这个观点的正确性如何，是需要研究和讨论的。在假定公有制和按劳分配适合生产力发展要求的条件下，从纯理论的角度研究其内在的经济关系，那么它们是能够解放和发展生产力的，并且已经消灭了剥削，消除了两极分化，实现了共同富裕，只存在富裕程度不同的差别。从这个意义上可以讲，它们和社会主义本质是一致的，社会主义本质是以它们为前提和基础提出来的。

问题是某种经济关系适合生产力发展要求的假定，并不是任何时候都可以成立的，而对于社会主义本质来说，恰恰又是最重要的。马克思主义政治经济学的基本原理告诉我们，对于任何一种经济关系，都不能孤立地脱离生产力发展要求去判断它们优越与否、正确与否。对于社会主义公有制和按劳分配的判断，也应该是这样。只有在社会主义公有制和按劳分配适应生产力发展要求的前提下，才可以说它们是优越的、正确的，与社会主义的本质要求是一致的。也就是说，只有在这个前提下，它们的存在和发展才有利于解放生产力，发展生产力，消灭剥削，消除两极分化，最终实现共同富裕。离开了是否适合生产力发展的这个要求，无条件地肯定一切公有制和按劳分配与社会主义的本质的一致性，理论上未必正确。

我们再从我国现实的社会主义公有制、按劳分配与社会主义本质的关系来看。生产资料私有制的社会主义改造基本完成以后，直到改革开放前，公有制和按劳分配是脱离生产力发展的要求，沿着自身越大、越公、越纯、越好的思路发展的。由于超越了生产力发展水平，没能起到解放和发展生产力的作用，所以也未能使我国人民在实现富裕和共同富裕的道路上有多大的进步。这就说明，不加分析地说公有制和按劳分配一定符合社会主义的本质，是不符合客观事实的。改革开放以来，我们坚持解放思想、实事求是的原则，并不是把现存的公有制和按劳分配笼统看成社会主义本质的前提和基础，主张一成不变地保持原状，而是根据社会主义本质的要求，按照解放和发展生产力的需要，对公有制和按劳分配存在的领域、范围及实现形式进行改革，而且已经取得了巨大的胜利。从今后看，这样的改革还需要继续进行。因为，现行的公有制和按劳分配的某些方面和环节，还与生产力发展要求不相适应，离社会主义的本质要求还存在不小的差距，有的甚至徒有社会主义公有制和按劳分配的虚名，实质与社会主义本质要求背道而驰。再者，即使现存的一些社会主义公有制和按劳分配方式，也是适应生产力发展要求的，是符合社会主义的本质的。由于生产力是最积极、最活跃的因素，是会不断发展的，当生产力发展到一个新的水平的时候，对原有的公有制和按劳分配关系也要求进行改革；所以，脱离生产力发展实际、孤立地把公有制和按劳分配看作社会主义本质的前提和基础，无条件地肯定它们与社会主义本质的一致性，对社会主义的实践未必是有好处的。

最后从非公有制经济和非按劳分配方式与社会主义的本质的关系来看。在改革开放前，长时期都认为，搞社会主义只能搞社会主义公有制和按劳分配，不允许非公有制经济和非按劳分配方式的存在和发展。在这种超越社会主义初级阶段的思想指导下，我国人民是吃了不少苦头的。现在如果依然脱离生产力发展要求，无条件地肯定公有制和按劳分配符合社会主义的本质，相应地必然会脱离生产力发展要求，把非公有制经济和非劳分配方式继续排斥在社会主义的本质要求之外。事实上，在我国现阶段，能够解放生产力，发展生产力，有利于将来逐步消灭剥削、消除两极分化、最终实现共同富裕的，不仅需要公有制经济和按劳分配的存在和发展，而且需要非公有制经济和非按劳分配方式的存在和发展。改革开放以来，在继续发展国有经济、集体经济的同时，个体经济、私营经济、外商合资合作及独资经济对社会主义经济发展所起的巨大作用，已经证明了这一点。目前，许多地方都在积极鼓励和支持非公有制经济的发展，认为这有利于培植新的经济增长点，促进本地区经济更迅速地增长；有利于解决下岗职工再就业问题；有利于增加群众收入，提高群众生活水平；等等。这不就是非公有制经济和非按劳分配方式在我国现阶段也符合社会主义本质要求的具体体现吗？

由上述可见，在我国现阶段，判断某种经济关系是否与社会主义本质相一致，应该用社会主义本质内容，即能否解放和发展生产力去判断，而不能离开解放和发展生产力的要求，只看它是否属于社会主义性质。只有这样，我们才能把现阶段的各种经济关系都调整到最适合生产力发展的状态，促进我国社会主义事业更顺利地发展。

三、社会主义的本质与"三个有利于"的关系

"三个有利于"，就是邓小平同志讲的"是否有利于发展社会主义社会的生产力，是否有利于增强社会主义国家的综合国力，是否有利于提高人

民的生活水平"。我们以往的理解是，"三个有利于"与社会主义的本质是没有直接联系的。"三个有利于"是判断或衡量改革开放成败得失的标准，不能说它是判断姓"社"姓"资"的标准。理由就是，需要判断姓"社"姓"资"的"姓"到底是指什么？是指一个事物是否属于社会主义性质呢，还是指一个事物的存在和发展对社会主义事业的发展是否有利？其含义是不清楚的。

通过再次学习邓小平同志的社会主义本质论，我们发现原来的一些理解不够准确，需要重新认识。首先，我们认为邓小平同志讲"三个有利于"时，是专门针对姓"社"姓"资"问题讲的。在讲"三个有利于"之前，他说的是："改革开放迈不开步子，不敢闯，说来说去就是怕资本主义的东西多了，走了资本主义的道路。要害是姓'资'还是姓'社'的问题。"正是针对姓"社"姓"资"问题，指出"三个有利于"是"判断的标准"。接着，他就用"三个有利于"这个标准，去判断特区姓"社"还是姓"资"，结论是"特区姓'社'不姓'资'"。这里讲的姓"社"姓"资"的姓，是姓氏的姓，不是性质的性，不是指某一事物的社会属性。姓"社"不是指它属于社会主义性质，姓"资"也不是指它属于资本主义性质，而是专指对社会主义事业发展有利还是有害：有利于社会主义事业发展的，就姓"社"；反之，就姓"资"。正因为如此，所以邓小平说"特区姓'社'不姓'资'"。可以看出，"三个有利于"是判断姓"社"姓"资"的标准，而不仅仅是判断改革开放成败得失的标准。

如果我们肯定"三个有利于"是判断姓"社"还是姓"资"的标准，那么，我们就可以看出"三个有利于"与社会主义的本质之间存在着内在的密切的联系。根据我的理解，"三个有利于"是社会主义的本质的具体体现，而社会主义本质则是"三个有利于"的根本依据。社会主义本质与"三个有利于"最重要的共同点，就是都强调发展生产力，因为，生产力的发展是社会发展的最终决定力量，同样也是社会主义事业发展的最终决定力量。二者的区别则在于：社会主义的本质是从社会主义发展的历史长过程来揭示社会主义事业发展的根本目标及其实现途径，即要求长期都必须特别注重解放和发展生产力、消灭剥削和消除两极分化，最终实现共同富裕；"三个有利于"则是从社会主义事业发展过程中的每一个时点上提出的判断姓"社"姓"资"的标准。这就要求姓"社"的，就应该表现为有利于生产力的发展，以及在生产力发展基础上，必然带来的国家综合实力的增强和人民生活水平的提高。这一判断姓"社"姓"资"的标准，从根本上说是为社会主义事业的发展服务的，是为了经常保持社会主义事业的健康发展，使社会主义本质在实践中得到更好的体现。特别重要的是，邓小平同志的"三个有利于"标准，完全是立足于中国实际，即立足于我国已经是社会主义国家，早已建立起社会主义制度的基础上提出来的，是专门用来判断我国改革开放中姓"社"姓"资"的问题的。他说的有利于发展生产力，是专指"社会主义社会"的生产力；有利于增强综合国力，是专指"社会主义国家"的综合国力；有利于提高人民的生活水平，是"社会主义国家""社会主义社会"里人民的生活水平。在社会主义国家、社会主义社会的中国等特定条件下，有利于生产力的发展、综合国力的增强和人民生活水平提高的，说它姓"社"不姓"资"，应该说是正确的。在我国社会主义制度之下，对某种经济关系是否应该发展，对某些改革开放措施是否应该采用，如果涉及姓"社"姓"资"问题，判断的标准应该是"三个有利于"。如果不是用这个标准去判断，而是用别的标准去判断，例如用是否属于社会主义经济性质的标准去判断，那不是又回到改革开放前曾经出现过的错误标准中去了吗？如果我们坚持用"三个有利于"标准去判断，尽力支持一切有利于发展社会主义社会的生产力、有利于增强社会主义国家的综合实力、有利于提高人民的生活水平的经济关系的发展及改革开放措施的采用，不是更符合社会主义本质的要求，更有利于社会主义事业的发展吗?!

四、邓小平提出社会主义本质论的深刻用意

邓小平的社会主义本质论，首先是基于对我国社会主义初级阶段生产力发展的现实状况的深刻认识。新中国成立之前，我国长期处于半封建半殖民地状态，严重阻碍了社会生产力的发展。新中国成立后，特别是改革开放以后，经济发展上取得很大成就，但生产力发展落后的状况并没有根本改变。生产力水平低，而发展又极不平衡，就是我国社会主义初级阶段的现实。在这种条件下，所有制关系和分配关系不可能是纯社会主义性质的，必然要在发展社会主义公有制关系和分配关系的同时，发展非社会主义的所有制关系。正是基于对这一状况的深刻认识，邓小平提出社会主义本质论。我们应该根据社会主义本质要求，在我国现阶段既坚持发展社会主义性质的经济关系，大胆利用中性的经济关系，还要大胆发展对社会主

义事业发展有利的非社会主义经济关系。应该懂得，只要能解放生产力，发展生产力，有利于将来消灭剥削，消除两极分化，最终实现共同富裕的经济关系，都需要予以发展，这才有利于社会主义事业的发展。

邓小平同志的社会主义本质论，也是对我国历史和现实中姓"社"姓"资"争论深入研究的结果。自从我国进入社会主义社会之后，在制定和实施重大的方针政策过程中，经常会遇到的一个问题，就是什么是社会主义。例如，在一段时间里，把追求所有制关系上的"一大二公"，说成社会主义；与之相反，就被指责为搞资本主义。又例如，把集体经济统一所有，集中劳动，统一分配，说成社会主义；农民种小块自留地，搞家庭副业，进集市进行买卖活动等则被指责为资本主义。再例如，把国有企业不追求利润，说成社会主义；而把追求利润指责为资本主义。如此等等，难以一一列举。改革开放以后，在正确理论指导下，改革开放和经济发展取得了巨大成就，但什么是社会主义这个问题仍然没有解决。具体表现在，每出台一项政策措施，或人民群众中创造出一种新的改革思路或经验，总会出现姓"社"姓"资"的疑问。邓小平的社会主义本质论，在一定意义上，可以说就是针对所谓姓"社"姓"资"的疑问提出来的。在我国社会主义初级阶段，所有制关系和分配关系，肯定不会是纯粹的社会主义性质。在这种条件下，非社会主义性质的经济关系的存在和发展，是否合理，根本的是看它对社会主义事业是有利还是有害。如果它对社会主义事业发展有利，就应该说它姓"社"，是社会主义的。也就是说，一切符合社会主义本质要求的，有利于社会主义事业发展的，它就姓"社"而不姓"资"。如此区别姓"社"姓"资"，无疑对社会主义事业的发展是有利的。

邓小平同志提出社会主义的本质论，也是出于对未来的社会主义事业发展能否正确决策的深切关心。在改革开放前，由于未能正确理解社会主义的本质，不能正确决定发展社会主义事业的措施，社会主义事业受到损失的经验教训有很多很多。就是在改革开放以后，也还有不少这方面的经验教训。邓小平同志就曾指出："对办特区，从一开始就有不同意见，担心是不是搞资本主义。""有的人认为，多一分外资，就多一分资本主义，'三资'企业多了，就是资本主义的东西多了，就是发展了资本主义。"他们不懂得，这些东西"归根到底是有利于社会主义的"。邓小平同志还进一步提出：有些东西"究竟好不好，有没有危险，是不是资本主义独有的东西，社会主义能不能用？允许看，但要坚持地试"。这是检验真理的实践标准在经济改革开放中的具体运用。我们如果正确理解了社会主义的本质，真正能够大胆地坚决把一切有利于社会主义事业发展的措施充分地运用起来，用好用足，我坚信我国未来的社会主义事业一定会发展得更快更好。

总之，在我国社会主义初级阶段，以最终实现共同富裕为根本目标，以解放和发展生产力为实现这一目标的根本途径或手段，这就是社会主义本质理论的真谛。用这个理论指导社会主义的实践，就是要大胆发展一切有利于解放和发展生产力的经济关系，大胆采用一切有利于解放和发展生产力的政策措施，以促进社会主义事业的发展。

值得高兴的是，党的十五大对邓小平的社会主义本质理论的理解、创造性地运用和发展已经达到一个新的高度。为了把中国特色的社会主义伟大事业全面推向 21 世纪，根据社会主义本质的要求，特别是其中能够解放和发展生产力这个要求，提出实行以公有制为主体、多种所有制共同发展的基本经济制度，以按劳分配为主体、多种分配方式并存的分配制度，号召积极探索能够极大地促进生产力发展的公有制实现形式，积极鼓励和支持非公有制经济的兴办和发展，主张实行按劳分配与按生产要素分配相结合等。我们坚信，深入学习邓小平理论，坚决贯彻党的十五大精神，我国的社会主义事业一定能更加顺利地发展。

坚持解放思想　创新经济理论

——纪念改革开放三十年

本文原载于《财经科学》2008 年第 10 期

　　到了今天，党提出的改革开放已经实施三十年了。回顾改革开放之初，为什么要改？经济体制改革的目标是什么？这些问题尖锐地摆在人们面前。这时最迫切需要的是经济理论的创新；只有创新，才有可能引导实践闯出一条新路。就是在这样的背景下，我在 1979 年 2 月 16—26 日召开的四川省价值规律理论讨论会上发言，提出我国"要搞社会主义市场经济、实行社会主义计划经济与市场经济相结合"。接着，同年 3 月 13 日《四川日报》头版登载了关于这次讨论会的报道，反映了我发言的基本观点，还在《学习》专版发表了我和周振华等主张搞社会主义市场经济的文章。2008 年 7 月 4 日，《第一财经日报》记者田毅来采访我，该报 7 月 16 日为此发表《袁文平回忆学界"社会主义市场经济"概念萌发——让价值规律改变"棉花站岗，红薯睡觉"的土壤》和《经济体制改革的思想起跑点》两篇文章，重提这一往事，唤起我对这三十年往事的回忆，感慨良多，略记几点，作为对改革开放三十年的纪念。

解放思想实事求是是党给我理论创新的勇气

　　我是新中国成立后不久参加工作的，十一届三中全会以前我国的发展变化，我是亲身经历者之一。经过改革开放以前近三十年的发展，有过巨大的成功，更有严重的挫折。党的十一届三中全会实现了历史性的伟大转折，抛弃了"以阶级斗争为纲"，实施"以经济建设为中心"，要求"解放思想，实事求是"，"对经济管理体制和经营管理方法着手认真地改革"，以加速实现社会主义四个现代化。这是多么令人振奋啊！作为党培养下成长的经济理论工作者，多么想为改革事业贡献一份力量。也正是党的解放思想、实事求是的思想路线，给了我巨大的理论创新的激励。

激励我探讨原有经济体制各种弊端产生的根源。由于工作需要，我曾到数十家大厂、大量街道小厂、商店以及不少县区乡农村搞过调查研究，看到因棉花收购价过低，农民用"棉花站岗、红薯睡觉"即棉花地里搞间种、套种的办法，抵制计划摊派的棉花生产任务；国家计划严格管理供产销人财物的国营大厂办得死气沉沉，而国家不管的小厂却办得生机勃勃；计划严管的一些产品越管越少，有的甚至管得有价无货，计划不管的商品却显得供销两旺；城市政府用计划经济办法管理市民蔬菜供应，结果是政府贴钱不少，而蔬菜生产者、经营者、消费者都觉得自己吃了亏，都不满意；等等。这表明原有体制确实是弊病丛生，非改不可。问题是原有体制弊病产生的根源何在？正是解放思想、实事求是路线的指导，鼓励我大胆探讨。通过研究认识到：原有经济体制，坚持计划经济是对的；保留和利用商品生产和交换（或称为"商品经济"）也没有错。问题在于，为保证计划经济的实行，总强调"限制"价值规律的作用。而种种"限制"措施，正好违背了价值规律的要求，必然受到客观规律的惩罚。我深刻感到，只有按中央要求，对原有体制进行根本性的改革，尤其要"革"掉弊端产生的根源，才有利于社会主义"四化"建设。

激励我勇闯理论禁区。要通过改革，建立新的经济体制。这个新体制应该坚持计划经济，又充分发挥价值规律的作用，即让价值规律通过市场、竞争、价格背离价值上下波动，来调节生产和流通，在社会生产和需要之间建立起一个相对的平衡。这个体制既不同于原有的社会主义计划经济，也不同于原有的社会主义商品经济，应该称为什么经济体制呢？我通过反复研究，特别是钻研马克思、恩格斯经典论著，发现称其为"社会主义市场经济"比较科学准确，所以决定提出要"搞社会主义市场经济，实行计划经济与市场经济相结合"。当时提出这个主张，就将突破理论禁区，有被指责为"鼓吹搞资本主义"的风险，政治压力很大。正是由于解放思想、实事求是路线的指导，我们才敢于大胆面对压力，勇闯理论禁区。

激励我勇敢发言。我在小组会上发表意见，虽然受欢迎，但在大会上讲要搞"社会主义市场经济"，是要冒很大的政治风险的！怎么办？思想斗争很激烈。也正是由于解放思想、实事求是路线的指导，感到自己的见解是符合党的要求的，是适应改革实践需要的，凭着一个共产党员和经济学者的良心，为着国家和民族的根本利益，有责任、有义务登上大会讲坛，发表自己的主张，不能因怕犯"错误"而退缩！因而才有我当时大会的发言和文章的发表。

略有压力总体宽松党创造良好理论创新环境

改革开放以前，理论创新环境较差，尤其在整风"反右"、十年动乱中，以言获罪者大有人在。十一届三中全会刚开过不久，经济学界思想解放程度还有不小的差别。我们主张搞社会主义市场经济的发言及文章发表后，有的指责，有的嘲讽，还有的责令我检讨，压力不小，但总体上还是觉得理论创新环境较以往已根本改观。特别突出的是，在省价值规律理论讨论会上，大会领导者让我作重点发言，讲六个小时左右，这是很难得的。会议期间，中共四川省委领导听取了汇报，还鼓励大家大胆探讨。这是令人鼓舞的。《四川日报》登载了我的文章，我的大会发言全文《试论社会主义计划经济同社会主义市场经济的结合问题》，也在《财经论丛》1979 年第 2 期发表。1980 年 8 月四川省经济学会首届年会上，又让我作大会发言，讲《对市场调节的计划指导问题》，也就是讲对社会主义市场经济的宏观调控问题。年会论文集（内部发行）登载了我的文章，北京《经济与管理研究》杂志（1981 年第 1 期）还主动将这篇文章公开发表。其后，申报课题、发表文章等更得到多方面的支持。以上都是理论创新环境宽松的明证。所以，如果说在经济理论上我有一点作为的话，那要感谢党为经济理论工作者提供了宽松的理论创新环境；否则，将一事无成。

理论创新获得肯定是对理论工作者的莫大安慰

我国能够搞社会主义市场经济，理论贡献最大和真正起决定作用的，当然是邓小平同志。说他是"中国社会主义市场经济之父"，是当之无愧的。正是他的 1992 年南方谈话和 1979 年 11 月"社会主义也可以搞市场经济"的谈话公开发表，才使"搞社会主义市场经济"成为人们的共识，确定了中国经济体制改革的目标。我们主张搞社会主义市场经济的发言和文章，不过是经济理论创新大潮中几点小小的浪花而已。

我们激起这点小小的浪花，社会总是记着我们。《社会科学评论》（西安）（1986 年第 11 期）发表《有计划商品经济认识发展述评》一文指出：1979 年春，四川省召开价值规律理论讨论会，"3 月 13 日《四川日报》第三版上，还刊登了袁文平的文章摘要""由此可见，成都讨论会标志着'结合论'（指'社会主义计划经济和市场经济结合'——笔者注）的产生"。《北京青年报》1992年10月15日发表邵延枫《"社会主义市场经济"提出的前后》一文，明确指出："真正打破这一理论禁区还是十一届三中全会之后，1979年3月13日《四川日报》发表的署名文章。"《四川日报》1992年12月20日第三版转载了该文，并加"编者按"指出：当时的"署名文章"，就是当日《学习》专版袁文平、周振华等的文章。李连仲、李连第著《社会主义市场经济通论》（中国金融出版社1995年出版，第16页），肯定袁文平、周振华等在我国领先提出的"社会主义市场经济"这个概念以及"计划经济同市场经济相结合"这个论断，并给予了更高的评价，指出"在社会主义市场经济这个重大的根本问题上，不少旧观点的突破和新观点的探讨，经济理论界都是走在前面的。许多深刻的、创造性的、开拓性的意见，都是由一些倾听实践和时代呼声的经济学家们提出来的"。这是对我们经济理论创新的充分肯定。

尤其重要的是，改革开放以来，在党中央的正确领导下，经过全国上下亿万干部群众艰苦的努力，我国社会主义市场经济体制已经建立并正在逐步完善，已经大大解放生产力，促进了生产力的发展，使我们今天能高兴地看到我国经济蓬勃增长、祖国逐步富强、人民生活不断改善、国际地位空前提高的盛况。这些成就，让我们感到莫大的安慰和鼓励！

现在，我们需要深入学习和贯彻落实科学发展观，坚持解放思想，进一步推进理论创新，为我国社会主义改革开放、全面建设小康社会和和谐社会建设事业作出更大的贡献。

第二篇

社会主义经济理论的

运用与实践

关于社会主义经济效果的实质

王永锡　袁文平

本文原载于《经济研究》1962 年第 9 期

近年来我国经济学界展开了对社会主义制度下经济效果问题的热烈讨论。在讨论中，大家对社会主义经济效果的实质、范围、评价标准、计算方法以及它在社会主义政治经济学中的地位等问题，存在着不同的看法。我们认为，这些分歧在很大程度上是大家对社会主义经济效果的实质和内容的理解不同所致。因此，研究和探讨社会主义经济效果的实质，对于正确地解决与社会主义经济效果有关的一系列问题，是必要的。本文仅就社会主义经济效果的实质问题提出一些看法。

一

研究社会主义经济效果的实质，除了应总结和研究我国社会主义建设实践的经验，还必须以马克思列宁主义政治经济学的许多基本原理为指导，将马克思列宁主义经典作家们对经济效果问题的研究方法作为我们的榜样。因此，我们在直接讨论社会主义经济效果问题以前，回顾一下经典作家们对社会主义以前各社会形态（特别是资本主义社会）的经济效果问题的论述，是有益的。

经济效果问题的存在，根源于人们的经济活动（首先是生产活动）的特点。人类的经济活动和动物的本能活动的根本区别之一在于它是有目的的活动。因而，人们都会在自己的活动中，讲求经济活动的效果，计较经济活动的结果在何等程度上达到预期的目的。经济效果问题，实质上就是对经济活动合乎目的的程度或"合目的性"的经济评价。经济效果的概念，并不是指经济活动的任何一种后果或效果，而是测量它对于其预期目的的效果。研究经济效果问题，不能离开人们经济活动的目的、社会生产的目的。

马克思在考察具体的社会生产过程的时候，非常注意把一般和特殊区别开来，正确处理二者的关系，不因一般而忘掉特殊，也不因强调特殊而排斥其共性的一面。生产过程，将它的特殊社会形态舍象掉来加以考察，便是一般的劳动过程。劳动过程是人和自然之间的一个过程，人们以自己有目的的劳动活动来改造自然界，取得对人们有用的物质资料。所以，劳动过程的一般目的，在于取得一定的使用价值。而在这种过程中人们劳动活动的效果，也是由使用价值（有用效果）来表示。马克思说："由它的生产物的使用价值来表示，或者说，由它的生产物是一种使用价值这件事来表示它的效用性的劳动，被我们简称为有用劳动。"① 所以他认为仅从一般劳动过程的观点来看，凡是能生产有用效果的劳动都是生产劳动。劳动的生产性的大小，取决于有用效果量的多少②。由此可见，从简单劳动过程的观点来看的经济效果就是劳动消耗和有用效果的比较。耗费一定量劳动，能取得的有用效果愈多，则它的经济效果就愈大；否则就愈小。我们把这种从简单劳动过程来看的经济效果，称为"有用经济效果"。而最能表现这种有用经济效果的是劳动生产率。劳动生产率是指在单位劳动时间内生产的使用价值的数量，或单位使用价值中所消耗的劳动量，实际上就是劳动消耗和有用效果的对比。所以，劳动生产率是有用经济效果的评价标准，它集中表现了劳动过程的生产力，表现了人们劳动活动的效率③。

简单劳动过程，由于它的一般性，是任何社会都存在的。因此，从简单劳动过程的观点来看的经济效果，即有用经济效果，在任何社会都是客观存在的。不管各个社会特殊生产目的是什么，它存在的基础和前提是必须花费劳动来生产使用价值。从而劳动消耗和有用效果的比较，即劳动生产率，始终是人类所关心的问题，虽然各个社会在讲求有用经济效果上有许多不同的地方。马克思说过："在一切状态内，生产生活资料所费的劳动时间，都是人类关心的事，虽然关心的程度，不是在不同的发展阶段上一致的。"④ 斯大林也说过："任何一个社会，无论资本主义社会或资本主义以前的社会，都关心劳动生产率的一般增长。劳维埃社会和其他任何社

---

① 马克思. 资本论：第 1 卷 [M]. 北京：人民出版社，1953：14. 着重点是引者加的。

② 马克思. 资本论：第 1 卷 [M]. 北京：人民出版社，1953：196.

③ 我们这里说的有用经济效果、劳动生产率，在很多同志的文章中表述方式和使用的文字不完全一样。但我们认为，只要它指的是劳动消耗和有用效果（使用价值）的比较，则在内容上都没有本质的区别。

④ 马克思. 资本论：第 1 卷 [M]. 北京：人民出版社，1953：53.

会不同的地方，就在于它所关心的不是劳动生产率的任何一种增长"① 在不同的社会里，对劳动生产率的关心和讲求有用经济效果的区别在于：第一，关心的性质不一样，它从属于不同的特殊生产目的；第二，由上面一点决定，关心的程度也不相同；第三，各个社会实现劳动生产率的提高的方式也有区别，自发地或自觉地实现。尽管有这些区别，但并不能改变讲求有用经济效益在不同社会的一般适用性，否则我们就不可能理解人类社会发展过程中劳动生产率增长趋势的一般规律了。

以外，承认简单劳动过程的一般性，从而肯定讲求有用经济效果的普遍性，对于了解每一种现实的具体的社会形态的经济过程，是远远不够的。在不同的社会形态下，生产要从属于特殊的目的。如资本主义生产，作为生产的一种特殊历史形态，它不仅生产使用价值，生产商品，而且在本质上它还要生产剩余价值。剩余价值生产是资本主义生产的直接目的。因此，在资本主义制度下，讲求经济活动的"合目的性"，也就有其特殊的标准了。这个特殊标准就是剩余价值的获取或资本的价值增值。经济活动有无效果，就看能否给资本家带来剩余价值；效果大小，就看剩余价值的量的大小。我们把由资本主义生产的特殊本质决定的这种经济效果，叫作"价值增值效果"。它是资本主义制度下经济效果概念的特殊内容，它体现着资本主义的生产关系。所以马克思在谈到资本主义制度下的生产劳动这一范畴时，就指出了以上只是从简单劳动过程的观点得到的生产劳动的定义，对资本主义生产来说，是不充分的，还必须考虑到价值增值过程。"单是生产了，还不够。他必须生产剩余价值。只有为资本家生产剩余价值的劳动者，或者说，只有在资本价值增值上服了务的劳动者，才是生产工人……因此，生产劳动者的概念，决不仅包含活动与有用效果间的关系，劳动者与劳动生产物间的关系，而且包含一种特殊社会的，历史地发生的生产关系。它把劳动者标志为资本价值增值的直接手段。"② 马克思关于生产劳动这一范畴的理论，是马克思关于经济效果的理论的重要组成部分。因为劳动是生产的还是非生产的，生产性大还是小，实质上就是对人们劳动活动的"合目的性"的经济评价问题，是经济效果问题。

因为有的同志忽视了马克思这种分析方法，所以片面地否认资本主义

---

① 斯大林. 论联共（布）党内的右倾 [M] //斯大林全集：第 12 卷 [M]. 北京：人民出版社，1972：73. 着重点是原来就有的。

② 马克思. 资本论：第 1 卷 [M]. 北京：人民出版社，1953：624-625. 着重点是引者加的。

社会经济效果也包含有用经济效果，把劳动耗费和有用效果的比较说成似乎是社会主义社会所特有的。其实，并不是承认了资本主义社会讲求有用经济效果，就一定会否认或忽视剩余价值生产及其决定意义，问题在于正确认识这两个方面的相互关系。在资本主义制度下，讲求有用经济效果是从属于价值增值效果的，比较有用经济效果是作为追求价值增值效果的手段。它正表现了劳动过程在资本主义社会是作为价值增值过程的手段这一事实。当有用经济效果的提高能有利于增进价值增值效果时，资本家就关心有用经济效果。资本家通过不断提高劳动生产率来生产相对剩余价值证明了这一点。不过，这两者也还有矛盾、不一致的方面。比如，在有的情况下，能提高劳动生产率的，不一定能增加剩余价值。在这种情况下，资本家就不关心劳动生产率的提高。资本主义制度下使用机器的界限就鲜明地说明了这点。这种情况也说明有用经济效果的从属性，它在资本主义制度下要服从于价值增值效果。

二

根据马克思列宁主义经典作家们对资本主义制度下经济效果问题的研究方法，我们在考察社会主义经济效果问题时，也应该正确处理一般和特殊的关系。我们认为社会主义制度下经济效果的概念，也有二重性。社会主义生产和任何社会的生产一样，首先是劳动过程，因此，从一般劳动过程性质产生的有用经济效果，仍然是社会主义制度下经济效果概念的一般内容。但是，研究社会主义经济效果概念的内容时，不能脱离社会主义生产的特殊目的——满足社会及其成员的物质和文化需要。因此，社会主义制度下经济效果概念的特殊内容，就是满足社会及其成员的全面需要。我们把它简称为"满足需要经济效果"。社会主义制度下任何经济活动的合目的性，都要看它在满足社会需要上的作用的大小，最终都应以这一标准来衡量。这样，有用经济效果和满足需要经济效果是社会主义制度下经济效果概念的不可分割的两个方面。也只有这样，社会主义经济效果的概念，才和马克思对资本主义制度下经济效果的分析一样，不仅包含活动与有用效果的关系，而且还体现一个特殊的历史的社会生产关系。

社会主义制度下，由于有用经济效果本身并不体现社会主义生产的特殊目的，所以它仍然和过去一样，起着从属作用，它从属于满足需要经济效果。而由于社会主义制度下，有用经济效果从属于满足需要经济效果，决定着社会主义社会在讲求有用经济效果的程度上和形式上具有不同的特点。这就是：第一，社会主义社会能够在最大程度上关心有用经济效果。社会主义社会把使用价值的生产从剥削阶级狭隘的阶级利益限制下解放出来，作为满足社会需要的手段，在社会生产和社会需要之间建立了直接的联系，从而也更适合于生产过程应有的内部联系。在社会主义制度下，要更好地满足社会及其成员的物质和文化生活的需要，主要靠物质资料生产本身的发展。而生产发展的主要途径是提高劳动生产率。在劳动资源一定的情况下，节约时间，提高劳动生产率是增加生产的根本途径，是从物质和文化各方面全面满足社会需要的根本物质前提。正因为如此，马克思说：在集体生产的社会里"无论是个人，还是社会，其发展、需求和活动的全面性，都是由节约时间来决定的。一切节省，归根到底都归结为时间的节省"①。这就是社会主义社会比其他任何社会都给有用经济效果以最大的关心的原因。第二，社会主义社会能够讲求社会范围内的全面的有用经济效果。生产资料公有制和全国统一的计划经济的建立，超越了个别单位的限制，实现了以往任何社会都不能有的在全社会范围内比较劳动消耗和有用效果，真正做到从社会的角度来节约社会劳动。第三，社会主义社会讲求有用经济效果是自觉地有计划地实现的。

在社会主义制度下，有用经济效果的意义和作用的空前提高，已为实践所证明。实践证实了恩格斯的预言：有用效果和劳动消耗的比较，只有在社会主义社会里，才找到它"真正的活动范围"②。社会主义社会重视和强调有用经济效果，无疑是正确的、必要的。但是，却不能因此而忽视其他方面，或否定有用经济效果的从属性。很多同志把有用经济效果当作社会主义制度下经济效果概念的唯一内容。有的同志还认为："劳动生产率是社会主义经济效果的综合表现，是评价社会主义一切经济活动效果的最高准则。"③ 我们认为这是值得商榷的。

有用经济效果，虽然在社会主义制度下有充分广阔的作用场所，但它是由一般劳动过程的性质产生的。劳动生产率虽然为任何社会所关心，但

① 马克思.货币论（1857—1858年经济学手稿之一）[M]//马克思恩格斯列宁斯大林论共产主义社会.北京：人民出版社，1958：67.

② 恩格斯.政治经济学批判大纲//马克思恩格斯全集：第1卷[M].北京：人民出版社，1956：605.

③ 金珊.试论社会主义的经济效果[J].经济研究，1961（9）：15.

任何社会也都不把它视为最终的目的。我们应该把对于每个社会形态生产的特有目的的效果，作为经济效果的主要内容或"综合表现"，作为评判该社会一切经济活动效果的"最高准则"。这才能使我们抓住最本质的决定性的东西。有用经济效果只能是一种手段、途径，通过它达到反映各个社会特殊生产目的的效果。它在社会主义社会也具有从属性。满足需要经济效果，才是社会主义制度下经济效果的综合表现和最高准则。有用经济效果对满足需要经济效果的从属关系，我们还要从以下两种情况分别作更具体的考察。

大多数情况下，有用经济效果直接表现满足需要经济效果。因为满足需要的主要手段是提高劳动生产率，因而在大多数情况下，生产活动在满足需要上的效果，就直接取决于它的有用经济效果。我们完全可以说：在一般情况下，有用经济效果直接代表着满足需要经济效果。这是两种效果完全一致的情形。但是，即使在这种情形下，仍然存在着有用经济效果对满足需要经济效果的从属性。劳动生产率高低之所以有如此重大的意义，之所以作为经济效果的标志，还不正是且仅仅是因为它能更好地满足社会需要吗？如果离开了社会需要这一目的，劳动生产率高低本身就很难说明最终的效果是大还是小。

另一些情况下，活动的经济效果，不能直接或完全以有用经济效果来说明，而只能以满足需要经济效果来综合表现。虽然劳动生产率是达到社会主义生产目的的基本的手段，但还不是唯一的手段。社会需要的满足，除了靠劳动生产率的提高，还要通过劳动量的增加；除了通过生产的增长，还要借助于生产之外的活动；除了借助于物质资料，还要通过文化活动的方式；等等。这些活动服务于满足需要，都有经济效果问题的存在，但其经济效果又不能完全或直接由劳动生产率、由有用经济效果来表现，而必须以概括程度更高、包含范围更广的满足需要经济效果来测量。这是有用经济效果和满足需要经济效果矛盾的一方面、不一致的方面。从这方面更可以反映出有用经济效果的局限性和从属性了。属于这一类情况的大致有以下四个方面：

第一，劳动者在生产部门和非生产部门间的分配问题。如从非生产领域内抽出劳动力参加生产，这件事本身并不一定会直接提高劳动生产率，但能增加生产中的劳动量，从而增加有用效果的绝对量，以更多的产品来满足社会的需要。所以，如果仅从劳动生产率来评价它的经济效果，是不能充分估计它的意义的①。当社会生产进一步发展，要求扩大非生产部门，特别是文化部门时，物质生产领域人数相对以至绝对地减少，更明显地为了社会以及社会成员的全面发展的需要。当然，这一措施也会通过社会全面需要的满足促进文化科学的发展，文化科学的发展又反过来促进劳动生产率的进一步提高，但是毕竟不是这种措施的直接结果，而是间接的结果，这一措施的直接目的是满足社会的需要。因此，我们对它的评价，也主要是直接从全面地满足需要的经济效果着眼。

第二，关于每个劳动者的劳动时间的量，即劳动日的长短问题。劳动日的长短，劳动者所要支出的劳动量，要取决于具体的历史条件。在社会主义社会的初期，生产水平还不够高，对社会需要的满足，要求劳动者的劳动日稍长一些。例如我国目前劳动日工作时长一般不是五小时或六小时，而是八小时。究竟是做六小时经济效果大，还是做八小时经济效果大呢？考察这一问题时，不能只看劳动生产率的高低。做八小时，劳动生产率不一定比做六小时高，而可能低些，但八小时提供的产品总量比六小时大。在产品还不很丰富的时候，显然做八小时对满足社会需要更有利些，从而经济效果更大些。同样，在将来生产力水平有了很大提高之后，生产满足所需的产品不必花那样多的时间，而社会也要求让劳动者有更多的自由时间去全面发展自己。如果将工作日缩短为六小时，这时我们评价它的经济效果，就应主要着眼于它将使劳动者本身得到全面发展，使其全面的物质和文化生活的需要得到更好满足。虽然劳动日缩短这一措施，也会通过劳动者能力的增进，反转来促进劳动生产率的提高，但这毕竟是表明满足需要对生产的反作用，而劳动日缩短这一措施的直接目的还是人本身及其需要。如果只从它会提高劳动生产率这一点来评价它的经济效果，是很不够的。

第三，关于劳动者本身的全面发展及改善劳动条件和生活条件问题。正因为社会主义生产不是为生产而生产，生产的目的是满足人们多方面的日益增长的需要，使人们的生活更加美好，因此，在经济活动过程中，社

---

① 有人还可能说，社会劳动生产率，是用全部人口（或全部劳动者）和社会总产品来对比，因此，生产领域劳动者人数的增加，也就表示社会劳动生产率的提高。我们觉得这种劳动生产率的计算方法，是不符合劳动生产率的概念的。劳动生产率是表现人类在生产中征服自然界的能力，它是属于生产领域的范畴，不生产的劳动就无所谓劳动生产率问题。所以，有用效果和劳动消耗的对比，仅限于有用效果和生产中消耗的劳动的比较。

会在关心生产的发展、关心劳动生产率的提高的同时，也非常注意人本身的发展和劳动条件、生活条件的改善。这点在评价经济活动效果的实践中，占着非常重要的地位。我们在考虑某一项技术措施、某一种工程的方案时，要注意它能否提高产品的数量和质量，能否降低成本，即研究它的有用经济效果；但在很大程度上还要考虑到能否改善劳动者的劳动条件，能否减轻劳动者的负担。我们的企业中的一部分合理化建议，不正是专门为改善劳动条件而提出的吗？而且这些建议中有许多还是要花钱的，个别情况下还会因此而提高成本。但是如果对维护工人的健康和安全是十分必要的话，它也会被采纳。大家知道，马克思非常注意共产主义社会中人类本身的发展的意义。他在评价未来社会教育与生产劳动相结合、学龄儿童参加一定生产劳动这一事情的经济意义时，不仅注意到了生产这一方面，而且也注意到这样做对人的发展的作用。他说："未来教育——这种教育使每一个已达一定年龄的儿童，都把生产劳动和智育体育结合起来，这不仅是增加社会生产的方法，并且是唯一的生产一个全面发展的人类的方法。"①

第四，非生产部门中经济活动效果的综合的统一的估价，最终也要由满足社会需要的经济效果来概括。非生产部门中的经济活动，既服务于生产，又直接服务于消费，服务于劳动者的直接需要。因此，对它们的活动效果的综合而统一的评价标准，也只能是社会需要。如商业部门的职工改进销售和服务方式，其经济效果用什么来衡量呢？如果服务于生产，当然从它有助于提高有用经济效果的程度来衡量；如果直接服务于劳动者的个人消费，那么它的效果就只有直接以它对社会需要的满足上的作用来衡量了。

综上所述，有用经济效果和满足需要经济效果是社会主义制度下经济效果概念的不可分割的两个方面。两者有着直接的联系和一致性，在很多情况下，有用经济效果就直接代表着满足需要经济效果。但两者又是有区别的，满足需要经济效果比有用经济效果包括的内容更广。这两者的关系，反映了社会主义生产所体现的一般和特殊的关系：有用经济效果是从社会主义生产是一般劳动过程这一性质产生的；而满足需要经济效果则由

① 马克思. 资本论：第 1 卷 [M]. 北京：人民出版社，1953：591.

社会主义生产的特殊本质决定的，它反映社会主义特有的生产关系①。有用经济效果从属于满足需要经济效果，满足需要经济效果才是社会主义经济效果的综合表现，是评价社会主义一切经济活动效果的最高准则。这种从属关系，并未否定劳动生产率在评价社会主义制度下经济活动效果时的重要地位和作用；相反，正因为它是服务于满足社会需要，才使它的地位和作用空前地提高起来。

有的同志担心，提出满足社会需要经济效果的概念，会使人们在实际工作中借口社会需要而浪费劳动，不注意提高劳动生产率。我们认为这种担心是不必要的。社会需要取决于各个时期的具体条件，如一定的生产力水平、资源的可能条件、各种产品的不同作用及比重等。要满足这种一定的社会需要，主要手段是提高劳动生产率。在社会总的劳动资源有限的条件下，社会分配于某种产品生产上的劳动也是有限的，因而也就要求每个企业以最少的劳动消耗生产最大的有用效果。这样，才算是真正对社会需要的最大经济效果。如果把满足需要效果误解为不计较劳动代价，实际上并不是真正地理解了有用经济效果和满足需要效果的相互关系。我们在前面指出的，社会主义制度下有用经济效果在一般情况下直接代表着满足社会需要效果，就是和这样的片面见解针锋相对的。

满足社会需要确实在很多地方难于定出一些死的标准，有些效果也不能用一些数字来表现。这是由于社会经济发展中，有很多过程，本来就不可能绝对地计算和比较，往往只能相对地、近似地表现，一定的社会需要及其效果，也往往不易绝对地计算。但是我们应该认识到，即使在上述情况下，经济活动的效果还是可以相对地近似地用一些指标来测量。这方面的评价标准和方法，有待进一步研究。我们不能因此否定满足需要经济效果的客观存在极其重要作用。没有这一最高准则，我们就无法全面解决社会主义制度下的经济效果问题，也会使我们对经济效果问题的研究离开社

---

① 孙尚清同志在他的文章《关于社会主义经济效果的几个问题》（载《大公报》1962年2月26日）里，多少看到了社会主义制度下经济效果概念应包含社会生产和需要的关系。他说社会主义制度下劳动耗费与有用效果的比较的特点是："使用价值与社会需要的关系问题占首要地位，它本身就属于社会主义经济效果的重要内容之一。"但孙尚清同志并没有把体现社会主义特有生产目的的使用价值对社会需要的关系（我们所说的满足需要的经济效果），从劳动消耗有用效果的比较（我们所说的有用经济效果）中抽象出来，独立地表现为社会主义经济效果的特殊内容，而把它混清在后者之中。他把有用效果和劳动耗费的比较当作社会主义特有的东西，把劳动生产率当作每个社会共有的。因而他在这里把有用经济效果和劳动生产率机械地割裂开了。

会主义基本经济规律的要求，从而低估它的意义和作用。

三

社会主义的经济效果概念既然有二重性，而且这两个方面又紧密联系和相互作用，那么对它是反映生产力还是反映生产关系的问题就必须作具体的分析，笼统地讲经济效果反映哪一方面是很困难的。

有用经济效果，是由一般劳动过程的性质产生的，它表现劳动过程的活动和结果两者之间的关系，因而它本身并不属于生产关系的范围。因为当我们抽象地考察一般的简单的劳动过程时，劳动过程是作为人与自然之间的一个过程，它所表现的是人与自然之间的关系。正如马克思所说："劳动过程，我们只把它表现为它的简单的抽象的要素时，是一种有目的的产生使用价值，使自然物适于满足人类需要的活动……所以和人类生活的各种形态无关……"① 因此，研究生产过程，如果只着眼于用劳动活动来取得使用价值，而把其他内容舍象掉，那么这只能是人与自然界物质变换的关系。作为这一过程的简单要素的劳动，是具体劳动或有用劳动，只"当作以某种形式利用自然物的有目的的活动"②，它本身不体现什么生产关系。作为这一过程的结果，使用价值或有用效果，它本身同样不反映生产关系，而仅仅作为"一个由形态变化为与人类需要相适合的自然物质"③。既然这两个简单要素本身都只表现人与自然间的关系，因而体现这两个简单抽象要素之间关系的范畴的劳动生产率，或有用经济效果，当然也是属于人与自然之间的关系，属于生产力的范围，而不属于生产关系。马克思在很多地方是把劳动生产率与劳动生产力这两个概念按同一意义使用的，足见它们都属同一类范畴。我们不能从小麦的滋味里尝出种植小麦的人是俄国农奴，是法国的小农，还是英国的农业工人。同样，也不能凭一斤小麦花多少小时的劳动这一事实，而直接判定它的种植人是谁。当然，决定劳动生产率的因素，不仅有自然因素、物的因素，而且也有生产关系，不同社会形态也会在劳动生产率和有用经济效果上打上烙印。但这只不过表明生产关系对生产力的反作用，而并不表明劳动生产率本身是属于生产关系的范畴。此外，劳动生产率反过来又最终决定一定的社会制度

① 马克思. 资本论：第1卷 [M]. 北京：人民出版社，1953：200.
② 马克思. 政治经济学批判 [M]. 北京：人民出版社，1961：9.
③ 马克思. 资本论：第1卷 [M]. 北京：人民出版社，1953：196.

的胜利或灭亡，甚至在一定程度上劳动生产率可以作为一定社会制度的标志。但这也仅仅作为决定社会制度成败的条件和标志，并不直接体现什么制度，它只说明生产力对生产关系的决定作用，而不是说明属于生产力范围的劳动生产率本身就是生产关系。

有用经济效果及体现它的劳动生产率不属于生产关系的范围，因而它本身也并不构成政治经济学的研究对象。但是，这并不是说它和政治经济的研究无关，相反，它还是政治经济学研究中所不可忽视的重要因素。这是因为生产力和作为政治经济学研究对象的生产关系之间有着紧密的联系，因此不能忽视作为生产力范畴的有用经济效果。在这个限度内，它和政治经济学的关系主要有以下两个方面：

第一，作为生产力水平的表现的有用经济效果，是考察生产关系运动发展规律的重要依据。某种特定生产关系的产生和发展，都以一定的劳动生产率为基础，新的生产关系比旧的生产关系优越也表现在它能带来更高的劳动生产率、能促使有用经济效果的提高上。因此，政治经济学在研究生产关系时，一刻也不能离开有用经济效果来寻找生产关系变化发展的原因。特别是在社会主义经济中，讲求经济活动的有用经济效果，是自觉地调整生产关系、正确处理社会主义社会基本矛盾的必要条件。只有这样，才能使我们寻找真正符合生产力发展要求的各种制度和措施，也只有这样，才能把社会主义政治经济学置于科学的基础之上。在这种情况下，政治经济学重视有用经济效果，是由生产关系适合生产力性质的规律所决定的。

第二，有用经济效果在不同社会形态下的特殊社会属性，如有用经济效果在各个社会里的地位和作用方式的一些特点，往往是由各种社会形态的生产关系的特点所决定的。如在社会主义制度下，讲求有用经济效果有特定的目的，关心它的程度也无比地提高了，有用经济效果的讲求自觉地、社会地实现。这些特殊属性，显然属于生产关系的范围，从而构成政治经济学的对象。正如使用价值本身不是政治经济学的对象，但作为商品的使用价值所取得的特殊属性（作为社会的使用价值和作为价值的物质担负者）会成为政治经济学的对象一样。在这种情况下，作为研究对象的，实际上是有用经济效果的社会形式，是发展社会生产力的社会形式，而不是生产力本身。至于经济效果问题的另一方面，即由各个社会的特有生产目的所决定的经济效果，从其内容及其评价标准看就直接体现着特殊的生产关系，那完全属于生产关系的范围，从而是政治经济学的研究对象。而且由于生产目的是表现生产关系的本质，因而由它所决定的经济效果，就是政治经济学研究中具有实质性的中心问题。例如在资本主义制度下，社会生产的目的是攫取剩余价值，因而价值增值效果的评价，就贯穿于资本主义发展的每一具体过程和现象中，贯穿于整部《资本论》中。

在社会主义政治经济学中，研究经济效果问题（既包括有用经济效果，又包括满足需要经济效果）的重大作用在于：第一，从社会主义生产关系对生产力的作用来探讨社会主义生产关系的发展规律，也就是更好地把生产关系要适合生产力发展的规律运用于社会主义政治经济学的研究中，从而揭示出社会主义生产关系的发展过程、劳动生产率不断提高的过程、生产力迅速发展的过程。第二，揭示在社会主义生产发展过程中，生产目的是如何贯彻的。研究社会主义经济效果问题，实际上是研究社会主义社会基本矛盾的具体化，探讨如何使生产关系的调整有利于生产力的提高；也是研究社会主义基本经济规律的作用的具体贯彻，探讨如何使社会生产的各种具体过程和方面更有效地服务于满足社会及其成员的需要的目的。正因为如此，当我们说社会主义社会基本矛盾和社会主义基本经济规律是社会主义政治经济学的红线的时候，同样地可以说：社会主义经济效果是社会主义政治经济学的红线，是社会主义政治经济学的中心问题。

农村人民公社农产品成本中单位活劳动消耗的货币估价

袁文平　于和富

本文原载于《财经科学》1959 年第 5 期

党的八届六中全会"关于人民公社若干问题的决议"指出:"经济工作一定要愈作愈细致""无论在哪一方面的生产和基本建设中都必须厉行节约,精打细算,尽可能合理地利用人力,物力和财力,降低成本,节约开支,增加收入……"因此,正确解决农村人民公社农产品成本计算中若干基本问题,对于贯彻党的指示,促进公社的巩固和发展,具有极为重大的理论和实践意义。

活劳动消耗的货币估价是产品成本计算中最重要的基本问题之一。早在农业生产合作社时期,理论和实际工作者就展开了广泛的讨论。最近,许多刊物又发表了若干新颖的值得重视的见解。我们本着敢想、敢说、敢做的精神,凭仅有的理论和实际知识,谈谈一管之见。

一、估价的对象、意义和原则

在社会主义制度下,由于存在商品生产,制造某种产品的社会劳动消耗即社会生产费用,就构成这种劳动产品的价值。社会主义社会产品的价值是由三部分构成:第一,已消耗的生产资料的价值;第二,必要劳动所创造的产品的价值;第三,剩余劳动所创造的产品的价值,社会生产费用的前两部分构成社会主义企业产品的成本。因此,产品成本是产品价值的一部分。而个别企业生产单位产品所消耗的劳动时间是个别劳动时间,构成产品的个别价值。个别产品成本则是产品个别价值的一部分。

产品成本所代表的产品的一部分价值是通过货币来表现的。由于生产资料价格与价值的背离;在社会主义条件下劳动生产率不断增长,劳动者的劳动报酬也在不断提高,为自己必要的单位劳动消耗所创造的价值也就不断低于劳动报酬的货币表现，使货币表现可能与这一部分价值不一致。同时，产品成本是与经济核算密切相关的。所以产品成本中也包括非生产耗费（如罚款损失，废品损失，停工损失等）和一部分为社会所创造的产品的分配（如国营企业的工资附加费）。

由此可见，产品价值是产品成本的基础，产品成本是产品的一部分价值的货币表现。个别企业的产品价值则是个别产品成本的基础，个别产品成本是产品的一部分个别价值的货币表现。

农村人民公社农产品个别成本也是由社会生产费用——社会劳动消耗的前两部分构成的，它是产品一部分个别价值的货币表现。所以活劳动消耗的货币估价的对象是：农村人民公社农产品的个别价值量中属于为自己必要劳动所创造的产品的价值。

产品成本是社会主义所特有的经济范畴。它根本不同于资本主义生产费用（K）范畴，在社会主义制度下，社会主义生产方式显示出比以往一切生产方式都更节约生产资料和劳动的可能性和必然性。在社会主义企业中节约物化劳动和活劳动是通过经济核算来实现的。经济核算是价值规律的作用所决定。同时，它又是实现社会主义基本经济规律和社会主义其他经济规律的要求的必要工具。而计划和计算产品成本是实现经济核算最重要的手段。所以，计算产品成本，从而不断降低产品成本是贯彻党的社会主义建设总路线的"省"的要求的具体表现。

农村人民公社计算农产品成本的巨大意义主要表现为：

首先，产品成本是反映公社经济工作质量的综合指标。人民公社地大，人多，规模大，经营项目多，为了考核全公社对"勤俭办社"方针的贯彻情况，人力，物力，财力的合理利用程度，使领导心中有数；更好地贯彻"统一领导，分级管理，三级核算"制度，发挥各级组织的积极性；更好地贯彻"民主办社"的方针，使社员群众了解生产资料和活劳动的消耗和生产成果，从而有力地调动广大社员的劳动积极性，开展群众性的以技术革命为中心的增产节约运动，就必须计算产品成本。产品成本就能比较准确地细致地综合地反映公社各方面的经营情况，表明产品的成本是否得到补偿，并获得纯收入。年度间成本降低情况及各部门的经营工作质量。促进工作的改进，发掘一切潜力，保证以最少的消耗来取得最大的经济效果，促进生产的发展，增加积累，改善社员生活，加速公社的巩固和发展。

其次，成本指标是确定农产品价格的重要依据。我国在一个必要的历史时期内，商品生产和商品交换还将有很大的发展。价值规律也就存在并发生作用。人民公社农产品生产，主要作物和大宗产品是受国家计划的指导的，次要作物和小宗土特产品则是国家有计划地有意识地利用价值规律来调节的。就是在国家计划指导下的产品生产，国家也必须考虑价值规律的作用和影响，以便促进人民公社生产积极性的发挥。为了正确地利用价值规律，必须首先掌握各人民公社农产品的个别成本，考核产品的价值量，根据党的物价政策，才能制定出合理的价格，农产品间的比价和工业产品的比价；并通过价格这一经济工具，把一部分级差地租纳为国家纯收入；促进经营状况落后、成本过高的公社改进工作。这对于人民公社生产的发展，工农联盟的巩固和整个国民经济的发展都有重大的意义。这个重要的资料，只有在人民公社实行成本核算的基础上，才容易取得，且更符合实际。

最后，成本指标也是正确地配置农业专门化的重要根据。社会生产力愈益发展，社会生产分工愈细致，农业配置和专门化也愈益发展。我国优越的社会主义制度，为农业的合理配置和专门化，打开了广阔的途径。可以充分地利用我国的自然条件。目前一个公社范围内，土地面积少则万亩，多则数万亩，数十万亩。土壤、地质、地形等自然条件也各不相同。自然条件是农业配置必须考虑的重要因素。人民公社在保证整个国民经济的需要的前提下，如何根据各种自然条件，综合其他因素进行农业的合理配置，已成为当前的重要课题。测量农业配置合理与否的标准，是农业生产的经济效果，即对单位面积的土地上投入的劳动量和它的产品量之比。很明显，单位面积土地上的产品愈多，投入的劳动量愈少，则农业配置愈合理，否则就越不合理。要对农业配置的合理程度进行测量，考核其经济效果，就必须进行成本核算。成本资料对人民公社的农业配置，更好地贯彻"因地制宜"的方针，正确地利用"劳动的自然生产率"① 保证以最小的劳动消耗取得最大的经济效果，促进整个国民经济农业配置得更加合理和完善，更好地挖掘土地潜力，使它为人类提供更价廉而丰富的产品。

总之，人民公社实行成本核算的总目的是更好地贯彻党的社会主义建设总路线，促进以增产节约为中心的群众运动的开展，贯彻节约制度，促

---

① 马克思. 资本论：第 3 卷 [M]. 北京：人民出版社，1953：864.

进整个社会和每个公社劳动的节省，创造更高的劳动生产率，使"节约的原则"真正成为"社会主义经济的基本原则之一"①。

社会上各种各样的节约，归根到底是节约劳动时间，节约活劳动和物化劳动。马克思会指出："社会生产小麦，牲畜等所需要的时间愈少，它就赢得更多的时间去进行其他物质或精神的生产。无论对于个人或社会，其发展、消费和活动的全面性都取决于时间的节省"②。

从历史发展观点来看：一切物化劳动，如固定生产资料，种子、饲料、肥料等，都是活劳动的结晶，世界上离开了活劳动，就没有任何物化劳动。因此，计算产品成本，归根到底是计算劳动消耗。从现实情况看：目前，农业机械化水平不高，很多地区根本未用机械耕作；若干小农具的制造和修理，主要的肥料来源等都是直接由社员劳动来完成。根据四川省南部、南充等县所属人民公社农产品成本构成的调查，活劳动消耗以60%左右的比重占据绝对优势。因此，为了实现成本计算的目的，正确地计算活劳动消耗，并给予正确的估价就具有特别重要的意义。

为了正确估价活劳动消耗，必须首先了解活劳动消耗中属于必要劳动部分的比重是如何确定的，以及必要劳动所创造的价值与其货币表现之间的关系。

必要劳动的比重的确定，是进行活劳动消耗的货币估价的先决条件。社会主义制度下，劳动者在生产中投入的活劳动，分为两个部分——为自己必要的和为社会的。二者各占比重与国民经济积累和消费的比例相一致。各个历史时期，社会劳动生产率水平不同，积累和消费的比例随之变化。企业生产单位产品的个别价值量中必要劳动和为社会劳动的比例，或者说，劳动者投入的全面活劳动中属于为自己的和为社会的比例也相应变化。

必要劳动消耗量与其货币表现之间的关系：

首先，货币估价必须与必要劳动所创造的价值相一致。因为产品的价值是劳动创造的，产品的个别价值量是企业实际消耗量构成的。货币是价值的一般等价物。因为利用货币来估价产品个别价值量中必要劳动所创造的价值，所以它必须与这一部分价值相一致。这个关系是二者最基本的关系。

---

① 出自 1955 年毛泽东《勤俭办社》一文。
② 马克思，恩斯格. 马克思、恩格斯文库（俄文版）：第 4 卷 [M]. 莫斯科：苏联国家政治书籍出版社，1924：119.

其次，货币估价必须与必要劳动所创造的价值相适应。必要劳动所创造的价值是货币估价的基础。由于社会主义制度下，社会主义经济规律的作用，在社会劳动生产率不断提高的基础上，劳动者的劳动报酬也在不断提高，造成产品成本中必要劳动消耗所创造的价值不断低于它的货币表现。所以，必要劳动所创造的价值与其货币表现相一致的关系，是二者关系的一般原理。而二者相适应的关系则是经常的和必然的现象。

最后，必要劳动消耗与其货币表现相适应和相一致的关系都不能作过于绝对的理解。货币是价值的一般等价物。要把产品的价值量进行精确的计算，并给予绝对精确的货币估价，有史以来，利用最高级的数学计算，也难以达到。所以，二者相一致和相适应的关系，只具有相对的意义。

上述二者的关系，是理论上的分析。在实际经济生活中，它是以另一种方式来表现的，即活劳动消耗中必要劳动部分与其货币表现相适应的关系，通常表现为与全部活劳动消耗（为自己的和为社会的）的相适应的关系。如国营企业规定完成一个劳动定额（工作定额或时间定额）劳动报酬为多少货币，就是这样。

基于上述二者的关系，我们认为，活劳动消耗的货币估价，必须掌握这样一个基本原则：无论在必要劳动所创造的价值与其货币表现相一致的条件下，还是在社会劳动生产率提高的基础上，改善人民生活，引起必要劳动所创造的价值低于其货币表现的条件下，货币表现必须与一定的活劳动消耗相适应，二者应呈正比例的变化。

活劳动消耗与其货币表现的关系，及活劳动消耗的货币估价的基本原则的确定，绝非偶然，而是由社会主义制度下劳动的性质所决定。因为：①活劳动消耗所创造的价值，根本不同于资本主义制度下劳动力的价值。在社会主义条件下，劳动力不再是商品，不具有价值和价格，不受价值规律作用的影响，也就不存在劳动力的价格围绕价值上下波动的问题。这时，劳动是不受剥削的劳动。劳动者是为自己和为自己的社会工作，劳动报酬是随社会劳动生产率的提高而提高。产品成本中必要劳动所创造的价值，只是不断低于其货币表现。货币表现围绕必要劳动所创造的价值，像消耗的物化劳动的价格围绕价值而上下波动的情况，与社会主义制度根本不相容。所以，二者必然是相适应的关系；②活劳动消耗与其货币表现的关系，也根本不同于社会主义制度下物化劳动的价值与价格的关系。社会主义制度下，一般的生产资料都属于商品。在价值规律的作用下，价格有可能围绕价值上下波动。企业成本的高低，不仅取决于生产资料消耗的节约程度，因为生产资料的价格高于或者低于价值，往往和企业工作质量有关，所以价格水平也影响着企业的成本。同一种材料可以表现几种不同的价格，并计入成本。活劳动消耗方面的工作质量取决于活劳动消耗本身的节约程度。货币估价就在于把活劳动消耗的真实数量（包括质量）反映出来。所以二者也必须表现为相适应的关系。

这里，必须反对两种倾向：①必要劳动所创造的价值必须与其货币表现绝对相等；②劳动消耗可以随便给它一个货币估价。前者把活劳动消耗与其货币表现的一致关系，作了过于绝对的苛求；且不符合必要劳动所创造的价值经常不断低于其货币表现的实际情况。后者又把必要劳动所创造的价值（个别价值）与其货币表现作了歪曲的理解，以致离开产品个别价值量中必要劳动所创造的价值，而空谈货币表现，使货币估价不能正确反映活劳动消耗。在货币估价活劳动消耗上，它们都是极为有害的主张。

二、社会必要估价的客观必然性

从农业合作化运动起，经过人民公社化运动，直到农村人民公社已进入巩固和发展时期的今天，成本核算工作，一直迟迟没有开展，活劳动消耗的估价的问题，没有得到正确的解决，不能不是重要原因之一。

全民所有制的企业，以工资作为活劳动消耗的货币估价，列入产品成本。农村人民公社为什么不能把劳动报酬作为活劳动消耗的货币估价而计入成本呢？都是贯彻"按劳分配"原则，在成本中为什么要另眼看待呢？我们认为，前者符合活劳动消耗的货币估价的基本原则，所以正确，后者以劳动报酬估价活劳动消耗，不符合活劳动消耗的货币估价的基本原则，所以不正确。二者之所以有此差别，归根到底，是按劳分配规律在农村人民公社中作用的特点所决定的。

党的八届六中全会"关于人民公社若干问题的决议"指出：由社会主义过渡到共产主义是一个相当长相当复杂的发展过程，在这个整个过程中，社会的性质仍然是社会主义的。社会主义的分配原则是"各尽所能，按劳分配"。

各地在整顿和巩固人民公社工作中，都把解决分配问题放在一个重要的位置。绝大部分人民公社在分给社员的工资部分都实行了"死级活评"的办法。这个办法对于生产的发展，起了很大的作用。充分证明了在人民公社内部产品分配方面，实行社会主义按劳分配，多劳多得的原则的完全正确性，同时，也证明了这个办法能较好地体现按劳分配，多劳多得的原则。

社会主义制度下，贯彻按劳分配原则的必然性，是社会主义按劳分配的规律所决定的。按劳分配规律的要求是按照每个工作者的劳动数量和质量来分配产品，对社会主义社会的公民，不分性别、年龄、种族和民族，一律实行同工同酬。工业和农业中的劳动报酬都以这一规律为依据。

按劳分配中，正确确定"劳"的量——活劳动消耗量，是贯彻按劳分配原则的条件。活劳动消耗量是由劳动的数量和质量构成的。劳动消耗的数量取决于：①工作时间的长度；②劳动强度和劳动的繁重性；③劳动条件的好坏。劳动消耗的质量表现在劳动的熟练程度上。劳动熟练程度的差别是由培养和训练时间的长短上与实际工作的锻炼所决定的。实际工作中对活劳动消耗量的计算，国家企业是通过劳动定额（时间定额或工作定额）和工资等级表；人民公社则接受了过去高级农业生产合作社的经验，实行了劳动定额，评工记分的办法。一个单位劳动消耗，是上述影响劳动数量和质量的诸因素的综合影响（如复杂劳动倍加于简单劳动等）所构成。

社会主义制度下，依据劳动者的劳动量分配产品，这只是按劳分配规律的一般属性。由于生产资料社会主义公有制的两种形式——全民所有制和集体所有制的差别的存在，按劳分配规律在全民所有制企业中和在集体所有制企业中的作用，也就存在特殊的属性。

我们知道，国营企业职工的劳动，是全民范围内的社会化，工人所创造的产品，不是集体的财产，而是以国家为代表的全民的财产。国家企业职工的工资，不是取决于企业内部的产品数量，而是取决于全社会的产品数量，积累和消费的比例等。所以，全民所有制的企业的职工，只要付出等量的劳动，不论在哪一个企业都能获得等量的报酬（关于地区差价，与这里联系不大，不予涉及）。

与此不同，农村人民公社是各自独立的集体所有制的农业企业。社员的劳动只是集体所有制企业内的社会化。社员所创造的产品，不是全民的财产，而是各个集体的财产。分配给社员的劳动报酬（包括工资、供给费）不是取决于社会产品数量，也不是取决于全部人民公社的产品数量，而是取决于各个人民公社的产品数量，积累和消费的比例等。所以，人民公社社员等量劳动消耗，只能在本集体范围内获得等量报酬；在公社和公社之间，在公社和国营企业之间，劳动消耗是等量的，而劳动报酬却不相等，即是同工不同酬。

"根据马克思主义原理，人们对于社会产品采取什么分配方式，归根到底，取决于社会生产方式，取决于所有制。"① 人民公社采取什么分配方式，当然也就取决于人民公社的所有制的发展水平。在一定时期内，我国的人民公社还不是全民所有制性质，而是集体所有制性质。因为各管理区生产基础不同，所以人民公社坚持按劳分配的同时，还要坚持承认差别的原则，是完全正确的。今天承认差别，正是为了准备条件，逐步消灭那些将来可以消灭，应该消灭的差别。在条件还不具备的时候，企图过早地否认公社与公社之间，管理区与管理区之间的差别，或用拉平的办法来消灭这种差别，都是错误的，对社会生产和人民公社运动，只能起消极的破坏作用。

人民公社坚持"按劳分配，承认差别"的原则，在公社与公社之间，管理区与管理区之间，等量的劳动消耗获得不等量的劳动报酬，或者说，等量的劳动报酬，会包含不等量的劳动消耗，这是按劳分配规律在人民公社作用的特点的必然结果，毫无疑义，是正确的。

问题在于：人民公社实行成本核算，对活劳动消耗货币估价中，不能像国营企业那样，把劳动报酬作为活劳动消耗的货币估价。国营企业以职工工资估价活劳动消耗，符合活劳动消耗的货币估价的基本原则，人民公社的劳动报酬则不符合。也不能改变人民公社"按劳分配，承认差别"的原则，为符合活劳动消耗的货币估价的基本原则而拉平差别，等于为"适履"而"削足"，是错误的。因此，根据活劳动消耗的货币估价的基本原则出发，按社会必要估价，就具有客观必然性。

首先，正确确定必要劳动的比重所决定。产品的个别价值量中，劳动者消耗的活劳动分为两部分——为社会的和为自己必要的。产品成本中只包括为自己的活劳动部分。国家企业职工的劳动为社会的劳动量和为自己必要的劳动量各占的比重，是国家根据社会主义客观经济规律的要求，社会劳动生产率的水平，制定国民收入积累和消费的比例来确定。全民所有制的各个企业，生产单位产品所消耗的个别劳动量中，为社会的劳动量和

① 社论. 在人民公社中贯彻执行分配的原则 [J]. 红旗，1959（6）：4.

为自己的劳动量的比重，与整个国民经济国民收入积累和消费的比例，基本上是一致的。人民公社的集体所有制性质，各公社生产单位产品，消耗的个别劳动量中，为社会和为自己必要的劳动量的比重，各不相同。党和政府的指示中，尽管年初对积累和消费的比例有个大体的规划，伸缩性比较大，但结果各公社差别还是很大。所以，必须根据社会必要的标准，确定社员的劳动消耗中多少是为自己必要的，应该列入产品成本。

其次，由货币估价要正确反映活劳动消耗的要求所决定。前已述及，活劳动消耗的货币估价的基本原则要求二者必须相适应。但人民公社单位劳动消耗的劳动报酬的高低，受若干因素的影响，有的是与国营企业所共有的，但有其特点；有的是公社所特有的。现将与产品成本构成有关的几个主要因素分析一下：

第一，社会劳动生产率的影响。这里所谓社会劳动生产率，是就劳动的自然生产率相对而言。它包括工具改革、劳动组织、劳动报酬的更加完善和合理、劳动的熟练程度的提高等。劳动熟练程度因素已列入劳动质量因素中，这里不再赘述。生产工具的不断革新，是社会劳动生产率提高的基本因素。

在社会劳动生产率不断增长的基础上，人民生活也在不断提高，这是社会主义经济规律。全民所有制和集体所有制企业都是这样。因此就造成必要劳动所创造的价值低于其货币表现。

应该注意的是，国营企业职工工资的提高，不是取决于本企业劳动生产率的提高，而是取决于全社会劳动生产率的提高。本企业由于劳动生产率的提高而增加的社会产品，如果与劳动熟练程度提高无关，一般不作为劳动者的工资收入，而应归全民所有。积累起来，或者在全民所有制按劳分配。

人民公社则不然。社员的劳动报酬的提高，不是取决于全社会劳动生产率的提高，而是直接取决于本公社劳动生产率的提高。本公社内劳动生产率的提高而增加的社会产品，属于集体所有，作为本集体的积累或按劳分配。

第二，劳动的自然生产率的影响。由于土地在农业中的特殊地位——主要生产资料，和它的自然特点——有限性、不可更换和不可移动性，使不同的土地具有不同的劳动的自然生产率。马克思曾经指出："在农业上面（和采矿上面一样）我们不仅要考虑劳动的社会生产率，而且要考虑劳动的自然生产率，即依存于劳动自然条件的生产率。"①

土地具有不同的肥沃程度，肥沃的土地有更高的劳动生产率，表现在单位农产品生产中的劳动量较少，或者说，虽然消耗同等数量的劳动，却能获得更高的产量。

在商品经济存在的条件下，以不同的劳动生产率生产出来的农产品，都按同一价格出售。

这样的自然条件和经济条件使级差地租得以形成。同样应该注意，国营企业（主要是采矿业和农业）所获得的级差地租收入，不是个别企业的财产，而归全民所有，用于全民性的扩大再生产和在全民所有制范围内按劳分配。

人民公社由于土地较好、劳动的自然生产率较高、获得级差地租收入，是本集体的财产，主要用于本集体的扩大再生产和在本集体范围内按劳分配。

第三，自然界突然因素的影响。农业生产的特点是经济再生产过程与自然再生产过程相交织。因此，农业生产受自然条件的影响（如风、旱、涝、虫等自然灾害）很大。随着科学的发展，人们控制自然的能力愈益加强。目前，在受到自然灾害和未受自然灾害的两种情况对比中，单位农产品生产中消耗的劳动量，或者说，消耗同样数量的劳动所获得的产品数量，是不稳定的。

自然界突然因素在不同的所有制形式的企业中，发生的作用是各有特点的。在国营农业企业中，自然灾害只会引起企业纯收入的减少或亏损，不会引起职工单位劳动量应得报酬的降低。人民公社如果受到自然灾害，国家不拨款来弥补亏损（是社会救济另一回事），同时，为了保持简单再生产和扩大再生产，必须保持一定的积累。这里，减少单位劳动消耗量的劳动报酬，就是唯一办法。

第四，产品成本构成中其他因素的影响。属于这类因素的主要有：①生产资料消耗；②管理费用；③非生产开支；④构成产品成本中物化劳动消耗所转移的价值和价格；⑤是实现经济核算所必需的。

根据产品成本本质的要求，物化劳动消耗量和活劳动消耗量已经确定的条件下，物化劳动消耗量的货币表现和活劳动消耗量的货币表现，是各

① 马克思. 资本论：第3卷 [M]. 北京：人民出版社，1953：1000.

自独立的，共同构成产品成本，活劳动消耗量的货币表现，不应为物化劳动消耗量的货币表现所左右。国营企业的产品成本正是这样。人民公社则不然。由于生产资料的节约，物化劳动消耗量小，货币表现少，则会引起单位劳动消耗的劳动报酬增加；反之，则引起单位劳动消耗的劳动报酬减少。

第五，与产品成本构成无关的因素——公社"用工"的结构的影响。产品成本构成中只包括生产者和管理人员为生产该种产品所消耗的活劳动。属于基本建设的劳动消耗，与产品成本无关。国营企业中生产用工的劳动报酬，从企业工资基金中支付；属于基本建设用工的劳动报酬，从基本建设拨款中开支。单位产品生产中的活劳动消耗量的货币表现，不受基本建设用工情况的影响。

人民公社则不然。虽然生产用工和基本建设用工可以分开，而且已经分开。但是，生产用工和基本建设用工是一起参加公社收入分配，公社工资供给基金已经确定后，基本建设用工愈多，则生产上每"工"的货币表现愈少；基本建设用工愈少，则生产上每个"工"的货币表现相应增多。

上列因素，都影响着单位活劳动消耗的货币表现。第一、第二因素是国营企业和人民公社所共有的；第三、第四、第五因素是人民公社所特有的。就是那两个共有的因素，在国营企业和人民公社的作用，也各有特点。

在第一、第二因素的影响下，国营企业职工的单位劳动的货币表现，在全民所有制范围内，始终是一致的。等量的劳动消耗就能获得等量货币表现。活劳动消耗与其货币表现始终是适应的。人民公社则是另一种情况。单位劳动消耗的劳动报酬，各个公社不同，一个公社每"工"报酬为一元，另一个公社每"工"报酬可能是五角。活劳动消耗与其货币表现的关系，远远越出了活劳动消耗的货币估价的基本原则。处于参差不齐，花样百出的境地。

为了正确计算农产品成本，在确定必要劳动应占的比重方面，和活劳动消耗所创造的价值低于其货币表现的情况下，按二者差异（低）的必要程度，正确反映活劳动消耗量的方面，都要求我们根据社会必要估价原则，对活劳动消耗进行货币估价。

社会必要估价是与公社劳动报酬相区别而言的。它是集体所有制的农业企业进行成本核算的必然产物。其基本内容是：对于单位活劳动消耗，按为自己所必要的劳动所应占的比重和在劳动生产率提高的基础上，提高劳动报酬，引起必要劳动所创造的价值低于其货币表现的必要程度，进行货币估价。

这样就会使实际消耗的单位活劳动中属于为自己所必要的部分，在活劳动消耗与其货币表现一致的条件下，或者，是在前者低于后者的条件下，货币估价均能正确反映活劳动消耗，保持二者相适应的关系。等量的活劳动消耗在各公社均以等量的货币表现，换句话说，等量的货币表现，在各公社均反映了等量的活劳动消耗。

运用社会必要估价原则，估价活劳动消耗，计算农产品成本，是达到计算成本的目的所必需的：

首先，能正确反映公社经济工作质量。目前，反映工作质量的指标有：总收入，各主要生产部门收入，每户、每人、每个标准劳动力全年平均收入等指标的绝对额，增长数及增长速度。生产资料的价值早有相应的货币表现，节约与否，能直接反映出来。活劳动消耗则没有相应的货币表现，节约与否，每一单位活劳动消耗的经济效果如何，没有得到应有的重视。所以必须通过活劳动消耗的社会必要估价，让活劳动与物化劳动"平起平坐""一视同仁"。可以更好地贯彻经济核算的要求，和内部经济核算制原则。用货币来较量经济活动的消耗和成果，考核本公社生产单位商品的个别劳动消耗量上社会必要劳动量，即商品的个别价值量与商品价值量的差异情况，促进本公社更好地贯彻增产节约原则，提高劳动生产率，节省劳动时间，实现社会主义建设总路线的"省"的要求。

其次，能正确反映产品的个别成本，是制定价格的实际资料。计算产品的成本中，生产资料的转移价值，历年就有正确的货币估价。现在，活劳动消耗也采用社会必要估价办法，使产品成本所代表的那一部分个别价值，得到正确的货币表现。国家价格部门就可以根据各公社的个别产品成本，进行整理和分析，求出单位产品的平均成本，各种产品的平均成本之间的比例，劳动生产率的提高，产品成本降低的速度……更自觉地利用价值规律，正确地制定价格，促进生产，为社会主义建设服务。

最后，能更准确地反映农业生产的经济效果。成为合理配置农业生产的依据之一。对活劳动消耗运用社会必要估价办法。使活劳动与物化劳动消耗一样能正确反映在产品成本中，就能更好地测量农业生产的经济效果。促进劳动的自然生产率，更好地为人们所利用。

三、运用社会必要估价办法的几个问题

根据按劳分配规律在全民所有制范围内作用的特点证明：国营企业职工工资是劳动消耗尺度和社会必要估价尺度的统一体。所以有必要从国营企业的工资，寻求公社单位活劳动消耗的社会必要估价标准，从我国具体情况出发，以专县农场工人的单位劳动量的工资额为依据，比较接近实际和符合实际。因为：

第一，容易取得共同的单位劳动量。单位劳动量是估价的基础。专县农场工人与公社社员有相同的劳动条件——农业，工作项目，生产工具，劳动者的熟练程度等绝大部分是一样的。可以根据劳动量构成的诸因素（影响数量和质量的因素）求出二者相等的单位劳动量。在全民所有制范围内，贯彻按劳分配原则，对不同劳动条件的劳动者，都能求出相同的单位劳动量。农场与公社劳动条件相同，无疑，更容易些。

第二，农场工人工资能正确反映单位劳动量的社会必要估价水平和提高情况。必要劳动所创造的价值是随社会劳动生产率的提高而变化。农场工人工资不仅能反映活劳动消耗中必要劳动应占的份额；一定时期内社会必要估价的水平；而且能在不同时期内反映单位劳动量的社会必要估价的提高情况，任何时期都是单位劳动量所必要的货币表现。

第三，符合地区价格差异情况。我国土地广阔，各地区交通条件和历史条件等各不相同。在不同地区，同一商品的价值量和价格水平是不相同的；个别产品成本中必要劳动所创造的价值的货币表现，也就不能完全一样。县内主要产品的价格水平则是一致的。所以，在较小的范围（不是在全国）求出单位劳动量的社会必要估价是适宜的。

社会必要估价的依据是县（专）农场工人工资，所以社会必要估价，实际上是农场工人工资估价。估价的办法，大致有如下两种：

第一，农场工人工作日平均工资估价。各县农场工人中，与公社主要劳动力一样的工人占各县农场工人总额的比重不同。根据各县农场的具体情况，以与农村主要劳动力一样的那一部分工人工资为准，决定用全部或部分工人工作日的平均工资，估价公社的劳动日。因为主要劳动力劳动一天所得劳动日，与农场工人中与公社相同的主要劳动力劳动一天的工作日，包含的劳动量大致是相同的。而公社非主要劳动力的社员，劳动一天或一天以上所得的劳动日，与主要劳动力所得的劳动日，其劳动量是相同

的。这个办法简单、易行。经过老农座谈，鉴定，农场工人工作日的工作时间长度，劳动强度，与人民公社一个劳动日包含的劳动量基本相同的条件下，适用此法。

第二，劳动定额相同，货币估价相等。劳动定额是劳动数量和质量的综合指标。县农场和人民公社一样，都实行了劳动定额管理制度，用"工分"衡量和登记工人的劳动消耗量。工分同劳动日的作用一样，代表着一定的劳动量。因此，可以根据几项具有代表性的工作项目的劳动定额，进行对比，求出公社一个劳动日等于农场几个工分。这些工分的货币表现，就是一个劳动日的货币估价。此法仍较简单，适用范围极广。

成本核算与收入分配核算的关系及核算的组织。

收入分配核算是人民公社现行会计核算的中心内容，这是人民公社集体所有制性质和农业生产的特点所决定的。为了进一步提高经营管理水平，加强经济核算，贯彻节约制度，要求公社实行成本核算。收入分配核算与成本核算是相互补充、相互促进的。实行成本核算可以不断降低产品成本，可以发展生产，增加收入，增加积累，改善生活；收入分配过程中，正确处理了国家、社、社员三者的利益，可以更好地促进生产，提高劳动生产率，降低成本。正如恩格斯所指示的："分配并不是生产和交换单纯消极的结果；分配反过来又影响生产和交换。"

但是，收入分配核算是受所有制性质限制的，产品成本核算，则不能因所有制形式不同，而出现两个不同的成本范畴。所以，收入分配过程中所决定的单位劳动量的劳动报酬，与产品成本中所需要的单位劳动量的社会必要估价，是不一样的。不能歪曲产品成本的经济内容，用极为活动的单位劳动报酬代替社会必要估价；也不能降低或提高劳动报酬向社会必要估价取齐，因为这就拉平了差别，不符合"承认差别"的要求。人民公社收入分配核算与产品成本核算必须并存，劳动报酬与单位劳动消耗的社会必要估价，必须并存。必须抱着具体分析具体问题的科学态度，观察二者的辩证关系。企图互相排挤，以彼代此，是不够客观的。

基于上述特点，人民公社会计核算的组织可以实行两种办法：①账内算收支，账外算成本，账内与账外相结合；②收入分配核算与产品成本核算账内结合。

两种办法的共同点是：

①设置成本计算账户，按成本计算对象——作物或作物组，登记生产

资料（固定资产折旧，种子，肥料，农药等）消耗的数量和金额；②设置集合分配账户，按部门和全社登记间接费用中生产资料消耗的数量和金额；③设置劳动日使用情况登记表。按成本计算对象，登记直接生产用工，按部门和社登记间接生产用工（如补助工分）。

二者不同点是：

第一种办法：账内保持原来收入分配核算内容，劳动报酬仍作社员分配处理，通过"收入分配"账户结清，不计入成本计算账户。成本计算账户和集合分配账户的余额，年终亦转入"收入分配"账户。

根据账内成本计算账户和集合分配账户所提供的成本计算数据，和劳动日使用情况登记表所提供的数据，将劳动日按农场工人工资估价，编制成本计算表，完成成本核算工作。将此表作为分析公社经济工作质量的依据，并呈报有关部门。

第二种办法：将劳动日按农场工人工资估价，计入成本计算账户和集合分配账户的借方和"工资供给费"账户的贷方，正确反映出实际消耗的活劳动。劳动报酬记入"工资供给费"账户的借方，表现公社内单位活劳动所能支付的报酬。

根据成本计算账户和集合分配账户的资料，编制成本计算表。

年终决算时，"工资供给费"账户的余额，如果借方大于贷方，是单位劳动量的劳动报酬高于社会必要估价，系公社纯收入的再分配，不应计入成本计算账户，而应转入"损益"账户的借方，结平"工资供给费"账户；如果贷方大于借方，系公社亏损或纯收入太少，不能满足生产发展的需要，适当减少应有的消费基金，来弥补亏损和增加积累，应将余额转入"损益"账户的贷方，结平"工资供给费"账户。

根据目前实际情况，产品成本核算还是开始实行之际，公社财务人员没有经验，最好采用第一种办法，不致过大地改变现行核算体系，容易为核算人员所接受。在条件成熟的时候，再实行第二种办法为宜。

四、与不同意见的商榷

农业生产合作社时期，有人主张用劳动日实际报酬作为活劳动消耗的货币估价。人民公社化后，由于分配制度的变化，农村人民公社出现了货币工资范畴，持上述主张的同志，更多一些。他们主张把实际工资供给费作为活劳动消耗的货币估价的依据，大体有以下三点：

第一，产品成本的定义所决定。他们引用政治经济学教科书的提法："产品成本是货币形式表现的，包括抵偿消费掉的生产资料和支付工资的那一部分产品价值。"因此，认为工资（公社包括工资供给费）应该计入产品的成本；

第二，经济核算所要求的，"……经济核算是用货币来较量经济活动的消耗和成果，用企业本身的收入来补偿支出……"因此，他们认为，工资供给费是公社的支出，所以也应该计入成本；

第三，把工资供给费计入成本，群众最容易接受和贯彻。

上述论据，尽管有些似是而非的道理，但其实质是值得商榷的。

前已述及，各公社的单位劳动消耗的劳动报酬，不符合活劳动消耗的货币估价的基本原则，不能作为活劳动消耗的货币估价，其理由不再赘述，现仅谈谈他们这种主张的后果：

首先，这种"成本"指标是反映工作质量的"哈哈镜"：

第一，它不能反映公社经济工作质量。根据党的八届六中全会的指示，公社积累和消费的比例要兼顾国家、社、社员三者的利益，按照公社具体情况决定。积累和消费各占多少，年度终了，才能最后定案。消费基金的大小，单位劳动消耗的劳动报酬数伸缩性很大。生产单位产品的个别价值量高于或低于社会价值量，个别成本能否得到补偿，能否获得纯收入、积累总是要提留的。除特大的自然灾害外，没有亏本的公社。这都是由于活劳动消耗的货币估价的伸缩性，把真实的工作质量掩盖起来。所以把公社斟酌情况提留的积累，视为纯收入以说明工作质量，等于掩耳盗铃，自欺欺人。

第二，对贯彻内部经济核算制也是矛盾百出。1958年四川南充火花社各部门经营情况如表1所示。

表1 1958年四川南充火花社各部门经营情况

生产部门	收入/元	支出					盈亏/元
		生产资料消耗	劳动消耗			支出合计/元	
			劳动日数/日	劳动日单酬/元	劳动报酬/元		
种植业	277 520	87 306	500 941	0.211	105 694	193 000	+84 520
畜牧业	48 770	53 102	37 912	0.211	7 999	61 101	-12 331
付业	4 317	1 972	10 330	0.211	2 180	4 152	+165
合计	330 607	142 380	549 183	—	115 873	258 253	+72 354

从表面上看，表1说明，种植业、副业部门工作质量好，劳动生产率高，获得盈利。种植业利润率为43.78%，副业为3.97%；畜牧业部门工作质量差、劳动生产率低，亏损20.18%。但是，应该注意，各部门经营的经济效果是很悬殊的。劳动日单酬是按全社收入扣除生产资料消耗和提留积累后计算的。各部门劳动生产率不同，生产资料消耗程度不同，综合影响着劳动日单酬。结果，各部门不同的劳动生产率水平，生产资料不同的消耗程度，相互影响着各部门的产品成本。

在其他条件不变的情况下，如果种植业部门劳动生产率更高，盈利更大，使劳动日单酬提高。就使畜牧业部门活劳动消耗的货币支出更大，产品成本更高，亏损增大；如果畜牧业部门生产资料消耗减少，全社劳动日单酬也将提高，会使种植业部门活劳动消耗的货币支出增大，产品成本提高，盈利减少，甚至亏损。

各部门不同的经济工作质量，不同的劳动生产率，生产资料不同的消耗程度，相互影响产品成本水平，真是矛盾百出。对贯彻内部经济核算制，有何补益呢？

第三，对考核某种产品成本，也毫无用处。四川南部县盘龙乡人民公社每亩主产品人工成本变化情况如表2所示。

表2　四川南部县盘龙乡人民公社每亩主产品人工成本变化情况

项目	水稻			棉花			红苕		
年份	1958	1957	增长率/%	1958	1957	增长率/%	1958	1957	增长率/%
产量/斤	1 027	508	+102	75.50	31.89	+138	12 542	1 673	+649
每亩耗用劳动日/个	53.12	39.42	—	53.12	39.42	—	53.12	39.42	—
每个劳动日得产品/斤	19.5	13	+50	1.42	0.8	+80	318	4.2	+660
劳动日单酬/元	0.454	0.282	+61	0.454	0.282	+61	0.454	0.282	+61
每亩人工成本/元	24.13	11.44	+111	24.13	11.44	+111	24.13	11.42	+111
每百斤产品成本/元	2.35	2.25	+0.4	3.19	3.61	−11.2	0.19	0.68	−72

注：1. 资料摘自《四川物价》1959年第1期第10页。

　　2. 每亩消耗劳动日数是平均数。尽管带有假定性，但不影响问题的分析和应得的结论，故采用本资料。

表2说明：每亩产量确定后，才确定每个劳动日单酬。每种产品收获率1958年比1957年大大提高，提高了劳动日单酬，才形成现有的产品成

本。如果某一种产品收获率更高，势必引起劳动单酬提高，结果导致其他产品的成本上升。相反，如果某种产品收获率降低，则引起劳动日单酬下降，导致其他产品的成本下降。活劳动消耗量并未改变，只是它的货币表现在变。产品与品之间，这种奇怪的影响，对于说明某种产品成本水平有何用处呢？

由于前已述及生产资料消耗情况和社内活劳动消耗的构成情况对活劳动消耗的货币估价的影响，此处不再赘述。

单位劳动消耗的劳动报酬作为活劳动消耗的货币估价，而计入成本，成本指标不可能成为公社工作质量的综合指标。它虽然也是一面镜，但可惜，是一面哈哈镜。

其次，用它作为制定农产品价格的依据，不为无益，而且有害。价值是价格的基础。成本是制定价格的依据。如果没有价格，无法确定公社收入，活劳动消耗的劳动报酬无法确定，成本也不能计算，价格反而成为成本的基础了。这会出现价格低，成本也低；价格高，成本也高的趋势。生产单位产品的实际活劳动消耗，为劳动报酬的伸缩性所掩盖，产品的个别价值量也被歪曲，制定价格失去了客观的基础，导致物价的混乱，不仅是经济问题，而且是严重的政治问题。

最后，对农业生产配置也会起促退作用。进行农业生产的合理配置，要求把每一分物化劳动和活劳动的消耗，一律对待，考虑其经济效果。如果把单位劳动量的劳动报酬列入成本，由于单位劳动量的劳动报酬，受各种因素的影响，成本水平也被歪曲，反映不出劳动消耗量及其经济效果，起不到任何促进作用。

综上所述，把劳动报酬作为活劳动消耗的货币估价，在实践上，显然是行不通的。其错误所在，首先，理论上他们错误地理解了产品成本的定义。"劳动报酬估价"论者所沿引的产品成本的定义，是产品成本的本质在国营企业的具体化，没有普遍意义。政治经济学教科书对集体农庄产品成本又下了另一个定义，对活劳动消耗部分，未提为工资或劳动报酬，而提为"……作为必要劳动的那一部分活劳动消耗"[①]。并按照国营农场工人的劳动报酬水平估价。

---

① 苏联科学院经济研究所. 政治经济学教科书 [M]. 3 版. 北京：人民出版社，1958：572.

前面已经指出，产品成本计算中，国营企业工人工资和人民公社的劳动报酬同活劳动消耗的关系，各有特点。不问这些特点，把人民公社的工资和国营企业的工资完全等同起来，是不妥当的。

"劳动报酬估价"论者，又以经济核算要求计算收入、支出为理论依据。我们认为，经济核算是价值规律作用决定的，它表现在利用货币形式来考核每一分劳动消耗的经济效果。货币就必须正确反映劳动消耗和成果，才能促进企业增产节约，提高经济工作质量，提高劳动生产率，争取生产单位产品的个别劳动消耗量低于社会必要劳动消耗量，产品个别价值量低于社会价值量，保证生产盈利。"劳动报酬估价"法不能正确反映活劳动消耗量，为了实现经济核算的要求，也必须让位于社会必要估价原则。

如果认为，经济核算要求用货币计算收入和支出，不管劳动报酬是否能反映实际消耗的活劳动，而只看支出的劳动报酬，这不符合社会主义经济核算的要求。在资本主义条件下，资本家为了追求剩余价值，只看可变资本的预支额，不顾活劳动消耗的巨大浪费，宁停机器而用手工。与这种生产关系相适应，资本家采用的生产费用（K）核算，与他们的主张，不免有相似之处。

其次，实践上，群众是社会必要估价的创始人。南充火花公社老农反映，个体经济时期，对用工数量，花钱多少，产量等的盘算中，人工价值按员工收入计算。合作社时期，人工价值按社会工收入（为社外服务工的一般收入水平）计算。从未采用本户消费部分每工应摊的金额和劳动日单酬来估价活劳动。

群众对活劳动消耗估价的办法体现了价值规律的作用，是社会必要估价办法的萌芽。劳动报酬估价办法是与群众所运用的办法背道而驰的。

※※※

人民公社产品成本核算中，活劳动消耗按社会必要估价的必然性是产品成本的经济本质的要求，由按劳分配规律在人民公社作用的特点所决定的。随着人民公社的巩固和发展，生产的飞跃增长，人民公社经济的强大高涨，实现了单一的公社集体所有制，并进而完成集体所有制向社会主义全民所有制的过渡，按劳分配规律在集体所有制企业中作用的特点也随之而消失。到那时，全民所有制的人民公社与全民所有制的其他农业一样，劳动者的劳动报酬就必然与单位劳动量的社会必要估价合而为一。现在人民公社劳动报酬和活劳动消耗的社会必要估价分离并存的状态，将以完成其历史使命而告终。在条件还不成熟的时候，盲目否认社会必要估价的客观必然性，是有害的。

马克思的计划经济理论和我国计划经济的发展

本文原载于《财经科学》1982年第2期

马克思在剖析资本主义经济的过程中，对未来社会即社会主义和共产主义社会的计划经济作了许多科学的论述。这些论述虽然散见于他的《资本论》的许多篇章和大量的经济理论著作中，但它们有着内在的有机的联系，构成完整的计划经济理论。

在纪念世界无产阶级和劳动人民的伟大导师马克思逝世一百周年的时候，学习马克思的计划经济理论，联系我国社会主义计划经济的实际，不仅对于正确理解和贯彻执行党中央提出的在公有制基础上实行计划经济，坚持以计划经济为主、市场调节为辅的原则，搞好国民经济计划的综合平衡，开创我国社会主义建设的新局面，有着重大的意义，而且使我们认识到，党中央决定实行的具有中国特色的计划经济，不但是坚持了马克思的计划经济理论，还是这一科学理论创造性的运用和发展。

一

科学地阐明实行计划经济的条件，是马克思的计划经济理论的首要内容。

为了科学地阐明实行计划经济的条件，必须先弄清计划经济的含义。所谓计划经济，是指对整个社会的经济活动实行有计划的领导，而不是指个别生产者的经济活动的计划性。马克思指出："设想有一个自由人的联合体，……劳动时间的社会的有计划分配，调节着各种劳动职能同各种需要的适当的比例。"① 这显然是指的全社会的劳动时间的计划分配。为了防止误解，马克思还说：在自由人联合体内，"鲁滨逊的劳动的一切规定又

---

① 马克思，恩格斯. 马克思恩格斯全集：第23卷 [M]. 北京：人民出版社，1972：95-96.

重演了，不过不是在个人身上，而是在社会范围内重演①"。列宁说得更加明确："有计划组织社会生产过程"的提法不妥当，因为"也许托拉斯也能这样组织社会生产过程。如果这样说就更明确些；'由整个社会承担的'（因为这既包括计划性又指出计划的执行者）"②。这就清楚地说明计划经济是指整个社会生产的计划性。任何离开整个社会来谈论资本主义制度下是否存在计划经济的问题，都是不符合马克思关于计划经济的本来含义的。

生产力发展水平和生产社会化程度的高低，是不是实行计划经济的条件？对这个问题，马克思作了明确的论述。他说："社会生活过程即物质生产过程的形态，作为自由结合的人的产物，处于人的有意识有计划的控制之下，……这需要有一定的社会物质基础或一系列的物质生存条件，而这些条件本身又是长期的、痛苦的历史发展的自然产物。"③ 这就是说，实行计划经济，把社会物质生产过程置于"人的有意识有计划的控制之下"，是需要有一定的物质基础的，生产力的发展和生产社会化程度的提高才产生了实行计划经济的客观要求。因为，社会化大生产条件下，各个生产部门日益增多，社会分工越来越细，各部门、各企业之间必然需要加强联系，加强协作，不仅要求彼此的产品在品种、规格、质量上相互适合，而且要求在时间上也相互密切配合，才能保证社会再生产的正常发展。要做到这一点，就要求实行计划经济。正如列宁说的："大机器工业和以前各个阶段不同，它坚决要求有计划地调整生产和对生产实行社会监督。"④

在生产力高度发展，生产社会化程度很高的条件下，能不能实行计划经济，根本的要取决于生产资料的所有制形式。如果生产资料由资本主义私人占有，各部门、各企业生产资料和劳动力的分配，只能靠价值规律自发调节，根本不可能实行计划经济。马克思说得很清楚："资产阶级社会的症结正是在于，对社会生产自始就不存在有意识的社会调节。"⑤ 他还说："一切企图对原料生产进行共同的、果断的和有预见的控制——这种控制整个说来是和资本主义生产的规律根本不相容的，因而始终只是一种

① 马克思，恩格斯. 马克思恩格斯全集：第23卷［M］. 北京：人民出版社，1972：95-96.
② 列宁. 列宁全集：第6卷［M］. 北京：人民出版社，1958：37.
③ 马克思，恩格斯. 马克思恩格斯全集：第23卷［M］. 北京：人民出版社，1972：97.
④ 列宁. 列宁全集：第3卷［M］. 北京：人民出版社，1958：497.
⑤ 马克思，恩格斯. 马克思恩格斯选集：第4卷［M］. 北京：人民出版社，1972：369.

善良的愿望，或者只是在面临巨大危险和走投无路时例外采取的一种共同步骤——的想法，都要让位给供求将会互相调节的信仰。"① 因为，从根本上说，实行计划经济是和生产资料私有制相冲突的。所以，资本家"高声地责骂对社会生产过程的任何有意识的社会监督和调节，把这些说成是侵犯资本家个人的不可侵犯的财产权、自由和自决的'独创性'"②。资本主义从自由竞争进入垄断阶段以后，由于生产社会化程度大大提高，资产阶级国家干预经济生活的职能越来越增长，使资本主义社会内计划的范围越来越大，能不能说资本主义制度下也能实行计划经济呢？马克思和恩格斯似乎早就预见到了这种情况，仍然认为资本主义社会不能实行计划经济，他们说："虽然生产需要调节（指有计划的社会调节——引者注），但是负有这个使命的，肯定不是资本家阶级。"③

马克思认为，实行计划经济的根本经济条件是生产资料公有制。他说：实际上，没有一种社会形态能够阻止社会所支配的劳动时间以这种或那种方式调整生产。但是，……通过社会对自己的劳动时间所进行的直接的自觉的控制——这只有在公有制之下，才有可能④。马克思所说的生产资料公有制，是全社会的生产资料为全社会生产者共同占有。他说："生产资料的全国性的集中将成为自由平等的生产者的联合体所构成的社会的全国性的基础，这些生产者将按照共同的合理的计划自觉地从事社会劳动。"⑤ 因为，生产资料的公有，全社会的劳动者有了共同的经济利益，只有按照共同的计划进行生产，才能使整个国民经济协调发展，使社会的人力、物力、财力得到最充分、最有效地使用，更好地实现社会主义生产目的。所以，公有制和计划经济具有本质的联系，可以说，社会主义经济制度就是计划经济制度。

公有制和计划经济的产生，是资本主义基本矛盾发展的客观要求。由于生产的社会性和资本主义私人占有之间的矛盾，高度社会化了的生产力，要求突破资本主义私有制的桎梏。"这种解决只能是在事实上承认现代生产力的社会本性，因而也就是使生产、占有和交换的方式同生产资料

---

① 马克思，恩格斯. 马克思恩格斯全集：第 25 卷 [M]. 北京：人民出版社，1972：137.
② 马克思，恩格斯. 马克思恩格斯全集：第 23 卷 [M]. 北京：人民出版社，1972：395.
③ 马克思，恩格斯. 马克思恩格斯全集：第 25 卷 [M]. 北京：人民出版社，1972：138.
④ 马克思，恩格斯. 马克思恩格斯选集：第 4 卷 [M]. 北京：人民出版社，1972：365.
⑤ 马克思，恩格斯. 马克思恩格斯全集：第 18 卷 [M]. 北京：人民出版社，1972：67.

的社会性相适应。而要实现这一点，只有由社会公开地和直接地占有已经发展到了除了社会管理不适于任何其他管理的生产力。……当人们按照今天的生产力终于被认识了的本性来对待这种生产力的时候，社会的生产无政府状态就让位于按照全社会和每个成员的需要对生产进行的社会的有计划的调节。"①

对于公有制基础上实行计划经济的重大意义，马克思和恩格斯作了充分的肯定。他们认为，首先，实行计划经济，能够消除资本主义社会生产的无政府状态所不可避免的生产资料和劳动力的浪费。恩格斯说："生产资料的社会占有，不仅会消除生产的现存（指资本主义制度——引者注）的人为障碍，而且还会消除生产力和产品的明显的浪费和破坏。"② 其次，实行计划经济，能使生产力的社会性变为生产发展的强大因素。恩格斯说："随着社会对生产力的占有，这种社会性就将为生产者完全自觉地运用，并且从造成混乱和周期性崩溃的原因变为生产本身的最有力的杠杆。"③ 最后，实行计划经济，"人才在一定的意义上最终脱离了动物界，从动物的生存条件进入真正人的生存条件"④。因为，在资本主义及其以前的各个社会形态里，社会经济发展的客观规律是自发地盲目地发生作用的，对人类表现为一种异己的强制的力量。在社会主义公有制基础上实行计划经济，它就被人们自觉地认识和运用。这就使人类真正提升到其他动物之上，实现从必然王国向自由王国的飞跃，进入自觉创造历史的时期。

马克思关于实行计划经济的条件的论述告诉我们，实行计划经济是以生产力和生产社会化的高度发展为必要前提，以全部生产资料归全社会劳动者公有为根本条件。与这种公有制状况相适应，商品生产已经消亡。正如马克思说："生产是公有的生产，不具有商品生产的形式。"⑤

根据马克思关于实行计划经济的条件的论述，结合我国社会生产力水平和生产社会化程度不高，还不可能实现生产资料的单一的全民所有制，

---

① 马克思，恩格斯. 马克思恩格斯选集：第 3 卷［M］. 北京：人民出版社，1972：318-319.

② 马克思，恩格斯. 马克思恩格斯选集：第 3 卷［M］. 北京：人民出版社，1972：319，322-323.

③ 马克思，恩格斯. 马克思恩格斯选集：第 3 卷［M］. 北京：人民出版社，1972：319，322-323.

④ 马克思，恩格斯. 马克思恩格斯选集：第 3 卷［M］. 北京：人民出版社，1972：319，322-323.

⑤ 马克思，恩格斯. 马克思恩格斯全集：第 24 卷［M］. 北京：人民出版社，1972：505.

商品生产还存在的实际，我国能不能实行计划经济？如果能实行计划经济，又应当实行什么样的计划经济或计划管理体制？在计划经济中，如何对待商品生产和价值规律？这是摆在中国马克思主义者面前的重大理论问题和实践问题，要求给予马克思主义的科学的回答。中国马克思主义者在马克思的计划经济理论的指导下，在不断总结实践经验的基础上，正确地回答了这些问题。

在中国革命取得胜利，建立了人民民主专政的国家政权，建立了生产资料的社会主义公有制的基础上，我国就开始实行了计划经济。正如毛泽东同志指出的："人类的发展有了几十万年，在中国这个地方，直到现在方才取得了按照计划发展自己的经济和文化的条件。自从取得了这个条件，我国的面目就将一年一年地起变化。"① 我国有计划的社会主义建设的实践证明了计划经济的优越性。这就是：实行计划经济，可以集中和合理地分配资金、物资和劳动力，保证国民经济的主要部门以较快的速度发展，在短期内取得显著的成果，使我国在不太长的时间内基本建成了独立的、比较完整的工业体系和国民经济体系；可以实现资金和物资的平衡，保持市场和物价总水平的基本稳定，避免了资本主义社会那种周期性的经济危机和恶性的通货膨胀；可以在经济文化发达和经济文化落后的地区之间合理调节资金和物资的分配，逐步改变了地区发展不平衡的状况；可以在全国范围内调节消费基金的分配，使广大人民生活在生产发展的基础上逐步改善。当然，过去某些时期，由于"左"的指导思想的影响，我们的计划工作发生过一些严重的失误，给国民经济造成了很大的损失。但这不是实行计划经济的结果，而是我们的计划工作违反了计划经济的要求的结果。失误和挫折给我们的教训，不是要放弃计划经济，而是要坚持计划经济，改进计划工作，要讲求计划的科学性，要把计划的严肃性建立在科学性的基础之上。

在我国现阶段，能不能实行马克思说的那种没有商品生产的计划经济呢？不能。因为我国现阶段生产力发展水平和生产社会化程度不高而且很不平衡，现代的先进的生产手段与古老的落后的生产手段并存，比较发达的分工和基本上没有分工的状态并存，一批文化技术知识水平高、经营管理能力强的生产者和大量的文化技术知识水平低、经营管理能力弱的生产

---

① 毛泽东. 毛泽东选集：第5卷 [M]. 北京：人民出版社，1977：520.

者并存。这就决定了我国还不能实现马克思设想的全社会共同占有全部生产资料的公有制，只能建立公有制占优势的条件下多种所有制并存的所有制结构，才能适应生产力发展的要求，才能促进社会生产力的发展。在社会分工的条件下，生产资料属于不同的所有者，这就决定了不同所有者之间的经济联系，需要通过商品生产和商品交换来实现，价值规律也就必然存在并发生作用。显然，还不能实行马克思设想的没有商品生产的计划经济。

但是，能不能因为商品生产的存在，就说不能实行计划经济，只能让价值规律自发地调节社会劳动在各个生产部门之间的分配，只能实行无政府状态的市场经济呢？也不能。因为，我们现阶段的生产力水平和生产社会化程度总的来说是比较低的，但是又确实存在大量的"除了社会管理不适于任何其他管理的生产力"①，已经有了实行计划经济的客观要求。尤其重要的是，生产资料公有制已经成为我国社会经济的基本制度，已经具备了实行计划经济的根本条件。社会主义全民所有制经济，由于生产资料归代表全体人民利益的社会主义国家所有，理所当然地应该服从全社会的利益，接受国家计划领导。社会主义劳动群众集体所有制经济，虽然生产资料分别属于部分劳动者在集体范围内共同占有和支配，它们的经济活动要服从于集体经济利益。但由于它们毕竟是社会主义公有制，集体经济的劳动者和国营经济的劳动者在根本利益上是一致的，他们接受国家计划的领导，不但是保障全社会劳动者的共同利益所必需的，而且是保障各个集体经济单位的局部经济利益所必需的。正如陈云同志说的："农民只能在国家计划范围内活动。只有这样，才有利于农民的长远利益，国家才能进行建设。这是农民与国家两利，是大政方针。"② 所以，必须在公有制基础上实行计划经济。商品生产和价值规律的存在，并不是注定了价值规律只能盲目地自发地起作用，它同社会主义社会存在的其他的经济规律一样，是可以被社会主义国家自觉地认识和运用的。因此，商品生产的存在，价值规律的存在和发生作用，并不和实行计划经济相冲突。只不过在我国现阶段实行的还不是商品生产已经消亡的计划经济，而是社会主义商品生产存在的计划经济。

---

① 马克思，恩格斯. 马克思恩格斯选集：第3卷 [M]. 北京：人民出版社，1972：319.
② 中共中央文献研究室. 三中全会以来重要文献选编：下册 [M]. 北京：人民出版社，1982：1058.

马克思根据商品生产已经消亡的计划经济这一特点，认为对社会生产的计划管理方式是对社会全部经济活动"进行的直接的自觉的控制"①。也就是说，计划是具有权威性、强制性的，即我们现在说的指令性计划的调节。既然我国现阶段还只能实行商品生产存在的计划经济，那么就只能把重要生产资料和消费资料的生产和流通置于直接的计划控制之下，而不能把全部社会生产和流通置于国家的直接控制之下。这一点已经为实践所证明。党中央从我国具体实际出发，总结我国社会主义计划管理的经验教训，并吸取其他国家的经验教训，决定实行以计划经济为主、市场调节为辅的计划管理体制。即以经过综合平衡的国家计划控制下的生产和流通，作为国民经济的主体。在这个主体中，实行指令性计划和指导性计划两种计划管理方法，并自觉地运用价值规律；同时允许一部分产品的生产和流通，由市场来调节，即由价值规律的自发作用来调节，以弥补国家计划之不足。这样，既可以保证整个国民经济有计划按比例发展，又不违背商品生产的价值规律的要求，使经济既有集中统一又有灵活多样的发展。这不仅是对马克思的计划经济理论的具体运用，而且是对这一理论的重大发展。

二

马克思的计划经济理论的核心，是根据社会需要对社会生产进行有计划的调节。

马克思指出："人人都同样知道，要想得到和各种不同的需要量相适应的产品量，就要付出各种不同的和一定数量的社会总劳动量。这种按一定比例分配社会劳动的必要性，决不可能被社会生产的一定形式所取消，而可能改变的只是它的表现形式，这是不言而喻的。"② 事实正是如此。在以资本主义私有制为基础的商品生产中，一方面，耗费在一种社会物品上的社会劳动的总量，即总劳动力中社会用来生产这种物品的部分，也就是这种物品的生产在总生产中所占的数量，另一方面，社会要求这种物品来满足的需要的规模，它们之间没有任何的联系，而只有偶然的联系。因为，每一个资本家都是完全由自己负责进行生产的，生产什么，生产多少，怎样生产，都由他决定。对他来说，社会需要什么，需要多少，永远

---

① 马克思，恩格斯. 马克思恩格斯选集：第4卷 [M]. 北京：人民出版社，1972：365.
② 马克思，恩格斯. 马克思恩格斯选集：第4卷 [M]. 北京：人民出版社，1972：368.

是一个未知数。生产量和需要量之间的平衡，只能通过价值规律来自发调节。供应总是紧跟着需求，然而从来没有过刚好满足这种需求，供应不是太多，就是太少，它和需求永远是不相适应的。因为在人类这种不自觉的状态下，谁也不知道需求和供应究竟有多大。生产量和需要量"保持平衡的经常趋势，只不过是这种平衡经常遭到破坏的一种反作用"①。只有公有制基础上实行计划经济，才能自觉保持生产量和需要量的平衡。正如马克思指出："只有在生产受到社会实际的预定的控制的地方，社会才会在用来生产某种物品的劳动时间的数量和要由这种物品来满足的社会需要的规模之间，建立起联系。"② 这就是说，生产量和需要量的平衡是在生产开始之前就受到预定的计划控制的，而不是事后的；是经常保持的，而不是偶然的；是稳定的，而不是摇摆不定的。这正是计划经济的特点和优越性的核心所在。

在计划经济中，根据需要有计划地调节生产，马克思、恩格斯认为这不是很困难的事。因为，"在共产主义社会里，无论生产和消费都很容易估计到。既然知道每个人平均需要多少物品，那就容易算出一定数量的人需要多少物品；既然那时生产已经不掌握在个别私人企业主的手里，而是掌握在公社及其管理机构的手里，那也就不难按照需要来调节生产了"③。我国社会主义社会现阶段的实际情况是，生产虽然已经不掌握在私人资本家手里，但又不完全掌握在代表全体人民利益的国家手中，而是在国营经济占主导地位的条件下发展着多种经济形式，对社会的各种复杂的需求和大量企业的生产能力难以作出准确的估计，还不可能在整个社会范围内完全根据社会需要对全部社会生产实行直接的计划调节。我们党决定在坚持社会主义计划经济的前提下，对国营经济中关系国计民生的重要产品和骨干企业实行指令性计划，对集体所有制经济根据需要下达一些具有指令性的指标。除此之外，对许多企业实行主要运用经济杠杆以保证其实现的指导性计划。至于各种小商品，则在国家计划允许的范围内，由企业根据市场需求的灵活变化自行安排生产。这是计划经济不成熟的表现，但这是符合我国现阶段实际情况的自觉建立生产量和需要量的平衡的正确途径。

在自觉保持生产量和需要量的平衡中，掌握社会各种需要的数量是个

---

① 马克思，恩格斯. 马克思恩格斯全集：第23卷 [M]. 北京：人民出版社，1972：394.

② 马克思，恩格斯. 马克思恩格斯全集：第25卷 [M]. 北京：人民出版社，1972：209.

③ 马克思，恩格斯. 马克思恩格斯全集：第2卷 [M]. 北京：人民出版社，1972：605.

关键。马克思说："社会需要，即社会规模的使用价值，对于社会总劳动时间分别用在各个特殊生产领域的份额来说，是有决定意义的。"① 这是因为，社会对每种特殊产品的特定数量的需要，决定着社会应当生产的每种特殊产品的数量，从而决定着社会劳动按什么样的比例在不同的生产部门之间的分配。所以，弄清楚社会需要，就成了有计划地、正确地调节生产的关键一环。

社会需要是多种多样的，就其最基本的划分来说，有生产消费的需要和生活消费的需要。在计划经济中，应当根据什么需要来调节生产呢？马克思认为，应该根据社会全体成员的物质和文化生活的需要来调节生产。因为，"通过社会生产"，是为了"保证一切社会成员有富足的和一天比一天充裕的物质生活""保证他们的体力和智力获得充分的自由的发展和运用"②。这就是说，满足人民群众的物质文化生活的需要是社会主义生产目的，而社会主义生产是实现社会主义生产目的的手段。所以，在社会主义计划经济中，首先要根据劳动人民的物质文化生活的需要，来安排消费资料的生产，然后再根据消费资料生产的需要，来安排生产资料的生产，即先要保持社会消费资料的生产和社会对消费资料的需要的平衡，后才是保持社会生产资料的生产和社会对生产资料的需要的平衡。正如恩格斯说的：在社会主义制度下，"社会那时就应当考虑，靠它所掌握的资料能够生产些什么，并根据这种生产力和广大消费者之间的关系来确定，应该把生产提高多少或缩减多少，应该允许生产或限制生产多少奢侈品"③。根据广大消费者的需要来调节生产，就要使某些生产部门的生产随人民需要的扩大而发展，某些生产部门的生产随人民需要的减少而缩减，各个特殊的生产部门的生产都要随人民需要的变化而变化。

在我国的计划工作中，毛泽东同志首次提出以农轻重为序来安排国民经济计划，这就是按人民生活消费的需要来调节主要生产消费资料的农业和轻工业的发展，按农业和轻工业生产发展的需要来调节主要生产生产资料的重工业的发展。陈云同志说："农轻重"的排列法，就是马克思主义与中国革命的实践相结合。"④ 也就是说，这是对马克思的按需要调节生产

① 马克思，恩格斯. 马克思恩格斯全集：第 25 卷 [M]. 北京：人民出版社，1972：716.
② 马克思，恩格斯. 马克思恩格斯选集：第 3 卷 [M]. 北京：人民出版社，1972：322.
③ 马克思，恩格斯. 马克思恩格斯全集：第 1 卷 [M]. 北京：人民出版社，1972：615.
④ 三中全会以来重要文献选编：上册 [M]. 北京：人民出版社，1982：71.

的原理的正确运用和发展。党的十一届三中全会以来，我们党和国家根据马克思按需要调节生产的原理和毛泽东同志以农轻重为序的思想，结合我国现阶段经济发展的实际，切实按照人民群众生活消费的需要，大力发展农业，特别是粮食的生产，要求"决不放松粮食生产，积极开展多种经营"，要在保证粮食生产稳步发展的前提下，使各种经济作物和农副产品得到普遍增长，农林牧副渔全面发展。同时，把包括轻工业和纺织工业在内的消费品工业的发展放在十分重要的地位，要求消费品工业以更快的速度发展，更好地适应人民群众生活水平不断提高的需要。还进一步调整重工业的服务方向，以彻底改变长期以来片面强调发展重工业，一些重工业过多地为新建项目服务的偏向。要求重工业的发展，除适当生产一些人民需要的耐用消费品外，首先要为农业和消费品工业服务，为国民经济的技术改造服务等。特别重要的是，把提高经济效益作为社会主义经济建设的核心问题，把生产的产品符合社会需要作为经济效益的一个重要内容，要求国家经济计划和企业生产计划都要力求符合客观实际，加强市场调查、市场预测，经常研究市场需求状况的变化，使生产同社会需要相适应。这样，我们一定能够克服生产和需要脱节的现象，较好地实现社会生产和社会需要的平衡。这是中国马克思主义者对马克思的计划经济理论又一个重大的发展。

三

马克思在论述社会主义计划经济时，多次强调要正确处理简单再生产和扩大再生产的关系。这应当作为我们计划工作的一项基本原则。

在分析资本主义再生产时，马克思把社会总生产按实物形式分为两大部类，即生产资料的生产（第 I 部类）和消费资料的生产（第 I 部类）；每一部类的产品又按价值形式分为不变资本（c）、可变资本（v）和剩余价值（m）三个组成部分。在此基础上，马克思运用再生产图式，揭示了简单再生产和扩大再生产的条件下社会生产两大部类的比例关系，建立了科学的社会再生产理论。马克思认为，由"各该劳动过程的物质条件……，而不是由这个过程的社会形式"[①] 得出的社会再生产的规律性，对于社会主义计划经济也是适用的。

---

① 马克思，恩格斯. 马克思恩格斯全集：第 24 卷 [M]. 北京：人民出版社，1972：397.

马克思认为，社会主义社会在扩大再生产方面，特别是在长期的投资方面，具有资本主义无可比拟的优越性。比如造林，对有些种类的树木来说，完全周转一次需要 150 年，远远超过一代人的寿命期限，马克思指出："漫长的生长周期（只包括比较短的劳动时间），从而漫长的资本周转期间，使造林不适合私人经营，因而也不适合资本主义经营。"① "在公社生产情况下，……问题只是在于公社从耕地和牧场能抽出多少土地用于林业生产。"② 社会主义之所以能够在扩大再生产方面，乃至长期投资方面优越于资本主义，就是因为在社会主义公有制的基础上，社会生产目的是不断满足人民群众日益增长的物质和文化生活的需要，即不仅要满足人民群众当前生活消费的需要，还要满足人民长远的生活水平不断提高的需要，这就决定了不能把新创造的国民收入全部用于当前消费，必须在人民群众的消费水平随着生产的发展有所提高的条件下，有一定的积累用于扩大再生产，把劳动人民的目前利益和长远利益有机地结合起来。社会主义公有制正是为人民群众目前利益和长远利益的正确结合提供了有利的条件。

为了把劳动人民的目前利益和长远利益正确地结合起来，马克思一再强调社会主义制度下要处理好简单再生产和扩大再生产的关系、当前生产和扩大再生产的基本建设的关系。他说："有些事业在较长时间取走劳动力和生产资料，而在这个期间内不提供任何有效用的产品；而另一些生产部门不仅在一年间不断地或者多次地取走劳动力和生产资料，而且也提供生活资料和生产资料。在社会公有的生产的基础上，必须确定前者按什么规模进行，才不致有损于后者。"③ 这就是说，扩大再生产的基本建设的规模，必须预先计算好，不能使扩大再生产的基本建设规模超过了客观所许可的界限，以致损害当前的工农业生产，影响人民生活。

需要积累的扩大再生产的量的界限是什么呢？马克思说："在以资本的增加为基础的生产中，Ⅰ（$v+m$）必须等于Ⅱc 加上再并入资本的那部分剩余产品，加上第Ⅱ部类扩大再生产所必需的不变资本的追加部分。"④ 他又说：在资本主义扩大再生产中，"Ⅰ（$v+\dfrac{m}{z}$）必须总是小于Ⅱ（$c+$

① 马克思，恩格斯.马克思恩格斯全集：第 24 卷［M］.北京：人民出版社，1972：272.
② 马克思，恩格斯.马克思恩格斯全集：第 24 卷［M］.北京：人民出版社，1972：271.
③ 马克思，恩格斯.马克思恩格斯全集：第 24 卷［M］.北京：人民出版社，1972：397.
④ 马克思，恩格斯.马克思恩格斯全集：第 42 卷［M］.北京：人民出版社，1979：585.

m），其差额就是第 II 部类的资本家在 II m 中无论如何必须由自己消费的部分。"① 这两段话如果略去用数学公式加以表示及其演变的过程，那么，前一段话告诉我们，第 I 部类的工人劳动新创造的产品，扣除补偿第 II 部类已消耗的生产资料以后的余下的部分，才是两大部类不变资本的积累可能追加的生产资料；后一段话告诉我们，第 II 部类的产品，除用于两大部类的原有工人和资本家个人消费的部分以外，余下的部分才是两大部类可变资本的积累可能追加的消费资料。也就是说，两大部类不变资本积累的规模取决于第 I 部类生产的生产资料减去补偿两大部类已经消耗掉的生产资料的余额，两大部类可变资本积累的规模取决于第 II 部类生产的消费资料减去原有工人和资本家个人消费部分以后的余额。在社会主义计划经济中，c、v、m 所反映的经济内容虽然有所不同，但社会再生产中扩大再生产不能超过客观决定的可以用于扩大再生产的生产资料和消费资料的数量界限这一原理，仍然是有效的。如果违反客观要求的比例关系，超过这个界限，过分扩大生产规模，拉长基本建设战线，不仅生产资料供应不上，使基本建设项目不能及时建成投产，影响扩大再生产的实现，甚至还会侵占应当用于简单再生产的生产资料，使当前生产无法顺利进行，影响人民群众当前生活消费需要的满足。

新中国成立以来，在我国的计划工作中，由于某些时期受"左"的指导思想的影响，没有处理好简单再生产和扩大再生产的关系、当前生产和属于扩大再生产的基本建设的比例关系，严重地影响了整个国民经济的发展和人民生活水平的提高。三中全会以来，我们党切实改变长期以来在"左"的思想指导下的一套老的做法，根据马克思关于简单再生产和扩大再生产的关系、当前生产和基本建设的关系的原理，结合我国实际，明确提出"'一要吃饭，二要建设'是指导我国经济工作的一项基本原则"。这也就是陈云同志讲的："我们经济工作的另一个大方针：一要使十亿人民有饭吃；二要进行社会主义建设。必须在保证有饭吃后，国家有余力进行建设。……这里就包含着一个提高人民生活水平的原则界限。只有这么多钱，不能提高太多，必须做到一能吃饭二能建设。"② 为着贯彻这项基本原则，首先，党和政府近几年来作了很大的努力，使人民群众的生活有了显

---

① 马克思，恩格斯. 马克思恩格斯全集：第 24 卷 [M]. 北京：人民出版社，1972：590.
② 中共中央文献研究室. 三中全会以来重要文献选编：下册 [M]. 北京：人民出版社，1982：1058.

著的改善。同时，为了人民群众的生活水平能够进一步地提高，国家又集中必不可少的资金进行建设，以保证人民的根本利益和长远利益。其次，在人民生活和国家建设之间保持一个合理的比例，新创造的国民收入先保证人民生活在生产发展的基础上有所提高，又有一部分用于积累，扩大生产能力。如陈云同志说的："饭不能吃得太差，但也不能吃得太好。吃得太好，就没有力量进行建设了。"① "吃光用光，国家没有希望。吃了以后，还有余力搞生产建设，国家才有希望。"② 最后，为了不使因基本建设规模过大，影响当前生产的顺利进行和人民生活的改善，我们党和政府采取了坚决果断的措施，严格控制基本建设规模，以保证人民生活和国家建设的正确结合。这样，不仅有利于人民生活水平的逐步提高，而且有利于国家建设的顺利发展。这是对马克思的计划经济理论又一个重大发展。

新中国成立以来，特别是三中全会以来，我们党对马克思的计划经济理论不是生搬硬套，而是把这一科学理论的基本原理同我国实际情况结合起来，创造性地运用这一理论，大大丰富和发展了这一理论。

本文只是联系我国实际学习马克思计划经济理论的初步的很不成熟的点滴体会。让我们更深入地学习和研究马克思的这一科学理论，更好地运用于我国社会主义经济建设实践中去，使我国经济在马克思指引的计划经济的轨道上向着党提出的 20 世纪末的宏伟目标前进。

① 中共中央文献研究室. 三中全会以来重要文献选编：下册 [M]. 北京：人民出版社，1982：1058.

② 中共中央文献研究室. 三中全会以来重要文献选编：下册 [M]. 北京：人民出版社，1982：1132.

怎样建立国际金融新秩序?

本文原载于《经济学家》1998 年第 6 期

在面向 21 世纪世界经济的发展，探讨如何防范国际金融风险时，我们不能不对东南亚的金融危机进行反思。正确总结这场危机的经验教训，有利于防范国际金融风险，保证国际金融和世界经济的健康发展。

东南亚最近这场金融危机，教训何在？我们可以从中获得哪些启示？这是当今世界共同关心的问题。从东南亚各国来看，无论是属于"重灾区"的泰国、印度尼西亚，还是受冲击较小的马来西亚、菲律宾和新加坡，都在认真总结并吸取经验教训，在采取紧急措施避免危机恶化的同时，又对引发这场危机的主要领域金融业展开了大刀阔斧的改革和调整。比如：针对金融腐败削弱央行监管职能，导致金融机构资金借贷无章可循、坏账激增问题，大力反腐败，努力提高央行金融监管的权威性和独立性；制定适应金融业健康发展的规章制度，完善金融业的管理；对金融机构进行全面整顿。联合国经社理事会最近也分别举行高级发展规划讨论会和政策对话会议，对此次金融危机给亚洲和世界经济造成的巨大冲击进行反思，认为，对全球化的趋势要有一个正确的认识，对一些发展中国家来说，在一个较长的时间内可能是利少弊多。一国经济的发展不能过多地依赖外国资本的大量流入，特别是依靠有价证券投资或银行信贷来刺激经济发展的国家，很可能在外资大规模撤出时遇到严重麻烦；要循序渐进地推进金融自由化；要在实行自由化之前，首先建立强有力的调控框架，并制定出严格可行的程序和规则。应该肯定，这些总结都有一定道理，对东南亚各国自身金融的稳定和世界金融的稳定，都是有积极意义的。

但是，应当看到，这些总结都是以现存的国际金融秩序作为既定前提的，也就是说，这些总结都没有研究现存的国际金融秩序本身是否合理的问题。事实上，现存的国际金融秩序是有问题的。虽然东南亚国家在金融危机发生前金融领域存在不少问题，但是，是否就应该遭受金融危机这样的浩劫呢？趁东南亚金融领域存在一些问题，国际金融投机家如此疯狂地进行掠夺，难道就那么正常吗？这些投机家的行为固然不违背市场经济的原则，但是，这种市场经济的局限性难道就不应该设法予以消除或克服吗？国际社会对国际金融投机浪潮难道就无能为力了吗？从这些问题中，我们可以看出，现存的国际金融秩序需要改革，要建立国际金融新秩序。这个新秩序至少须要解决好三个问题：

首先，建立一种新的国际货币。按照马克思的经济理论，世界货币应该是足值的金属货币，而且必须脱去铸币的地方性外衣，以金块、银块形状出现。在当今世界的国际货币，当然不一定还用金块或银块，可能是电子货币，但一定要脱掉各个国家的外衣，用一国或某几国的货币充当世界货币肯定是不行的。当今世界，各国的货币都是根据本国的经济情况发行的纸币，它本身不具有任何价值，只能在本国衡量商品和服务的价值。如果以某一国的货币作为世界货币，当该国经济状况良好时，如果该国大量增发货币，用以购买其他国家的商品，或用以进行对外投资，这是合理的吗？当该国经济状况变坏时，各国商品和服务出口都拒收这种货币，这种货币大量流回其发行国，该国的货币必然大幅度贬值，该国的经济也必然出现混乱，还会引起世界经济的动荡。所以，用某一国或几国的货币作为世界货币，既不公平，也不利于世界经济的稳定。如果建立起一种新的世界货币，各国的货币与世界货币有一个合理的汇率，这对世界各国来说，既是公平的，也是有利于世界经济的稳定的。

其次，建立一个新的国际金融监控机构。某一国或某一地区的经济政策不当，经济、金融上发生严重问题，也只是使金融危机的发生具有了可能性。如果没有国际金融市场上国际金融投机资本的兴风作浪，那些国家或地区金融危机发生的可能性绝不会变为现实。建立一个新的国际金融监控机构，一方面可以监控有可能发生金融危机的国家或地区金融状况，帮助它们及时解决经济或金融上存在的问题，使之免于金融危机；另一方面则要监控国际金融市场的过度投机活动，一经发现，就要采取有效措施及时予以处理，使之不致对那些金融上存在严重问题的国家或地区造成灾难性的后果，不致酿成金融危机。

最后，建立起全球性和区域性的国际金融风险的防范体系。这次泰国等国家金融危机发生初期，如果能联合国际社会进行积极援助，帮助这些国家对付投机行为，目前这种全区性的灾难性的金融危机就有可能避免。这就说明，有必要建立一个全球性和区域性的国际金融风险防范体系，当金融危机有可能或已经在某些国家或地区发生时，就可以依靠国际社会的联合行动，把危机制止在发生初期，甚至制止在危机的萌发状态。这无论对该国或该地区的经济、金融的发展，还是对世界经济的稳定和发展，都有积极的意义。

保护合法的非劳动收入是社会主义政治经济学一个新发展

本文原载于《财经科学》2003 年第 1 期

党的十六大报告，的确是马克思主义的光辉文献，是马克思主义的继承和创造性发展，是与时俱进、开拓创新的光辉典范。报告中关于"一切合法的劳动收入和合法的非劳动收入，都应得到保护"问题，首次将合法的非劳动收入和合法的劳动收入相提并论，并指出要予以保护，可以说这是我们党对马克思主义关于社会主义经济理论又一个新的重大发展。

一、合法的劳动收入和合法的非劳动收入的内涵

劳动收入是人们通过直接的体力劳动和脑力劳动获得的收入，也称为劳动报酬，包括企事业单位职工和党政机关干部的工资、奖金、各种津贴、补贴等，包括农民的劳动所得以及其他个体劳动者的劳动收入、馈赠、转移支付等，包括技术人员获得的技术股份分红、出售专利所得中凭付出的技术劳动所应得的部分，包括经营管理人员获得的以股权激励方式得到的股权分红中凭付出经营管理劳动所应得的部分，还包括私营企业主获得的收入中凭付出的技术劳动和经营管理劳动所应得的部分。非劳动收入则是劳动收入以外的各种收入，包括资本要素参与分配获得的收入，如产权收入、股金分红收入、租赁收入以及利息收入，还包括技术人员和经营管理人员因市场因素的影响而获得的收入。

一般来说，绝大多数的劳动收入都是合法收入，但也有某些劳动收入属于不合法收入。例如，按照税法应当缴税的劳动收入如果没有纳税，漏税部分就不是合法的劳动收入。有的劳动者或企业非法制造假冒伪劣产品，也要付出一定的劳动，所形成的收入也属于非法收入。

至于非劳动收入，也有合法与非法之分。诸如符合法律规定的资本利得、股息、租赁、利息等收入都是合法的非劳动收入；不符合法律规定

的，则属于非法的非劳动收入。至于以权谋私、贪污受贿、走私贩私等的收入则完全属于非法的非劳动收入。

二、技术和经营管理要素收入并不都是非劳动收入

对劳动收入与非劳动收入的划分，目前还存在某些不同的理解。最近有一种观点，认为"劳动收入是人们通过自己的直接劳动获得的收入，包括企事业单位职工和党政机关干部的工资、奖金、各种津贴、补贴等"，"非劳动收入是指通过资本、技术、经营管理等要素参与分配获得的收入"①。这一观点，是把资本、劳动、技术、经营管理这四大生产要素（其他的生产要素暂时不论），简单地分为两类，并且认为只有劳动这一要素参与分配获得的收入才是劳动收入，除此之外的生产要素如资本、技术、经营管理参与分配获得的收入则一概属于非劳动收入。其实，这种看法在理论上是值得研究和讨论的，在实践上可能会带来某些消极的后果。

首先，技术人员进行技术创新、技术应用、技术推广等，都是要投入劳动的，甚至要投入非常艰巨的劳动。如我国当今杰出的杂交水稻专家袁隆平，为了研究新的杂交稻种并逐步推广，就曾付出长期艰辛的劳动。经营管理人员对企业进行经营管理活动也是要投入劳动的，如他们分析市场变化，进行经营决策，加强企业管理等，其劳动量是很大的。如我国目前著名的优秀企业家像海尔集团总裁张瑞敏、长虹集团总裁倪润峰等，为搞好经营管理而投入的大量劳动，恐怕是我们难以估量的。既然如此，怎么能说技术和经营管理要素参与分配获得的收入全部是非劳动收入呢?!

其次，从理论上讲，近年来，经济理论界深化对劳动价值论的认识，已经进一步明确认识到，在社会主义市场经济条件下，不是只有直接从事体力劳动才算劳动、才创造价值，技术人员和经营管理人员的劳动也是劳动，还是高能量的脑力和体力并用、以脑力消耗为主的劳动，是若干倍于简单劳动的复杂劳动，肯定是创造价值的。在进一步学习党的十六大的报告时，为了尊重劳动，尊重知识，尊重人才，应该进一步肯定技术劳动和经营管理是劳动，怎么能把技术和经营管理不看成是劳动，把它们参与分配获得的收入全部视为非劳动收入呢?!

不可否认，技术人员和经营管理人员的收入除主要部分为劳动收入

---

① 参见发表在 2002 年 11 月 20 日《南方日报》上的《合法的劳动收入和合法的非劳动收入的界定及保护》和《富民之路：保护合法的非劳动收入》两篇文章。

外，其中还可能会包含一部分非劳动收入。例如，技术人员的技术成果转让所能获得的收入的多少，要受到市场供求关系的影响。如果这项技术成果转让正处于供过于求时，一般值 10 万元的技术成果，转让时可能只获得 10 万元甚至低于 10 万元；如果正处于供不应求时，这项成果的转让获得的收入却可能超过 10 万元。多获得的部分，则是因为受市场因素的影响而获得的非劳动收入。经营管理人员的经营管理活动获得的收入中，除开劳动收入，也包括一部分非劳动收入，如市场供给和需求关系的变化给企业带来巨大经济效益时，经营管理者获得的收入中，就包含因市场因素影响而获得一部分非劳动收入。尽管如此，应该肯定，技术人员和经营管理人员的技术和经营管理活动是劳动，参与分配获得的收入主要是劳动收入。至于技术要素和经营管理要素获得收入的形式，如前者有技术股份分红、出售专利所得等，后者有股权激励方式获得的股份分红等，也不能说都是非劳动收入，而应该说，这些收入中主要部分是劳动收入，只有一部分属于非劳动收入。

为什么会出现只有劳动要素参与分配的收入才是劳动收入，其他要素的收入都被视为非劳动收入的观点呢？这可能是对劳动、资本、技术、管理等要素的并列作了不正确的理解，误认为除了劳动要素收入为劳动收入，资本等其余要素的收入都是非劳动收入。其实，应该说上述四大要素的并列，是由于它们各有特点，各有自己的独立性，因而作为独立的要素参与分配。但是，它们参与分配的收入的性质则不一定都能简单地归入某一类。劳动要素参与分配获得的收入固然是劳动收入，资本要素参与分配的收入也固然是非劳动收入，但技术和管理要素参与分配的收入，则不能简单地都视为非劳动收入，也同样不能简单地都视为劳动收入，而应该说主要部分是劳动收入，在一定条件下也可能有一部分是非劳动收入。这样看，理论上也许更加符合实际，对实践也许更有好处。

三、保护合法的非劳动收入具有重大理论创新意义

在以往的特别是改革开放以前的社会主义政治经济学中，也有保护银行存款利息收入之类（这属于当时合法的非劳动收入）的提法，但从来没有笼统地说要保护所有合法的非劳动收入。相反，更主要的是强调要消灭私有制，特别是要消灭资本主义私有制、消灭剥削，即消灭资本及其带来的剩余价值，甚至要消灭个体劳动者自劳自得的收入。我们党今天不仅允

许合法的各种非劳动收入的存在和发展，还提出要予以保护，这不能不说是马克思主义社会主义政治经济学在当今中国一个具有创造性的新发展。保护合法的非劳动收入，作为党中央一个新的社会主义经济理论的重大创新，在我国社会主义经济发展的历史、理论和现实方面，都有着十分重大的意义。

首先，这一理论创新是新中国成立以来社会主义经济发展的正反两个方面经验的科学总结。在我国社会主义改造基本完成后，曾经一度脱离我国现实生产力发展水平的实际，幻想一步进入共产主义。为了在全社会实现"纯之又纯"的公有制经济，曾经采用各种手段消灭私有制，消灭个体经济和私营经济，消灭剥削及其他各种非剥削性质的非劳动收入，结果严重破坏了生产力的发展，造成社会物质产品匮乏，人民生活困难。改革开放以来，党中央解放思想，实事求是，与时俱进，开拓创新，确认我国现阶段还是处于社会主义初级阶段，在坚持发展公有制经济的同时，逐步允许、支持、鼓励个体经济、私营经济等非公有制经济的发展，这就解放和发展了生产力，带来的是社会生产迅速发展，物质产品日益丰富，市场不断繁荣，人民收入大幅提高，生活迅速改善。实践证明，在坚定地继续发展公有制经济的同时，坚定地支持鼓励非公有制经济的发展，保护合法的劳动收入，也保护合法的非劳动收入，是有利于国民经济发展和社会进步的，是符合广大人民群众的根本利益的。

其次，这一理论创新也是坚持和完善我国基本经济制度的要求。我国现阶段的基本经济制度是以公有制经济为主体、多种所有制经济共同发展。与这一基本经济制度相适应的分配制度，是实行按劳分配为主体、多种分配方式并存，特别是要确立按劳动、资本、技术、管理等生产要素按贡献参与分配的原则。这就必然出现合法的劳动收入和合法的非劳动收入并存的局面。与这种现实状况相适应，就要求对合法的劳动收入和合法的非劳动收入必须一同保护，才能使基本经济制度和分配制度真正得到贯彻和落实；否则，它就会落空。

最后，这一理论创新也是我国现阶段实现全面建设小康社会奋斗目标的现实需要。要实现全面建设惠及十几亿人口的更高水平的小康社会，必须贯彻"三个代表"重要思想，最充分、最广泛调动一切积极因素，放手让一切劳动、知识、技术、管理和资本的活力竞相迸发，让一切创造社会财富的源泉充分涌流，以造福于人民。改革开放以来，人们的收入来源日趋多元化，除劳动收入之外，非劳动收入越来越多。既然广大社会成员的收入都包含合法的劳动收入和合法的非劳动收入，只有把两者一起纳入保护范围，才能保护广大人民群众的利益，也才能充分调动劳动、知识、技术、管理和资本的活力。目前，我国私营企业已达200多万户，不少私营企业主对党的政策充满信心，将获得利润转化为资本，积极扩大再生产，奋力把企业做大做强，争取为中国特色社会主义事业多作贡献。但是也有某些私营企业主，担心其合法收入得不到保护，有的肆意挥霍，一掷千金，有的则千方百计地将资本向国外转移，这对我国社会主义国民经济发展、物质财富的增加、市场流通的繁荣、人民生活进一步改善，都是很不利的。所以，对合法的非劳动收入予以保护，是符合现实要求的。

"让更多群众拥有财产性收入"的意义重大

本文原载于《财经科学》2007 年第 11 期

　　胡锦涛同志在党的十七大报告中指出：要"创造条件让更多群众拥有财产性收入"。这里所说的财产性收入，是指拥有的动产（如银行存款和有价证券等）和不动产（如房屋、车辆、土地、收藏品等）所获得的收入，它包括出让财产使用权所获得的利息、租金、专利收入等和财产运营所获得的红利收入、财产增值收益等。这是我们党以人为本，关注民生，以发展为第一要务，在收入分配问题上坚持改革开放的新举措，具有重大的理论意义和现实意义。

　　首先，这是坚持解放思想，发展社会主义收入分配理论的新成果。马列主义关于社会主义个人收入分配的理论，只有按劳分配，基本排斥按生产要素（劳动、技术等除外）分配，尤其排斥凭借财产获得收入。党的十五大坚持解放思想，从我国现阶段仍然处于社会主义初级阶段、生产力不发达的状况没有根本改变、需要坚持以公有制为主体、多种所有制经济共同发展的基本经济制度等实际情况出发，提出要"坚持以按劳分配为主体、多种分配方式并存的制度，把按劳分配与按生产要素分配结合起来""允许和鼓励资本、技术等生产要素参与收益分配"。按生产要素分配的收入就包括财产性收入。这就发展了社会主义个人收入分配理论。党的十六大继续解放思想，提出"一切合法的劳动收入和合法的非劳动收入，都应该得到保护"。这就把法律保护范围从合法的劳动收入扩大到了合法的一切非劳动收入，其中就包括了合法的财产性收入。这又发展了社会主义收入分配理论。党的十七大认为，我国现在仍处于并将长期处于社会主义初级阶段的基本国情没有变，人民日益增长的物质文化需要同落后的社会生产之间的矛盾这一社会主要矛盾没有变，为了解放和发展社会生产力，继续坚持解放思想，提出要"创造条件让更多群众拥有财产性收入"。这一决策的新含义至少有下列两点：一是要让拥有财产性收入变成多数群众的事情，而不再是少数人的事情；二是党和政府要创造条件使之变成现实，而不是由其自发地发展。这是解放思想，发展社会主义收入分配理论的新成果，是对中国特色社会主义理论体系的新贡献。

其次，有利于扩大内需，实现科学发展。我国是一个的人口众多的发展中大国，经济发展主要应当依靠国内需求（包括投资需求和消费需求）来拉动。当前的现实状况是内需不足，特别是国内消费需求不足。这对国民经济的健康发展是很不利的。要扩大内需特别是扩大国内消费需求，就要提高城乡居民的收入水平，尤其是要提高中低收入者的收入水平。因为高收入者的边际消费倾向比较低，而中低收入者的边际消费倾向则比较高。创造条件让更多群众获得财产性收入，势必促进城乡居民特别是中低收入者收入水平的提高，进而促进国内消费需求的扩大。而且，更多群众为了获得更多的财产性收入，有可能将部分收入用于投资，直接拉动投资需求的增长。随着国内消费需求和投资需求的双双扩大，必将逐步"形成消费、投资、出口协调拉动的增长格局"，促进整个国民经济又好又快地发展，进一步贯彻落实科学发展观。

最后，有利于缩小收入分配差距，促进社会和谐。我国当前经济社会发展中面临的一个现实情况是，"城乡居民收入有较大增加"，特别是城镇职工工资增长较快。据中国劳动学会在"深化企业薪酬制度改革，促进构建和谐社会"论坛发布的数据，中国职工工资总额和职工平均工资连续四年实现两位数增长，并分别超过同期国内生产总值、人均国内生产总值的增长速度，为改革开放以来职工工资水平增长最快时期。与此同时，收入分配上差距过大，又已成为社会广泛关注的热点。2007 年 6 月《人民日报》的《人民论坛》杂志就职工对当前工资的满意度所进行的一项调查结果显示：对当前工资状况不满意的人占比高达 96.5%。不满意的原因，主要是收入差距过大。不少学者指出，居民收入差距的整体基尼系数显示，早在 20 世纪 90 年代中期，在我国已经超过 0.40 这一公认警戒线。在那以后，情况并没有改善，基尼系数近年来进一步上升到 0.45~0.50 的高水平。摆在我们面前的一项重要而又紧迫的任务，就是要大力提高城乡居民收入水平，逐步缩小收入分配差距。根据世界一些经济发达和经济比较发达国家的经验，居民收入分配要改变两头（高收入者和低收入者）大、中间（中等收入者）小的哑铃形结构，使之变成中间（中等收入者）大、两头（高收入者和低收入者）小的橄榄形结构，即中等收入人群占主体地位的结构，是比较理想的。我国现阶段要逐步实现这种较为理想的收入分配结构，就要在"逐步提高居民收入在国民收入分配中的比重""初次分配和再分配中都要处理好效率和公平的关系，再分配更加注重公平""着力提高低收入者收入"等的同时，还要拓宽收入渠道，让更多群众不仅可以获得工资性收入（工资等）、转移性收入（养老金等）、经营性收入（商业买卖收入等），还可以获得财产性收入。据国家统计局专家提供的情况，目前，在"人均可支配收入"中以工资性收入为主，大约占到70%。财产性收入占比较小，大约为2%。2006年，全国城镇居民人均财产性收入为240多元。"虽然基数小，但是发展潜力很大。""拿这两年来说，相比上一年度，2005年增幅为19.7%，2006年增幅为26.5%。"预计2007年的增速会更快。"财产性收入快速提升，将是一个大趋势。"如果更多群众可获得财产性收入，而人均财产性收入又快速增长，就能逐步缩小收入分配差距，促进社会和谐，进一步调动全国人民的积极性和创造性，为全面建设小康社会贡献力量。

增加城乡居民收入十分必要

本文原载于 2008 年 3 月 15 日《西南财大报》

　　温家宝同志于 2008 年 3 月 5 日在十一届全国人大一次会议上所作的《政府工作报告》中，在回顾过去五年的工作时指出其中重要的一点，就是"努力增加城乡居民特别是低收入居民收入"。在谈到 2008 年的主要任务时，他又强调要"增加城乡居民收入"。当前，特别强调"增加乡居民收入"，不仅是因为我们党和政府是以人为本、执政为民，在经济发展中就应该不断提高城乡居民收入、改善人民生活这种任何时期都具有的共同意义，而且还有其特殊意义。

　　首先，增加城乡居民收入，提高城乡居民收入在国民收入分配中所占的比重，有利于扩大内需，促进科学发展。国民收入主要分为三个部分即居民收入、企业收入和政府收入。合理调整这三者在国民收入中的分配关系，是改善民生、实现科学发展的重要条件。近几年来，我国当前经济社会发展中面临的一个现实情况是，"城乡居民收入有较大增加"。有关调查资料显示，中国职工工资总额和职工平均工资 2003—2006 年连续四年实现两位数增长，并分别超过同期国内生产总值、人均国内生产总值的增长速度，为改革开放以来职工工资水平增长最快时期。2004 年、2005 年、2006 年农民人均纯收入分别比上年增长 6.8%、6.2% 和 7.4%，农民收入增幅连续三年超过 6%，是 1985 年以来的首次。2007 年的情况也是这样。国家统计局于 2008 年 1 月 24 日公布的统计数据显示，2007 年我国城镇居民人均可支配收入为 13 786 元，比上年增长 17.2%，扣除价格因素，实际增长 12.2%；我国农村居民人均纯收入为 4 140 元，比上年增长 15.4%，扣除价格因素，实际增长 9.5%。但是，我国近些年来国民收入分配比例上居民收入部分却出现下降的趋势。据有关方面测算，从 2002—2006 年，居民收入由 62.1% 下降为 2006 年的 57.1%，下降了 5 个百分点。与此同时，企业的收入比重从 20% 上升为 21.5%，上升了 1.5 个百分点，政府收入比重从 17.9% 上升到 21.4%，上升了 3.5 个百分点。居民收入比重下降，使同期消费、投资、出口这三大需求对国民经济增长的贡献率中消费的贡献率从43.6%下降到38.9%。2007年这个比重进一步降低。中国社会科学院2008年《社会蓝皮书》指出，2007年前三季度，投资对经济增长的贡献率为41.6%，外贸对经济增长的贡献率为21.4%。而2007年社会居民消费额占国内生产总值的比重降到只有36%左右。我国消费率长期在低位徘徊，大大低于70%的世界平均水平。因为居民消费在最终消费中占主导地位，所以消费率低就必然表现为居民消费率低。根据国际经验，人均国内生产总值达到1 000美元左右的时候，多数国家居民消费率一般为61%，而长期以来，我国居民消费率远达不到该水平。居民消费率低的主要原因就是居民收入水平低。当前，我国提高城乡居民收入在国民收入分配中的比重，增加城乡居民收入，既可以进一步改善民生，调动人民群众建设社会主义的积极性，又在增加城乡居民收入的同时，"进一步完善消费政策，拓宽服务消费领域，稳定居民消费预期，扩大即期消费"，就能更好地贯彻执行党的十七大报告提出的加快转变经济发展方式，扩大国内需求特别是消费需求的方针，"形成消费、投资、出口协调拉动的增长格局"，促进整个国民经济又好又快地发展，进一步贯彻落实科学发展观。

其次，增加城乡居民收入，提高劳动报酬在国民收入初次分配中的比重，有利于调整劳资关系，促进社会和谐。国民收入分配中，劳动报酬是居民收入的主要部分。而劳动报酬包括职工工薪收入、农民工资性收入和农民家庭经营收入。居民收入的另一个重要部分就是资本利润。提高劳动报酬在初次分配中的比重，意味着企业内部的分配要向劳动者适度倾斜，相应地就会降低资本利润在分配中的比重。当前我国在国民收入的分配中，劳动者报酬比重也呈现下降的趋势。中国社科院提供的统计资料显示，在按支出法统计的地方生产总值构成中，近几年来劳动者报酬比重不断下降，2003年以前一直在50%以上，2004年降至49.6%，2005年降至41.4%，2006年降至40.6%。而这一比重，其他国家和地区普遍在54%~65%。党的十七大报告中明确指出：合理的收入分配制度是社会公平的重要体现。目前，初次分配中不公平的表现，主要是工资率偏低、最低工资标准过低、拖欠克扣农民工工资、不为农民工提供社会保险等。工资在增加值中的比重偏低，说明企业利润在增加值中的比重偏高了。在一般市场经济条件下，国民收入初次分配是劳动、资本、技术、管理、土地等生产要素按贡献参与分配，是按照生产要素市场价格决定的分配，政府一般是不干预的。但是从我国目前情况看，我们虽然已初步建立了社会主义市场经济体制，但生产要素市场发育还不健全，一些生产要素的价格还没有市场化，垄断经营、分配秩序混乱也会使初次分配关系出现扭曲。在这种情况下，政府适当干预还是必要的，比如：在保护合法的非劳动收入合理增长的同时，要求建立企业职工工资正常增长机制和支付保障机制，随经济增长适时调整最低工资标准，加强国家对企业工资的调控和指导，发挥工资指导线、劳动力市场价位、行业人工成本信息对工资水平的引导作用，全面实行劳动合同制度和工资集体协商制度，确保工资按时足额发放等。这就能更好地处理公平和效率的关系，提高劳动报酬在国民收入分配中所占的比重，把经济发展的成果合理分配到群众手中，增加城乡居民特别是劳动者的劳动报酬，改善劳动者的物质生活，协调劳资利益关系，促进社会和谐稳定。

最后，增加城乡居民收入，还有利于加强廉政建设，反对奢侈浪费，促进经济社会的全面健康发展。在国民收入分配中，政府收入是一个重要部分，它包括国家财政预算内收入和预算外收入。政府支出也包括国家财政预算内支出和预算外支出。国家财政支出中主要有经济建设费、社会文教费以及行政管理费等。《国家行政学院学报》2007 年第 4 期《降低行政成本提高政府效能》一文中提供的数据显示：1978 年，国家财政的行政管理费为 52.9 亿元，占政府财政支出的 4.71%，占国内生产总值的 1.45%。2005 年，国家财政的行政管理费为 6 512.34 亿元，占政府财政支出的 19.19%，占国内生产总值的 3.56%。这还不包括预算外行政事业费支出。2005 年，预算内与预算外行政事业费支出共计 9 646.14 亿元，超过了经济建设费与社会文教费，成为我国政府财政支出的第一大项目，占预算内外支出总计的 25.2%，占国内生产总值的 5.27%。该文又援引全国政协委员、国务院参事任玉岭在一份两会提案中的数据说：在 1978—2003 年的 25 年，政管理费用已增长 87 倍，我国行政管理费占财政支出的比重从 4.71% 上升为 19.03%，而相应数据日本为 2.38%，英国为 4.19%，韩国为 5.06%，法国为 6.5%，加拿大为 7.1%，美国为 9.9%。近年来行政管理费用还在以每年 23% 的速度增长。该文还援引全国政协委员冯培恩的数据：1986—2005 年，我国人均负担的年度行政费用由 20.5 元上升到 498 元，增长 23 倍，而同期人均国内生产总值增长为 14.6 倍，人均财政收入和支出分别增长 12.3 倍和 12.7 倍。行政管理支出占财政支出的比重从

1986 年的 10% 上升到 2005 年的 19.2%，国际货币基金组织 15.6% 的标准。同期，我国抚恤和救济支出占财政支出的比重只提高了 0.5%，国防、科技和农业支出在财政支出中超过所占的比重则分别下降了 1.8%、1.2%、0.4%。行政管理费的过度增长的结果，是奢侈浪费的现象屡见报端，贪污腐败的问题也时有所闻。这就说明，降低国家行政管理费在财政支出中的比重，控制国家行政管理费用不适当增长，严格管理行政管理费的开支范围，已经刻不容缓。将节约的国家行政管理费，用于提高农业、教育、科技支出以及用于救济、抚恤等支出，不仅有利于加强廉政建设，反对行政管理费用开支中的贪污腐败和奢侈浪费，进一步端正社会风气，还有利于促进经济社会的全面健康发展。

工业、农业、国防和科学技术现代化

本文原编入《中国大百科全书》经济学卷

工业、农业、国防和科学技术现代化，是中国共产党确定的中国新的历史发展时期总任务的中心内容，指中国国民经济的各个部门要用当代世界上最先进的科学技术武装起来，大幅度地提高生产力，简称四个现代化。

一、提出和发展

无产阶级领导全国人民取得国家政权并基本完成生产资料私有制的社会主义改造以后，必须集中力量进行社会主义现代化建设，建立起强大的社会主义物质技术基础，以不断增进人民的福利，不断巩固和发展社会主义制度。这是社会主义社会发展的普遍规律。中华人民共和国成立前夕，毛泽东在党的七届二中全会上就说，在革命胜利后，中国将稳步地由农业国转变为工业国，建设成为一个伟大的社会主义国家。中华人民共和国成立以后，他又多次指出，要把中国建设成为一个具有现代工业、现代农业和现代科学文化的社会主义国家。在生产资料私有制的社会主义改造基本完成以后，中国共产党领导全国人民进行了全面的大规模的社会主义建设，虽然遭到过严重挫折，但仍然取得了重大的成就，初步建设起了赖以进行现代化建设的物质技术基础。1964 年年底召开的第三届全国人民代表大会上，周恩来根据毛泽东的提议，在《政府工作报告》中宣布：整个国民经济将进入一个新的发展时期，要努力把中国逐步建设成为一个具有现代工业、现代农业、现代国防和现代科学技术的社会主义强国。这个号召由于"文化大革命"而没有得到施行。1975 年，周恩来在第四届全国人民代表大会第一次会议的《政府工作报告》中，重新提出了实现四个现代化的宏伟纲领。根据这份纲领，国务院拟订了发展国民经济十年规划纲要草案。这份纲要草案由于遭到江青反革命集团的攻击和诬蔑，没有得到全面实施。1976 年 10 月，粉碎江青反革命集团，结束了"文化大革命"的灾难，使中国进入了新的历史发展时期。在 1977 年举行的中国共产党第十一次全国代表大会上和 1978 年举行的第五届全国人民代表大会第一次会议上，重申了实现四个现代化的目标，并把它规定为新的历史发展时期的总任务。1978 年年底，党的十一届三中全会把社会主义现代化建设明确规定为全党全国的工作重点，要求集中一切力量、调动一切积极因素，为逐步实现四个现代化而奋斗。1982 年 9 月，中国共产党第十二次全国代表大会决定：中国共产党在新的历史时期的总任务，是团结全国各族人民，自力更生，艰苦奋斗，逐步实现工业、农业、国防和科学技术现代化，把中国建设成为高度文明、高度民主的社会主义国家。在全面开创社会主义现代化建设新局面的各项任务中，首要任务是把社会主义现代化经济建设继续推向前进。1987 年 10 月，党的第十三次全国代表大会提出："在社会主义初级阶段，我们党的建设有中国特色的社会主义的基本路线是，领导和团结全国各族人民，以经济建设为中心，坚持四项基本原则，坚持改革开放，自力更生，艰苦创业，为把我国建设成为富强、民主、文明的社会主义现代化国家而奋斗。"

二、基本要求

①工业现代化。要把技术落后的工业改造成为具有现代先进科学技术的工业。工业生产手段、交通运输手段的主要部分要实现高度机械化、电气化和自动化，大量采用新材料和新能源，应用电子技术特别是微电子技术，应用新的生物技术，大力发展新的信息技术，大幅度地提高劳动生产率，主要产品的产量、质量，以及各项经济技术指标分别接近、赶上或超过世界先进水平。②农业现代化。要用现代的机器设备武装农业，实现农业生产工具的现代化；把现代农业科学技术，包括作物、畜禽良种化，栽培、饲养科学化，以及电子学、原子能、激光技术、生物工程等应用到农业中去；整个农业有一个合理的布局，逐步实现区域化、专业化，不断提高农业生产的社会化水平；逐步把电子计算机等现代技术和经济数学方法运用到农业生产管理中去；要充分利用自然资源，大幅度提高单位面积产量。③国防现代化。主要是武器系统、通信联络系统、指挥系统、侦察手段的现代化。武器装备的现代化是国防现代化的一个重要标志，是构成军队战斗力的重要因素之一。中国的军队具有高度的政治觉悟、现代先进的军事思想、高超的指挥艺术和战术技术，加上现代化的武器装备，就能有

效地战胜一切敢于入侵之敌。④科学技术现代化。要使科学技术领域的大部分接近世界先进水平，一部分赶上世界先进水平，某些领域居于世界领先地位，能为工业、农业、国防提供新设备、新手段、新材料、新能源、新工艺、新产品等，用先进的科学技术改造和振兴整个国民经济。要实现科学技术的现代化，就要培养和造就一支宏大的工人阶级的科学技术队伍，拥有世界上第一流的科学技术专家。

三、四个现代化是统一的有机整体

四个现代化是相互依存、相互促进、缺一不可的有机整体。实现工业现代化，是四个现代化的中心环节。因为，工业特别是重工业，为国民经济各部门提供物质技术装备、燃料、动力、原材料和积累资金，在国民经济现代化中起着主导作用。农业现代化，是实现四个现代化的基础。农业现代化的实现，将为工业和整个国民经济提供日益充足的粮食、副食品和原料，提供发展工业所需要的资金和劳动力，形成广阔的国内市场。国防现代化要以工业、农业、科学技术现代化为基础，同时它又是实现四个现代化的保证。科学技术现代化，是实现四个现代化的关键。科学技术是生产力，是一种在历史上起推动作用的革命力量。当今世界面临着一场新的科学技术革命，现代科学技术在物质生产和社会生活的广泛领域，越来越显示出它的革命作用。实现四个现代化，就要大力发展科学技术事业，发挥科学对生产的推动作用，用先进的科学技术改造整个国民经济，提高劳动者的科学技术水平。

实现了四个现代化，中国的社会主义制度就获得了强大的物质技术基础，就能够使生产力提高到一个新的水平，大幅度地提高劳动生产率，创造出更多的新的物质财富，使国家和人民能够较快地富裕起来，使中国国民经济走在世界前列。

四、社会主义现代化经济建设的奋斗目标

从1981年到20世纪末的20年，现代化经济建设总的奋斗目标是：使国民生产总值翻两番，社会经济效益、劳动生产率和产品质量明显提高，主要工农业产品大幅度增长，人均国民生产总值在世界上所占位次明显上升；工业主要领域在技术方面大体接近经济发达国家20世纪70年代或80年代初的水平，农业和其他产业部门的技术水平也将有较大提高；城乡人

民的收入成倍增长，人民的物质文化生活达到小康水平。20世纪末的目标实现以后，还要向新的目标前进，到21世纪中叶，人均国民生产总值达到中等发达国家水平，人民生活比较富裕，基本实现现代化。

四个现代化，是中国实现社会主义现代化的四个主要方面。但是社会主义现代化事业并非只以这四个方面为限。中国还要在坚持社会主义基本制度的前提下，努力改革那些不适应生产力发展需要和人民利益的制度；在努力建设高度物质文明的同时，努力建设高度的社会主义精神文明；在加强社会主义物质文明和精神文明建设的同时，努力建设高度的社会主义民主。这些都是中国实现社会主义现代化的重要目标，也是实现四个现代化的必要条件。

发展资本市场　提高资本运营效率

本文原载于《天府新论》1998 年第 1 期

目前我国国有资本配置很不合理，资本运营效率极低。资本配置的不合理，主要表现为国有资本配置的行业面过大，几乎遍布所有的产业部门，在一些国有资本没有必要进入的行业，也配置了相当数量的国有资本。在国有企业内部，国有资本的配置又呈现出僵化格局，导致国有企业资本短缺与闲置浪费并存。资本的不合理配置，导致了资本运营效率的低下，高投入带来的是低产出。多年来，国有工业的生产率呈下降趋势，对经济增长的贡献表现为负数，还在一定程度上抵消了资本数量增长的贡献。

国有资本配置不合理和资本运营效率低下，根本的原因在于资本运营的市场化程度太低和市场机制还未正常地发生作用。

首先表现为在资本融通方式上直接融资额所占比重过小，主要的融资方式是间接融资，即居民将收入结余存入银行，银行再将资本贷给企业。由于我国银行大部分是国家银行，贷款很难摆脱行政环节，而企业又没有破产威胁，投资风险都落到银行身上，也就是落到政府身上。政府背上了全部风险，也承担了无限责任，企业即使应该破产，政府还不得不让银行发放政策性贷款，以维持社会的稳定。

其次表现为经营者权利与义务不对等。改革以来，企业领导人的权力明显加强，但对经营者履行义务的监督机制迟迟未能建立和健全。在一些企业中发生了所谓"厂长负盈，企业负亏"的现象。这自然会严重影响资本运营效率。

再次表现为资本不能自由流动和重新组合。改革开放以来，人们对市场经济的认识逐步深入，企业兼并、破产已逐渐成为资本重组的一种必然选择。特别是在当前国有企业破产难的情况下，企业兼并更显示出特有的生命力。但目前对市场经济还处于探索过程中，企业兼并还存在许多阻力。例如，企业产权界定不清，限制了企业的正常兼并；现行财政、税收体制在一定程度上阻碍了企业兼并；"三不变"的束缚尚未彻底清除，妨碍了企业跨行业、跨地区的兼并；等等。企业兼并、破产受阻，自然阻碍了资本的自由流动和重组。

最后表现为缺乏正常有效的资本监督机制，无法对资本占有和使用主体进行监督和调整。市场经济中对企业经营者及资本的占有和使用状况最主要的监督机制，就是兼并破产机制。因为，一个企业如果经营不善，直接的受害者是投资的股东，股东将会用"手"投票或用"脚"投票，其结果都是对经营班子进行改组。如不改组，企业持续亏损，就会走向破产。企业一旦被兼并或破产拍卖，所有者将损失投资，经营者将失去地位。所以，竞争、兼并和破产作为一种强制手段，迫使经营者对资本进行最佳配置和高效使用。可惜的是，这种兼并破产机制在我国基本上还没有建立起来，其作用也远未发挥出来。

为了优化资本配置，提高资本运营效率，最重要的是发展高效率运营的资本市场。要发展这种市场，需要解决以下四个问题：

构建一个新的投融资体制

这就要求要建立一个社会公众乐于投资的环境，让社会公众逐步接替原来由政府承担的投资职能。现在，财政收入在国民收入中的比重不断降低，政府的金融资产存量在全社会金融资产存量中的份额也越来越少，政府已无力维持承担全部投资职能和相应的投资风险，培育社会公众成为投资主体承担投资职能已势在必行。而目前个人储蓄和直接投资已成为社会资本的重要来源，广大城乡居民中有不少人已经具备了成为投资者的经济实力。所以现在须要迅速建立起良好的公众投资环境。我们还要规范有限责任制度。在积极鼓励新的投资主体的同时，全面规范有限责任制度，政府和企业之间就有了一个隔离带，企业才能成为真正的法人实体和竞争主体。有健全的有限责任制度，才能避免早期无限责任制度的残酷性，使投资者的基本生存有保障，也有利于企业实现独立化和资本运营的相对稳定。我们还要建立投资主体的法律保障体系，即从法律法规体系上保护居民的投资热情，以更好地控制风险，提高投资的回报率。

积极培植大型企业

在激烈的国际市场竞争中，能取得优势的只能是经济技术实力强大的大型企业集团、跨国公司。我国要培植大型企业，关键在于壮大资本实力，有了资本才能扩大经济规模，才能提高技术装备水平和市场竞争能力。为增大大型企业的资本量，目前最可靠的办法是启动民间资本，重组存量资产。这就需要积极培育国内资本市场，使企业进入资本集中和资本运营的良性循环。

加强直接融资

目前国有企业资产负债率偏高，国有资本数量不足，采用直接融资方式，可以迅速降低国有企业资产负债率，企业资金不足的问题也可以得到解决。直接融资还可以形成对融资者的监控约束机制，即通过明确资本所有者的主体和有限责任，强化对资本运营的监督功能。

深化国有企业改革

资本市场的发育，最基本的条件是交易主体的利益独立化。如果交易主体的利益不是独立的，那么人们从这个组织获得长远利益是不可靠的，他就必定去追逐眼前利益，于是这个企业就不是追求利润的经济单位，而会成为以职工收入最大化为目的的组织。要实现交易主体利益独立化，就要彻底实行政企职责分开，把国有企业及股权、债权作为商品推向资本市场，用市场手段去发展资本市场。为此，国有企业要深化改革，加快向现代企业制度迈进的步伐。

论生产目的中整体与局部的关系

本文原载于《四川财经学院学报》1981 年第 2 期

　　弄清社会主义生产目的中社会整体生产目的和企业局部生产目的的关系，对于正确处理国家和企业的经济利益关系，充分调动各方面的积极性，迅速发展生产力，使社会主义生产目的得以更好地实现，有十分重大的意义。

　　目前，有的同志认为，社会整体生产目的和企业局部生产目的完全一致，不存在区别和矛盾①。我认为，这种观点，很有讨论的必要。

　　主张社会整体生产目的和企业局部生产目的"完全一致"的同志所使用的是"社会生产目的"和"企业生产目的"这两个概念。我认为，这两个概念的含义是不清楚的。因为说社会主义生产目的，无论是说社会整体生产目的，还是说企业局部生产目的，都可以说是由社会主义公有制所决定的"社会"生产目的。而社会主义企业的生产目的，不仅包括为企业局部物质利益服务这一目的，还应该包括为社会整体物质利益服务这一目的。所以，本文不使用那两个概念，而以社会整体生产目的和企业局部生产目的这两个概念去代替它们。只是在引用主张"完全一致"的同志的观点时，仍保留作者原用的提法。

　　在社会主义生产目的中社会整体生产目的和企业局部生产目的到底有没有区别？这是需要讨论的第一个问题。

　　主张"完全一致"的同志说社会生产目的就是由各个企业的生产目的构成的；又说社会主义企业虽然必须有自己的特殊的物质利益，但是，却不能有自己的特殊的生产目的。试问：这到底是说只存在企业局部生产目的，不存在与企业局部生产目的相区别的社会整体生产目的呢？还是只存在社会整体生产目的，不存在与社会整体生产目的相区别的企业局部生产目的呢？二者的一致性果真"一致"到了没有区别的程度吗？

---

① 吴振坤. 要真正弄清社会主义生产目的的科学含义［J］. 红旗，1980（17）：19-31.

社会主义生产目的，按其质和量的规定性来看，无论是社会整体生产目的还是企业局部生产目的，都是最大限度地满足人民日益增长的物质和文化生活的需要。这应该说是毫无疑问的。但是，在此基础上，社会整体生产目的和企业局部生产目的又存在着区别：一是满足的人的范围不同。前者是满足整个社会的人及其需要，后者只满足本企业内部的人及其需要。虽然社会主义企业主要或部分地承担着满足整个社会的人及其需要的任务，但是，企业的生产成果多少用于满足整个社会的人及其需要，多少用于满足企业内部的人及其需要，界限还是清楚的。二是生活水平提高的速度不同。前者是全社会的一个提高速度的平均数，而后者则是有的企业高于这个平均数，有的企业低于这个平均数。三是需要满足的程度不同。前者是全社会的平均生活水平，后者则有的企业高于社会平均生活水平，有的企业低于社会平均生活水平。二者区别，不是谁的主观意志认为"必须有"或"不能有"的问题，而是由社会主义公有制的特点所决定的。社会主义公有制的特点是：一方面，劳动者同生产资料直接结合，劳动者共同成为生产资料的主人，共同作为生产的主体而共同劳动，在生产、交换、分配等经济过程都有了一个共同的目的，即存在一个社会整体生产目的——满足整个社会全体劳动者的需要。这种需要的物质内容是使用价值。在社会主义商品经济条件下，这个目的实现表现为以国家纯收入的增加为基础的社会福利的不断增进和由国家拨款支付的劳动者收入的不断增加。另一方面，劳动者同生产资料不是在全社会范围内直接结合，而是在全民所有制企业和集体所有企业范围内直接结合。集体企业的生产资料为该集体的全体劳动者公有，在服从国家政策和接受计划指导的前提下，生产要服从于该集体内全体劳动者的物质利益要求，存在着区别于社会整体生产目的的企业局部生产目的。国营企业的生产资料是全社会劳动者的公有财产，但被各个国营企业占有、管理和使用，生产主要应服从于全社会劳动者的物质利益要求，企业也存在自己的特殊的物质利益，也就是说，同样存在区别于社会整体生产目的的企业局部生产目的。企业局部生产目的是满足本企业劳动者的需要。这种需要的物质内容仍然是使用价值。在社会主义商品经济条件下，这个目的的实现，表现为以企业纯收入的增加为基础的企业集体福利的不断增进和企业劳动者货币收入的不断增加（农村集体经济若分配给劳动者以部分实物，可折价计算）。有的同志只承认企业特殊的物质利益，却否认企业有特殊的生产目的。其实，由生产资料所有制性质所决定的特定生产目的，无非就是生产要服从于生产资料所有者的物质利益要求。承认社会主义集体所有制企业的生产资料归集体所有，承认集体企业有特殊的物质利益，怎么能说集体企业没有自己的生产目的呢？至于社会主义全民所有制企业的生产资料归全民所有，企业为什么还存在特殊的物质利益，学术界尚有许多不同的意见，但是都肯定企业是存在局部的特殊的物质利益的，既然如此，怎么又能说它不存在自己的生产目的呢？

社会主义公有制决定的社会主义生产目的中既存在社会整体生产目的又存在企业局部生产目的的情况，与资本主义社会根本不同，与共产主义社会也有区别。在资本主义社会里，每一个资本主义企业的生产目的都是剩余价值，这也就决定了资本主义社会的生产目的是剩余价值。也就是说，除了各个资本主义企业局部的生产目的，不存在与各个资本主义企业生产目的相区别的社会整体生产目的。在社会主义社会里，除了各企业局部生产目的，还存在与企业局部生产目的相区别的社会整体生产目的。因为，在社会主义公有制条件下，各个企业的生产除要服从自己的物质利益要求，还要服从于整个社会全体劳动者的物质利益要求。到了共产主义社会，由于实现了生产资料的共产主义全民所有制，就决定了只存在服从于全社会劳动者物质利益要求的社会整体生产目的，不再存在服从于企业的物质利益要求的企业局部生产目的。在社会主义社会，却既存在社会整体生产目的，又存在企业局部生产目的。这二者的并存，由社会主义公有制决定，归根到底是由生产力发展水平所决定的，是公有制发展不成熟的表现。如果不看到社会主义公有制决定社会整体生产目的和企业局部生产目的的并存这一特点，把它同资本主义私有制决定只存在资本主义企业局部生产目的，由各个资本主义企业局部生产目的就构成社会整体生产目的的情况混为一谈，或者把它同共产主义公有制决定只存在社会整体生产目的，不再存在企业局部生产目的的情况混为一谈，在理论上未必是妥当的。

肯定社会整体生产目的和企业局部生产目的存在区别和矛盾，是否会影响社会主义制度的优越性？这是需要讨论的另一个问题。

主张"完全一致"的同志认为：整个社会的生产目的和企业的生产目的的一致性，是社会主义制度优越性的具体体现。据此推论，如果说二者有区别、有矛盾，自然就会影响社会主义制度的优越性。

能这样认识这个问题吗？我们以为，不能。根据马克思主义关于生产关系一定要适合生产力发展要求的原理，当社会主义公有制以及由它决定的社会整体生产目的和企业局部生产目的的区别和矛盾的存在，适合于生产力发展要求，能促进社会生产力的发展，推动社会的前进时，这种社会主义生产关系即社会主义经济制度就是优越的。否则，就是不优越的。不能认为社会整体生产目的和企业局部生产目的没有区别和矛盾的一致，才是社会主义制度优越性的具体体现。

事实上，社会主义公有制决定的并存的社会整体生产目的和企业局部生产目的之间，既有一致的方面，又有不一致的方面。一致的方面，首先，社会整体生产目的和企业局部生产目的都是满足人及其需要，满足这种需要的物质内容是使用价值。当然，在社会主义商品经济中，为了更好地满足人及其需要，也应该降低成本，争取赢利。如列宁所指出的："利润也是满足社会'需要'的。"其次，在社会主义商品经济中，企业生产的商品必须具有使用价值，能满足社会劳动者的消费需要或为了生产消费资料而引起的对生产资料的需要，即有利于实现社会整体生产目的，才能实现商品的价值，企业才可能以更多的收入去满足本企业劳动者的需要，实现企业局部生产目的，反之，企业生产的商品不能为实现社会整体生产目的服务，企业局部的生产目的也不能实现。最后，在企业经营状况同企业自身经济利益相联系的情况下，企业经营得好，国家为满足全社会劳动者的需要而得的收入会增多，企业为满足本企业劳动者的需要而得的那部分纯收入也会增多，否则，国家少收，企业也少得。从这一点上看，社会整体生产目的的实现和企业局部生产目的的实现之间又存在着"水涨船高"的关系。

社会整体生产目的和企业局部生产目的之间确实也存在不一致的方面，就目前情况看，大致有以下一些矛盾：①实现社会整体生产目的要求国民经济发展的计划性同实现企业局部生产目的所存在的生产建设上的盲目性之间的矛盾。②实现社会整体生产目的需要一部分国民收入同某些企业为实现企业局部生产目的而挤占这种收入的矛盾。如有的企业虚报亏损，挤占应上缴的利润，偷税漏税等。③实现社会整体生产目的所需的人民健康发展的生活环境同某些企业为实现企业局部生产目的而损害这种生活环境的矛盾。如有的企业为"节省"开支，不认真进行"三废"治理而造成环境污染。④实现社会整体生产目的要求企业为社会劳动者提供价廉物美的商品同某些企业为实现自己的生产目的而偷工减料、以次充好、克扣斤两、随意提价、变相涨价等的矛盾。虽然，这些矛盾中的部分矛盾不是社会主义生产本质所固有的，但是，这些矛盾毕竟是客观存在的。

社会主义制度的优越性的具体体现，不在于否认社会整体生产目的和企业局部生产目的之间客观存在的矛盾，而是在于社会主义公有制条件下，在全社会劳动者根本经济利益一致的基础上，能够正确处理这二者的矛盾，使二者统一起来，促进社会主义生产目的的实现。如果把社会整体生产目的和企业局部生产目的看成没有区别和矛盾的一致，这本身就不符合社会主义公有制决定的二者关系的本质，体现的就不是社会主义制度，怎么能说那是社会主义制度优越性的具体体现呢？

肯定社会整体生产目的和企业局部生产目的的区别和矛盾的存在，对社会主义经济建设实践是否有好处？这是需要讨论的又一个问题。

主张"完全一致"的同志认为：把社会的生产目的和企业的生产目的割裂开来，在理论上很难讲得通，在实践上也未必有好处。关于理论上是否讲得通，前面已经谈过了。那样认识对实践是否有好处呢？我们认为，很有好处：

第一，认识社会整体生产目的和企业局部生产目的的区别和矛盾，就能自觉地保证国家在实现社会整体生产目的上必要的集权的条件下，扩大企业为实现其局部生产目的所应有的自主权，使企业成为相对独立的商品生产者，把权力、责任、利益、效果紧密地结合起来，充分调动企业的积极性和主动性，迅速地发展社会主义生产。如果否认社会整体生产目的或否认企业局部生产目的，就会片面强调集权或片面强调企业分权，就会妨碍社会主义生产的发展。

第二，认识社会整体生产目的和企业局部生产目的的区别和矛盾，就能自觉地把坚持计划指导和利用市场机制结合起来，重视发挥市场调节的作用，使企业在实现其生产目的的经济活动中，更好地为实现社会整体生产目的服务。而对于市场调节必然出现的某些盲目性，则坚持计划指导，使企业实现其生产目的的经济活动尽可能同实现社会整体生产目的的要求协调一致，使二者都能得到较好的实现。如果否认二者的区别和矛盾，片面强调计划调节或市场调节，就会把国民经济管死或搞乱，影响社会主义生产目的的实现。

第三，认识社会整体生产目的和企业局部生产目的的区别和矛盾，就能自觉地靠经济手段管理经济，辅之以必要的行政手段，即主要用影响企业的经济利益的经济办法，把企业实现其生产目的的经济活动同实现社会整体生产目的的要求有机地结合起来。如果否认社会整体生产目的和企业局部生产目的的区别和矛盾，单纯靠行政组织、行政手段管理经济或放任自流，这样，不是损害企业局部的经济利益，就是损害社会整体的经济利益，到头来，社会整体的和企业部分经济利益都将受到损害。

第四，认识社会整体生产目的和企业局部生产目的的区别和矛盾，就会自觉地加强经济立法和经济司法，保护一切符合社会主义经营原则的经济活动，严惩一切违反社会主义经营原则的非法活动，制裁那些影响社会主义正常经济秩序的错误行为，保证社会主义经济的健康发展。如果否认二者的区别和矛盾，也就否认了经济立法和经济司法的必要性，这样，怎么能保证社会主义经济的健康发展呢？

新中国成立以来，我国社会主义经济建设的实践告诉我们，进行社会主义经济建设，必须明确社会主义生产目的，同时，还必须正确处理社会整体生产目的和企业局部生产目的之间的关系，否则就会严重挫伤人民群众的积极性，给社会主义生产带来严重的不利影响。经过两年多来关于国民经济管理体制改革问题的讨论，已经弄清了社会主义经济是计划经济和商品经济的统一体，已经初步明确了国民经济管理体制改革的方向，找到了处理社会整体生产目的和企业局部生产目的的关系的途径。在现在继续讨论社会主义生产目的的时候，为什么要走回头路呢？当前，以国民经济比例关系的调整为中心，强调各企业都必须服从国家集中统一领导，强调局部利益必须服从整体利益，强调加强计划指导，是完全必要的。但这绝不是否认正确管理社会整体利益与企业局部利益的重要意义，绝不是不需要进一步调动企业的积极性、不需要把经济搞活。那样，也不利于搞好经济调整。所以，正确认识社会整体生产目的和企业局部生产目的的相互关系，把二者正确地结合起来，对搞好经济调整和今后的全面改革来说都是很重要的。

实现社会主义生产目的的基本经济条件

本文原载于《四川财经学院学报》1981 年第 4 期

中共中央《关于建国以来党的若干历史问题的决议》指出："在社会主义改造基本完成之后，我国所要解决的主要矛盾，是人民日益增长的物质文化需要同落后的社会生产之间的矛盾。"因此，探讨社会主义生产目的实现的基本经济条件，对加快四个现代化的步伐，大力发展生产力，更好地实现社会主义生产目的，具有十分重大的意义。

社会主义生产目的实现的基本经济条件

社会主义生产目的能否实现，取决于指导思想上对生产目的是否明确，以及许多客观经济条件，如生产结构是否正确，分配结构是否合理等。这些方面都是不能忽视的。但是，应当具备的基本经济条件是什么呢？长期以来，流行的观点认为是社会主义生产关系，主要是社会主义公有制。应当肯定，这个说法基本上是正确的，但是，是不完全的。因为，并不是任何一种社会主义公有制，都能实现其生产目的。社会主义生产目的实现的基本经济条件，不仅必须有以社会主义公有制为基础的生产关系，而且这种生产关系必须符合现实生产力的性质。

首先，从人类历史发展过程来看，从原始社会到资本主义社会，每一个社会特定生产目的的实现，都是以该社会生产关系或多或少地适合生产力性质为条件的。历史上几个剥削阶级占统治地位的生产方式的发展过程中，剥削阶级为了实现和维护他们的经济利益，实现其特定的生产目的，不单竭力维护有利于他们的生产资料所有制形式，而且还在不根本改变其所有制关系并有利于实现其特定生产目的的限度内，都自发地适应于生产力发展的状况，使生产关系主要是所有制的具体形式有相应的变化。例如，以资本主义私有制为基础的资本主义生产关系，在资本主义发展的各个不同时期，就经历了多种形式。

其次，从马克思、恩格斯对未来社会的预言来看，他们在探讨未来的社会时，认为取代资本主义社会的将是社会主义和共产主义社会，或称之为共产主义社会的两个发展阶段。在这两个发展阶段上的社会生产关系都是以生产资料的全体社会成员共同占有为基础的，因而反映这种生产关系本质的基本经济规律是这两个阶段的共同规律，最大限度地满足全体劳动者不断增长的物质和文化需要是这两个阶段社会生产的共同目的。但是，马克思、恩格斯并没有把共产主义的两个发展阶段的生产关系混为一谈，恰恰相反，他们是根据生产力发展的不同状况，认为社会主义和共产主义这两个阶段上的生产关系，主要是公有制关系仍然存在着质的区别。在社会主义阶段，生产资料为全社会公有，不存在企业与企业之间经济利益上的差别，商品生产已经废除，但劳动者之间物质利益上的差别还存在，还必须实行按劳分配原则。这种差别，只有当生产力极大发展，产品极大丰富，实现了共产主义公有制关系时，才能消失。可见，根据马克思、恩格斯对未来社会的设想，社会主义和共产主义社会生产目的的实现，仍然是以公有制关系适合于生产力性质为基本经济条件。

最后，从我国社会主义建设实践来看，三十多年来的基本状况是：当生产关系基本上适应生产力发展要求时，如第一个五年计划期间和1962—1966年，社会主义生产目的的实现情况就比较好；当生产关系基本上不适应生产力发展要求时，即在所有制关系上片面追求"一大二公"，搞"穷过渡""穷升级"，使生产关系超越现实生产力发展水平时，如20世纪50年代末和60年代初以及"文化大革命"的十年动乱时期，社会主义生产目的的实现情况就不好。粉碎"四人帮"以后，特别是党的十一届三中全会后，基本上结束了"左"倾思想在党内的统治地位，遵循一切从中国实际出发，按客观经济规律办事的原则，注意按照生产力发展的要求，调整和完善社会主义生产关系。如对全民所有制企业实行各种形式的经济责任制，尊重和保护集体所有制企业（包括农村生产队）的自主权，推行专业承包、联产计酬、包产到户等各种形式的生产责任制等，促进了各企业生产的发展、盈利的增加，国家多收，企业多留，劳动者个人多得，生活改善，社会主义生产目的又重新得到较好实现。尽管上述各个时期生产目的的实现与否，还受到许多因素的影响，如积累与消费的比例是否正确，农、轻、重的比例是否协调，当年生产和基本建设的比例是否恰当等起着十分重要的作用，但是，生产关系是否适应生产力发展的要求仍然具有决定性的意义。

社会主义生产目的的实现，要以社会主义生产关系适合生产力性质、适应生产力发展要求为基本经济条件，是由社会基本矛盾运动规律所决定的。我们知道，社会的基本矛盾是生产力和生产关系的矛盾。社会基本矛盾运动的规律，一方面是生产力决定生产关系，另一方面是生产关系反作用于生产力。生产关系一定要适合生产力发展，这个规律是人类社会发展的基本规律。而体现某一特定社会占统治地位的生产关系的本质的基本经济规律的产生、存在和发生作用，是以该生产关系适合生产力发展的要求为条件。当该社会占统治地位的生产关系主要是所有制形式适合生产力发展时，该社会所特有的基本经济规律就发挥主导作用，并作用于生产的一切主要方面和主要过程，而根本的是反作用于生产力，从而占有生产力发展的利益，以实现该社会生产关系的代表者的物质利益的要求，即实现其特定的生产目的。如果生产关系不适合生产力发展要求，阻碍生产力的发展，生产关系的代表者的物质利益要求即特定的生产目的就不能实现。生产关系是否适应生产力要求，同该社会特定生产目的能否较好实现之间这种必然的联系，是一切社会生产共同的现象，社会主义生产也不会例外。社会主义生产目的要能够较好地实现，必须在坚持社会主义公有制的前提下，努力从各个方面完善社会主义生产关系，使之更加适应生产力发展的要求。"只有采用同生产力的现在这个发展阶段相适应的新的生产方式，新的生产力本身才能保存和向前发展。"① 而只有生产力的保存和向前发展，才能有社会生产的不断扩大，才能有人民群众生活水平的不断提高，才能有社会全体劳动者物质和文化需要的最大限度满足。也就是说，有生产力的保存和向前发展才能有社会主义生产目的的实现。

现阶段社会主义公有制的基本特点

根据马克思主义政治经济学所揭示的生产关系一定要适合生产力发展的规律，结合我国目前阶段现实的生产力状况，我们还不能建立马克思恩格斯当年所设想的那种比较成熟的社会主义公有制，即生产资料在全社会范围内为劳动者共同占有的公有制，而只能建立不成熟的社会主义公有制。这种不成熟的社会主义公有制的基本特点是：

一方面，劳动者同生产资料直接结合，劳动者共同成为生产资料的主

---

① 马克思，恩格斯.马克思恩格斯选集：第3卷［M］.北京：人民出版社，1972：306-307.

人，共同作为生产的主体而共同劳动。在生产、流通、分配等经济过程中有共同的目的，即社会主义生产目的中的整体生产目的——满足整个社会全体劳动者的物质和文化需要。由于社会主义生产是以社会主义公有制为基础的社会化大生产，全体劳动者在根本经济利益上的一致性，产生了国民经济有计划按比例发展规律。也就是说，在社会主义公有制基础上，有可能自觉地按照社会化大生产的共同规律——按比例发展规律以调节社会生产、流通、分配、消费等全部经济过程，以适应社会主义生产目的实现的需要。

另一方面，劳动者同生产资料还不是在全社会范围内直接结合，而是在全民所有制企业和集体所有制企业的范围内直接结合。集体所有制企业的生产资料，为集体范围内的全体劳动者共同所有和共同支配，主要为该集体全体劳动者的共同经济利益服务。全民所有制企业的生产资料为全民所有，但由各企业使用和管理，它除了主要为全社会劳动者共同经济利益服务，还要求有企业自身一定的局部经济利益。也就是说，在社会主义生产目的中还存在区别于社会整体生产目的的企业局部生产目的。这是因为，我国目前生产力水平还很低，劳动者是把劳动仅仅看成谋生手段同生产资料结合、共同劳动的。企业作为劳动者集体，除为社会劳动以外，要求按本企业对全社会贡献的大小，获得相应的物质利益。而劳动者个人除了为社会为企业劳动以外，要求按其对企业贡献的大小，获得相应的物质利益。这表明，各企业之间、劳动者个人之间经济利益上还存在差别，由此决定了各企之间（包括全民所有制企业之间）的交换关系还必然带有商品交换关系的性质，价值规律还必然存在和发生作用；也决定了个人消费品在劳动者之间的分配还必然是按劳分配，按劳分配规律还必然存在并发生作用。

我国现阶段的社会主义公有制关系，就是由上述的以社会主义国家为代表的社会整体利益、以千百万企业为代表的劳动者集体利益和几亿劳动者个人利益有机组成的经济利益关系体系。在这个经济利益关系体系中，各个企业必须维护国家利益，每个劳动者必须维护国家利益、企业利益，这是必须肯定的。但是，国家也必须照顾企业一定的正当利益，国家、企业还必须照顾劳动者个人一定的正当利益，这也是必须肯定的。毛泽东同志说："国家和工厂、合作社的关系，工厂、合作社和生产者个人的关系，这两种关系都要处理好。为此，就不能只顾一头，必须兼顾国家、集体和个人三个方面。"① "无论只顾哪一头，都是不利于社会主义，不利于无产阶级专政的。"② 这段论述正确地反映了社会主义基本经济规律、国民经济有计划按比例发展规律、价值规律、按劳分配规律的要求，是我们处理国家、企业、个人三者利益关系的基本准则。按照客观经济规律要求和上述准则办事，就能很好地实现社会主义生产目的。例如，按上述经济规律，加强国家有计划的领导，使国民经济按比例地发展，使社会生产同社会需要相适应，这就既保证了社会整体利益，又保证了企业利益和个人利益的实现。而且，使企业获得的经济利益的大小取决于本企业对全社会贡献的大小，劳动者个人获得的经济利益的大小取决于本人对企业贡献的大小，而不是取决于对其他企业和个人劳动成果的无偿占有，从而在扣除为社会劳动的部分之后，在企业与社会的关系上和在劳动者与企业的关系上，实现等量价值与等量价值相交换和等量劳动同等量劳动相交换，使每一个劳动者在争取更多的个人经济利益时为企业作出更大的贡献，使企业在争取获得更多的局部经济利益的同时为全社会作出更大的贡献，使国家利益、企业利益、个人利益三者紧密联系，互相依存，互相促进，这就可以更充分地调动直接经营者和直接生产者的积极性和主动性，去改善经营，加强管理，改进技术，发展生产，提高劳动生产率，提高经济效果，努力为企业、为全社会作出更大的贡献。这将极大地促进社会主义生产目的的实现。

完善社会主义生产关系应解决的主要问题

以我国现实的经济关系来看，为创立社会主义生产目的的实现所需的基本经济条件，应该解决哪些主要问题呢？

第一，要正确建立国家机构内部中央与中央各部门以及中央与地方的经济关系。

社会主义国家，包括中央各部门和地方各级政府，应该是一个有机的整体，代表社会整体利益组织、领导和管理整个国民经济，为更好地实现社会主义生产目的服务。过去某些时期，中央与中央各部门、中央与地方之间对社会主义经济的统一领导、分部门管理、分级管理的关系，在一定程度上变成了分头领导、各自为政的部门所有制、地方所有制，把统一的

---

① 毛泽东. 毛泽东选集：第 5 卷 [M]. 北京：人民出版社，1977：272.
② 毛泽东. 毛泽东选集：第 5 卷 [M]. 北京：人民出版社，1977：275.

社会主义经济由各部门、各地方分割成了自成体系的封闭式的若干条条和块块。条块之间又互相交错，互相摩擦，互相牵制，不仅降低了工作效率，影响了基层经济单位生产的发展，而且妨碍着整个国民经济的综合平衡。看来，必须废除在某种程度上实际存在的部门所有制和地方所有制，使国家机构真正成为统一的社会整体利益的代表者。各部门、各地方所代表的经济利益统一了，才能有统一的方针、政策，统一的计划，统一的行动，从而加强对国民经济的统一管理，使整个国民经济有一个畅通无阻的指挥系统，保证国民经济有计划按比例地发展。这才有利于更好地实现社会主义生产目的。

第二，要正确建立国家与全民所有制企业的经济关系。

在全民所有制还是社会主义性质的阶段，国家对企业不仅应当要求它们对代表社会整体利益的国家负起一定的经济责任，还应该承认企业自身有一定的局部经济利益和为完成国家经济任务、谋求自身经济利益所必需的自主权。这样，才能促使企业从各个方面提高经济效果，为实现社会整体生产目的和企业局部生产目的服务。过去，为了社会整体利益，不承认企业局部经济利益，不仅影响了企业生产的积极性，也影响了社会整体利益。要建立起与社会主义全民所有制本质相适应的国家与企业的经济关系，关键是要实行各种形式的经济责任制，使企业在国家集中统一的领导下，把经济责任、经济权力、经济利益、经济效果紧密地结合起来，以充分调动企业发展社会主义生产的积极性。这就能使企业在争取更大的自身局部经济利益的过程中，为实现社会整体经济利益作出更大的贡献。

第三，要正确建立社会主义企业之间的经济关系。

社会主义企业首先要实现社会整体生产目的，又要实现自身局部生产目的，而且二者实现的程度又是相互联系、水涨船高的关系。所以，企业应当是相对独立的商品生产者，企业之间的交换关系还必然带有商品关系的性质，还应当按价值规律的要求进行等量价值同等量价值相交换。目前，价格背离价值的情况相当突出，成为企业间苦乐不均的一个重要原因。由于价格背离价值过大，一些企业所创造的价值被另一些企业无偿占有。被占有的企业生产积极性受到影响，而占有者又大手大脚、挥霍浪费，严重损害了社会整体利益。所以，改革价格管理体制，合理调整价格，势在必行。当然，这要有计划、有步骤地进行。

第四，要正确建立社会主义企业与劳动者个人之间的经济关系。

劳动者与其所在企业就个人消费品的分配来讲是按劳分配关系。从按劳分配关系来说，劳动者的劳动报酬，不仅取决于劳动者向企业提供的劳动数量和质量，而且应当取决于企业所实现的经营成果。由于各企业经营成果的大小，受到许多客观因素的影响，如果单纯限制奖金数额就可能抹杀由各企业主观努力程度不同而形成的经营成果上的差别，截断职工劳动报酬的水平同企业经营状况的联系，不利于职工劳动积极性的充分发挥。因此，有必要迅速采取税收或其他经济手段，调节由客观因素引起的各企业经营成果上的差异，使企业经营成果能较为准确地反映企业领导和广大职工主观努力程度，将职工的集体福利和个人劳动报酬同企业的经营状况紧密联系起来。这必将充分调动劳动者的积极性，推动生产的迅速发展，更好地实现社会主义生产目的。

在社会主义商品经济条件下，劳动者同社会主义企业之间的交换应当是等价交换。现行的办法是：一方面对劳动者实行低工资制，另一方面以低于价值的价格向劳动者提供大部分基本消费品。采用这种办法，国家财政负担有可能日益加重，而经营有财政补贴的消费品的单位，如果经营思想出毛病，就有可能利用自己的特殊地位，损害劳动者应得的利益。所以，现行办法有必要重新研究。是否可以在保留最必要的财政补贴的条件下，在劳动者与社会主义企业之间的交换上基本实行等价交换。在将来进行工资改革时，进行价格调整，不会影响人民的经济生活和社会的安定，还有利于改善国家财政状况，保障劳动者的利益，并有利于通过多种渠道建立基本消费品的供求平衡，促进社会主义生产目的的实现。

第五，要正确处理发扬社会主义民主与加强集中统一领导的关系。

社会主义生产是以社会主义公有制为特征的社会化大生产。从社会化大生产的角度看，它就要求既充分发挥各部门、各企业的积极性，又加强集中统一的领导。在社会主义公有制条件下，这种客观要求才成为客观的必然，才有了实现的可能。在社会主义公有制条件下，劳动者是生产资料的主人、国家的主人、企业的主人。他们有权支配生产资料的使用和劳动成果的分配，支配整个国民经济的经济活动和企业的经济活动，以更好地满足自己的物质和文化需要。正如恩格斯指出的：社会主义制度"使社会的每一成员不仅有可能参加生产，而且有可能参加社会财富的分配和管理，并通过有计划地组织全部社会生产，使社会生产力及其所制成的产品增长到能够保证每个人的一切合理的需要日益得到满足的程度"①。因此，社会主义经济必须在集中统一领导下充分发扬社会主义民主，如果发扬民主不够，又片面强调集中，而集中又脱离实际、脱离群众，就不符合社会主义公有制条件下人民当家作主的原则，就可能导致社会主义生产目的不能很好实现。如果作为人民的"公仆"，能充分发扬社会主义民主，正确地加强集中统一的领导，就一定能有明确的生产目的，千方百计地生产尽可能多的最终产品，较好地满足人民不断增长的物质和文化需要。

---

① 马克思，恩格斯. 马克思恩格斯选集：第 3 卷 [M]. 北京：人民出版社，1972：42.

关于经济责任制的几个认识问题

本文原载于《四川财经学院学报》1982 年第 3 期

国营工业推行经济责任制以来，已经取得显著的成效，具体办法正在进一步制定和完善，对这个问题的理论研究也在逐步深入。但是，目前对经济责任制的一些与实践密切联系的基本理论问题的认识还不尽一致，如究竟什么是经济责任制，实行经济责任制是不是生产关系的进一步完善，经济责任制与经济核算制的关系是什么。本文想就这几个问题谈点意见。

一

究竟什么是经济责任制？许多同志都认为"经济责任制是在国家计划指导下，以提高社会经济效益为目的，实行责、权、利紧密结合的生产经营管理制度"的提法是正确的，但是，在具体论述时则各有侧重，甚至各执一端，有的强调提高经济效益，有的强调经济责任，有的强调经济利益，还有的只强调利润分配。我认为，把经济责任制应当包括的基本内容割裂开来，孤立地加以强调，是不妥当的。

经济责任制的基本内容应当包括：①提高社会经济效益；②坚持国家计划指导；③责、权、利紧密结合。这三者不是可以任意取舍的。它们的有机联系，是由社会主义全民所有制经济运动的特点所决定的。

首先，社会主义全民所有制经济运动的特点，决定了实行经济责任制、提高经济效益的根本目的。全民所有制经济是以生产资料在社会范围内的共同所有、联合劳动为基本特征的经济。在此基础上，就产生了社会主义基本经济规律，它要求通过发展社会主义生产的办法，满足全体人民日益增长的物质文化需要。全体人民的物质文化需要是日益增长的，目前阶段所提出的要求在生产发展的基础上基本满足以后，又会在新的生产发展的基础上提出新的更高的要求。因而，为满足这些要求所需要的使用价值可以说是无限的。可是，在一定时期内，可以用于生产人民需要的使用价值的活劳动和物化劳动的资源是有限的。像我国这样人口多、底子薄、经济发展水平低的国家，虽然现阶段活劳动的资源较为丰富，但物化劳动的资源则是较为贫乏的，解决人民群众需要的使用价值的无限性同生产使用价值的资源的有限性之间的矛盾，除了增加投入生产的活劳动量，最主要的办法就是努力提高经济效益，即以尽量少的活劳动和物化劳动消耗，生产出更多的符合社会需要的产品。这样，才能较好地满足人民群众的需要，较好地实现社会主义生产目的。实行经济责任制，正是为了提高经济效益。而提高经济效益的根本目的，则是满足全体人民日益增长的物质和文化生活的需要。明确了这一点，才能正确实行经济责任制，才能在增进而不是损害全体人民的利益的明确目标下，采取正确的提高经济效益的办法和措施。否则，就有可能在所谓提高经济效益的名义下损害人民群众的利益，违背经济责任制的本质。

其次，社会主义全民所有制经济运动的特点，也决定了实行经济责任制、提高经济效益必须以服从国家计划指导为前提。因为，社会主义全民所有制经济是在社会主义国家统一领导下，由数以万计的全民所有制企业组成的。为了提高经济效益，以满足人民群众的需要，不仅要求各个企业提高微观经济效益，而且要求整个国民经济有计划按比例地发展，提高宏观的即社会的经济效益。微观经济效益与宏观经济效益有一致的方面，即宏观经济效益的提高要以微观经济效益的提高为基础。没有微观经济效益的提高，就谈不上宏观经济效益的提高。但是，二者又存在不一致的方面。即在一定的条件下，从微观看，经济效益是好的，但从宏观看，经济效益则是比较差的。如一些地方和企业重复建设，盲目生产价高利大而社会不太需要的商品，就属于这类情况。这是一方面。另一方面，从微观看，经济效益是不好的，但从宏观看，经济效益又是好的。如一些企业不愿生产那些价低利小而社会又十分需要的商品，就属于这类情况。由于全民所有制企业的生产资料属于同一个所有者——代表全体人民利益的社会主义国家，而不是分属于不同的所有者，为了增进整个社会的经济利益，讲求经济效益就必须首先讲求社会经济效益，判断微观经济效益的高低必须以宏观经济效益是否提高为基本准则。所以，实行经济责任制，必须在国家计划指导下，以提高社会经济效益为核心。凡按照国家指令性计划进行生产的企业和产品，都必须严格地全面地执行国家计划，在确保社会经济效益的前提下，努力提高企业经济效益。在国家计划许可的范围内生产市场需要的产品的企业，也必须搞好市场调查、市场预测，使生产适应社会需要，并且保证质量，严格执行国家的价格政策。如果离开国家计划指导，或者不以国家计划全面考核企业，如只考核企业利润计划完成情况或者只考核企业产品产量、质量计划的情况，就有可能使企业注重微观经济效益而损害宏观经济效益，或者注意了宏观经济效益而不努力提高微观经济效益，影响宏观经济效益的提高。这都不符合经济责任制的要求。只有在实行经济责任制的过程中，坚持国家计划指导，才能把宏观经济效益的提高同微观经济效益的提高正确地结合起来。

最后，社会主义全民所有制经济运动的特点，也决定了实行经济责任制、提高经济效益必须以经济责任、经济权力和经济利益紧密结合为条件。因为，社会主义全民所有制经济是在国家统一领导下，以成千上万的全民所有制企业为基本经济单位，具体的生产经营活动是由各企业组织和管理的。国家为了提高社会经济效益以满足人民群众的需要，必须加强计划管理，并直接掌握重要的经济部门和经营重要的企业，同时必须将企业应当承担的经济责任落实到各个企业，并赋予企业以完成经济责任所必需的经济权力。为了鼓励企业努力提高经济效益的积极性，必须使企业的经营状况同企业和职工的经济利益建立起必要的联系。如果说，企业的经营状况同企业、职工的经济利益建立起一定的联系，承认企业有相对独立的利益，改善生产经营状况有为本企业利益的一面，会成为一种经济动力，那么，提高社会经济效益，更好地满足人民群众的需要，则应当是主要的动力。承认企业的经济利益，视企业经营状况留给企业一定的利润，以发展生产，增加集体福利，增加职工收入，应是次要的动力。因此，必须把国家利益摆在第一位，正确处理国家、企业和职工个人三者的经济利益关系。只有这样，才符合经济责任制的本质。如果不把经济责任、经济权力和经济利益结合起来，就不符合经济责任制的基本要求。如果不把国家、企业和职工个人三者利益正确处理，否认企业的利益、职工的利益，当然不对，但过分夸大企业的利益、职工的利益，损害国家的利益，则是与实行经济责任制的根本目的背道而驰的。

综上所述，可以看出，经济责任制是以提高社会经济效益为核心，以满足全体人民日益增长的物质文化需要为根本目的，以坚持国家计划指导为重要前提，以企业和职工的经济责任、经济权力、经济利益紧密结合为基本条件的完整的生产经营管理制度。只有这样来认识经济责任制，才能真正掌握它的实质，使它在我国社会主义经济运动中发挥出应有的作用。

如果对经济责任制的内容孤立地、片面地加以强调，就会把它的实质搞得含混不清。如不明确提高经济效益的根本目的，就可能在所谓"提高经济效益"的名义下，损害人民的利益。如不明确提高社会经济效益的前提是服从国家计划指导，就有可能出现为了提高所谓"企业经济效益"而损害社会经济效益的情况。如不明确提高社会经济效益的根本目的和重要前提，仅仅强调责、权、利结合，就可能使完成经济责任、运用经济权力失去明确的目的和意义，导致为了企业和职工的利益而损害社会整体利益的情况。如果用这些看法来指导实践，就难以促进这一制度的健康发展。

二

经济责任制的推行是不是生产关系的进一步完善？目前有的同志认为，与生产关系无关，只是企业管理体制上的一项重要改革。我认为，应该把经济责任制的推行如实地看作生产关系的变化。这不是说，推行经济责任制使全民所有制变成了其他什么所有制，而是在全民所有制经济内部使生产关系得到了进一步的完善。

第一，经济利益关系的变化就是生产关系或经济关系的变化。恩格斯曾经指出："每一个社会经济关系首先是作为利益表现出来的。"① 如前所述，我们不能把经济利益作为经济责任制的主要内容或唯一内容，但也不能否认经济利益是经济责任制的内容的一个有机组成部分。以往国家对全民所有制企业的管理实行的是权力过分集中的行政管理体制，国家管得过多过死，不给企业以必要的权限，也不给企业一点经济利益。虽然强调企业必须为完成国家计划任务而承担经济责任，但结果收效甚微，有时甚至变成一句空话。进行扩大企业自主权试点并进一步发展为经济责任制以来，明确了企业对于完成国家计划，提高社会经济效益，以更好地满足人民群众的需要应当承担的经济责任，国家承认企业为履行自己的经济责任所必需的自主权，并承认企业一定的经济利益，使企业的经营成果同企业

---

① 马克思，恩格斯.马克思恩格斯全集：第 18 卷 [M]. 北京：人民出版社，1964：307.

的利益建立起必要的联系。由以往的企业无责、无权、无利或责、权、利不相结合，变成企业有责、有权、有利或责、权、利结合。这种与责、权相联系的利益关系的变化，我想应当说是经济关系或生产关系的变化，变得与生产力发展的要求更加适应、更加完善了。

第二，在保持生产资料的全民所有制性质的前提下，生产关系是可以有一定的变化的。社会主义全民所有制和共产主义全民所有制都是全民所有制，都是劳动者和生产资料在社会范围内的直接结合。但由于一个是按劳分配，一个是按需分配，因而它们是两个具有质的区别的全民所有制。在保持生产资料为全民所有的前提下，不实行和实行经济责任制，也是以全民所有制为基础的生产关系的变化。毛泽东同志曾经指出："把什么东西统统都集中在中央和省市，不给工厂一点权力，一点机动的余地，一点利益，恐怕不妥……各个生产单位都要有一个与统一性相联系的独立性，才会发展得更加活泼。"[1] 实行经济责任制，就是要求企业在承担应尽的经济责任的同时，给企业"一点权力""一点利益"。这虽然没有也不应该引起全民所有制变为企业所有制或集体所有制，但它确实引起了国家与企业、企业与企业、企业与职工个人的关系发生了一系列的变化。怎么能说经济责任制的推行不是生产关系的变化、不是生产关系的进一步完善呢？

第三，企业管理体制改革的基础，正是生产关系的变化。实行经济责任制，无疑是企业管理体制的改革。但不能由此否认它是生产关系的变化。因为，企业管理体制之所以要进行这种改革，就是要使它同生产关系相适合。正如党中央在《关于建国以来党的若干历史问题的决议》中所指出的："必须实行适合于各种经济成分的具体管理制度和分配制度""社会主义生产关系的发展并不存在一套固定的模式，我们的任务是要根据我国生产力发展的要求，在每一个阶段上创造出与之相适应的和便于继续前进的生产关系的具体形式"[2]。把企业管理体制的改革同生产关系的变化割裂开来，那么，实行经济责任制所进行的企业管理体制的改革，就成为由人们主观意志决定而没有客观依据的东西了。

① 毛泽东. 毛泽东选集：第 5 卷 [M]. 北京：人民出版社，1977：273.
② 中国共产党中央委员会. 关于建国以来党的若干历史问题的决议 [M]. 北京：人民出版社，1981：55-56.

三

经济责任制与经济核算制是一个什么关系？目前的认识很不统一。关键在于对经济核算制本身的看法就存在重大分歧，由此出发来讨论它与经济责任制的关系，当然难以取得一致的看法。因此，讨论一下经济责任制与列宁当年所讲的经济核算制的关系，也许是适宜的。

我们现在推行的经济责任制，与列宁当年所讲的经济核算制的关系，有的同志认为二者虽然有某些类似之处，但本质上是不同的；有的同志认为经济核算制不过是同企业内部经济责任制相联系的，只是经济责任制的一项内容。我以为这些看法都是值得商榷的。

经济责任制在本质上就是列宁当年所讲的经济核算制。因为，列宁当年提出实行经济核算制，也是社会主义国家对全民所有制企业管理体制上的一次重大改革。在对国营企业实行军事共产主义供给制类型的管理体制的时期，在最高国民经济管理委员会下设立了许多管理总局，分行业管理国营企业。管理总局统一下达生产计划，规定企业生产的产品品种和数量，统一供给企业基金和原材料，统一报销企业的各项费用，统一分配所属企业的产品。企业对生产经营没有任何经济责任、经济权力，也没有与经济责任和权力相联系的经济利益。这种国家对企业管理的供给制，在苏联国内战争时期，对于集中仅有的物资保证前线的供应，曾经起过积极的作用。但是，随着国营企业的发展，这种管理体制的弊病逐渐暴露出来，各个企业无论经营管理好坏，企业集体福利和职工收入没有什么差别，束缚了企业和职工发展生产、改善经营管理的积极性和主动性，造成了人力和物力的浪费，妨碍了国民经济的恢复和发展。经过一段时间的探索，根据列宁的指示，苏联于1921年颁布了实行经济核算制的法令，规定国营企业实行经济核算制。这不是原有的企业管理体制的小修小改，而是对供给制的一个重大突破，它是作为供给制的一个对立物而产生的。

根据列宁的论述，经济核算制的内容与我们现在推行的经济责任制基本相同。

首先，列宁认为，国营企业实行经济核算制，就是赋予企业必要的经济权限，使企业进行统一领导下的独立经营。如列宁所说："国营企业实行所谓经济核算制……这实际上等于国营企业在相当程度上实行商业原则。"① 所谓在相当程度上实行商业原则，就是要使国营企业在国家统一领导下具有相对独立性，在一定范围内像商品生产者那样进行独立经营，以收抵支，并争取盈利。列宁说："如果我们建立了实行经济核算制的托拉斯和企业，但不会用精打细算的商人的方法充分地保证我们的利益，那我们便是地地道道的大傻瓜。"② 列宁还强调了企业相对独立经营的重要性，他说："我们不应当规避独立会计，而应当懂得，只有在这个基础上才能创造起码的条件，使工人不仅在工资方面，而且在工作数量等方面得到满足。只有在这个独立会计的基础上，才能建立经济。"③ 列宁所说的独立会计，就是要使企业成为相对独立的社会主义经济单位，在国家统一领导下进行独立经营。这样，才能使企业生产任务更加饱满，职工收入也可相应增加，而整个经济也才能发展。

其次，列宁认为，国营企业实行经济核算制，就是要求企业负起严格的经济责任。企业不仅要对国家下达的生产计划、财产管理负完全责任，而且要对企业的盈亏负完全责任。正如列宁所说："各个托拉斯和企业建立在经济核算制的基础上，正是为了要它们自己负责，而且是完全负责，使自己的企业不亏本。如果它们做不到这一点，我认为它们就应当受到审判，全体理事都应当受到长期剥夺自由（也许在相当时期后实行假释）和没收全部财产等的惩罚。"④

最后，列宁认为，国营企业实行经济核算制，就是要把企业和职工个人的经济利益同他们履行经济责任的情况联系起来，使职工和企业从物质利益上关心企业的生产经营，为国家作出更大的贡献。列宁说："管理的基本原则是，一定的人对所管的一定的工作完全负责。"⑤ 他还说："不是直接依靠热情，而是借助于伟大革命所产生的热情，依靠个人兴趣、依靠

① 列宁. 工会在新经济政策条件下的作用 [M] //列宁全集：第 33 卷. 北京：人民出版社，1959：156.
② 列宁. 给财政人民委员部 [M] //列宁全集：第 35 卷. 北京：人民出版社，1959：54.
③ 列宁. 莫斯科省第七次党代表会议 [M] //列宁全集：第 33 卷. 北京：人民出版社，1959：84.
④ 列宁. 给财政人民委员部 [M] //列宁全集：第 35 卷. 北京：人民出版社，1959：549.
⑤ 列宁. 给安·伊·叶利扎罗娃的便条 [M] //列宁全集：第 36 卷. 北京：人民出版社，1959：544.

从个人利益上的关心、依靠经济核算……否则，你们就不能到达共产主义。"① 列宁还说："必须把国民经济的一切大部门建立在个人利益的关心上面。共同讨论，专人负责。由于不会实行这个原则，我们每一步都吃到苦头。"②

由上述可见，我们不能说经济核算制与企业供给制基本相同，也不能说它与经济责任制有本质的区别。

当然，说经济责任制与列宁所提出的经济核算制基本相同，本质一致，并不是说毫无区别。我们所推行的经济责任制，明确规定了它的核心是提高社会经济效益，目的是满足全体人民日益增长的需要，提高社会经济效益的前提是服从国家计划指导；企业不仅要对国家下达的增加盈利或减少亏损的任务负责，而且要对全面完成国家计划负责等，是列宁当年直接论述经济核算制时所未提到的。但是，这些内容是列宁在其他的论述中作为既定的前提来看待的。如联共（布）中央根据列宁的思想，后来对国营企业实行的经济核算制作了这样的规定："赋予企业在全国性计划范围内的独立性，以便企业更妥善地确定完成计划的途径，灵活运用资金，动员内部资源，从而达到降低产品成本的目的。"③ 这里所说的降低产品成本的目的就是我们所说的提高经济效益，这里强调的全国计划性范围内的独立性就是我们说的服从国家计划指导，不仅要对盈亏负责，而且要对完成计划负责。可见，经济责任制与列宁论述的经济核算制的某些区别，并不表明二者有本质区别，而是证明我们的经济责任制是列宁论述的经济核算制的进一步发展和完善。

列宁论述的经济核算制，在苏联后来的实行过程中有重大的变化。企业的自主权有时稍大一点，有时小一点，经济责任与企业和职工经济利益的联系有时通过这种方式，有时又通过另一种方式，等等。如果以我们现在实行的经济责任制的一些具体形式，同苏联在 1921 年以后实行的经济核算制的具体形式进行简单的类比，而断定二者本质不同，那就可能把我们的企业扩权试点和经济责任制也视为两个本质不同的东西了。至于把经济

① 列宁. 十月革命四周年 ［M］//列宁选集：第 4 卷. 北京：人民出版社，1958：572.

② 列宁. 新经济政策和政治教育局的任务 ［M］//列宁全集：第 33 卷. 北京：人民出版社，1959：51.

③ 1929 年 12 月 5 日联共（布）中央《关于改进工业管理机构的决议》。

核算制单纯看成企业内部的经济关系，那就更是对经济核算制的误解。在苏联实行传统的集中计划管理体制的条件下，国营企业的经济核算制徒具虚名，本质上是企业供给制。如果说这种空有其名的经济核算制与经济责任制有本质区别，当然是正确的。但是这并不表明经济核算制与经济责任制有什么本质区别，只表明经济核算制与经济责任制本质上同样都是供给制的对立物。长期以来，人们把有名无实的经济核算制误认为是经济核算制本身，因而现在把它和经济责任制看成是本质不同的东西，这是不难理解的。但是，我们只要从本质上去看，就应当承认，今天推行的经济责任制正是列宁倡导的经济核算制思想的继承和发展。

论国有经营性企业的运营目标

本文原载于《财经科学》1992 年第 5 期

国有企业中的经营性企业（它区别于主要服务于社会利益、不以企业盈利为目的的非经营性企业）的运营目标应当是什么？这是当前世界许多国家包括一些资本主义发达国家和一些社会主义国家都在讨论的问题，也是我国当前国有企业经营机制转换和国有资产管理体制改革正在研究的问题。本文仅就我国国有经营性企业运营目标问题谈点看法。

国有经营性企业与国有经营性资产当然是两个不同概念。因为国有经营性企业中的资产不一定完全是国有资产，国有经营性资产也并非只存在于国有经营性企业之中。这里为了讨论问题方便起见，我们假定国有经营性企业的资产全部为国有资产，或者说国有经营性资产全部存在于国有经营性企业中，把国有经营性企业和国有经营性资产完全视为同一概念。在这个假定条件下，把国有经营性企业（以下简称"国有企业"）的运营目标讨论清楚了，现实经济生活中那些存在于与其他所有制乃至与外商的合资、合作经营企业的国有经营性资产运营目标问题，也就容易理解和把握了。

国有企业运营可供选择的目标

社会主义国家对国有企业进行科学管理，其终极目的无疑是促进国有企业更好地为国家利益即国家所代表的整个社会全体人民的利益服务。问题在于社会主义国家应当要求国有企业直接实现什么样的运营目标。国家要求国有企业直接实现的运营目标可以有三个：

一是企业盈利目标。这是指国有企业运营国有经营性资产所要实现的直接目标，就是要使国有企业盈利，尽一切可能达到盈利极大化。国有企业的盈利，就是国有企业所生产的商品和所提供的劳务（其价值为 $C+V+m$），在按市场供求关系影响下形成的价格出售之后减去生产资料转移价值（C）和劳动者为自己劳动创造的价值（V）的余额（m）。这是社会主义商品经济条件下企业微观经济效果即劳动消耗与有用劳动成果比较的货币表现。

二是宏观盈利目标。这是指某些国有企业运营国有资产不是以自身的眼前盈利为目标，而是以整个国民经济，而且是较长时期，比如以 10～15 年能获得盈利为目标。这些国有企业的微观经济效益，实质上即使是比较好的，但由于这些企业低价向其他企业提供商品和劳务，企业微观经济效益并不通过企业自身的盈利表现出来（甚至表现为企业亏损），而是通过其他企业的盈利以至到最后通过整个国民经济获得更多的盈利表现出来，或者表现为短时期内不盈利而经过较长时期以后才表现为盈利。

三是社会其他目标。这是指国有企业运营国有资产在以企业自身盈利或宏观盈利为目标之外，还承担国家规定的对社会有利的其他目标。这包括：为了社会稳定，国有企业超过自身生产经营的需要而多安排待业人员就业，或低价向社会提供商品和劳务；为了社会乃至某一地区经济的发展、城市建设或教育事业的发展，国有企业承担与自身生产经营无关的投资、捐赠、赞助等。至于目前社会流行的对国有企业的各种摊派，完全是对社会无益、又对企业有害的负担，根本不应包括在这里所说的社会其他目标的内容之中。一些国有企业特别是远离城镇的国有企业为解决生产经营和职工生活有关问题，投资建设道路、职工住宅，兴办职工医院、子弟学校等，这是为企业自身生产经营创造必要的条件，当然也不应包括在社会其他目标的内容之中。

有的主张把国有企业运营目标分为经济效益目标和社会效益目标这两种，似乎企业盈利才是经济效益，社会效益目标是不包括经济效益的。其实经济效益应分为微观经济效益和宏观经济效益这两个方面。而社会效益中既包括社会的宏观经济效益，如生产力合理布局的效益，又包括社会的宏观的其他效益，如政治稳定的效益等。这一政治效益的表现就是：如果经济上不作必要的花费，社会不稳定、生产力布局不合理等所带来的经济损失可能更大。为了科学地考察国有企业运营目标，我们把企业运营目标分为上述三项。这三项也归为两类：一类包括第一项目标，就是企业或微观盈利目标；二类包括第二、三项目标，可统称为社会或宏观效益目标，其中包括社会或宏观盈利目标和社会其他目标。这就说明，国有企业运营目标的选择，可以是企业盈利目标，还可以是社会效益目标，而社会效益目标是包含着社会经济效益和社会其他效益的。国家到底应当如何规定国有企业运营目标？是要求它们实现企业盈利这个单一目标？还是要求它们既实现企业盈利又实现社会效益的双重目标？这就是国有企业运营目标选择问题的关键所在。

选择企业盈利目标的基本依据

国家应当选择什么样的目标作为国有企业运营目标？有一种观点认为，由于国有企业既是"企业"又是"国有"的，这就决定了它既要实现企业盈利目标，又要实现社会效益目标。不这样，就会否定国有企业的基本性质。我不同意这个观点。我认为，国有企业运营目标的选择，不能孤立地从国有企业本身的性质出发，就事论事，而必须从国有企业运营的整个社会经济环境，它在其中的性质、地位和作用，以及它和其他所有制性质的企业的相互关系等出发，从根本上讲要服从于解决和发展社会生产力，更好地满足人民群众日益增长的物质文化生活的需要。

我国现阶段国有企业运营的社会经济环境不是社会主义高级阶段，而是社会主义初级阶段；不是实行有计划的产品经济，而是正在大力发展有计划的商品经济；包括社会主义全民所有制在内的社会主义公有制，还不是全社会生产资料所有制的唯一形式，而是以新社会主义公有制为主体的多种经济成分并存和发展；国有企业不应该是社会大工厂中一个单纯的生产单位，而应该成为商品生产者和经营者；国有企业之间、国有企业和非国有企业之间的经济联系不是产品分配或调拨关系，而是要通过市场进行商品交换、开展竞争等。上述的客观经济条件决定了国有企业运营只能以企业盈利为目标。

首先，以企业盈利为目标，才符合现阶段国有企业的商品生产者和经营者的性质。在社会主义原有经济体制下，国有企业是政府的附属物，是运用国有生产资料按指令性计划进行产品生产的单位，而不是自主经营、自负盈亏的商品生产者和经营者。这时，国有企业的运营目标可以完全从属于国家所承担的社会目标。关于国有企业本身的盈利目标，不能说完全没有，但实际上是无足轻重的。而现在我国正在对原有体制进行根本性的改革，改革目标是建立起社会主义有计划的商品经济新体制和计划与市场结合的新的经济运行机制，把国有企业塑造成真正的商品生产者和经营者，自主经营，自负盈亏，自我发展，自我约束。这就要求国有企业所运营的国有资产（其价值形态为国有资金）在运营过程中不断增值，即通过资金的循环和周转，带来比原有资金价值更大的价值。这时，国有企业只有以盈利为唯一的运营目标，才符合新经济体制下国有企业的商品生产者和经营者的性质，才能适应国有企业资金价值不断增值的要求。

在新的经济体制下，能不能要求国有企业实现双重目标，即既实现企业盈利目标又实现社会效益目标呢？不能！因为这两个目标之间是互相冲突的，很难相容和兼顾。例如，按企业盈利目标选择厂址，就要求尽量节约投资，尽量降低投产后生产经营成本，而要按社会效益目标选择厂址，就可能为改变落后地区的经济面貌，把企业建在边远地区，这必然多花投资，增加投产后生产经营成本，减少企业盈利。又例如，按企业盈利目标要求决定用工，就要尽量精减职工，保持一支精干、高效的职工队伍，以提高生产效率，降低成本，增加企业盈利；而按社会效益目标要求用工，就可能为保持社会稳定，多安排待业人员在国有企业中就业，这就会降低生产效率，增加生产经营成本，减少企业盈利。再比如，按企业盈利目标要求就要尽量节约与企业生产经营无关的开支；而按社会效益目标要求将大大增加与企业生产经营无关的开支，如支援企业所在地的建设、支援教育等的捐赠、赞助，必然减少企业盈利。还比如，按企业盈利目标要求，向社会提供的商品和劳务应该尽量争取获得较高的出售价格，以争取更多的企业盈利；而按社会效益目标要求，为保持社会稳定，规定企业以低价向社会提供商品和劳务，就必然减少企业盈利。上述双重目标之间的矛盾和冲突表明，如果要求国有企业实现双重目标，很可能导致国有企业根本无法实现企业盈利目标，从根本上否定国有企业的商品生产者和经营者的性质。

国家通过对国有企业为实现社会效益目标而支付的成本予以补偿，可否要求国有企业实现双重目标呢？这也是很难办到的。即使是在原有的经济体制下，国有企业实际上也要求有自身的经济利益。为了扩大这种经济利益，企业会千方百计地夸大实现社会效益目标的成本，要求国家给予补偿，以虚增企业盈利。这是我国一些经济部门和企业在实现双重目标的实践中早已证明了的。在新经济体制下，国有企业作为商品生产者和经营者有更强烈的自身经济利益的冲动，为了扩大自身经济利益，将夸大实现社会效益目标而支付的成本，要求国家予以补偿。现实经济生活中一些经济部门和国有企业不正是这样干的吗？所以，试图用对实现社会效益目标的成本予以补偿的办法，要求国有企业实现双重目标的路子也是行不通的。

同时，国有企业以盈利为运营目标，才适应企业在市场上平等竞争的需要。在我国目前所处的社会主义初级阶段，所有制结构是以公有制为主体的多种经济成分并存和发展，各种所有制性质的企业以至同一所有制性质内部各个企业之间的经济联系都是通过市场商品交换来进行的，即国有企业之间、国有企业与非国有企业之间彼此都是作为商品生产者和经营者在统一的市场进行经济活动。各类企业市场活动的一项本质要求就是平等竞争，企业的兴衰成败、生死存亡都取决于企业自身竞争力的强弱。国有企业要能与其他企业平等竞争，在运营目标上就必须单一化，必须同其他性质的企业一样以企业盈利为唯一目标。这样，国有企业才可能同其他性质的企业在同一起跑线赛跑，并鼓励国有企业不断增强自身的竞争能力，使自己处于不败之地；如果要求国有企业实现双重运营目标，势必极大地增加国有企业的社会负担，削弱竞争能力，以致在市场竞争中败北。这时国有企业的生存都受到威胁，还要求它承担双重目标，这不等于要置企业于死地吗？目前我国一些国有大中型企业在生产技术装备、经营管理水平、职工队伍素质、干部领导能力等方面本来处于优势地位，但竞争不过一些非国有企业，原因固然很多，但其中一个原因就是这些国有企业承担双重目标，和其他非国有企业在市场竞争中处于不平等地位。难道这种状况还要继续下去吗？

　　再者，国有企业以盈利为运营目标，才有利于社会生产力的发展，更好地满足社会和人民各方面的需要。在原有体制下，国有企业承担双重目标与国家所要实现的社会目标非常一致，似乎是十分理想的。但由于政府作为社会管理者与作为国有资产所有者身份不分，政府与企业职责不分，政府对国有资产的所有权与企业对国有资产的经营权不分，政府把国有企业管得很死，束缚了企业领导和职工搞好生产经营的积极性和创造性，影响了企业生产技术的改进、经营管理水平的提高和生产力的发展，导致企业运营的双重目标都不能实现，社会和人民的各种需要都不能得到很好满足。这正是我国原有体制的弊端所在，也正是我们进行经济体制改革的原因。

　　通过改革，建立新的经济体制和经济运行机制，要求国有企业成为商品生产者和经营者，只承担企业盈利目标。从形式上看，这和国家所要实现的社会目标是脱节的，是不一致的。但是，由于这时要实行政资分开，政企分开，两权分离，企业成为真正的企业，企业盈利目标实现情况同企业领导和职工的经济利益密切联系，将极大地调动企业搞好生产经营的积极性和创造性。为了争取更多的盈利，企业将不断改进生产技术，推动技术进步，改善经营管理，厉行节约，降低成本，大大促进社会生产力的发展。为了获得更多的盈利，企业会根据市场需求的变化，不断进行产品的更新换代，更好地满足社会生产和人民生活的需要。特别重要的是随着企业盈利的增加，以税金和利润（或国有资产占用费）形式上缴国家的部分的绝对量将大大增加，国家可以用这部分大大增加的集中纯收入更好地实现社会效益目标。例如，可以投资兴办企业，解决社会人员的就业问题；可以进一步完善个人收入分配和社会保障制度，解决原来要由企业低价向社会供应商品和劳务的问题；可以增加教育、城市建设等部门的经费，解决原来要由企业赞助才能解决的这些部门发展需要的问题；可以增加拨款支援经济落后地区经济的发展，而不是强迫新办企业建在这些地区去改变这些经济落后面貌，从实质上看，自有企业以企业盈利为目标，将大大促进社会生产力的发展，更好地满足社会各方面的需要，这不但不和社会效益目标相矛盾，而且更有利于社会效益的目标的实现。

国有企业只以企业盈利为目标，企业的国有性质又如何体现呢？企业的国有性质体现在企业缴纳各种所有制形式的企业都应当缴纳的税金以外，还要向国有资产管理机构缴纳资产占用费，这就是国有企业资产的国家所有权的实现形式，也是企业和非国有企业的区别所在。如果不管实行什么样的经济体制，都要求国有企业实现双重目标，完全同国家要实现的社会目标相一致，这不过是要继续把国有企业置于政府附属物的地位，显然这同经济体制改革方向背道而驰的。

实施以企业盈利为目标的条件

国家规定国有企业以企业盈利为运营目标，相应地应该有一套统一的考核企业盈利状况的指标体系。这个指标体系包括企业盈利的绝对量，特别是企业盈利的相对量，即各种盈利率，如资金盈利率、成本盈利率、工资盈利率等。

要按统一的盈利率指标考核企业的盈利状况，需要具备必要的条件。因为计算各种盈利率的分子、分母的构成要素是受到社会经济各种因素的影响的。如资金盈利率的计算中，企业新建时地址的选择是否恰当、固定资产购置和安装费用是否经济，会影响企业现在的资金占用量；产品方向的确定是否正确、原材料供应价格和产品销售价格的形成是否合理，会影响企业产品在市场上的销售量和盈利额；等等。为了用统一的盈利率指标考核企业盈利目标的实现情况，需要通过改革创造下列基本条件。

1. 通过竞争性评估，科学地确定国有企业现实的资金占用量

由于在原有经济体制下，企业地址的选择、投资的使用、产品方向的确定等，往往受非经济因素干扰，背离了提高经济效益的原则。加之近些年来通货膨胀的影响以及企业经济短期行为所导致的潜亏的发生等，给企业资金实际占用量的评估造成了很大的困难。仅就企业固定资产价值的评估来说，用原值减折旧等于净值的办法，是不可能正确反映企业现在实际占用的资金量的。因为企业地址选择不当而造成的资产减值、投资使用上的浪费、产品方向选择不当所造成的损失等，都未能从原值和净值中反映出来。用市场现行价格评估企业的厂房、设备等的价值的办法，虽然比前一个办法好一些，但也很难对企业占用的固定资金量作出正确的评价，因为企业地址选择不当、产品方向确定不当等所造成的固定资金价值贬值的因素未能得到正确的反映。

正确评估企业资金占用量，可能的途径是通过竞争性评估，即用招标投标方式，通过两个以上的由企业内或企业外的部门、单位的人员组成的比如承包集团，根据企业的地理位置、产品方向、设备的技术水平等，对企业资产进行竞争性评估，谁出价最高就承包给谁。这样评估出来的企业资金占用量可能高于或低于账面的资产净值或资产的市场现价，但它却能综合反映国有企业占用资产的实际价值。以此为依据计算资金盈利率，才能正确反映企业的盈利状况，才可能在国有企业之间进行横向比较，也才可能起到鼓励先进、鞭策落后的作用，促进各个国有企业努力发展生产力，进一步提高企业盈利率。

2. 让国有企业真正具有努力争取盈利极大化的动力和权力

要求国有企业以盈利为运营目标，就必须赋予国有企业以追求盈利极大化的动力和权力。企业的盈利状况一定同企业干部、职工物质利益紧密挂钩，真正形成一种正相关关系。同时，要赋予企业能够尽力争取盈利极大化的一切生产经营自主权。它们应和其他所有制性质一样，除了受法律约束、政策约束、市场约束、预算约束，不再受任何其他约束。企业争取盈利的主动性、积极性能够得到充分的发挥。

3. 建立起完整的、开放的、竞争的、市场机制充分发挥作用的市场

市场是企业经济活动的舞台，企业的一切经营活动都要依靠市场，企业内部管理（如机构设置、生产组织）也要受市场约束，适应市场要求，企业经营效果也要由企业的市场活动成果（盈利状况）来检验。

要运用各种盈利率指标考核企业盈利目标实现情况，就要求企业经济活动的舞台——市场应该是完整的，不仅有商品市场，还有各种生产要素市场，使企业为了增加盈利而采取的扩大或缩减生产、转产的措施能顺利实施。市场还应该是开放的和竞争性的。如果企业面对的是封闭的、垄断性的市场，例如生产要素的购置面对的是卖方垄断，产品销售面对的是买方垄断，那么企业应当获得的盈利必然被各种垄断机构所侵占。这个市场的价格应该是在市场供求关系变化中自动形成的；如果是由官方定价，企业的盈利水平将完全取决于官方的偏好，而不取决于企业的经营管理水平，使企业盈利目标实现情况的考核变得毫无意义。

4. 要有一个支持并保护企业盈利为目标的政府

企业同政府相比，企业总是在政府管理下开展经济活动的，而政府则是社会经济的主宰，它既可以促进经济的发展，也可以阻碍经济的发展。社会主义国家的政府本质上当然是促进并服务于社会经济的发展，但管理体制不当也会阻碍经济的发展。国有企业以企业盈利为目标而展开的经济活动能否顺利进行，政府能否正确管理社会经济是一个关键，因为国有企业即使真正获得了很大的生产经营自主权，企业许多经济活动的环境和条件也要依赖政府创造和提供。政府机构包括政府工作人员的行为是否合理化，直接关系着企业的命运好坏。如果政府不能支持和保护企业以盈利为目标，强制企业承担社会效益目标，企业是难以抗拒的。所以，社会主义国家在建立新经济体制的过程中，应该有一套法律和法规约束政府本身的行为。这是保护国有企业坚持盈利目标的基本条件。没有这个条件一切都可能落空。

认真医治只求速度不讲效益的顽症

本文原载于《财经科学》1996 年第 2 期

　　党的十四届五中全会提出，我国要实现经济增长方式的转变。我对此的理解是：我国经济增长方式由粗放型向集约型转变，从理论上说是从外延式扩大再生产向内涵式扩大再生产转变；从实践上看，应是宏观经济上由以外延扩大再生产为主向以内涵扩大再生产为主转变。外延与内涵往往是密不可分的。所以经济增长方式只有以外延或内涵为主的问题，不存在只要"外延"或只要"内涵"的问题。这一转变，是一个除旧布新的过程；不除旧、不消除只求速度不讲效益的粗放型经济增长方式，就不可能布新，不可能实现在提高效益的前提下讲求快速发展的集约型经济增长方式。所以在探讨如何实现经济增长方式转变问题时，有必要清理和医治只求速度不求效益的顽症。

　　只求速度不讲效益是什么含义呢？经济效益，简言之是投入与产出之比。投入 100，产出 120，是有效益的。投入 100，产出 80，是没有效益的。为了产出多、产量产值增长速度快，而不管投入多少，就是所谓只求速度不讲效益。任何时候，人们从事任何活动，总是在追求某种效益。所谓只求速度不讲效益问题，实际上是只追求工农业总产值或国内生产总值的增长速度，不讲宏观经济效益，而不是不讲任何效益，更不排除某些个人、企业或地方获得很大效益。片面追求高速度，不讲经济效益，应该说是我国经济增长上的一大顽症。新中国成立以后，经济增长取得了举世瞩目的成就，1953—1978 年的 26 年中，国内生产总值年平均增长 6.1%。1978—1994 年即改革开放以来的 17 年中，经济继续增长，年均增长速度达 9.4%。但是，我国经济增长主要是靠多投入取得的，劳动生产率提高缓慢，从而经济效益低下。如果说在新中国成立初期，依靠多投入，争取多产出，实现数量扩张的粗放型经济增长有一定的合理性，那么在我国经济已达到相当规模，中央已提出并强调应该讲求有效益的速度的时候，仍然只求速度不讲效益，就不能不承认这是一种顽症了。事实也正是如此。

改革开放前的 20 多年中，超高速增长而不注重效益的年份，就有 1953 年、1956 年、1958 年、1964 年、1965 年、1966 年、1969 年、1970 年、1978 年。中央在 1981 年总结了以往的经验教训，在《政府工作报告》中指出："要切实改革长期以来'左'的思想指导下的一套老的做法，真正从我国实际情况出发，走出一条速度比较实在、经济效益比较好、人民可以得到更多实惠的新路子。"此后，中央不断强调经济发展要以经济效益为中心。但片面追求高速度不讲经济效益的旧病一再复发。继 1984 年和 1985 年不注重经济效益的超高速增长之后，1992 年和 1993 年又出现了一次不注重经济效益的超高速增长。

中央强调经济增长要以经济效益为中心，已经讲了 15 年了，为什么只求速度不讲效益的病症总是一再复发呢？根本上是因为经济体制改革还未完全到位，旧体制尚未完全消除，新体制尚未真正建立，还未完全形成经济增长以经济效益为中心的机制，所以改革是转变经济增长方式的动力；还因为对主要依靠科技进步和提高劳动者素质，以实现经济增长的意义缺乏认识，需要大大提高对科技和教育的重要性的认识。除了这些原因，上述顽症一再复发，可能还有以下原因：

第一，单纯以经济数量增长速度论英雄。这些年来，评价不同地区、不同企业的经济工作成绩，表彰先进，选拔干部，已经开始注意经济效益状况，不再单纯考核经济增长速度了。这是一个很大的进步。但是，片面强调经济增长速度、不讲效益的情况也还相当普遍。这实际上是一种错误的导向，鼓励一些干部片面追求粗放型的经济增长。加之，在目前干部任期制背景下，下一级单位干部靠粗放型经济增长提拔上来，又会在上一级单位继续追求粗放型经济增长，以便继续升官。同时，靠集约型经济增长费劲多风险大；而靠铺摊子、上新项目，费劲少、风险小，老百姓看得见，政治声誉又好，上级又喜欢，下级干部何乐而不为呢？所以，评价和考核干部单纯以经济增长速度为标准，是引导干部追求速度不讲效益的指挥棒。

第二，银行贷款投资，地方财政增收，也是不少地方单纯追求经济增长速度的重要原因。许多地方上新项目、铺新摊子，是地方政府施压银行贷款来投资的。地方本身并不花钱或花钱很少，但项目建成投产后，不管项目本身经济效益如何，地方财政都可以增加收入，可以获得一定的增值税收入，还可以得到企业所得税收入。尽管这些项目从宏观上和总体上看经济效益很差，但从地方财政的角度看则是一种有效益的投资。地方政府既然手中有权，可以对银行贷款施加压力，上了新项目对地方财政又有增收的好处，地方政府怎么能抑制住片面追求速度不讲效益的冲动呢？

第三，价格体系不合理，也是造成只讲速度不讲效益的经济动因。目前，价格改革已取得不小的成绩，但一些比价不合理的状况还未彻底改变。农产品价格和以农产品为原料的工业品价格之间，矿产品价格和以矿产品为原料的工业品价格之间，比价还不合理，前者价格偏低，后者价格偏高。这种价格不合理的状况，就促使农产品或矿产品的主要产区，为了本地区的经济利益，防止利润外流，不顾本地区的经济技术条件，在低水平上兴办加工工业。这些新上的加工工业从宏观上看是没有效益的，但从兴办这些加工工业的地方本身来看，可能在防止利润外流上有着相当良好的效益。既然地方效益良好，地方政府怎能不去追求呢？

上面提到的三种情况，都不是不讲求效益，只是不讲求宏观经济效益。第一种情况下地方和企业干部费很少的力抓经济增长速度，可以获得升级提拔的效益；第二种情况下地方政府花银行的钱，可以获得增加地方财政收入的效益；第三种情况下上马低水平的加工项目，可以获得避免低价出卖原材料、防止利润外流的效益。所以，要医治只讲速度不讲效益的顽症，实际上是要医治只讲经济增长速度、不讲宏观经济效益的顽症。要医治这种顽症，除了要提高人们对实现经济增长方式由粗放型转变为集约型的重要性、必要性和紧迫性的认识，重要的是创造一种条件，把人们追求的上述种种"效益"，引导到与宏观经济效益相一致的轨道上来。为此，首先要改革和改善考核地区、企业、干部经济工作业绩的指标体系，强调在提高经济效益前提下的经济增长速度，引导干部在观念上实现经济增长方式的转变。其次要逐步减少以至彻底消除地方政府对银行信贷的行政干预，把地方政府靠银行拿钱投资、自己创财政收入的路子堵住，不让它对宏观经济效益造成更大的危害。最后要使农产品、矿产品价格和以它们为原料的工业品价格有一个合理的比价，使农产品、矿产品产区和工业品产区既可各自发挥自己的优势，又能获得合理的经济利益，从根本上消除农产品、矿产品主要产区在低水平上兴办加工工业的经济原因。

经济增长类型的科学划分

本文原载于《财经科学》1997年第1期

一、微观经济"粗放增长"与"集约增长"的划分

科学划分粗放增长与集约增长，是科学划分粗放型增长与集约型增长的基础。没有前者的科学划分，后者的划分也就不可能科学；没有微观经济的粗放增长与集约增长的科学划分，就不可能有宏观经济的粗放型增长与集约型增长的科学划分。所以，我们从如何划分粗放增长与集约增长谈起。

粗放增长与集约增长，就是马克思在《资本论》中讲的外延式扩大再生产和内涵式扩大再生产。如果要给粗放增长和集约增长这两个概念下定义，那么，单纯或完全依靠增加生产要素的投入而生产效率没有任何提高条件下实现的经济增长就是粗放增长；不论生产要素投入增加与否、增长多少，只要是通过改进技术，提高了生产要素效率而实现的经济增长就是集约增长。这两个简单的定义，包括了丰富的内容：

第一，这里没有把现有生产技术水平的高低，劳动、资金、技术等某一种生产要素密集的程度作为划分粗放增长与集约增长的依据，因为它们与研究经济增长方式问题没有直接的关系。

第二，这里没有把是否增加生产要素的投入作为划分粗放增长与集约增长的依据，因为粗放增长是要靠增加生产要素的投入，但是，集约增长也可以甚至有必要增加生产要素的投入，如棉纺织业劳动者和机器设备的生产效率的提高，生产中消耗的棉花必将大量增加，这里没有投入的增加，能实现集约增长吗？同样，这里也没有把是否铺新摊子作为划分粗放增长与集约增长的标志。因为，增加生产要素投入，建设新工厂，如果实现了经济增长，它可以是粗放增长，也可以是集约增长，关键是看新建工厂的生产效率是否比原有工厂生产效率有所提高。如果新工厂生产效率有所提高，就属于集约增长；如果生产效率不变甚至下降，就属于粗放增长。

第三，这里讲的粗放增长，是说单纯依靠生产要素投入的增加，即没有丝毫生产效率的提高而实现的经济增长。如果生产要素投入增加的同时有生产效率的提高，即使提高很小，也是集约增长。也就是说，这里讲的粗放增长，不仅依靠投入增加，也不仅以投入增加为主，而且单纯或完全依靠增加投入来实现的经济增长。这里讲的集约增长，不仅可以增加投入，而且可以增加很多的投入，但增加投入时只要有生产效率的提高，而且效率提高的因素不一定在经济增长的总额中占有很大的比例，所实现的经济增长，就是集约增长。

二、宏观经济"粗放型增长"与"集约型增长"的划分

从宏观经济来看，在整个国民经济中，数以百万计的微观经济单位有的是粗放增长，有的是集约增长；部分单位粗放增长与部分单位集约增长并存、互相结合在一起。在这种情况下，判断一个国家的经济增长属于何种类型即是粗放型增长还是集约型增长，一般说来，是看该国国民经济中哪一种经济增长方式是主要的——如果是以粗放增长为主，就应该属于粗放型经济增长；如果是以集约增长为主，就应该属于集约型经济增长。我这里说的粗放增长与集约增长是以本文第一部分阐明的标准为依据的。

目前，有一种比较常见的观点是生产要素投入增加的因素为主时，国民经济的增长方式就是粗放型的；生产要素效率提高的因素为主时，国民经济的增长方式就是集约型的。西方经济增长理论专家所持的也是这种观点。他们还提出了计算投入增加与效率提高对经济增长的贡献的公式。钱纳里指出："自阿布拉莫维茨（1956）、索洛（1957）和丹尼森（1962）的开创性工作以来，经济增长因素的度量分析已经取得了快速的进展。其主要目的是，估计以资本、劳动投入（随质量变化而调整）的增长为一方，全要素生产率为另一方对经济增长的相对贡献。目前，有许多运用各种新古典理论对工业国家所作的研究，它们已经覆盖了战后大部分时期，这种方法也越来越多地被用于准工业国家，这样，这两组国家增长进程的一些区别便可以由此得到澄清。"

我国一些经济学者对美国学者罗伯特·M. 索洛分析不同因素对经济增长的贡献给予了充分的肯定，指出："他把经济增长中劳动与资本数量增加同技术变化区分开来，创立了一种能确立不同因素对经济增长的作用的理论模型。该模型无疑具有普遍适用的意义。今天，世界银行和许多国

家都根据这一理论来确定社会经济增长速度及其原因（不同因素对增长的贡献）。"

罗伯特·M. 索洛关于确定不同因素对经济增长的作用的理论模型的内容，简而言之，主要是：经济增长中，技术进步时，即使平均每人资本装备率不变，人均收入仍会增加；而在技术不变时，当人均资本装备率不变，人均收入也固定不变，因而人均国民收入的大小不仅取决人均资本装备率，而且在很大程度上取决于技术进步。一般情况下，λ（技术进步）的值不会为负，λ 值越大，对经济增长也就越有利。

λ 的值不可能直接测定出来，因为技术进步融合在劳动者和资本设备中。但是我们可以利用公式估算出来。

假设：G_r 为"收入增长率"，

αG_L 为"劳动力增长率"，

$(1-\alpha)\ G_K$ 为"资本增长率"，

因为 $G_r = \alpha G_L + (1-\alpha)\ G_K + \lambda$，

所以 $\lambda = G_r - \alpha G_L - (1-\alpha)\ G_K$，

现在假定 $G_r = 3.0\%$，$G_L = 0.7\%$，$G_K = 2.0\%$，$\alpha = 0.75$ 则 $\lambda = 3.0\% - 0.75 \times 0.7\% - 0.25 \times 2.0\%$。

索洛的结论是，在收入增长率 3% 中，有 2% 是由技术进步所带来的，其余 1% 是由资本和劳动投入量的增加所带来的。也就是说，技术进步对收入增长的贡献是 2/3，而资本和劳动投入量的增加对收入增长的贡献只有 1/3。

我国有的学者把何为粗放型增长、何为集约型增长从数量上作了更具体的规定。他们认为："经济集约化增长即以效率提高为主求得产出扩大，表现为当产出扩大时，投入减少或不变，如果投入增加，则投入扩大率小于产出扩大率的一半。"经济粗放化增长即以"投入增加为主求得产出扩大，表现为：当产出扩大时，效率下降或不变，如果效率提高，则投入扩大率大于或等于产出扩大率的一半"。

我认为，索洛确定不同因素对经济增长的贡献的计算方法或理论模型，以及我国学者关于判断一国经济增长类型的数量规定，都是值得商榷的。

我们知道，生产要素投入的增加可以不以技术进步为条件，但技术进步、生产要素效率的提高，一般说来，总是与生产要素投入的增加相联系的。例如，技术进步、生产要素生产效率的提高，一般都要以先进的技术装备投入的增加为条件。又例如，技术进步、生产要素生产效率提高的结果是，同一时间内加工的原材料会相应地增大，这就需要有原材料这类生产要素投入量的增加。正如马克思在《资本论》中指出的：如果撇开土壤肥力等自然条件，撇开分散劳动的独立生产者的技能，那么，社会劳动生产率的水平就表现为一个工人在一定时间内，以同样的劳动力强度使之转化为产品的生产资料的相对量。工人用来进行劳动的生产资料的量，随着工人的劳动生产率的增长而增长。在这里，这些生产资料起着双重作用。一些生产资料的增长是劳动生产率增长的结果，另一些生产资料的增长是劳动生产率增长的条件。不管是条件还是结果，只要生产资料的量比并入生产资料的劳动力相对增长，这就表示劳动生产率的增长。既然技术进步、劳动生产率提高时要表现为劳动力所推动的生产资料的量的相对增长，我们怎么能在考察不同因素对经济增长的贡献时把这种生产资料投入量的增加作为粗放因素予以对待呢？在索洛的理论模型中，如果劳动力增长率、资本增长率都是由技术进步引起的，那么，3%的收入增长率全部是技术进步所作的贡献，不能从中扣除1%作为生产要素投入增加对收入增长率的贡献。如果硬要作这种扣除，可能会将集约型增长误认为是粗放型增长。例如，收入增长率为3%的条件下，技术进步引起劳动力增长率为零，引起的资本增长率为2.5%。这2.5%的假定，是由于技术进步，采用了先进的机器设备，引起同一时间内劳动者在生产过程中消耗的原材料迅速增长。在历史上，在纺织机代替手纺车的过程中，一个工人在同一劳动时间内所消耗的棉花就曾有过几十倍、上百倍的增长。按索洛的公式，技术进步的 λ 值仅是 0.5%，是 3%中的 1/6。这不是把集约型增长算成了粗放型增长吗？

判断一国的经济增长属于何种类型，是粗放型还是集约型，也不能采用投入扩大率必须小于产出扩大率的一半的观点，因为这里也没有区分生产要素投入增加在不同条件下的不同作用，而且对经济增长率超过投入增长率的比例提出了过高的不切实际的要求。

我认为，正确的方法是：把整个国民经济中的微观经济单位按前述划分粗放增长与集约增长的标准分为两类，即投入增长率等于或大于经济增长率的归入粗放增长类，把投入增长率小于经济增长率的归入集约增长类。对每一类按其在一定时期内（如一年）创造的国民生产总值相比上一年的增加值进行加总，再求每类在国民生产总值的增加值中所占的比例。如果集约增长类在国民生产总值的增加值总额中所占比例超过50%（不含50%），就可以认为该国经济增长方式已经属于集约型；如果粗放增长类在国民生产总值的增加值总额中所占比例超过50%，就可以认为该国经济增长方式仍然是粗放型。因为，在整个国民经济中，有50%以上的经济增长额是由技术进步、生产要素效率提高所带来，就应该说经济增长是集约型的。如果经济增长额中有50%甚至50%以上完全是由单纯增加生产要素投入带来的，只能属于粗放型增长。

三、促进经济增长方式转变的正确途径

前面我们对粗放增长与集约增长、粗放型增长与集约型增长的内涵，进行了较详细的辨析。这种辨析对于正确确定促进经济增长方式转变的途径有如下几点重要启示：

第一，全国要实现经济增长方式由粗放型向集约型的转变，核心是强调发展社会生产力。

在粗放增长的条件下，尽管产出量也在增长，但完全是投入增长的结果。在这里只有经济规模的扩大，但没有劳动生产率的提高，谈不上社会生产力的发展。只有在集约增长条件下，即使也有投入的增长，但产出量有更大的增长；不仅有产出量的增长，还有劳动生产率的提高，有生产力的发展。马克思主义，特别是发展了的马克思主义即邓小平同志关于建设有中国特色社会主义理论，十分重视发展我国生产力，反复强调指出，"马克思主义的基本原则就是要发展生产力""马克思主义最注重发展生产力""社会主义阶段的最根本任务就是发展生产力""要坚持社会主义制度，最根本的是要发展社会生产力""我们所有的改革都是为了一个目的，就是扫除发展社会生产力的障碍"。发展生产力的意义在于：一是"使中国摆脱贫困落后的状态"；二是"不断改善人民的物质文化生活"；三是体现出"优于资本主义"，体现社会主义的优越性；四是"为实现共产主义创造物质基础"。

在今天，我国要发展生产力，首先是通过改革解放生产力。同时，要转变我国经济增长方式，由粗放型增长向集约型增长转变。这一转变的实质，就是要真正推进技术进步，提高生产效率，使劳动者生产物质产品和劳务的能力迅速提高。在经济增长过程中就不能只追求产出量的扩大，还

必须追求生产效率的提高。为了促进生产效率的提高，对一切有利于生产效率提高的因素应该予以支持，对一切有害于生产效率提高的因素都应该予以消除，对一切有利于提高生产效率的条件都应该予以创造，对一切属于生产效率提高的结果都应该予以肯定，使提高生产效率真正成为全社会的自觉行为，促进经济增长方式尽快由粗放型向集约型转变，促进生产力迅速发展。

第二，由粗放型经济增长向集约型经济增长转变，特别要重视技术进步。

提高劳动生产率，发展生产力，是我国经济增长方式转变的实质。而劳动生产力是由多种情况决定的，其中包括：劳动者的平均熟练程度、科学的发展水平和它在工艺上应用的程度、生产过程的社会结合、生产资料的规模和效能以及自然条件。从宏观经济上看，还有生产力结构、企业经济规模等。在诸多因素中，对劳动生产率提高有着决定性作用的是科学技术的进步。因为科技进步通过作用于生产力的其他因素，即通过提高劳动者的科技文化素质，变革劳动资料，扩大和改善劳动对象，必将提高劳动生产率。在当代就是要通过科技教育普及和科技进步，劳动者智能化，劳动资料特别是劳动工具自动化，劳动对象人工化，大大提高劳动生产率。而且，科技进步还对生产力结构即产业结构、产业布局发生影响，使产业结构由低级向高级方向演进，如促使新兴产业的发展、传统产业的改造、落后产业的淘汰，提高经济系统的结构效益。所以，马克思早就指出，"生产力中也包括科学""劳动生产力是随着科学和技术的不断进步而不断发展的"。邓小平同志讲科学技术是第一生产力，正是因为科学技术作为生产力的一个组成部分，能够推动生产力迅速发展，并且能够通过生产力去影响社会生活，所以说科学技术是推动历史前进的巨大力量。科学技术进步，劳动生产率提高，才是由粗放型增长向集约型增长转变的实质，所以在各项经济活动中都要注重科技进步，提高生产要素的效率，并且要在保证经济有效增长的前提下，利用一切有利于技术进步的条件，加速技术进步。例如，为了实现集约增长，应该争取一切可能的投资，用于添置技术先进的机器设备，使生产效率有大的提高；为了实现集约增长，新的摊子还是要铺，新的建设项目还是要上马，但必须使生产效率比原有生产效率有提高；为了实现集约增长，劳动密集型生产还是要继续进行，但是要求各种类型的生产（包括劳动密集型生产，还包括资金和技术密集型生产）都要改进技术，提高生产效率，使经济增长率大于投入增长率，并且越大越好。

第三，要积极促进我国经济增长方式的转变，就要充分肯定和鼓励向集约化发展的每一点进步。

经济增长方式转变过程，即由粗放型增长向集约型增长转变的过程，是一个长期的过程，绝不是一朝一夕可以实现的。而且，在这个转变过程中，要依靠全社会各微观经济主体、各部门、各地区在现有技术（包括最新的先进技术、中间适用技术、落后技术乃至极个别十分落后的原始技术）基础上，争取生产技术不断有新的进步，生产效率不断有新的提高。有了这种进步和提高，它们就是在由粗放增长向集约增长转变；没有这种进步和提高，就仍然是粗放增长。技术进步，效率提高，可能发生质的飞跃，一次取得重大突破，也可能是进行量的积累，多次逐步前进。质的飞跃也需要有逐步的量的积累。所以，要积极促进我国经济增长方式的转变，就要积极支持各地区、各部门、各企业经济增长中生产技术和生产效率上每一点进步和提高。只要它能在促进投入产出比上使经济增长率大于投入增长率上发挥一点作用，就是在向集约增长转变上作出了一定贡献，我国经济增长方式就在由粗放型向集约型转变上前进了一步。

提高轻工产品质量是四川经济走出困境的基本途径之一

本文原载于《财经科学》1991 年第 1 期

　　四川轻工产品质量敌不过省外产品的竞争，使本省产品销售困难，这是四川当前经济困难的实质所在。四川经济走出困境的途径，就是轻工产品上质量、上品种、上档次，做到物美价廉，增强市场竞争能力。能否做到这一点，是四川轻工兴衰的关键。

　　有的同志可能会说，四川轻工产品有四川农村这个广阔的市场。这是目前的一部分事实。但这也仅仅是说当前某些产品还适应农村的消费层次。即使这种状况再持续一个时期，农民也要求提高质量。现在有些地方假冒伪劣商品充斥农村市场，有的价格高出城市 30% 以上，农民不仅不买，还非常反感。如果把农村看成陈旧落后商品的处理市场，那就错了。重视农民，重视农村市场，就应该根据农民的需求变化，生产适应农民需要的、高质量、物美价廉的商品。这也要求上质量。

　　况且，四川轻工产品只有把质量搞上去，才可能巩固和扩大本省的市场占有率，并巩固和扩大省外市场占有率，甚至巩固和扩大国际市场。

　　我们近几年有句响亮的口号，叫作"克服盆地意识"。这个口号当然是正确的。四川人确实需要进一步突破封闭观念，增强对外开放意识。但要把对外开放意识化为具体行动，就要提高产品质量，增强市场竞争力。如果质量上不去，产品卖不掉，工厂被挤垮，这不是同"克服盆地意识"的要求背道而驰吗？

　　解决四川经济困难目前有许多主张，有些主张我认为需要讨论。

　　一种观点认为：目前四川轻工产品销路不好，原因是需求不足，主张扩大即期消费需求，增大市场购买力。我认为，这个主张不一定能解决当前四川经济的困难。提高农民及城市职工收入，把一部分储蓄存款吸引出来增加现实购买力，四川轻工产品的销路可能会好一些。但四川轻工产品中那些质量、价格都竞争不过外省的产品，销路能够转好吗？我们所增加的购买力，很有可能被外省商品所吸收。

另一种观点认为：要解决四川当前经济困难，主要应该调整产业结构，发展农业，发展能源、原材料等基础工业和基础设施，使四川产业结构合理化、高级化。我认为，合理调整四川产业结构，是四川经济振兴的根本战略问题，必须采用有力措施，努力实现。但这是需要十年甚至更长的时间才可能解决好的。现在着手解决产业结构上存在的问题，对四川经济发展特别是对四川轻工业的发展，也会有很大的促进作用。如农业大发展可以为轻工业提供更充足的原料，基础工业和基础设施的发展，可以为轻工业的发展创造更好的条件。但是，这一切还不能解决四川轻工产品本身提高质量，增强竞争力的问题。所以，在着手调整四川产业结构的同时，还必须下大力气狠抓轻工产品质量。

还有一种观点认为：四川当前经济困难，关键是企业活力不够，因此解决问题的关键措施是深化企业改革。我以为，四川经济要顺利发展，确实需要深化企业改革，使企业成为自主经营、自我发展、自我约束、自负盈亏的商品生产经营者，使之具有强大的活力，能在省内外市场竞争中特别是轻工产品市场的激烈竞争中，与省外厂家决一雌雄，从而为四川经济振兴作出贡献。但是，我又以为，深化企业改革、搞活企业的同时，作为四川的地方政府还应该有提高轻工产品质量的发展方略，加强宏观计划指导，使全省数万个轻工企业形成一股强大的力量，才可能在竞争中取得更大的胜利。如果放任企业各自为政，就有可能分散力量，盲目发展。这种盲目、分散的努力，将可能遭到共同的失败。

四川轻工产品上质量，我认为是解决四川当前经济困难的关键环节。当然，要使四川轻工产品质量上去，还有大量工作要做。其中主要工作是：

第一，在全省特别是轻工系统内部，要把轻工产品质量问题提到四川轻工以至四川经济能否振兴的关键环节上来认识，增强轻工新产品开发和上质量的自觉性。

第二，要根据国家产业政策、省内外市场需求和本省的优势，选好选准新产品开发的方向，并根据各企业的实际情况逐个落实。

第三，要在保证重工业持续稳定增长的条件下，对轻工新产品开发和上质量的技改资金、设备、能源、原材料等要给予较为充分的保证，使四川轻工技术落后的状况能够迅速改观。

第四，对四川大量的小型和分散的轻工企业，要通过联合、兼并等，实行专业化协作，实现规模经济。

第五，重视科技，重视科技人才。轻工新产品开发和质量上的竞争，根本的还是人才的竞争。四川有大量的高水平的科技人才，要有切实的措施，关心他们的思想、工作和生活，把他们稳定在四川。要制定和落实鼓励政策，对轻工新产品开发和上质量有贡献（不论其贡献大小）的科技人才，都予以表彰和奖励，充分调动他们的积极性，发挥他们的聪明才智。

第六，各级政府的经济管理部门，特别是轻工业的主管部门要精心组织，并搞好为企业服务的工作。

当前四川轻工开发新产品、上质量，最重要的可能是资金问题。我认为，对轻工业的投资增加一些，轻工业新产品技术开发费用大大增加一笔，也是可能的。第一，不要再盲目新建低水平的技术落后的加工工业；第二，不要盲目扩大社会集团购买力；第三，多渠道集资——除争取国家多向四川投资、银行多给四川贷款额度外，千方百计多引入外资，让少数有条件的企业发行股票、债券等，向社会筹措资金。

香港回归与内地经济发展

本文原载于 1997 年 6 月 30 日《四川日报》

　　1997 年 7 月 1 日，将实现香港回归，被英国割占了 150 多年之久的香港将重新回到母亲的怀抱。这是邓小平"一国两制"的构想的伟大胜利，将使中华民族洗雪百年国耻，极大地增强我们民族的凝聚力，鼓舞全国人民发奋图强，努力建设社会主义现代化国家。同时，香港的回归，还将对内地经济发展产生巨大的积极的影响，加速内地经济的发展。

　　香港回归能对内地经济发展产生积极的影响，是由香港在国际经济中的特殊地位以及与内地特殊的经济关系所决定的。香港是欧亚美三大洲的交通枢纽，在国际经济中有许多突出的优势：其一，它是世界上经济运作最自由的地区，创造了大量的商业机会，吸引了大量跨国公司、跨国银行及境外投资者来此从事各种经济活动。其二，它是国际贸易和国际航运中心。1995 年香港对外贸易排名世界第八，巨大的物流量大大增加了对国际航运的需求，香港集装箱吞吐量一直在国际领先，居世界首位，成为世界第一货柜港。香港机场货运量居世界第二位，成为世界最繁忙的机场之一。其三，香港又是区域性国际金融中心，它广泛聚集世界金融机构，充分开展境内和离岸金融业务，是国际资本的主要集散地之一。其四，香港有完整和发达的商用服务网络，除了传统的服务项目不断扩大，新的服务如专用信息处理与研究、商务谈判服务、贸易文件准备、各种贸易融资中介和服务等，为提高交易效率发挥着积极的作用。加上香港具有独特的政治文化背景，特殊的地理位置和与内地广大腹地已形成的有机联系，许多海外投资者把立足香港看作是发展临近市场的跳板、开拓内地市场的基地。内地以经济建设为中心，实行改革开放政策也需要香港这样一个通向世界的窗口、桥梁和管道，加快内地现代化建设。

　　香港回归后，继续保持和发展这一内地其他大城市不可替代的特殊作用，在以下三个方面必将对内地经济发展产生积极的影响。

　　首先，对内地国内生产总值增长速度将会产生重大影响。据统计，目前内地出口额占国内生产总值的比重已达到 20% 左右，经济增长中有两个百分点是靠出口增长拉动的。由于香港是国际贸易中心，内地商品的出口在相当程度上依赖香港。内地对香港出口的增长，会拉动内地经济的发展，促进内地国内生产总值的增长。同时，由于香港是国际金融中心，香港在内地的直接投资，对内地国内生产总值的增长也有重大影响。根据"九五"计划，未来几年社会固定资产投资将高达 15 万亿元人民币，计划吸收外资 1 500 亿美元，香港在这方面将发挥十分重要的作用。

其次，对内地的经济结构也会产生重大影响。香港不仅是内地最大的出口市场，也是最大的外来投资者。据中国对外贸易合作部统计，截至 1994 年年底，内地共批准外商投资项目 22 万余个，协议外资金额 3 045 亿美元，实际使用外资额 1 000 亿美元。其中，港商投资项目 11 万余个，占总数的 51.4%；协议投资金额 1 693 亿美元，占总数的 55.6%。由于港商在内地投资数额巨大，其投资方向必将影响内地经济结构的变化。

近年来港商在内地投资方向正发生一系列的变化：一是投资领域由以制造业、房地产业为主逐步扩大到能源、基础设施和第三产业；二是投资地区由华南扩大至其他沿海地区和内陆，香港与广东经济一体化进程正在加快；三是投资项目由以往以中小项目为主转向以大中项目为主。这些新变化，不但影响着内地经济的地区结构、产业结构，而且影响着企业结构。

最后，香港回归还将对内地经济体制改革的深化产生重大影响。一方面，香港经济是早已发育成熟的典型的资本主义自由市场经济，企业经营机制健全，自由度大，经营方式灵活，经济效益比较好，员工收入也比较高。香港回归后，内地企业如果不加速推进经济体制改革，香港企业会在原材料、产品市场、吸收资金和人才等方面对内地经济构成严峻的挑战。因此，内地必须加快建立和完善社会主义市场经济新体制。从另一方面讲，随着香港的回归，香港经济体制具体运作的实际情况会给内地新体制的建立和完善提供更加现实的借鉴，这就更有利于内地加快新经济体制的建设。

内地要在改革上抓住机遇，迎接挑战，先是国有企业要积极推进现代企业制度建设，把改制同改组、改造和加强管理结合起来，以构成适应市场经济要求的高效运行的微观基础；要通过资产存量的流动，以市场和产业政策为导向，对国有企业实行战略性改组，集中力量抓好一批大型企业集团，放开放活一般国有企业；继续建立和完善包括商品市场、劳务市场、房地产市场、产权市场、证券市场、金融市场等在内的市场体系，建立起平等竞争、优胜劣汰的市场机制，为内地国有企业及其他各类企业的发展提供良好的外部环境；进一步建立和完善国有资产管理体制和社会保障制度，积极转变政府职能，从而促进内地经济体制和经济增长方式实现根本性转变。

香港回归会对内地经济总量、结构乃至体制的发展产生重大影响，更为重要的是会促进内地和香港的共同发展。所以香港回归是历史赋予我们的一个发展机遇。我们一定要抓住这个机遇，用好这个机遇，促进本地区经济的发展，从而为整个中国经济的振兴作出贡献。

论我国西部大开发的实质

本文原载于《财经科学》2000 年第 6 期

党中央高瞻远瞩，最近作出了一项意义重大、影响深远的战略决策，要在我国实施西部大开发。我国西部是特指西部一定的省、自治区和直辖市，这是十分明确的。至于开发特别是大开发，它的实质到底是什么，则似乎是一个不十分清楚的问题。弄清楚这个问题，对西部大开发的正确实施和顺利推进，将是有所裨益的。

一

"开发"，它不同于对处女地的"开垦"，不同于对矿藏的"开采"，也不同于把不通的道路"开通"，而是有其特定的内涵。"开发"一词，现在是一个使用范围很广泛的词汇，什么产品开发、技术开发、市场开发、人力资源开发等。就一个区域的开发而言，似乎是指把这个区域的经济发展潜力充分发掘出来，利用起来，促进这个区域的经济迅速发展，尽快达到一个新的水平。例如，我国改革开放初期的东部地区的经济开发、上海浦西经济发展到一定阶段后开始的浦东开发等，就是这样。当然，这是对"开发"一词最一般的解释，它适用于不同国家、不同社会制度、不同经济体制及不同经济发展阶段的区域经济开发。对当前我国西部大开发而言，它除了具有区域经济开发的一般内涵，还具有不同于其他区域经济开发的特有的经济内容和实质。

其特有的经济内容和实质到底是什么呢？我们认为，当前我国西部大开发的经济内容和实质，不仅仅是要改变西部经济落后的面貌，也不仅仅是要使西部经济发展水平赶上东部、缩小东西部地区在经济发展水平上的差距，还要实现经济现代化、经济市场化、经济国际化。这里所说的西部大开发的经济实质，类似于我们说的社会主义生产的实质。大家都知道，社会主义生产的实质是社会主义生产的目的和实现这一目的的手段的统一。那么，我国现在的西部大开发的实质，可以说就是在当今世界特定的历史条件下和我国特定的社会主义制度下及特定的经济发展阶段即社会主义初级阶段上，西部地区经济开发的基本目标及实现这一目标的基本手段或方式的统一。

我国今天的西部大开发，就是在当今世界经济全球化、经济市场化、经济现代化这个特定的历史条件下展开的，是在我国社会主义初级阶段经济向社会主义的市场化、国际化、现代化前进这个特定的条件下展开的。我国开发西部的基本方式和手段，也就是对内进一步深化改革，推进经济市场化；对外进一步扩大开放，推进经济国际化；开发的基本目标，也就是要实现西部经济国际化、市场化、现代化。国际化，就是西部地区经济不仅要对内开放、对外开放，而且要使经济开放达到一个很高的水平，达到经济国际化的程度，融入经济全球化的潮流。市场化，就是要求西部地区不仅建立起社会主义市场经济体制，还要求有发育成熟和完善的社会主义市场体系，即高度统一、开放、竞争、有序的市场体系，在国家宏观调控下，市场机制充分发挥基础性调节作用，社会主义市场经济能够正常健康地运行。现代化，就是要求西部地区经济不仅要实现工业化，还是实现工业的现代化、农业的现代化、科学技术的现代化；不仅本地区经济从纵向上比较，即同本地区历史比较，有一个重大的发展，进入一个崭新的阶段，而且从横向上比较，即同世界经济发达或比较发达的国家或地区比较，也不落后，或不相上下，甚至在某些方面还居世界的前列。

国际化、市场化、现代化，这三者共同构成西部经济大开发的实质，其中不能缺少任何一"化"；如果缺少了任何一"化"，都不能反映当前我国西部大开发的经济实质。这三个"化"的相互关系是：现代化、市场化、国际化都是西部开发所要实现的基本目标；其中，现代化是西部大开发的核心，是最基本的目标；而经济国际化、市场化既是西部大开发的目标，又是实现经济现代化的基本方式和手段。可以说，在我国现在的西部大开发中，没有经济国际化、市场化，就没有经济现代化。在经济国际化与经济市场化二者的相互关系上，经济国际化又是经济市场化的基本前提，在当今世界和我国目前经济发展阶段上，没有经济的国际化，就不可能有经济的市场化。这里需要着重强调的是，经济的国际化、经济的市场化，都是为经济的社会主义现代化服务的，只有社会主义经济现代化才是我国现在西部大开发的根本目标所在。

二

上述西部大开发的实质，是当前我国西部大开发所特有的。

首先，它不同于我国过去的西部开发。新中国成立以来，我们曾经多次对西部进行开发，"一五"时期有不少重要工业项目建在西部地区，20世纪60年代"大三线建设"时期又有不少重要工业项目由东中部地区迁入西部地区等。这些开发措施，对西部地区的经济开发曾经发挥过十分重要的作用。但是，那时的西部开发，毕竟是在我国经济基本上处于闭关锁国的状态下进行的，是在传统的计划经济体制下进行的，主要是从战备上考虑的，如果说其中也包含有开发西部经济的意义，其实质也只能是促进西部一般意义上的经济发展，最多只能是有利于西部实现工业化，谈不上我们现在说的经济的国际化、市场化、现代化。所以，它和现在讲的西部大开发，还不能同日而语。

其次，它不同于我国改革开放后开始的东部地区的经济开发。东部地区的开发，虽然改革开放的步子很大，开发的成绩非常显著，但是，在东部开发开始时，目标已经明确是实现经济现代化，尚未明确手段是经济市场化，更未明确是经济国际化。虽然后来已经十分明确，但毕竟那是后来的事情。之所以是这样，是因为东部地区开始开发时，我国改革开放刚开始不久，当时传统的计划经济体制还占统治地位，所以当时东部经济可以在较大程度上靠国家计划提供许多优惠政策予以扶持，市场的作用刚刚开始有所发挥，经济的对外开放也才刚刚起步。这与今日的西部大开发，一开始就明确要以实现经济现代化为目标，以市场化、国际化为手段相比，也是有区别的。

最后，它也不同于美国的西部开发，不同于苏联对西伯利亚的开发。美国的西部开发，已经经历了上百年的时间，其间的开发有若干发展阶段，如农业开发、工业开发、科学技术开发等，随着历史和时代的推移而不断向前发展。就其开发的后期而言，可以说是已经实现了经济国际化、市场化、现代化，而且这三"化"的水平可能在许多方面甚至在整体上已经高于美国东部。但是就其开发的前期而言，很难说它们就已经明确开发目标是经济现代化、市场化、国际化。即使是开发中期已经实现了经济市场化、国际化、工业化（这可能已经是当时的现代化），也很难说它们已经明确其目标是实现当今世界这种高水平的现代化、市场化、国际化。苏联开发西伯利亚，更是在计划经济体制下进行的，靠国家指令性计划调拨人才、资金、物资进行开发，目标也只是使该区域经济达到一个新的水平，连当时的经济现代化目标也谈不上，更谈不上要实现当今世界这样的经济现代化、市场化、国际化。所以，无论是美国的西部开发，还是苏联的西伯利亚开发，与我国当前的西部大开发相比，其实质也是不同的。如果要说与世界哪些地区的开发有类似之处，那么，可能和德国统一后的东部开发有某些类似之处。它也是在世界经济国际化、市场化、现代化的条件下展开的，是采用市场化、国际化的方式和手段进行的，目标是实现东部经济的国际化、市场化、现代化。但是，我国的社会经济制度和现在的德国是不同的，我国西部大开发要实现的是社会主义现代化、市场化、国际化，这是必须牢记的。

三

从上述关于西部大开发实质的认识中，我们可以得出一些什么样的启示呢？

首先说现代化。西部大开发的根本目标是要实现西部经济的现代化，即不仅要实现工业的现代化、农业的现代化、科学技术的现代化等生产方式的现代化，还要实现人民群众生活方式的现代化。这就要求中央政府特别是西部地区政府真正实施"科教兴国"战略，把发展教育和科学技术摆在头等重要的位置，大力提高广大群众特别是青少年的教育水平，提高他们的文化科学技术素质。这是生产方式现代化和生活方式现代化的基础和前提。没有广大群众教育与科技水平的普遍提高，所谓"现代化"只能是一句空话。实现工业现代化、农业现代化，首先要求科技现代化。要推进科技现代化，就要尊重知识，尊重人才，充分调动科技人才的积极性，不断进行科技创新和管理创新。实现工业农业等生产方式的现代化，还要求大力发展高新技术产业，并用高新技术改造传统产业。与此同时，还要十分注重可持续发展，实施"可持续发展"战略。要强调"在不牺牲未来几代人需要的情况下，满足我们这代人的需要"。要实现可持续发展，特别要关注资源与生态的可持续发展，保护生态环境的平衡。对西部大开发而言，就必须实施天然林保护工程，在一些地区实行退耕还林还草，对矿产资源要合理开采，消除危害健康的环境因素，改善环境质量，让西部经济开发不断前进的同时，还要尽力做到空气更清新，水质更优良，山川更秀美，为生产特别是为提高人民生活质量提供更加优美的生态环境。

其次说经济市场化。西部大开发中的经济市场化，它既是开发的目标，同时又是开发的基本方式和手段。实现经济市场化，就要求西部开发应该在国家宏观经济调控、指导和大力扶持下，充分发挥市场的基础性调节作用。国家决定对西部地区进行开发，中央肯定要在财政上予以扶持，并引导东部地区予以支援，这是没有疑问的，但是西部经济的开发，最根本的还是要发挥市场机制的作用，要按市场原则、市场规律处理各种经济关系，充分调动各个方面开发西部的积极性。特别是发挥市场机制的作用，对西部地区经济结构进行战略性调整。要充分发挥市场机制的作用，就要求在大力搞好国有经济的同时，大力发展非国有经济。无论是公有制经济还是非公有制经济，都要在产权明晰的基础上，实现自主经营、自负盈亏、自我约束、自我发展，培育成为市场经济的真正的微观经济主体。只有这样，才能发挥各个市场主体的积极性，千方百计提高经济运行的质量，以提高整个社会的经济效益。要大力培育和完善社会主义市场体系，充分发挥市场机制的作用，以实现资源的合理、高效配置。政府与企业要做到职责分开，政府不干预企业的生产经营活动，主要在统筹规划、政策引导、组织协调、服务监督方面发挥作用，以保证经济、社会的健康发展。

最后说经济国际化。这和经济市场化一样，它既是西部大开发的目标，又是西部大开发的基本方式和手段。要实现西部经济国际化，首先就要大力加强基础设施建设，抓紧修建铁路、高速公路、机场、河道码头、港口等，还要发展邮政电信，目前更应赶上时代的要求，发展信息高速公路，建立起互联网络，让信息、人才、资金、技术、物资等，在西部各省市区之间，在西部地区与东部中部各省市区之间，在西部地区与我国的香港、澳门、台湾之间，在我国与其他国家和地区之间往返流动，畅通无阻，四通八达。这是西部地区实现经济国际化的起码条件。没有这一条，就只能使本地区的经济处于封闭状态，停滞不前，无所作为。其次要尽快建设良好的对外交往的软环境，政府机构要精兵简政，廉政勤政，简化办事手续，提高工作效率，要遵守国际经济活动规则，按国际惯例办事，真心实意地为地区改革开放和经济发展服务。做好这一条，在一定意义上甚至比做好上一条更重要。因为如果软环境良好，即使硬环境差一点，外资外商也愿意来投资办厂做生意。西部地区要实现经济国际化，更为重要的是必须发展自己的特色经济。经济国际化就是把市场交换的范围扩大到全世界。市场交换，就应该互为买方和卖方，交换才能长期持续并不断扩大。现在国内市场和国际市场已经基本融合，竞争非常激烈，发达国家和我国东中部地区许多商家在商品品牌、款式、质量、经济实力等方面占据很大的优势。西部地区只有发展自己具有特色的经济，生产和提供具有良好的市场前景、具有强大的市场竞争优势、能有较高市场占有率的商品和服务，才能在国际经济体系中占有一席之地，才能与各地区、世界各国的商家处于平等竞争的地位，才不至于成为别人单纯的原料能源产地、商品销售市场，才能实现西部经济的腾飞，实现经济的现代化，也才能与我国东中部地区缩小经济发展的差距，实现共同富裕。

四

基于上述的认识，对西部地区目前的开发工作提出了什么要求呢？我以为主要应该有下列四点：

第一，既要有只争朝夕的革命精神，更要有长期作战的思想准备。实现西部经济的现代化、市场化、国际化这个目标，是西部地区乃至全国人民的长久心愿和迫切要求，这就希望积极行动，加快推进。但是，开发西部这一任务既是宏伟的，也是艰巨的，需要作长期艰苦的奋斗。这就告诉我们，行动需要积极，但不能急躁；需要以争分夺秒的精神进行工作，但不能企图一蹴而就，要作长期的持久不懈的努力。

第二，要搞好开发的总体规划。"凡事预则立，不预则废。"西部地区要实现的开发目标及实现目标的基本方式和手段，是一个纷繁复杂的体系，是一个系统工程，需要事先统筹规划，以便瞻前顾后，统一协调，全面平衡，以免顾此失彼。在一个好的规划（即使这个规划还可能在开发实践中不断发展和完善）的指导下进行开发，一定会收到事半功倍之效果。

第三，明确西部地区的企业、群众是西部开发的主体。西部大开发，中央是要扶持的，东中部地区是要支援的，但开发的主体是西部的企业和群众。西部地区领导的任务，就是组织和发动广大企业和群众投身到西部开发的洪流中去，为经济开发贡献自己的智慧和力量。各级各部门的政府机构及其工作人员，一定要以"三个代表"的重要思想武装头脑，牢固树立"民为本"的思想观念，坚持走群众路线，真正为企业、群众服务。西部的企业和群众开发经济的积极性和创造性充分发挥出来，西部大开发目标的实现一定会大有希望。

第四，少说空话，多干实事。实现西部大开发的目标，基本的方式和手段是市场化、国际化。国际化其实在一定意义上也就是市场化，就是市场国际化。市场化的经济是竞争经济，是优胜劣汰的经济。市场竞争是残酷无情的，市场只相信竞争的实力，不相信眼泪，更不相信空话和假话。要想在国内市场和国际市场的竞争中获胜，只能依靠千百万群众掌握科技，勇于创新，真抓实干。舍此，没有任何其他捷径。

体制作怪：二滩水电站的成功与困惑

本文原载于《经济理论与经济管理》2001 年第 2 期

一、西部地区水能资源十分丰富

我国西部水能资源十分丰富，主要集中在西南地区，西南地区的水能资源又主要集中在四川西部攀枝花地区的西部。攀枝花地区西部（以下简称"攀西地区"）的水能资源的确异常丰富。这里以金沙江、雅砻江、大渡河为主干的大小河流有 300 多条。金沙江干流可开发利用的河流落差为 2 180 米，雅砻江干流可开发利用的河流落差为 2 827 米，大渡河干流可开发利用的河流落差为 2 636 米。年径流总量（当地径流量加上过境径流量）共 1 564 亿立方米，相当于 3 条黄河的径流量。这 3 条河的水电资源蕴藏量达 9 456 万千瓦，可以开发的装机容量可达 7 135 万千瓦，水能资源的富集程度居世界之冠。按每平方千米土地面积上可开发的发电量计算，全球平均为 7.7 万千瓦时，中国平均为 20 万千瓦时，四川平均为 70 万千瓦时，攀西地区为 286 万千瓦时。世界上水能资源密度最大的国家是瑞士，平均为 78 万千瓦时，而攀西地区的水能资源密度是瑞士的 3.7 倍。

二滩水电站建设在雅砻江上。雅砻江更是水能资源的富集地，它是金沙江最大的支流，发源于青海省巴颜喀拉山南麓，在攀枝花市的倮果汇入金沙江，全长 1 517 千米，流域面积 13.6 万平方千米。河口多年的平均流量为 1 873 立方米/秒，年径流量 591 亿立方米。雅砻江河谷深切，落差悬殊，天然落差为 4 400 米，形成了巨大的水能资源，蕴藏量达 2 265 万千瓦，年发电量可达 1 357.6 亿千瓦时。

攀西地区不仅有丰富的水能资源，还具有优越的开发条件。这些优越的条件主要有：第一可开发量大。这里可开发量仅属四川管辖的部分就达 4 045 万千瓦，相当于两个半长江三峡水电站。第二开发的规模效益好。攀西大裂谷的地形地貌复杂，河流的坡降大，可供建设巨型、大型水电站的坝址多，目前所规划的千万千瓦级的水电站有两座，大型水电站的建设能大大提高开发的规模效益。第三开发成本低。攀西地区人烟稀少,水电站建设的土地淹没损失小,移民数量少,可以大大减少移民补偿费用,节约水电的开发成本。上述优越条件决定了攀西地区必然成为我国最大的水电开发基地。

雅砻江水电资源开发的条件更为优越:径流丰沛稳定,年际和年内的变幅都比较小;河流含沙量小,水库运行寿命长;区域地质结构稳定性好,选择坝址的地形、地质条件优越,河床覆盖层浅,建坝条件好。除了上述优势,雅砻江水能资源开发还具有以下四个独特的优势:

1. 水能资源富集程度高

在雅砻江上、中、下三个河段中,现在已经规划了21个梯级电站。其中在两河口到攀枝花段681千米范围内,水能资源蕴藏量达1 814万千瓦,集中了整个干流资源的82.4%,可以形成11个梯级电站。特别是下游河段锦屏至攀枝花,水能资源富集程度最高。在长达350千米范围内河流落差900多米,可以成梯级地修建5个水电站。五级电站的装机总容量可达1 235万千瓦,年发电量可达677.165 5亿千瓦时,占全干流的50%。水能资源的高度富集,可以缩短工程建设战线,有利于节约工程的辅助设施费用和建设费用。

2. 梯级开发补偿效益高

雅砻江全程21个梯级电站的总库容为355亿立方米,调节库容为223亿立方米,有效库容系数达0.38,可以将全年流量基本调平。其中最大的水库为锦屏一级,规划大坝坝高325米,正常蓄水位1 900米时能获得100亿立方米库容,有效库容达60亿立方米,可以进行不完全调节。锦屏一级电站建成后,将为下游四级电站(锦屏二级、官地、二滩、桐子林)和金沙江下游的电站增加保证出力460万千瓦,增加年发电量265亿千瓦时,效益非常显著。

3. 开发目标单一

由于雅砻江没有航运要求,全河开发均以发电为主,开发目标单一,这也相应地减少了设计和施工的复杂性和建设费用。

4. 淹没损失小,移民费用低

雅砻江流域大部分地方是尚未开发的处女地,在流域内修建大型水电站不会危及铁路、公路及重要建筑的安全,淹没耕地数量少,移民人数也很少。这个区域内移民规模最大和淹没损失最大的二滩水电站,也只搬迁了一个县城，淹没耕地 1 620 公顷，平均每万千瓦淹没耕地 9.053 公顷，远远低于全国水电站建设淹没耕地的平均水平，大约为平均水平的 46%。移民 4.2 万人，这也远远低于全国平均水平。

开发条件如此优越的水能资源，如果不抓紧开发，让江水日夜奔腾，滚滚东流，实在可惜。正如四川民谣所说的，那是"一江春水向东流，流的都是煤和油"。二滩水电站的建设，终于揭开攀西地区水能资源开发的序幕。

二、二滩水电站的成功与困境

二滩水电站位于攀枝花市境内的雅砻江上，距攀枝花市区 46 千米，电站总装机容量 330 万千瓦，年发电量 170 亿千瓦时，1991 年正式开工，到 1999 年全部建成投产，是目前我国装机容量最大的水电站。工程总投资约为 285.54 亿元人民币（其中，内资 195.04 亿元人民币，外资 10.79 亿美元，折合人民币 89.6 亿元），是成功地引进外资和国外先进技术，成功地吸收和运用国外先进的工程管理经验的重要项目，为我国在高山峡谷地区进行大型水电项目建设提供了一个优秀的工程施工范例。二滩电站建设曾多次得到中央领导的肯定和赞扬，世界银行官员也一直把二滩电站作为世界银行贷款的优秀工程推荐给其他发展中国家学习。二滩水电站的建设，可以说是为 20 世纪中国的水电建设画上了一个圆满的句号。

据国家计划委员会有关部门测算，我国电力行业"九五"期间的综合造价大约为每千瓦 1 万元（这是水电、火电造价的综合计算，水电的造价远远高于火电，每千瓦的造价要超过 1 万元）。而二滩水电站按 1997 年概算计算，每千瓦造价仅为 8 651.5 元，在全国处于中等水平，比已经建成和正在建设的许多大型水电站如三峡、小浪底、高坝洲、棉花滩、五强溪、宝珠寺等水电站低。这也是在这里开发水能资源、建设水电站效益颇佳的有力证明。

二滩水电站建成以后，如果按上网电价每千瓦时 0.40 元计算，预计每年可以获发电收入 68 亿元。电站的发电量折合标准煤 1 000 万吨，不仅为国家节约宝贵的煤炭资源，缓解铁路运输的压力，而且将大大减少环境污染。二滩水电站将产生非常显著的综合效益。

就是这样一个开发水能资源十分成功、效益很好的二滩水电站，在它建成发电之日，也就是它面临困境之时，从开始投产就陷入了亏损。首先就亏在售电难上。经国家计划部门多次协调，二滩水电站 2000 年安排的售电量仅为 83 亿千瓦时，不到实际发电能力的一半，实际执行的情况更差。2000 年 1—7 月，实际发电量只有 40 亿千瓦时，不到年计划的一半。在此期间因弃水而浪费的电量为 31.49 亿千瓦时。这已经引起国内外方方面面的关注，国外有些报刊借此大做文章，指责世界银行决策失误，执行了错误的贷款政策。

三、旧的电力管理体制在作怪

二滩水电站售电难的问题出在哪里呢？出在我们现行的电力管理体制上。现在实行的电力管理体制（除体制改革试点省市外），是省（自治区、直辖市）级政府电力主管部门既管水力发电站和火力发电厂，又管电网的体制。可以说，它们既管省属电力生产企业，又管电力市场。

我们知道，电力市场是一个特殊的市场，与其他商品市场不同。其他商品市场的生产、供给和消费在时间上是可以分开的，商品从生产领域进入消费领域要通过一系列中间环节，如批发、运输、储存、零售。而电力商品生产的过程即发电的过程，同时也是电力商品流通并进入消费的过程，即发电、供电、买电、用电同时发生。因此，电力市场即电网，是连接电力生产和消费的纽带，离开了电网这个电力市场，任何电力生产企业都无法生存，也就是说，它必须依靠和通过电网才能实现电力的销售，也才能有自己的电力生产。

二滩水电站年均发电量 170 亿千瓦时，约占四川电网的 25%，对四川电力市场影响极大。二滩水电站隶属国务院有关部门管理，不是隶属于电站所在地四川省电力主管部门管理。四川省为了本地方的利益，就只让自己所属的发电站（厂）的电力上网，不让二滩水电站的电力上网或者只让它的少量电力上网；本省电站电厂开足马力发电，职工有可观的收入，发电企业有丰厚的利润，电站电厂所在的地市县还有一笔不小的财政收入；电力主管部门管住电网，就垄断了电力市场，可以将电力以较高价格销售，使它的电力公司获得十分可观的经济效益。这一套管理体制，电力主管部门是很感兴趣的，是不愿意轻易改动的。

其实，这一电力管理体制是传统的计划经济体制在电力部门的具体表现。传统观念认为社会主义经济（包括电力的生产、流通、消费）是产品经济，而不是市场经济，一切都是有计划安排的。对电力部门而言，下属的电站电厂都是自己的生产车间，电网是有计划分配电力产品的渠道，用户则按照计划分配的电量进行消费。这里既没有把电力作为商品来生产的企业，也没有把电力作为商品来销售的市场，更没有把电力作为商品来消费的用户。所以，电力主管部门既管自己隶属的电站电厂，又管电网，似乎更能有效地贯彻有计划发展规律的要求和国家的计划意图，似乎合情合理。

但是，在市场经济条件下，多元投资主体办电，电力生产企业成为商品经营主体和市场竞争主体，电力生产、销售价格都处在市场竞争中。用市场经济的观点来观察，旧体制则是弊病丛生。首先电站电厂的建设不一定是最经济合理的。现在的情况就是，二滩水电站的便宜的电力不用，为了本地方的利益，不合理地建小水电站，有的还在大城市发展自己的火电厂或扩建自己的火电厂。其次二滩水电站上网的电力价格在还完贷款之后将是很低的（电站还贷期间电价稍高，电网也该扶持），但现在的情况是能上网的电力价格不一定是最低廉的，甚至发生低价电不能上网而高价电反而能上网的不合理现象。最后是用户用不上便宜的电，也就是说有价格便宜的电，由于电力部门不让它上网，以致用户用不成。用户只能面对一个高度垄断的电力卖方市场，无可奈何地付出高额的电价。更为严重的是，这一旧体制使一些经济和社会效益颇佳的水力发电站包括二滩水电站陷入困境，也使四川乃至整个西部水能资源开发前景暗淡无光。

四、出路在于改革

出路何在呢？出路就在于改革，即改革传统的计划经济条件下形成的旧的电力管理体制，实行新的适应市场经济要求的电力管理体制。具体说来，就是要将电厂（包括水力发电站）电网统一由省级电力主管部门管理，改为在全国范围内实行电厂、电网分离。电厂属于电力生产企业，电网属于连接电力生产和电力消费的市场。厂网分离之后，电力市场就不再由某一级行政主管部门代表部分电力生产企业进行垄断。全国性的管电网的部门或公司，将通过市场竞争，按较低的价格，收购足够数量的电力上网，也按较低的价格输送给用户。上网的电力，不管是哪个省（自治区、直辖市）隶属电力企业生产的，还是二滩水电站这样的由中央有关部门隶属的电力企业生产的，只认价格，不管其他。

这种新体制的好处又何在呢？它至少有以下四点好处：

1. 将会促进电力生产企业不断降低电力生产成本

管电网的部门通过市场竞争，按较低的价格，在全国范围内收购电力上网，这必将促使全国电力生产企业改进生产技术，改善经营管理，提高劳动生产率，降低生产成本，以在市场竞争中具备价格竞争优势。二滩水电站在电力市场竞争中无疑是具有优势的。在它的还本付息期间电价稍高，一旦还清本息之后，电力价格将有大幅下降的空间，这大概是水电企业共同的优势，而二滩水电站则更为突出。

2. 将促进电力建设投资更加合理

由于管电网的部门以较低价格收购电力上网，这就必然会促使电力建设部门正确进行电力投资的决策，以便在水力发电和火力发电的选择上，在水力发电的建站选址上，乃至在电站建设的全过程中，都能把资源用到最有效益的地方，使电站一经建成就有竞争优势，就能获得最佳经济效益和社会效益。

3. 电力用户将会用上价格低廉的电力

由于上网电力的价格是低廉的，在电网管理部门扣除电力输送成本并获得合理利润的基础上，用户消费电力所支付的价格也会是低廉的。这里所指的用户，既包括用电力于生产消费的工矿企业，也包括用电力于生活消费的城乡居民家庭等。使用低价的电力，对工矿企业来说，有利于降低这些企业产品的生产成本，提高市场竞争力；对城乡居民家庭来说，有利于节省用电开支，将收入更多用于其他方面，以提高生活质量。

4. 将有利于水能资源开发的滚动发展

根据统计资料计算，电力行业的项目资本金要达到25%左右，水电项目更高一些，为30%～40%，一个装机100万千瓦的电站所要求的资金应在30亿元左右。因此，应当在流域梯级水电开发中选择一个规模相对较大、效益较好的电站最先建成作为启动点，才有可能为下一个梯级电站的建设筹集到足够的资金。先建二滩水电站这样的经济效益好的水电站，就可以依靠二滩水电站的积累和国家必要的支持进行滚动发展，在本电站的上游和下游继续开发、建设多梯级水电站，以更充分利用水能资源。朱镕基在视察二滩水电工程、谈到滚动开发时曾经指出："我同意你们在雅砻江进行滚动开发……进行梯级开发，这条河流的资源是最便宜的，效益是最高的……大家应该相信：这样一条河流的开发是不会中断的，一定要不断开发下去，实现这一点得靠大家努力。"这种在一条河流上一个梯级一个梯级地滚动开发，比那种一条河流上建一两个电站的分散开发具有明显的优越性，它有利于发挥整个流域电站的梯级补偿效益，形成较大的调节运行能力，通过多级电站的联合优化运行来削平谷峰，克服水电站丰水期和枯水期发电不均衡的缺点，形成群体电站的规模效应。

5. 将大大改善水电站周围及整个流域的生态环境

和煤矿铁矿的开采不同，水能资源的开发、水电站的建设，不仅不会污染环境，还将大大改善当地生态环境。二滩水电站所在地本来就是一个终年蓝天白云、阳光明媚的好地方。水电站的建成，每年可以少烧 1 000 万吨标准煤，减少大气层一氧化碳的增加，避免产生污染环境的粉尘、煤灰、废气，使当地空气不受污染。这里还形成了蓄水量 58 亿立方米、101 平方千米水面的湖泊，该湖还成为一个远近闻名的漂亮的景点。二滩水电站建设过程中，为接待上百位外国专家而修建的欧式别墅群、酒吧和别墅周围大量的成片的鲜花、林木和草地，也使这里的风景和生活环境更让人心旷神怡。随着二滩之类水电站的电力这一清洁能源东送武汉、南京、上海，南送广州、深圳、珠海等，逐步取代那些污染环境的火力发电，将改善长江中下游及珠江三角洲的生态环境，使山川更秀美，空气更清新，为人们提供一个更加美好的工作环境和生活环境，为提高城乡居民的生活质量，作出更大的贡献。

西部地区水能资源的开发应该大搞，开发的前景非常广阔，这就是结论！

参考文献

［1］韩志峰. 固定资产投资项目资本金制度即将实行［J］. 经济研究参考，1996（130）：2-15.

［2］胡小平，赵振铣，刘灿，等. 二滩水电开发有限责任公司［M］. 北京：当代中国出版社，1998.

两岸加强经济合作定能实现互利双赢

本文原载于《四川民革》2004年第3期

我完全拥护中共中央台湾工作办公室、国务院台湾事务办公室于2004年5月17日授权就当前两岸关系问题发表的声明。我这里就两岸经济交流和合作问题谈几点意见：

一、谁也挡不住两岸之间的经贸往来

远古时代，台湾与大陆相连，后来因地壳运动，相连的部分沉入海中，形成海峡，出现台湾岛。台湾早期住民中，大部分是从中国大陆直接或间接移居而来的。1971年和1974年，两次在台南县左镇乡发现了迄今为止台湾最早的人类化石，被命名为"左镇人"。考古学家认为，"左镇人"是在3万年前从大陆到台湾的，与福建考古发现的"清流人""东山人"同属中国旧石器时代南部地区的晚期智人有着共同的起源，都继承了中国直立人的一些特性。历史上，台湾曾被西班牙、荷兰、日本先后占领过。抗日战争胜利后，台湾重归中国的版图。1949年后，由于众所周知的原因，台湾地区与中国大陆处于分离的状态，但台湾地区是中国神圣领土不可分割的一部分的事实是谁也改变不了的。

近十多年来，特别是我几次参加海峡两岸资深经济学家研讨会期间，我和台湾同胞有过多次接触。在无锡开会时，海协会汪道涵会长还亲临指导。在会上会下，我们与台湾经济学家们共同商讨、交流，气氛十分融洽，使我深切感受到大陆与台湾同胞的手足深情。一次在福建参加学术讨论会，福州台商投资区管理委员会主任给我们介绍与台湾同胞通商及台湾同胞积极来大陆投资的情况，他说两岸在这里是畅通的，"官不通民通，明不通暗通，天空不通水上通"。总之海峡两岸同胞人员、经贸往来是人心所向，大势所趋，任何力量也阻挡不了！

二、中国大陆是台湾地区经济发展的广阔腹地

台湾地区经济是海岛型经济，发展腹地十分有限。自 20 世纪 80 年代以来，随着两岸贸易、台商到大陆投资以及农业、科技、金融等各种经贸交流与合作的迅速发展，两岸经贸创造的效益不断扩大，逐渐成为台湾地区经济发展的主要动力。近十多年来，两岸经济交流与合作已具一定规模，互补互利的局面正在形成，中国大陆已成为台湾地区经济发展的腹地。台湾地区每年从两岸贸易中获得巨额顺差，保证了其贸易收支的平衡，且提高了其在本岛的投资能力。大批台湾地区劳动密集型企业投资大陆，缓解了其在本岛发展的困难，并且有利于台湾地区产业的转型与升级，特别是有利于高新技术产业的成长。中国大陆在台湾地区出口份额中的比重上升，减轻了台湾地区外贸对美国市场的过度依赖，对台湾地区经济的稳定也有重要作用。20 世纪 90 年代初中国大陆取代美国成为台湾地区最大贸易顺差来源地，至今顺差额累计达 2 000 多亿美元。2002 年大陆进一步取代美国成为台湾地区最大出口市场，该年对中国大陆出口占台湾地区总出口的 25%。中国大陆是台商区外投资最多的地区，累计合同投资额超过 600 亿美元。作为台湾地区经济支柱的信息硬件产品在中国大陆的产值占其总产值比重已升至一半。到 2003 年年底，在中国大陆投资的台资企业已有 60 623 家，合同台资已达 700 多亿美元，实际到资达 365 亿美元。两岸间接贸易总额超过 3 263 亿美元。仅 2003 年一年，中国大陆批准台资项目就有 4 495 个，合同台资约 86 亿美元，实际到位资金约 34 亿美元。两岸间接贸易额首次突破 500 亿美元，创下 584 亿美元的新纪录。情况表明，中国大陆是台湾地区经济不可或缺的发展腹地。

三、中国大陆市场蕴藏着台湾地区经济发展的巨大商机

台湾地区经济要确保继续发展，岛内产业必须升级，向高附加值和商品高品质方向发展。但目前存在问题：一是技术积累不足，无法提高商品层次；二是市场狭小，缺乏投资研究和开发效益。在这种情况下，台湾地区科技产业界都将中国大陆市场视作新的发展机遇，尤其看好中国大陆蕴藏的巨大商机，纷纷大幅扩大在中国大陆的投资规模，不少公司还将海外营运中心迁往中国大陆。在珠江三角洲、长江三角洲两个台商聚集区，台湾地区的科技企业正在构建有相当规模的高科技产业链，越来越多的企业

主还希望将产业布局延伸至北京、成都、西安等地。资料显示，已有六成的台湾地区上市、上柜企业到中国大陆投资，其中22%的厂商大幅度盈利；同时，将中国大陆作为首选投资地的台湾地区厂商更是超过了62%。

四、两岸需要建立更紧密的经济合作关系

从两岸经济发展的趋势来看，中国大陆经济蓬勃发展，并且已经具备了良好的投资环境。而台湾地区经济长期处于低迷不振状态，与中国大陆欣欣向荣的经济发展形成了鲜明的对照。正如此次发表的声明所指出的：需要"建立紧密的两岸经济合作安排，互利互惠。台湾经济在两岸经济交流与合作中，优化产业结构，提升企业竞争力，同中国大陆一起应对经济全球化和区域一体化的挑战。台湾地区农产品也可以在中国大陆获得广阔的销售市场"。两岸建立更紧密的经济合作关系，当然应该遵循以下原则：一是一个中国原则，在一个中国的框架下进行，其性质是中国主体与台湾单独关税区之间的经济合作关系；二是世界贸易组织基本规则，两岸都必须严格遵守对世界的承诺，不违反世界贸易组织基本规则，而且相关政策也应符合国际惯例；三是平等互利原则；四是全面合作原则，扩大两岸经济交流规模，提高合作层次，形成合作机制。如果能够把这个设想变为现实，两岸经济一定能实现双赢，为两岸人民造福，并促进两岸的和平统一。

总之，实现祖国的完全统一，是中华民族的根本利益所在，是海内外中华儿女的共同心愿。现在，有两条道路摆在台湾当局面前：一条是悬崖勒马，停止"台独"分裂活动，承认两岸同属一个中国，促进两岸关系发展；一条是一意孤行，妄图把台湾地区从中国分割出去，最终玩火自焚。何去何从，台湾当局必须作出选择。中国人民不怕鬼、不信邪。在中国人民面前，没有任何事情比捍卫自己国家的主权和领土完整更加重要、更加神圣。我们将以最大的诚意、尽最大的努力争取祖国和平统一的前景。但是，如果台湾当局铤而走险，胆敢制造"台独"重大事变，中国人民将不惜一切代价，坚决彻底地粉碎"台独"分裂图谋。我们坚信，在包括两岸人民在内的全体中华儿女的共同努力下，我们祖国统一大业一定能够胜利完成！

中国通货膨胀的治本之策

袁文平　程民选　黄克

本文原载于《经济学家》1989 年第 4 期

抑制总需求，控制货币发行和信用膨胀，是中国通货膨胀的治标之策。从中国通货膨胀的发生机制来看，治本之策只能是制度创新，即通过产权制度、企业制度和银行制度的革新鼎故，才能根治困扰我们的通货膨胀。

一、货币超量投放的真正发生源

通货膨胀作为一种货币现象，是一定时期内流通中的货币量超过了实际需要量。从 1978 年以来，我国经济的货币化程度不断深化，产品中商品的比例迅速增加，市场交易活动的广度和深度也不断扩展，这些都提出了增加货币供应量的要求。因此，在一定时期内超常增加货币投放量是经济货币化所必需的。但是，货币投放额度的增加，必须与经济发展对货币的需要大体吻合。当然，要精确计算一定时期内的货币需求量并相应制订货币供应计划，在技术上是不现实的。然而，经济系统本身可以为我们提供货币供需是否平衡的信息，这就是利率和物价水平。在我国，由于资金市场的不完善，目前的统一利率不能作为货币供需状况的信号，而能为我们提供货币供需是否平衡信息的只有物价总水平。物价普遍上升表明货币供应量大于货币需求量。这时，通过中央银行及时调整货币政策，紧缩通货，物价总水平的持续上升是可以遏制的。

然而，在新旧体制转换时期，旧的行政调控系统的功能和手段正在失效，而新的宏观间接调控系统尚在建设之中，宏观调控系统呈紊乱状态。近年来，我国货币超量投放，信贷规模和货币发行失控，正是这种紊乱状态的必然反映。

目前不少人认为，银行部门首先应该对信用膨胀和货币超量发行负责。我们不同意这种看法。应当看到，如果没有经济过热、需求膨胀，信用膨胀是缺乏基础的。至于货币的超量发行，亦非中央银行所情愿的。经济过热、需求膨胀得不到遏制，信用膨胀和货币超量发行也就很难避免。

二、投资、消费双膨胀与政府行为和企业行为

分析政府行为和企业行为与投资、消费双膨胀的关系，是弄清中国需求膨胀机制的必要一环。

我国近年来的需求膨胀是投资需求膨胀和消费需求膨胀的叠加。投资膨胀与各级政府的速度偏好，以及政府和企业的投资饥饿密切相关，官定贷款低利率（通胀时期为负利率）则强化了投资膨胀势头。消费需求膨胀的主要原因是投资膨胀、职工个人收入失控和社会集团消费失控。职工个人收入分配失控是企业行为扭曲的结果，社会集团消费失控又与政府行为有关。

在我国近40年来的经济建设中，政府一直未能克服其速度偏好。政府年复一年地进行高积累，拼命扩大基建投资规模。片面追求高速度的恶果必然是经济比例的严重失调，经济系统的内在机制迫使政府进行经济调整。但一旦比例关系趋于正常，新的一轮投资膨胀又开始发端。于是，我国经济总是在投资膨胀—调整—再膨胀—再调整这一轨道上作惯性运动。

改革以来，由于中央对地方的行政性分权以及财政分灶吃饭，原来由中央政府表现出来的速度偏好裂变为中央政府和各级地方政府的多重速度偏好，加上扩权让利使企业产生了投资冲动，政府的投资饥渴与企业的投资饥渴相叠加，预算外资金的不断增大又为投资膨胀增加了财源，投资膨胀具有了新的机制，极大地增加了经济调整的困难。长期僵滞的低利率不仅不能发挥优化配置资金的功能，反为投资膨胀推波助澜。在地方利益的驱动下，地方政府千方百计争项目、争贷款，并鼎力扶植辖区内企业的扩张，基建摊子越铺越大，战线越拖越长，盲目建设，重复建设，不讲规模效益，不顾全面利益。中央政府对迅速膨胀的投资规模失去控制，忍痛缩减了预算内基建投资规模，但预算外投资规模的增大使社会固定资产投资总规模有增无减。遏制投资膨胀势头的难度较之改革以前明显增大。

在总需求膨胀中，消费需求膨胀也是不容忽视的。

消费需求膨胀是个人收入分配失控和社会集团购买力过度增长的结果。个人收入分配失控的原因之一，是企业行为的短期化。改革以前，企业无权也无钱增加职工工资，因而劳动者增加消费需求的欲望是潜伏着

的。改革以来，扩权让利使企业有了自有资金，并获得了相应的分配权利，为调动职工的积极性，许多企业竞相增发奖金、实物。有的企业任意改变自有资金中"三金"比例，扩大消费支出，有的企业甚至截留税利，建立小金库。加上攀比机制的作用，滥发钱物之风日盛。可见，企业行为扭曲是我国消费需求膨胀的一个主要原因。

消费需求膨胀的另一主要原因是政府行为不端。表现之一是社会集团购买力的恶性膨胀。各级政府部门的大兴土木，修建楼堂馆所，以及购买小汽车、彩电、沙发和空调等，无疑给企事业单位起了不好的示范作用。

三、现存产权制度下政府行为紊乱、企业行为扭曲的必然性

以上分析表明，需求膨胀与政府行为和企业行为有内在的关系。政府片面追求经济增长速度，无视经济系统稳定运行的内在要求，以及各级地方政府只顾局部利益而无视全局利益都表明了政府行为的紊乱。企业行为短期化，任意扩大消费基金支出，反映了企业行为的扭曲。这种政府行为紊乱和企业行为扭曲，都与现行产权制度直接相关。

1. 现存产权制度下政府行为紊乱的必然性

现存产权制度有两个基本特征：其一是政府集所有者和宏观经济调控者两种职能于一身，由此导致了政府行为的紊乱；其二是所有权在政府和企业这两方面都缺乏真正的代表，为企业短期行为留下了生存空间。

现存国家所有制实际上是政府所有制，政府集所有者职能和调控者职能于一身，所有者和调控者具有不同的行为目标。作为宏观经济运行的调控者，政府的行为目标是保持经济系统的稳定有序运行。作为所有者，政府的行为目标是保护国有资产的完整和增值，速度偏好、行政干预、父爱主义以及企业的软预算约束都可以由此得到解释。在现实经济中，速度偏好与经济稳定运行之间的摩擦是难以避免的。因此，集两种不同职能于一身的政府无法协调好经济增长和经济稳定的关系，经济运行始终不能脱离膨胀——调整轨道。这就是我国经济多次大起大落的根源。改革中，中央对地方的行政性分权，不仅未能解决政府双重职能的矛盾，反倒由于地方利益的强化和地方政府权力的增大，益发增加了政府行为的紊乱度。

2. 现存产权制度下企业行为扭曲的必然性

传统的经济理论认为，国家所有制是现阶段全民所有制的具体形式。理论上承认全体劳动者是国有生产资料的共同所有者，然而实际情况是劳

动者的所有权在企业内部缺乏具体的实现形式。对于他们来说，国有生产资料仍然只具有生产的物质条件的意义。劳动者所得到的工资奖金津贴只是活劳动收入，他们的个人物质利益的具体实现形式只是个人的工资奖金收入。正是现存产权制度决定了企业职工必然追求现期收入最大化，而缺乏对企业资产及其增值的关切度。改革中的扩权让利，又使企业实际获得了支配自有资金的权利，从而为企业职工追求现期收入最大化提供了条件。加之，现存产权制度下企业预算软约束问题并未得到解决，于是，面对职工现期收入最大化的强烈要求，企业厂长经理为调动职工的生产积极性，千方百计为职工增发奖金，滥发实物，分光吃光的倾向十分明显。可见，现存产权制度是企业行为扭曲的根源。

四、我国通货膨胀的治本之策

以上分析表明，中国现存产权制度是通货膨胀的发生源。现存产权制度下政府集所有者和调控者职能于一身，必然产生两种不同职能之间的摩擦；中央和地方之间的行政性分权以及财政分灶吃饭，又加剧了地方利益与全局利益之间的矛盾。上述两种矛盾和摩擦必然导致政府行为的紊乱，表现为各级政府不顾经济系统稳定运行的内在要求，片面追求发展速度，尽力扩大投资规模，其结果必然是投资膨胀。现存产权制度下所有权在企业内缺乏真正代表，又使企业缺乏必要的所有权约束，从而导致企业行为的扭曲和短期化，使职工个人收入分配失控，推动消费需求膨胀。

投资、消费双膨胀必然造成信用膨胀和货币过量发行，从而诱发通货膨胀的产生和恶化。因此，治理我国的通货膨胀，在短期内，动用经济的乃至行政的手段控制总需求、控制信用膨胀和货币发行当然是必要的，但这只是治表之策，在现存产权制度没有得到改革之前，总需求膨胀机制将始终存在。治本之策只能是制度创新，即以产权制度创新为中心，进行企业制度、银行制度的创新。

1. 产权制度创新

产权制度的创新，必须解决现存产权制度下政府双重经济职能问题、所有权缺乏真正代表问题以及软预算约束问题。

（1）新型产权制度下，所有者职能和宏观经济调控职能应完全分开，政府只承担宏观经济调控职能，负责国民经济系统的稳定有序运行；由直属人大常委会的国有资产管理机构专司所有者职能，负责国有资产的完整和增值，并建立若干竞争性的国有资产经营企业，从事国有资产的经营活动。

（2）新型产权制度下，企业应成为真正的法人，享有企业实物资产的法人所有权，占有、使用企业资产，自主支配企业资产，并享有经营者收益；企业的财务预算约束也将全面硬化。

（3）新型产权制度还将使企业职工享有部分企业资产的产权，以改变劳动者的个人利益结构，形成企业职工的自我约束机制，扭转追求现期收入最大化的倾向，从根本上解决企业行为短期化问题。

2. 企业制度创新

企业制度与产权制度密切关联。新型产权制度下企业享有法人所有权，劳动者也将拥有部分企业资产产权，这就决定了企业制度最好是股份制度。股份制度所有权与经营权彻底分离，既能保障所有者的最终所有权，又保证了企业享有充分的法人所有权，以及企业经营的长期性和稳定性。也只有在股份制下，国有资产经营企业通过股票买卖就能灵活进行参股、扩股、抽股等资产经营活动，这是其他任何企业制度所难以办到的。

3. 银行制度创新

银行制度的创新，旨在使我国货币当局稳定通货的职责获得制度保障。为此，必须借鉴西方现代银行制度中的某些合理要素，在坚持各专业银行和非银行金融机构企业化经营改革的同时，建立独立的中央银行制度，赋予稳定通货的职责，保证其活动不受来自政府部门的干扰。并且，要让利率与准备金制度等配合，真正发挥宏观调控功能和资金优化配置功能，通过人民银行对再贷款利率的适时调整，影响各专业银行和非银行金融机构的贷款利率，达到扩张信用或紧缩信用，从而使经济扩张或收缩的目的。

第三篇

经济学教育改革研究

创建新的社会主义政治经济学

本文原载于《财经科学》1998 年第 1 期

创建新的社会主义政治经济学问题，在中国已经提出多年。20 世纪 50 年代末和 20 世纪 60 年代初，我国经济理论界就进行过初步的探索和尝试。改革开放后的 20 世纪 80 年代初，进行了更大规模和更加深入的探讨。近年来，又有不少学者再次提出这个问题，或者称为经济学发展与创新问题，并展开了较为激烈的讨论。本文只就其中的几个问题谈点意见。

一、创建新的社会主义政治经济学是我国经济改革和发展的需要

首先，从社会主义发展的历史上看。我们正在建设的社会主义，是具有中国特色的、处于社会主义初级阶段的社会主义。从实际出发，就是要从我国所处的社会主义初级阶段这个最根本的实际出发，来解决经济改革和发展中的各种问题。经济改革和发展中的大量问题，有生产关系方面的问题，也有生产力方面的问题。解决这个阶段上的生产关系方面的各种问题，没有现成的理论可供直接运用，也没有类似的先例可供直接借鉴，完全要靠自己在实践中摸索，在理论上创新，这就要求创建新的社会主义政治经济学。

其次，从我国当前面临的任务上看。社会主义的根本任务是发展生产力。我们目前重要的是推进经济体制改革和经济增长方式的转变。要完成这一历史任务，最关键的问题，就是要处理好人们之间的经济利益关系，即生产关系。改革开放以来的实践已经充分证明，生产关系处理得当，体制就能够顺利转轨，增长方式就能够顺利转型；反之，体制转轨、增长方式转型都会受阻。要想正确处理人们之间的经济利益关系，就需要结合实际，深入研究我国现实的生产关系，在已有的经济理论成果的基础上，创建新的社会主义政治经济学，以便为经济体制转轨和增长方式转型提供经济理论方面的依据。

最后，从我国与经济发达国家的比较上看。当今世界，经济发达国家

人与人之间的生产关系或经济利益关系已经建立和发展了上百年甚至几百年的时间，已经趋于完善，并且保持相对稳定。这些国家的经济学界已经有条件也需要把经济研究的重心，由生产关系本身转向比较具体的技术和数量分析上。我国目前所处的社会主义初级阶段和所面临的任务决定了生产关系必然处于急速变动之中，经济体制的转轨、经济增长方式的转型，都要求现存的经济关系要有许多新的突破性的发展。这就要求对于生产关系的研究，要给予特别的关注和重视。尽管这时应用经济学已经迅速繁荣起来，并占据了重要的地位，但是以生产关系为研究对象的政治经济学特别是社会主义政治经济学不仅必须存在，而且有必要加强。

二、创建新的社会主义政治经济学的条件已经具备

创建新的社会主义政治经济学，需要具备一定的客观条件和主观条件，这是没有问题的。问题在于，我们所要创建的社会主义政治经济学，不同于马克思在资本主义经济发展比较成熟时创作《资本论》，不是要等到社会主义经济发展成熟才去创作《社会主义经济论》，而是要创建一个中国的、符合社会主义初级阶段经济实际和市场经济要求的政治经济学。相对于这样一个特定的国家、特定的社会主义发展阶段、特定的经济体制而言，应该说中国目前已经具备必要的客观条件和主观条件。

就客观条件而言，我国虽然没有发展成熟的市场经济，但是，在如何正确认识我国社会主义发展阶段，要不要发展及如何发展市场经济上有丰富的经验和教训。在改革开放前，我们实行的超越社会主义初级阶段实际的政策和措施，严重地影响了经济的发展的教训是值得深思的，它在极大的程度上成为正确认识的先导。尤为重要的是党的十一届三中全会以来改革开放的成功实践，也就是在总结以往教训基础上，一切从中国实际出发的、从社会主义初级阶段实际出发的、从市场经济要求出发的成功实践，大大促进了社会生产力的发展、国家综合国力的增强、人民生活水平的提高。实践证明，在总结正反两方面经验基础上所形成的基本理论和基本路线，是完全正确的，对整个社会主义初级阶段及市场经济的实践，都将是有指导意义的。

就主观条件而言，我国现在没有出现有的学者所讲的那种"经济学大师"，但是，确确实实出现了任何经济学大师都无法比拟的新的实践及新的经济理论的创造者，那首先就是广大人民群众。改革开放以来，我国农村产生的家庭联产承包责任制，就是由农民群众首创的，而不是哪位"经济学大师"研究出来的。其次是我国一批经济学者，其中既有一些著名经济学家，也有一些名气不大甚至没有名气但确有真知灼见的经济学人，他们对推动中国经济改革和发展，都起了十分重要的作用，尤为重要的是，以邓小平同志为核心的党中央第二代领导集体以及以江泽民同志为核心的第三代领导集体对中国社会主义政治经济学的贡献。特别是邓小平同志从中国具体实际出发，回答了什么是社会主义、如何建设社会主义等一系列问题，提出了一整套建设有中国特色的社会主义理论，把马克思主义推向了又一个新的发展阶段，这是马克思主义经典作家之外的任何著名的经济学大师都无法与之同日而语的。

三、邓小平经济理论应当成为新的社会主义政治经济学的主要内容

在经济学如何发展与创新的讨论中，我认为有必要讨论邓小平经济理论与创立新的社会主义政治经济学的关系。党的十五大高举邓小平理论伟大旗帜，对邓小平理论的历史地位和指导意义作了充分的肯定。应当说，邓小平经济理论就是马克思列宁主义、毛泽东思想的继承和发展，即当代发展了的马克思主义经济理论。尤其重要的是，邓小平经济理论所论述的就是从中国具体实际出发，阐明什么是社会主义及如何建设社会主义的问题，所以这一理论理所当然应该成为新的社会主义政治经济学的主要内容。

在新的社会主义政治经济学中，应当贯彻的邓小平经济理论主要有如下十个方面：

（一）有中国特色论

邓小平同志讲的社会主义，不是离开我国当前具体实际的泛泛而谈，而是从我国当前具体实际出发，创造性地运用和发展马克思主义的基本原理，正确解决什么是社会主义及如何建设社会主义的问题。我们要创建的社会主义政治经济学，不是也不可能创建一个适用于一切社会主义国家的政治经济学，只能是创建专门研究中国社会主义经济的政治经济学。所以，邓小平"有中国特色论"，应该成为我们创建社会主义政治经济学的基本理论前提。离开这个前提，所谓"创建"只能成为一句空话。

（二）社会主义初级阶段论

邓小平同志在回答什么是社会主义及如何建设社会主义的问题时，首

先研究的是我国社会主义目前处于何种发展阶段的问题，并且明确提出我国目前处于并且将长期处于社会主义初级阶段。邓小平同志第一次明确肯定我国目前仍处于社会主义初级阶段，并作了充分的论述。这一理论具有极其重大的理论和现实意义，它是对我国基本国情的准确分析，是我国社会主义建设主要经验教训的正确总结，是制定和执行党的现阶段的基本路线和基本政策的重要理论基础，是摒弃各种超越阶段或者抛弃社会主义基本制度的错误观点和政策的有力武器，也是对马克思主义理论宝库的重大贡献。这一理论，是解决中国现阶段如何认识社会主义和建设社会主义的各种问题的理论基础，当然也应该成为新的社会主义政治经济学的重要理论基础。

（三）社会主义本质论

邓小平同志在回答什么是社会主义的问题时，非常明确地指出："社会主义的本质，是解放生产力，发展生产力，消灭剥削，消除两极分化，最终达到共同富裕。"① 这是对初级阶段社会主义本质的十分深刻的揭示。其基本内容包括两个方面：一方面是社会主义的目的，就是"消灭剥削，消除两极分化，最终达到共同富裕"。简言之，就是实现共同富裕。因为，消灭剥削，消除两极分化和实现共同富裕，在一定的意义上可以说是同一件事。在生产力相当发展的基础上，要实现共同富裕，当然一定要消灭剥削和消除两极分化；同样，在生产力相当发展的基础上，消灭了剥削，消除了两极分化，也就实现了共同富裕。另一方面是实现社会主义目的的手段，就是解放和发展生产力。把上述两个方面结合起来，概括为社会主义的本质，是因为它所反映的是社会主义整个初级阶段的主要矛盾。"社会主义本质论"是邓小平理论的核心，应成为新的社会主义政治经济学的核心。

（四）社会主义根本任务论

社会主义社会的主要矛盾，决定了社会主义的根本任务是发展生产力。在社会主义初级阶段尤其要把发展生产力摆在首要地位。所以，发展才是硬道理，才是中国解决所有问题的关键所在。

根据社会主义这一根本任务，邓小平同志就改革开放政策措施的是非成败提出了判断标准，他指出："判断的标准，应该主要看是否有利于发

---

① 邓小平. 邓小平文选：第3卷 [M]. 北京：人民出版社，1994：373.

展社会主义社会的生产力,是否有利于增强社会主义国家的综合国力,是否有利于提高人民的生活水平。"① 这一标准是对马克思主义的"生产力标准"的具体运用,更是"生产力标准"在我国社会主义条件下的创造性发展,使之具有由社会主义社会性质所赋予的一些新的特征:

其一,生产力本身是没有不同社会性质的区别的,但它所服务的社会是有不同社会性质的。"三个有利于"中所要发展的生产力,正是社会主义社会的生产力,是有利于社会主义事业向前发展的生产力。

其二,综合国力也是对一切国家都适用的,但不同性质国家综合国力的增强的社会意义是不一样的。"三个有利于"中所要增强的正是社会主义国家的综合国力。

其三,不论何种性质的社会,社会生产力的发展,综合国力的增强,一般都可能带来少数人或比较多的人的生活水平提高。但在社会主义条件下,则把人民生活水平的普遍提高,作为判断是非成败的标准之一,这是区别于其他性质的社会的。

"三个有利于"是实践中判断改革开放政策措施是非成败的根本标准,也应该成为新的社会主义政治经济学中判断各种经济关系上的是非的根本标准。

(五)市场经济论

邓小平同志指出:社会主义也可以搞市场经济。计划和市场,不是社会主义和资本主义的本质区别。市场对发展生产力有好处,就可以利用。它为社会主义服务,就是社会主义的。这些论断,为我国实行市场经济,以及解放和发展生产力指明了方向。市场经济有利于解放和发展生产力,大致可以说是商品经济条件下的一条客观经济规律。首先它是由资本主义发展历史所证明了的。马克思在 150 年前就曾经指出,资产阶级在它不到一百年的阶级统治中所创造的生产力,比过去一切世纪所创造的全部生产力的总和还要多、还要大。这靠的就是市场经济。一些前社会主义国家的历史也告诉我们,利用市场,社会生产力就发展;反之,生产力就停滞甚至倒退。我国社会主义发展的历史,同样证明了这一点。特别是在改革开放以后,逐步发展市场经济,使社会生产力有了迅速的发展的事实同样证明,市场经济是解放和发展生产力的重要手段。"市场经济论"也应该在

---

① 邓小平. 邓小平文选:第 3 卷 [M]. 北京:人民出版社,1994:372.

新的社会主义政治经济学中给予充分的肯定，作为新经济体制的理论基础。

（六）经济主体论

邓小平同志在论述我国社会主义初级阶段的所有制关系和分配关系时指出，要坚持社会主义公有制为主体、多种所有制经济同时并存和共同发展；要坚持按劳分配为主体的多种分配方式，允许一部分地区一部分人先富起来，带动和帮助后富，逐步走向共同富裕。这就是"经济主体论"的重要内容。这一理论，既坚持了社会主义的两个基本特征，即公有制和按劳分配，又结合我国社会主义初级阶段的实际，对所有制关系和分配关系的多样性给予了充分的肯定。这个理论，是对马克思主义的创造性的发展，是对我国社会主义实践经验的科学总结，也是以是否符合以"三个有利于"为标准，以解放和发展生产力为手段，服从于实现共同富裕这一社会主义目的的。在新的社会主义政治经济学中，"经济主体论"也应该成为正确处理所有制关系和分配关系的一条根本原则。

（七）经济改革论

上述的邓小平经济理论，都是经济改革的一些主要内容。但是，我们还要看到，邓小平同志对经济改革还在总体上有许多重要论述。他十分重视经济改革，把改革提到解放生产力的高度来认识，认为改革是为生产力发展扫清障碍，改革是加快发展生产力的必由之路，等等。这一理论，是对以往把阶级斗争作为社会主义经济发展动力的理论的重大突破，也是被我国社会主义经济发展正反两方面经验证实了的科学理论。

邓小平同志所讲的经济改革，当然不是一次性行动，而是一个需要长期的多次进行的过程。社会主义经济将在一次又一次的改革中，不断解放和发展生产力，推动经济的发展。所以说，经济改革是社会主义经济发展的动力。在新的社会主义政治经济学中也应该肯定，社会主义经济发展的动力是改革，而不是其他。

（八）经济开放论

邓小平同志对我国经济开放，作过许多重要论述，曾经指出："现在任何国家要发达起来，闭关自守都不可能。"① 从明朝中叶算起，到鸦片战争，"长期闭关自守，把中国搞得贫困落后，愚昧无知"②。"我们要实现三步走

---

① 邓小平. 邓小平文选：第3卷 [M]. 北京：人民出版社，1994：90.
② 邓小平. 邓小平文选：第3卷 [M]. 北京：人民出版社，1994：90.

的经济发展战略目标，离不开开放政策"①。他还提出了许多重大的对外开放的措施政策，如搞经济特区，开放沿海城市，开发上海浦东，等等。

社会主义经济，特别是社会主义市场经济，必然是开放型经济。只有对外开放，加强同世界各国的经济联系，相互进行商品、服务、资本、技术、管理经验等的交流与合作，才有利于促进本国经济的发展。当前面对经济、技术全球化的趋势，我们更应该进一步扩大开放，以增强我国经济在国际上的竞争力，促进经济结构的优化和国民经济素质的提高。"经济开放论"是社会主义经济内在要求的基本理论，也应该成为新的社会主义政治经济学的重要内容。

（九）经济发展战略论

邓小平同志就我国国民经济的发展提出了"三步走"的战略思想，勾画了我国国民经济几十年发展目标、步骤、措施等基本蓝图，对我们在一定的历史时期如何具体解放和发展生产力，提供了一个基本指导思想。新的社会主义政治经济学中，也应该正确阐明邓小平"经济发展战略论"，以指导国民经济发展战略的实施，促进其战略目标的实现。

（十）政局稳定论

邓小平同志在领导我国经济改革开放和发展中，十分重视政局稳定，认为这是顺利建设社会主义的极其重要的条件。他曾经反复指出："我们搞四化，搞改革开放，关键是稳定。"② 没有稳定，什么事也干不成。"政治稳定论"是关系社会主义经济能否顺利改革、开放、发展的重要理论，新的社会主义政治经济学也应该阐明这一理论。

我们说目前创建新的社会主义政治经济学很有必要，也具有一定的客观和主观条件，在创建中要以邓小平理论为指导，把他的经济理论作为新的社会主义政治经济学的主要内容，都只是说我们现在已经有条件对政治经济学这门学科的社会主义部分赋予新的体系和内容，而绝不是说它一经创建就可以达到成熟。着手创建，把它创建起来，再随实践的发展、人们认识的深化，使之逐步成熟，这还有一个长期的过程。邓小平理论，包括其中的经济理论，也是要随实践的发展而发展的。所以，创建和发展社会主义政治经济学，对我们经济理论工作者来说，任重而道远。

① 邓小平. 邓小平文选：第 3 卷 [M]. 北京：人民出版社，1994：90.
② 邓小平. 邓小平文选：第 3 卷 [M]. 北京：人民出版社，1994：286.

深化改革　前程似锦

——政治经济学专业教育改革研究

本文原载于《高等财经教育研究》1998 年第 1 期

当前，在大学本科教育上，广义的经济学（包括理论经济学、专业经济学、部门经济学等）各专业都不同程度地潜伏着某种危机，而理论经济学专业所面临的危机是最突出、最严重的。所以经济学专业教育的改革问题，被国家教委最先提上议事日程，国家教委亦多次召开了经济学专业改革的调研会、研讨会。经济学在广义的经济学各专业中率先进行改革，不是一件坏事，而是一件大好事。对一个国家来讲，忧患可以兴邦。对一个大学本科专业来讲，忧患，或者说承认危机，积极改革，不也可以振兴专业，赢得如花似锦的光辉前途！

对于经济学专业教育的改革问题，我想从我校经济学专业教育发展的历史、现状、面临的矛盾、改革的方向和前景等方面谈一点肤浅的认识。

历史的回顾

1959 年秋，我校开办政治经济学专业，1960 年正式成立政治经济学系。长期只办一个专业即政治经济学专业。在 1983 年增设了一个价格学专业，1986 年这个新专业经调整并入新成立的贸易经济系，经学校领导批准，政治经济学系更名为经济系，专业更名为经济学专业。其建设、发展及其对社会主义建设的贡献，可以概括为如下三个方面：

第一，培养了一大批优秀人才；

第二，产生了很多高质量的科学研究成果；

第三，建设了一支学术水平较高的师资队伍。

总之，这么多年来，我们的经济学专业出了人才，出了成果，锻炼了师资队伍，发展是健康的，是可以引以为荣的。

面临的矛盾

我们取得了很大的成就，这固然是可喜的，但目前我们经济学专业所面临的危机，却是十分严峻的，主要存在三对矛盾。

第一，学校培养理论型人才与实际需要的应用型人才之间的矛盾。本专业原来的目标是培养能从事经济理论研究、教学和宣传的高级专门人才。这属于会搞理论研究、会写论文、会讲课的理论型人才。过去我们就曾经向学生明确提出，在本科阶段练好"两子"：一是笔杆子，二是嘴巴子。那时学生分配去向主要是科研机构、大专院校及宣传部门。但是，党的十一届三中全会以来，人才需求情况发生了急剧的变化。科研机构、大专院校及宣传部门对本专业人才的需求量迅速减少，而实际经济部门如政府经济管理机构、公司企业等对经济专业人才的需求量迅速增加。这使我们深深地感到，本专业的培养目标如不进行根本性的改革，不按实际需要培养应用型人才，学生毕业后的就业形势将是十分严峻的。

第二，用人单位要求人才知识的窄口径与本专业培养人才知识的宽口径之间的矛盾。目前，一个十分突出的现象是许多用人单位向财经院校要大学毕业生指明要专业经济学、部门经济学的人才，不太愿意要经济学专业的人才；政府的一些专业经济部门还在投资兴办诸如金融、财政、计划、统计、审计等专业学院，专业设置还有进一步细分的趋势。他们对人才的知识结构，要求越专越好。而我们经济学专业培养的则是经济学的"通才"，与目前一些用人单位的要求是相反的。

第三，大城市、大机关基本停止进大学生与许多大学生又热衷于进大城市、大机关之间的矛盾。近几年来，大学财经教育迅猛发展，全日制和非全日制大学迅速增加，有如风起云涌，一方面大城市、大机关对各类经济学专业人才的需求饱和，另一方面，小城市、小单位大量需要经济专业毕业生却又没人乐意去。不能不说，这又是一个尖锐的矛盾。

矛盾的分析

上述的三对矛盾，是关系到经济学专业的毕业生到哪里去、干什么、应该具备什么样的知识结构和能力等问题，更重要的是关系到经济学专业发展的前途和命运的问题。为了正确地解决这些矛盾，需要对这些矛盾进行正确的分析，获得正确的认识。

对于上述三对矛盾，我个人的看法是：

第一，基层，将是经济学专业大学毕业生今后长期的主要去向。

20 世纪五六十年代，经济学专业毕业生到大城市、大机关的多，主要是当时本专业毕业生人数很少，大城市、大机关需要增加干部。20 世纪 80 年代初，本专业学生多被分到大城市、大机关，主要是由于机关干部平均年龄偏大，急须补充新鲜血液。现在，大城市、大机关增加干部、更新干部的要求已基本不存在了。目前，全国有 38 所大学或学院开设有经济学专业，许多党校和非全日制大学也在开设经济学专业，每年毕业生人数很多，加之，各级党政机关都面临着转变职能、精简机构的任务，而且现在的机关即使要增加一些干部，也不愿意直接进大学刚毕业的学生，而愿意从基层抽调经过一定时期的实际锻炼已表现出确有水平和能力的大学生。可见，大学毕业生今后的主要去向只能是基层。

到基层去，这不仅是现实客观情况所决定的，同时也是大学生自身成才的需要。一个大学生在大学阶段学到的还只是专业基础知识，不经过一个较长时间的基层实际工作锻炼，是不可能成为某一方面的行家的。我们经济学专业的毕业生，过去许多人就是从基层逐步走上各级领导岗位的。这不仅是以往的毕业生走过的路，而且将是今后的毕业生成长的必由之路。

第二，应用型人才，将是今后经济学专业培养人才的基本类型。

由于经济学专业毕业生今后的主要去向是基层，到基层去从事实际经济工作，如到市、县级经济管理部门，甚至到企业中从事经济管理工作，培养理论型人才显然不适应客观要求了，必须以应用型人才的培养作为主要目标。这不仅要求毕业生会搞理论研究、会写文章、会讲课，还要学会经济管理，具有实际操作能力，能组织和领导一个地区、部门的经济工作，能搞好一个企业或企业内部某一方面的经营管理，能处理较为复杂的经济问题。显然，这对于经济学专业学生的质量要求来说，较之过去是提高了，而不是降低了。过去的毕业生能够做的，现在的学生也应该会做；过去的学生所没有学过的本领，现在的学生也应该学会。

第三，经济学"通才"，是经济学专业学生的主要特长。

现在许多人一说到财经专业学生的专长，只知道会当会计，或会搞统计，或可以从事财政工作，或可以从事金融工作等是专长，不知道既懂财政又懂金融，既能当会计又能搞统计，既可从事经济实务又可从事经济理论、政策研究的经济学的"通才"也是专长。这是一种极大的误解。应该说，通晓某一专业或部门经济学的是专家，而能够掌握主要专业和部门经济学，能从基本理论上把握它们的相互关系、分析和解决复杂经济问题的经济学"通才"同样也是专家。

首先，培养经济学"通才"，这是我国经济体制改革和经济发展的需要。现在我国经济体制改革和经济发展中，特别是目前经济环境的治理和经济秩序的整顿中，提出了许许多多需要研究解决的理论和实际问题。这固然需要某一专业的经济学家做专门研究，尤其需要有经济学"通才"综合考察各方面的情况进行综合研究。因为这些问题往往不是个别专业的问题，而是涉及若干部门、若干专业的问题，没有经济学"通才"是很难正确予以解决的。现在可以看到，经济改革和发展中的许多难题，能提出一些真知灼见的，其中许多人不就是经济学的"通才"吗？现在各级政府研究机构的研究人员中，能为经济政策的制定和经济发展的决策提出有价值的见解的，其中许多人不也是经济学的"通才"吗？

其次，这也是市场经济发展的要求。过去，在产品经济条件下，人才的培养和产品的生产一样，大学生按国家计划招收，按国家计划分配，用人单位按国有计划接收。事实上，大学毕业生到工作岗位之后，专业不对口的比比皆是。学自然科学改行搞经济工作的，大有人在。财经院校不论哪个专业的毕业生，能在经济部门工作就算是专业很对口了。至于学工业经济专业的当统计局局长，学经济学专业的当财政局局长，学农业经济专业的当工商银行行长之类的情况不是很普遍吗？如果说，这种情况是过去几十年的历史形成的，是工作需要而财经人才短缺的结果，是人事部门分配工作不当的结果，那么，从今后看，目前这种专业愈分愈细、毕业后专业对口的要求更是难以实现的。随着经济体制改革的深化、商品经济的发展，用人单位特别是企业为适应市场需求的发展变化，对经济专业人才要求的是知识结构上具有多方面经济学知识和技能的多面手。经济学专业所培养的正是这种多面手。

最后，这也是社会对各类经济专业人才需求结构迅速变化的需要。随着我国经济的发展，对经济各专业人才的需求结构必然发生迅速变化。一个时期某个专业的人才十分短缺，两三年之后那个专业的人才又可能已经过剩而分配不出去。如果专业的知识口径过窄，能适应这种变化吗？况且，今后的大学生要靠自己找工作岗位。大学生找工作岗位和企业推销产品一样，具有"多功能"总比只具有"单一功能"的销路要好些吧！我们经济学专业学生可以说是具有从事多种经济工作的"多功能"的人才。我们经济学专业的毕业生如果从事某一专业经济工作，也是很有条件的。过去分到专业经济部门工作的，不是有很多人搞得很出色吗？

总之，上述的种种矛盾，归根到底，是新旧体制转换过程中，代表新旧体制的两种思想在经济学专业人才的主要去向、工作内容和知识结构问题上的反映。现在把财经专业越分越细，而对厚基础、宽口径、适应性强的经济学专业人才不感兴趣的现象，并不符合客观经济发展的实际，现在还希望由大学直接进大城市、大机关，则是思想落后于迅速发展的客观实际。如果我们从现实情况出发，把握改革的大趋势，着眼于未来，我们可以肯定地说，经济学专业人才的活动天地无比广阔，前途分外光明。

改革的方向

基于上述分析，我认为经济学专业改革的方向，既不是在原有的基础上进行小修小补，也不能转为某一部门或专业经济学，而是要对经济学专业教育的培养目标、课程设置以至师资队伍建设进行根本性的改造。

在培养目标上，应该摆脱原有的理论经济学的老框，走大经济学专业的道路。也就是说，要培养可以在政府经济部门、公司企业、大专院校、科研机构，主要能从事各项实际经济工作，又能从事经济理论、政策研究、理论教学的人才。这种人才，其经济理论基础比较扎实，经济学知识较为广博，对许多种类的经济工作有较强的适应性，分析和解决实际问题的能力比较强。这种人才符合我国经济体制改革的方向和市场经济发展的要求，也有利于学生自身的成长和发展。

这种办大经济学专业的道路，不是我们的发明，西方国家已经办了上百年了，至今仍然兴旺发达。他们从商品经济发展的要求出发，对大学经济专业的设置从来没有像我们这样划得那么细，设置的专业从来没有像我们这样搞得那么多，可是他们却培养出了若干个总统、总理，许多著名经济学家，成百上千的银行家、企业家，数以万计的十分能干的经济工作人员。同我们相比，不仅毫不逊色，而且在许多方面超过我们。这表明，我们从苏联那里学来的植根于产品经济基础上的专业设置办法及其所设置的理论经济学专业的模式，已经不适应我国的新情况了，我们还不及时改变培养目标，更待何时？

在课程设置上应该强调厚基础，宽口径，会操作。过去，我们的经济学专业基本上是在理论经济学的框框内活动，经济理论基础也是比较厚的，但知识口径的宽度不够，缺乏从事实际经济工作的基本技能，不会操作。当时的课程是以"一论""三史"为中心进行设置的。"一论"是指《资本论》，"三史"是指经济学说史、中国经济史和外国经济史。办大经济学专业，"一论""三史"仍然是重要课程，必须学好。但是，为了加强理论基础，拓宽知识面，还必须学好西方经济学、发展经济学、比较经济学，学好金融学、财政学、会计学、统计学、国际贸易、国际金融等。学习这些课程，不仅要掌握原理，还要学会实际操作的本领。例如，学了会计学，不但要能看得懂账，还要做得来账，当得来会计。至于具有较高的外语、数学、写作水平，更是一个大学生最基本的要求。这样，毕业之后，可供选择的工作范围就比较广泛了。如果还能结合本职工作，进行深入的研究，个人发展前途就比较远大了，对社会的贡献也可以是很大的了。

为了使课程设置、教学内容和培养目标相适应，对师资队伍的建设也必然会提出一些新的要求。这主要包括：不仅要求教师有较高的理论水平，还要求教师特别是教应用经济学课程的教师有较强的实际工作能力；不仅要培养学生理论研究的能力，还要培养实际操作能力。要破除部分教师给经济学专业学生授课仅仅在理论上下功夫的老观念。这不仅使一些基本经济理论在一些课程之间重复，更重要的是削弱了对学生实际工作能力的培养。教师要既会讲又会做，才有希望培养出既有扎实的经济理论基础又有较强的实际工作能力的学生。

上述改革如能顺利实现，我坚信，经济学专业的前景是美好的。

社会主义经济理论的重大创新

—— 刘诗白教授专著《现代财富论》读后感

本文原载于《经济学家》2005年第5期

我国著名经济学家、经济学界的泰斗——刘诗白教授几十年如一日地不断地进行着经济理论创新，特别是社会主义经济理论的创新。今天，呈现在我们面前的这部洋洋洒洒四十余万字的学术专著《现代财富论》（以下简称"专著"），是他奉献的又一部经济理论创新之作，是创建当代中国社会主义政治经济学的一次新尝试，是对马克思的劳动价值理论创造性的继承和发展，更是对我国当前正在全面建设小康社会和构建和谐社会伟大实践强有力的理论支撑。

1. "专著"为创建中国社会主义政治经济学提供了一个崭新的核心范畴并构建了一个科学的分析体系。

我们知道，马克思的《资本论》，是把"资本"作为资本主义经济的基本范畴来研究的。社会主义政治经济学的基本范畴是什么？在计划经济条件下曾经认为是产品、产值，在社会主义市场经济条件下又似乎是资金、国民生产总值，还有人主张是社会主义资本。"专著"则独辟蹊径，把"现代财富"作为当代中国的社会主义政治经济学的基本范畴，全书研究的是现代财富的生产和分配，目的是探索现代财富生产和分配的机制和规律，为推进中国经济丰裕化和共同富裕化作贡献。之所以要把现代财富作为核心范畴来研究，是因为在当今中国，要实现社会主义大力发展生产力、实现共同富裕这一根本目的，需要研究财富生产和分配问题；要实现党的十六大提出的全面建设小康社会的宏伟目标，实现这一目标所需的物质前提就是生产力的提高和财富创造力的增强，也须要研究财富生产和分配问题；世界已经进入21世纪，中国面对的是十分难得的发展机遇期，我们需要也有条件争取实现经济更好地发展和财富更有效地创造，也须要研究财富生产和分配问题。

书中提出并论述了"现代财富"概念的内涵及其结构的多样性。古希腊色诺芬、亚里士多德，后来的西斯蒙第、西尼耳特别是亚当·斯密等都研究过财富问题。马克思对财富的研究，虽然沿用了前人的概念，但赋予了崭新的内容。"专著"对"现代财富"概念也赋予了不同于以往的新观念，指出：作为政治经济学范畴的财富，它的内涵是生产拥有能满足人的需要的有用性。财富一词，更准确地说是社会财富，其本质规定性是劳动生产物，即劳动财富。现代财富包括商品财富和非商品社会财富（或曰产品性财富）两大类别。当代世界正处在社会生产全面发展的时代，由物质生产、服务生产、知识和精神生产三大部门组成的三维产业结构成为现代产业结构的特征，而物质产品、服务产品、知识和精神产品三大类产品已成为现代社会财富组成要素。特别指出，社会主义财富是人民财富，其主要特征有四：①它是社会共同的财富；②它是高度丰裕的财富；③它是满足全面发展的新的健康需要的财富；④它有丰裕的精神财富。社会主义条件下的社会需要与财富生产的矛盾的主要表现是：不断增长的社会需要与现有财富生产能力的矛盾。社会主义的基本任务是在生产发展基础上实现人民生活的富裕化。人民财富的最大增值、合理分配和优化使用是社会主义理论经济学的重要内容。

"专著"分析了现代社会财富源泉的多样性。书中提出，劳动是社会财富的始源，但不是唯一泉源。就人类的财富生产力提高的历史轨迹来说，大体上是由主要依靠人力，到主要依靠工具力，再到主要依靠科学力。在现代发达市场经济中，社会财富源泉呈现多样化的特征，除了劳动力、工具力、对象力、科学力，管理力、环境力等也是社会财富的新源泉。特别强调指出，建设社会主义需要从完善社会主义生产关系、完善劳动的社会结合形式、全面提高劳动力的素质等方面，充分发挥劳动的财富创造功能。

上述关于现代财富的多方面、多层次的研究，构成了一个新的与目前众多体系完全不同的中国社会主义政治经济学的科学体系，这就为中国社会主义政治经济学的科学体系的建立提供了一条崭新的思路。

2. "专著"深化了对马克思劳动价值论的认识，丰富和发展了马克思的劳动价值理论。

书中对社会主义市场经济条件下的商品生产劳动及其价值创造功能进行了分析，认为：在市场经济体制下，社会财富主要表现为商品，从而具有价值。当代发达国家经济已经出现如下新情况：一是服务产品、知识产品已经占据主导地位；二是现代产业结构已经是由物质生产部门、服务生产部门和知识生产部门组成；三是现代国民财富结构也已经是以服务产品、知识产品为主要成分。面对当代经济新情况，计划经济时代撰写的政治经济学教材中流行的对马克思的劳动价值论的传统理解，即只有物质、实物化劳动才创造价值的观念已经不再适用。如何将劳动创造价值原理应用于当代实际，阐明现代财富内在的价值性，要求经济学人深化对马克思劳动价值论的认识，并且结合现代生产实际，对劳动创造价值的机制作出科学阐述。

该书对马克思劳动价值理论的创造性丰富和发展，主要表现在三个方面：

一是重新解释了生产商品的抽象劳动的"物化"概念的含义。作者认为马克思提出了生产商品的抽象的人类劳动物化为价值的重要论题，但是劳动"物化"概念的含义并不等同于"物质形态化""实体化"。马克思使用的"物化"概念的本质是"对象化"，劳动"物化"指的是商品生产中的抽象的人类劳动这一商品关系的"对象化"。

二是从广义上重新解释了商品范畴的内涵。作者认为，马克思是把商品、价值、生产劳动等范畴作为特定的社会生产关系来把握的。他实际上提出和阐述了广义的商品理论。在分析商品和价值形成时，十分强调劳动的物质性、实物性，但也提出了特别商品的范畴，把劳动能力作为特殊商品。此外，他把金银、货币以及股票、债券等资本价值凭证作为"特种商品"。他还将进入市场交换的服务也视为商品。由此对商品使用价值范畴的含义作出了广义的解释。马克思没有囿于物质固定化形态，还将某些人类劳动活动的功能视为使用价值，如劳动力商品的使用价值、服务的使用价值、唱歌的使用价值等。显然，马克思将劳动者生产出来的满足各种社会需要的多品类商品体的属性，都作为使用价值。

三是重新阐明了生产商品的劳动的具体形式的多样性。认为马克思既认定制造业中生产实物产品的劳动对象化为价值，还指出服务业中生产和提供非实物形态的服务劳动也形成价值；劳动既可以在"有痕迹"的实物产品中对象化为价值，也可以在农业劳动生产的"无痕迹"的实物产品中同样对象化为价值；除此而外，运输业中的劳动只是使产品"发生位置变化"，仍然对象化为价值。

总之，该书的主要结论是：①马克思阐述的多样性生产劳动抽象化、对象化为价值的广义的和全面的劳动价值理论，能够充分说明当代产业结构下，创造多种多样的使用财富的生产劳动都具有价值创造功能。因此，在当代，马克思的劳动价值理论并未过时。②运用马克思劳动价值理论研究社会主义经济，我们就可以看到，在我国社会主义市场经济制度下，众多的商品生产部门，无论是物质、实物产品生产部门，还是商业、金融及其他服务部门，以及科学、文化产品生产部门，它们的广大从业者和职能人员都参与了商品使用价值的形成和价值的创造。也就是说，在我国出现了新型的生产、劳动关系和价值创造与分配关系。这是中国特色社会主义建设中出现的新事物。很显然，"专著"成功地丰富和发展了马克思的商品理论和劳动价值理论。以这一新的商品理论和价值理论为指导，对我国社会主义社会中的新经济关系进行深入的理论分析和实事求是的阐述，将有助于揭示社会主义市场经济中劳动者利益关系的性质及其变动的规律，并为党和政府调节经济运行和生产、分配关系，正确处理社会主义社会人民内部的利益矛盾，构建社会主义和谐社会提供理论指导。

　　3. "专著"还有许多重要的理论创新，为我国社会主义现代化建设提供了重要的智力支持。

　　该书充满了理论创新。除上面已经指出的创新理论之外，还有几方面的理论创新值得重视，那就是关于自然财富、科学创新、文化生产等方面的探索和阐述。

　　"专著"将自然、生态环境的保护、开发和利用的认识提到了一个新的高度。该书把"自然财富"确立为经济学范畴，提出自然财富具有重要的经济、社会功能，还认为：在世界工业化、现代化进程中出现的资源、生态环境危机表明经济学的基本理论需要进一步发展，需要确立可利用自然是一个有限存量的命题和自然财富存量的界限或边界可扩展性的论题。社会主义经济发展的客观要求，是要实行一种理性的社会和自然协调的世世代代造福于人民的持续扩大再生产。

　　"专著"对科学技术进步在现代财富创造中的决定作用作了更切合当代实际、更为详尽的阐述。该书仔细分析了当代最新财富生产方式即高科技生产方式或高科技经济问题，认为这一生产方式和经济组织形式正在迅速地和大规模地应用于生产，有力地影响着当代的经济、社会和人们的生活。该书特别强调技术进步是财富生产力不断提升的决定性因素，认为我国新时期经济的发展要立足于技术进步，并指出现实中的技术进步不只是一个技术本身的效率问题，也不只是掌握新技术知识的问题，而是一个经济体制问题。正是发达的市场经济及其机制驱动了当代科技的不断创新。该书还指出，物质技术进步的源头是科学，技术快速进步依托于科学知识的快速进步。而这种进步，又有赖于以市场体制为基础的现代知识生产的力量和效率。这些论述，为我国如何认识技术进步在现代财富创造中的作用以及如何推动技术不断进步找到了切实有效的途径。

"专著"还对文化生产在现代财富生产中的作用及其管理体制进行了经济学分析，认为在现代发达的市场经济中，特别是随着当前信息经济的发展，文化越来越合并于生产，成为促进生产发展的重要经济资源，文化由此具有了生产力功能。而且出现了发达的文化生产，形成了文化产业，文化生产成为当代社会生产一个新的组成部分，文化产品成为现代国民财富的重要内容。发达市场经济中文化具有促进经济发展的多种功能：自然财富是提高劳动生产率的积极动因；良好的自然生态体系是持续再生产的前提；自然生态是人类生活环境的重要因素。该书还指出，我们既要肯定商品关系和市场机制促进知识文化生产的积极功能，又要正视市场负效应。其关键是，要构建起实现社会效益优先、经济效益与社会效益相结合的完善的文化体制。

这几个方面的理论创新对我国贯彻落实科学发展观、全面建设小康社会和构建社会主义和谐社会，对国民经济的较快、平稳、协调和可持续发展，必将发挥积极的作用。

进一步改善创新环境的一项重要举措

本文原载于《经济学家》2004 年第 3 期

《中共中央关于进一步繁荣发展哲学社会科学的意见》（以下简称《意见》），是一份纲领性文件，标志着我国哲学社会科学的发展迎来了又一个阳光明媚、百花争艳的春天。《意见》中特别提到：要进一步繁荣发展我国哲学社会科学，要鼓励创新，就必须"进一步改善创新环境"。我认为这个提法完全正确。道理很简单，没有好的创新环境：一是不可能创新；二是即使出现创新的苗头，也可能被扼杀；三是即便已经出现创新，也可能受到冷落甚至打击而无法激励创新者继续前进。如果说改革开放前，哲学社会科学创新环境不太理想的话，那么，改革开放后，在邓小平"解放思想、实事求是"的号召下，在他带头冲破禁区、发展马克思主义理论的创新精神鼓舞下，受全国"实践标准"大讨论的推动，我国哲学社会科学曾经迎来了蓬勃发展的春天。

20 多年来，我国哲学社会科学获得了长足的发展，出了大量成果和人才，尤其是提出了许许多多创新理论。这些创新理论具有以下一些特点：一是重大性。它不是改革开放和社会主义现代化建设中的某些枝节或某一局部的理论，而是关系全局和长远的理论。二是原创性。它不是注释性的或人云亦云的所谓"理论"，而是深入研究中国实际，吸取国际经验，大胆探索，勇于创造的前无古人的理论。三是正确性。它不是那种说起来头头是道、用起来一无是处的所谓"理论"，而是已经用于实践并且已经被实践证明其正确性的理论。

要进一步改善哲学社会科学创新环境，建议采取一项重要举措，就是对哲学社会科学的优秀创新成果实施国家级奖励。以往有地方性和部门性的奖励，这是必要的，但还不够，还需要有国家级的奖励。

要进一步改善创新环境，首要的是中央重视。《意见》强调："在改革开放和社会主义现代化建设中，哲学社会科学与自然科学同等重要。"既然如此，就有必要像奖励自然科学优秀科研成果那样，由中央政府奖励哲学社会科学的优秀创新成果，把中央"同等重要"的认识通过奖励体现出来。

其次，进一步改善创新环境，还需要在全社会改善创新氛围。目前，社会上有不少人对哲学社会科学是有正确看法的，但也有一些人把它看成只会跟在实践的后面跑的或者只会"唯上唯书"的"理论"。国家奖励的创新成果则明确地告诉人们，它们是走在实践前面的、对实践发挥了强大的指导作用并推动着经济和社会前进的理论，这就可能在全社会培养起尊重哲学社会科学创新的氛围和环境。

最后，创新环境的进一步改善，最重要的是要调动哲学社会科学工作者创新的积极性。过去，地方或部门奖励过不少创新成果，力度还不够。现在在国家级层次上予以奖励、予以肯定，有利于更充分地调动哲学社会科学工作者创新的积极性。

如果这种奖励能从以上三方面收到实效，必将在全社会形成鼓励创新、尊重创新、重视创新成果的风气，真正进一步改善创新环境，必将促进哲学社会科学更加蓬勃地发展。

坚持以马克思主义为指导　搞好理论经济学教学与科研

本文写于 2005 年 9 月 12 日，为西南财经大学经济学院政治经济学学科建设发言稿

　　搞好理论经济学教学与科研，要坚持以马克思主义为指导，是历史的必然，现实的要求。首先这是由我们党和国家的性质和历史特点决定的。我们中国共产党是马克思主义政党，我们的国家是社会主义国家，我们党和国家发展的全部历史是以马克思主义作为旗帜和灵魂不断取得胜利的历史。丢掉了这个旗帜和灵魂，党和国家就会迷失前进的方向。再者，我国理论经济学的教学与科研现在正面临所谓指导思想"多元化"之说，有些人利用国家发展过程中的部分失误、利用国际社会主义运动受到的挫折、利用马克思主义之中个别论断需发展等弱点，以偏概全，否定马克思主义的指导地位。这时强调坚持以马克思主义为指导，具有重要的理论意义和现实意义。尤为重要的是，我国现在正处于全面建设小康社会、和谐社会、加快推进社会主义现代化建设、实现中华民族伟大复兴的历史进程中，理论经济学的教学与科研具有重要的作用，不仅承担着马克思主义理论教育的任务，而且也承担着为具体的经济科学提供理论基础的任务，更应强调坚持以马克思主义为指导，才能保证其按照正确的政治方向发展。

　　马克思主义是一个科学体系，是与时俱进、随实践的发展而发展的。在理论经济学教学与科研中，坚持以马克思主义为指导，在我国就是要以马克思主义中国化的三大理论成果即毛泽东思想、邓小平理论、"三个代表"重要思想为指导。在当今中国就是要以"三个代表"重要思想为指导。因为，"三个代表"重要思想是面向 21 世纪的中国化马克思主义，全面反映了包括理论经济学在内的当代中国哲学社会科学的时代精华。由于马列主义、毛泽东思想、邓小平理论、"三个代表"重要思想是一脉相承的，用发展着的马克思主义为指导，仍然要以马克思主义基本原理为基

础，以马克思主义经典著作为理论资源。任何放弃或忽视马克思主义基本原理的想法和做法，肯定是不正确的。

要坚持马克思主义为指导，首先要刻苦学习马克思主义理论。不认真学习马克思主义理论，不知道马克思主义是什么，以马克思主义为指导就根本无从谈起。刻苦学习马克思主义理论，就要认真阅读马克思的经典著作，弄懂内容，把握实质，并且学会运用。其中有个别原理、个别论断有可能"过时"，但是它的基本理论、基本原理肯定不会"过时"。有些人对马克思的著作读得不多或者没有认真读过，有的甚至根本没读，就跟着喊"过时"，这是很不恰当的。现在通常说的西方经济学实际上是指资产阶级经济学，它也是人类思想和文化的成果，其中包含有许多有价值的东西。马克思和恩格斯创立的马克思主义经济学，就是在批判地继承到他们那时为止的人类社会创造的全部优秀思想和文化成果的基础上建立起来的。我们学习马克思主义经济理论，同样也应研究西方经济学，要对它进行"一分为二"的分析，去其糟粕，取其精华。

坚持以马克思主义为指导，就要坚持以马克思主义的立场、观点、方法来观察认识问题和处理问题。理论经济学教学和科研坚持以马克思主义为指导，当然要坚持马克思主义的观点，即坚持马克思主义基本原理特别是其基本的经济理论，还要坚持马克思主义的立场、方法。马克思主义的基本立场，就是无产阶级和劳动人民的立场，也就是最大多数人的立场，在我国现阶段也就是"三个代表"的立场，就是代表中国先进生产力的发展要求、代表中国先进文化的前进方向、代表中国最广大人民根本利益的立场。马克思主义的方法，就是唯物史观和唯物辩证法，简言之就是"实事求是"，对于理论经济学教学和科研来说，还有"抽象法"、即具体—抽象—具体的方法等。

坚持以马克思主义理论为指导，就要勇于创新，努力推进马克思主义经济理论的丰富和发展。我国理论经济学教学质量和科研水平的提高，关键的是要紧密结合新的实践在理论上不断创新。我们要切实担负起自己的历史责任，瞄准理论经济学发展前沿，立足本国又学习外国，立足当代又继承传统，不断地开拓新视野，开辟新境界，发现新问题，总结新经验，不断进行社会主义经济理论的创新，努力建设中国特色的社会主义理论经济学。

第四篇

书评

研究中国经济发展问题的一部力作

——评黄小祥著《中国经济发展的模式、体制和政策》

袁文平　程民选

本文原载于《经济学家》1991 年第 2 期

由江西人民出版社推出的，青年学者黄小祥所著的《中国经济发展的模式、体制和政策》一书，是作者近年来悉心研习经济发展理论与政策，着眼于我国经济发展重大问题思虑求索取得的可喜成果。

在该书中，作者把视线投向我国经济发展的模式、体制和政策，而不是泛泛地谈论经济发展的一般理论；在探讨我国经济发展的重大理论与政策问题时，作者娴熟地运用了可资借鉴的国外经济发展理论及其分析工具。经济理论的借鉴和分析工具的运用，则始终服务于研究中国经济发展的重大理论和政策问题，为我国经济发展提供理论依据和政策建议这一目的。这就使该书在近年的同类著述中脱颖而出，被编辑者誉为我国目前经济发展研究领域中针对性强，具有开创性的学术专著。

1. 该书信息容量大，体系结构合理。全书虽只有 15 万字，但不尚空论，内容充实，紧扣主题层层展开论述。在阐释经济发展模式的一般规定及其与发展阶段的关系、经济发展阶段的划分标准等问题后，立即转入我国经济发展阶段演化的考察，评论了我国现代经济起步方式的选择，分析了经济发展进入加速阶段后的主要矛盾，指出我国经济发展已开始具有转型增长的某些特征，提出深化经济体制改革以促进经济发展。紧接着阐明了工业化向现代化高度推进对产业组织规模、市场约束和企业产权选择的要求，并着眼于农业与工业化的关系、技术引进与产业结构的关联进行了实证分析。该书还论述了我国经济发展面临的两大任务——结构调整与总量控制，阐述了对通货膨胀与经济增长关系的见解及我国通货膨胀的发生机制。最后就经济发展模式转换对于经济体制改革的要求，陈述了关于经济改革的目标与进程的构想，提出了改革与发展同时并举的主张。全书结构合理，思路清晰，对我国经济发展模式、体制和政策进行了多侧面的历史考察和现状分析，阐明了作者关于我国经济发展重大问题的理论见解和政策主张，是我国近年来研究经济发展问题颇具特色、富有创见的著作。

2. 该书不囿于前人的见解和已有的定论，通过系统、深入分析我国经济发展进程中的重大问题，提出了若干很有见地的观点，兹举要如下：

（1）怎样划分经济发展阶段？作者在比较分析马克思和罗斯托关于划分经济发展阶段的两种不同探索的基础上，提出划分经济发展阶段的标准应当是综合的这一思想，阐明了以制度因素作为划分发展阶段的背景性标准，以生产结构高度化作为判别发展阶段的生产力标准和以总量分析作为测量经济发展高度的标准的观点，并据此提出了将经济发展过程划分为起步、加速、转型、稳定增长四阶段的思想。

（2）在对我国经济发展起步阶段选择的资源导向供给推进模式进行历史考察和现实矛盾分析的基础上，作者提出了必须转换经济发展模式的见解，并且客观地指出，我国自 1981 年起，供给结构调整刚开始与消费需求结构衔接，初期工业目前尚有较大发展余地，而重工业化要靠收入水平的高位化来拉动，目前的收入水平或消费需求并未形成足够的拉力。因此，我国经济尚不具备实行需求导向的发展模式的条件，只能采取需求导向与供给推进相结合的发展模式，一方面通过需求总量和结构变化促进供给总量发展和供给结构变化，另一方面通过增加供给推动新需求的形成。

（3）作者强调，经济发展模式转换要求经济体制模式转换，必须加快经济体制改革的动作，为资本形成、技术创新和组织创新提供适宜的制度环境；必须进行运行机制内部要素的重组，以抵消计划—市场双轨约束所产生的种种弊端，使计划机制与市场机制相互渗透，通过要素渗入和参数诱导相结合，建立双重控制—约束规则，计划机制通过一系列参数运行约束市场环境，市场机制通过微观经济函数关系约束企业行为，使市场机制几乎覆盖全部产品，计划机制经由市场也对所有企业进行调节。作者主张在目前缺乏发育健全的市场体系，不足以约束企业行为，旧的约束方式又难以为继之时，采用国家采购的办法模拟市场约束，实现国家经济计划，使国家采购成为计划机制的要素渗入市场机制的一种有效手段。

（4）作者认为，农村经济的发展有赖于深化改革和产业结构的转换。小块土地的家庭承包经营作为改革措施的历史使命已经完成，深化农村经济体制改革应以调整生产要素的配置规模为基本出发点，为此必须建立土地使用权的买卖市场，农村非农产业的发展是增加农民收入和解决剩余劳动力转移问题的途径。农村积累的重头始终应放在农业和为农业服务的非农产业上。此外，还要处理好乡村工业与大工业的衔接关系。

（5）作者提出实行"双向倾斜关联"的技术引进战略，使以耐用消费品生产为中心的新产业与以机械工业为中心的重化工业同步发展，形成两个技术引进的产业增长点，逐步建立现代产业结构的核心枢纽机电复合产业。并认为轻工业正从轻型结构向重型结构转换，两种结构对重工业要求不同，应用最终需求、中间产品和投资品的均衡发展策略取代轻重工业均衡发展策略。同时，产业政策必须突出规模经济在技术引进和产业结构转换过程中的作用。

（6）作者提出应当区分两种需求扩张，在此基础上对需求总量实行分类管理。因产业连锁要求所产生的投资需求扩张是纯经济现象，不能压缩；而经济体制改革过程中结构转换同机制再造不配套导致的需求扩张则必须加以控制。供给管理则应着眼于优化供给结构，提高生产率，这样才有利于实现供需总量及结构平衡。

3. 该书注重用数据和图表说明问题，注重多种分析方法和分析工具的运用。作者大量运用《中国统计年鉴》等所载权威统计数据，并依据研究需要对有的数据进行处理，制作了不少图式、表式直观反映我国经济发展进程中取得的成就和存在的问题，读来使人印象深刻，深感作者立论严谨。在该书中，作者综合运用比较分析、样本分析、关联分析、制度分析、结构分析、模型分析等多种分析方法，并借鉴了国外有关经济分析工具，比较成功地用于我国经济发展的分析，因而分析得出的结论可信度高，富有说服力。

当然，该书也存在不尽如人意之处，譬如体例方面，引言并非各章皆有；内容方面，存在重复行文的情况，个别观点也还有进一步讨论的必要。作为一部具有开创性的著述，存在某些不足也是可以理解的。我们希望作者在不断地探索中，为我国经济发展研究领域奉献更多的力作。

社会主义经济运行机制研究的新成果

——评雍文远主编《双重运行机制论——社会主义政治经济学再探索》

袁文平　程民选

本文原载于《财经科学》1991 年第 3 期

继《社会必要产品论——社会主义政治经济学探索》（以下简称《社会必要产品论》）成书近五年后，该书作者新近又奉献了他们研究社会主义经济运行机制的成果，这就是由上海人民出版社出版的《双重运行机制论——社会主义政治经济学再探索》（以下简称《双重运行机制论》）一书。

作为《社会必要产品论》的姊妹篇，《双重运行机制论》以前书取得的理论成果为基础，对社会主义经济运行机制进行了系统研究。《社会必要产品论》论证了社会必要产品（V+M）"是整个社会主义经济运转的核心，是社会主义政治经济学最基本的经济范畴"[①]；《双重运行机制论》则强调："社会必要产品（V+M）作为社会主义经济的运转核心，须有相应的经济运行机制才能实现。"[②] 前书指出社会主义商品包含商品性和直接产品性这两重性，后书直接由此推导出社会主义经济必然是双重运行机制结论。逻辑的严密和理论的一贯，无疑是《双重运行机制论》富有说服力的一个重要原因。

全书近 35 万字，举凡七篇三十一章，紧紧围绕社会主义经济运行机制问题展开论述。针对近年来理论界有人把经济运行机制简单地看作经济运行的方法与手段的观点，作者强调经济运行机制首先是社会经济主体的本

[①]　雍文远. 社会必要产品论：社会主义政治经济学探索 [M]. 上海：上海人民出版社，1985：13.

[②]　雍文远. 双重运行机制论：社会主义政治经济学再探索 [M]. 上海：上海人民出版社，1990：16.

质关系在运动中的表现，反对社会主义社会与资本主义社会在经济运行机制上并无二致的说法。作者认为，社会主义公有制基础上有计划的商品经济，以及社会主义社会存在着以公有制为主体的多元所有制结构与多层次的商品经济，决定着社会主义经济运行机制必然是自觉的计划机制和自发的市场机制相结合的双重运行机制。而双重运行机制又是由双重运行目标、双重调节机制和双重动力机制构成的综合体系。作者分析了双重运行机制的三种运行状态，各自独立地作用于不同领域、相互渗透和交融发挥作用，以及双重机制作用的互相排斥和矛盾。在论述社会主义经济双重调节机制时，进一步提出计划机制与市场机制结合即两种机制共存的观点，强调计划与市场的结合形式是多种多样的，双重调节模式是计划与市场两种机制共同作用，自觉、半自觉、自发三种调节状态并存，因调节对象而异的多种具体结合方式交叉的调节机制。"两种机制共同作用，三种调节状态并存，多种结合方式交叉……无论宏观、中观还是微观，其经济运行的调节都由双重机制插手其间。"①

该书并未局限于对社会主义经济运行的一般理论分析，而是围绕社会必要产品这一社会主义经济运转核心，以双重运行机制为主线，分别从微观、宏观、中观等不同层次，对社会主义经济运行机制进行了具体分析。

微观经济运行（Ⅰ）篇研究了全民企业经济运行的双重目标（生产出尽可能多的社会必要产品的使用价值以满足社会需要的目标和追求社会必要产品价值最大化的目标）、双重动力机制（经济动力和政治动力）和双重决策机制（集中决策与分散决策）并对承包制、租赁制和股份制等的运行状态进行了考察，提出了企业运行机制再造的基本思路。作者关于全民财产在所有权上存在代表全民的国家所有和企业集体所有这样两个层次的见解别具特色、富有新意，并认为这是联合劳动存在着全社会联合劳动和企业局部联合劳动这样两个层次的基础，也是企业的公共必要产品价值（M）或者说利润要在国家与企业间分割的客观依据。作者据此提出今后改革应着眼于利润分割规范化等主张。

微观经济运行（Ⅱ）篇分别以个人作为所有者、劳动者和消费者三个侧面，考察了作为微观经济运行主体之一的个人的经济行为，分析了全民企业个人主体的双重地位（全民生产资料的共同主人和同全民生产资料直

---

① 雍文远. 双重运行机制论——社会主义政治经济学再探索 [M]. 上海：上海人民出版社，1990：327.

接结合的劳动者），研究了劳动者个人的双重动力机制和双重流动机制（计划调配和市场调节），以及劳动者个人收入的双重分配机制（市场分配机制和政府分配机制），还考察了个人作为消费者的消费决策、储蓄和闲暇消费等行为。在研究微观经济运行机制时系统考察个人经济行为，这在我国近年来的经济运行机制研究中是不多见的。

在宏观经济运行篇中，作者首先探讨了完全市场经济和传统计划经济中两类不同的均衡与失衡，探讨了"短缺经济"的成因及其在经济发展中的作用，否定了"紧运行""常态"论；接着在对总需求和总供给的形成机制及其矛盾进行考察的基础上，分析了宏观经济的均衡条件及其机制；并对货币的供需和运行机制作了单独考察；最后，作者就带有总量性的结构均衡问题进行了探讨，指出结构均衡是宏观经济运行中最深层次上的均衡，并分别就经济发展目标、经济调节方式与结构均衡的关系进行了研究，再次强调计划机制和市场机制相结合的双重调节机制是最适合我国国情的调节机制。

为了从整体上全面、深刻地揭示我国的经济运行机制，该书作者辟专篇来探讨中观经济运行问题。作者除了就中观层次的形成原因、形成条件和运行的基本机理作出一般考察，还分别研究了省区经济运行、中心城市经济运行，以及发达地区与不发达地区的经济交往问题。作者不仅指出中观经济研究是亟待开拓的一个新研究领域，我国对于中观经济的研究必须深化，而且认为，推进中观经济的研究深化应当深刻反思改革以来中观经济的形成和发展历程，弄清其初始状态、变动成因、目前格局，以确定未来趋势；同时必须吸收、借鉴宏观和微观经济学有关的分析手段和概念体系，以提高中观经济的分析水准，以便给出有分析力度、抽象度较高的中观经济运行理论。作者循此思路作出了可喜的尝试，通过理论抽象，概括了两种中观经济类型，即过渡性类型"中观 I"和经济改革最终要形成的类型"中观 II"。从二者的生成和运行环境、经营与调节主体、运行调节中心和运行边界等的不同，对比分析了"中观 I"和"中观 II"，并指出二者之间存在动态相联关系。本篇中的许多论述，诸如中观层次运行的基本机理、中观经济的双重效应（正向推进效应和负向摩擦效应）及其成因、中观经济机制的矫正和完善等，都有独到的见解，读后令人耳目一新。

在对微观、宏观和中观经济运行分别作出分析后，该书又从总体上对社会主义经济运行进行了研究，侧重从社会主义经济总运行角度，论述了社会主义经济运行的调节体系问题。该书既构建了计划机制与市场机制有机结合的双重调节模式，分别论述了双重调节模式中的计划机制与市场机制，又具体考察了价格机制、金融机制、财税机制、汇率机制等经济调节手段，并考察了行政与法律等非经济调控手段的功能。作者高度重视经济调节机制的体系性，研究了经济调节机制体系协调的条件和经济调节机制的系统作用，强调"研究经济调节机制的作用，既要注意各种调节机制的特殊功能，又要重视经济调节机制的体系效用"①。

《双重运行机制论》以最末一篇考察了社会主义经济运行机制演变史，分别分析了战时共产主义模式，新经济政策模式、传统社会主义经济模式，以及社会主义经济改革以来的三种模式（南斯拉夫的自治协议机制模式、匈牙利的计划市场机制模式和苏联引入市场因素的计划模式）各自的运行机制。运行机制演变史的专篇考察，以及其他各篇章论述均包含有历史考察的内容，充分表明了该书作者对于逻辑与历史相统一方法的自觉运用。逻辑分析与历史考察相结合也就成为该书所具有的重要方法特点之一。

该书的另一重要方法特点是实证分析与规范分析相结合。该书作者在"导言"中明确提出，研究社会主义经济双重运行机制，"要求实证研究与规范研究有机结合"。理论部分的各篇，既有对传统经济体制下经济运行的实证描述，又有对于社会主义有计划商品经济内在要求的双重运行机制的规范分析。两种方法并用，相得益彰，加大了理论分析的力度。这不能不是该书分析富有说服力的又一个重要原因。

总之，该书体系完整、结构合理，观点鲜明、立论严谨，分析系统而有深度，论述也深入浅出，是研究社会主义经济运行机制难得的一本好书。作为国家哲学社会科学"七五"计划重点项目，社会主义经济运行机制研究旨在"为经济改革提供扎实的理论依据"②，该书作者通过不懈的理论探索所取得的这一可喜成果，对于社会主义经济运行机制的科学设计无疑是有一定的理论指导意义。诚然，该书也存在不尽如人意之处。譬如，

①　雍文远. 双重运行机制论：社会主义政治经济学再探索［M］. 上海：上海人民出版社，1990：2（导言）.

②　雍文远. 双重运行机制论：社会主义政治经济学再探索［M］. 上海：上海人民出版社，1990：416.

忽视了改革以来，计划、市场双重机制配置资源的现实矛盾分析，未能阐明双重运行机制目标模式同现存格局的联系和区别。此外，由于社会主义经济运行机制的合理化是尚在探索中的重大理论和实践课题，该书只是这一探索中取得的一个成果，其所提出的某些论断还有待于实践的验证。但作者认为，作为一部开创性的学术专著，能取得如此成就实属不易，即便是一家之言，该书作者们的辛勤劳动结出的这一硕果，也必将在社会主义经济理论发展史上占有自己的位置。

区域经济增长和发展理论研究的丰硕成果

——评《丘陵经济发展大思路》

本文原载于《理论与改革》1998 年第 4 期

由四川人民出版社新近出版的《丘陵经济发展大思路——四川丘陵地区农村经济增长方式转变研究》一书，把四川丘陵地区经济增长方式转变和经济发展联系起来探讨，填补了经济理论研究的空白。任何国家和地区经济起飞，固然需要主导产业的更新与经济结构的调整来获得增长的动力，但同时更需要体制、政策、理论的转变和引导。因此，从理论上研究四川丘陵地区经济增长和发展的问题，其意义远远超出了它自身的范围，对四川经济增长和发展乃至中西部地区经济增长方式转变都具有重要的理论意义和现实意义。

四川是一个由山区、丘陵、平原构成的多民族的大省，处于平原与盆周山区联结地带的丘陵地区，地域广阔，人口众多，交通状况没有根本改观，农业份额比重大，人均耕地少，资源缺乏，乡镇企业发展极不平衡，城市化水平低，经济发展缺乏后劲。如果四川丘陵地区经济没有较快的增长和发展，四川地区经济发展不平衡的问题会更加突出，将严重制约整个四川经济发展。因此，研究四川丘陵地区农村经济增长方式转变显得非常必要。可见，把四川丘陵地区农村转变经济增长方式作为研究课题，选题新，视角广阔，起点高，现实针对性强，具有较高的理论价值和实用价值。

作为四川省"八五"哲学社会科学规划重点课题，这本专著的作者既有经济学专家、学者，又有地方党政领导干部，是一个由专家学者和学者型党政领导干部集体攻关的产物。中共四川省委常委冯崇泰同志和中共四川省委党校知名经济学教授姜凌同志是该书的顾问；主编是中共四川省委党校副校长、中共德阳市委常委、宣传部部长、年轻有为的经济学学者郑晓幸教授和绵阳市政府郑和平副市长；副主编是中共四川省委党校副教授、西南财大经济学博士生傅泽平和中共绵阳市委党校常务副校长冯文凡副教授。中共宜宾市委书记高万权同志、葛燎原同志等一批学者型党政领导干部亲自参与该书的撰写，他们密切配合，集体攻关，圆满地完成了这部颇有深度的理论佳作。

这本专著不仅有深刻的理论阐述，而且还有大量实证分析，是在广泛的调查研究基础上作出的理性思考。这本专著充分体现了理论联系实际的学风和研究方法，避免了理论研究中仅注重理论分析，现实问题掌握了解太少，理论与实践脱节的弊病。在姜凌、郑晓幸教授统率下的"四川丘陵地区农村经济增长方式转变研究"课题组那种求实、求真的精神值得赞扬。他们暑去寒来，不畏艰辛，带着周密的调查方案，在百忙中抽出时间，先后深入四川绵阳、德阳、遂宁、乐山、南充、广安、泸州、内江、自贡、宜宾等地市县及乡镇村社调查研究，对一些有典型意义的新的经济增长点作了系统考察和研究，在掌握大量第一手材料后形成了若干专题研究报告，然后在此基础上形成了专著。

该书分导论、上、中、下三篇，共20章，34万字。上篇6章研究四川丘陵地区农业产业化与经济增长方式转变的问题；中篇7章研究丘陵地区农村工业化与城镇化问题；下篇7章着重分析丘陵地区若干新的经济增长点培育的问题。全书自成体系，结构布局合理，逻辑严密，使人耳目一新。全书紧紧围绕四川丘陵地区农村经济增长方式转变这一主题，多视角、全方位地对丘陵地区农村经济发展的现状与特征、问题与成因、机遇与挑战、思路与对策进行了系统的分析探讨，提出了许多新见解、新思路。

该书作者认为，转变四川丘陵地区农村经济增长方式的本质内涵就是要使生产要素优化配置和使用方式合理化、科学化。由粗放型经济向集约型经济转变，必须以深化农村经济体制改革作为前提。丘陵地区农村经济结构经过多次调整发生了很大变化，但相当多的地方农业结构比较单一，市场发育滞后，综合效益低；乡镇企业结构趋同，重复建设严重，农村劳动力素质较低，剩余劳动力转移渠道不畅通，就业压力大。这种状况严重制约了丘陵地区农业生产力的发展，必须进一步深化农村改革，形成促进农村增长方式转变的经济运行机制和管理体制。转变丘陵地区农村经济增长方式应当在完善家庭联产责任制和统分结合的双层经营体制的前提下，稳定现行农村政策，完善农产品市场体系，形成主要由供求关系决定价格的机制，完善政府调节农产品市场波动的机构和手段，逐步形成具有快速反应能力的政府对大宗农产品的购销调存系统。深化农村改革必须充分考虑到保护农民利益，调动农民的积极性这个根本问题。

要加快丘陵地区农村经济发展，促进丘陵地区经济增长方式转变，作者认为必须正确认识农业的基础地位；注意处理好工农业之间、城乡之间的关系；制定和实施丘陵地区农村改革和发展新的战略；依靠科学技术，遵循社会主义市场经济发展规律调整丘陵地区农村产业结构，建立国家、集体、农户多元投资机制，实现农业产业化；大力发展乡镇企业，并以乡镇企业的集约化经营和适度集中促进农村小城镇建设和剩余劳动力的转移，从而提高经济效益、生态效益、社会效益，使丘陵地区工农业协调发展，加快实现丘陵地区农村小康目标的进程。

虽然在这里不能一一列举书中的许多闪光点，但通过这本书我们看到，在知识经济时代里，如果我们的经济理论研究者不断面向实际拓展，如果我们的党政领导干部能不断向学海延伸，具备学者型领导素质，那么更多的佳作就会由可能性变为现实性，中国经济学大厦的构建就有了坚实的基础，中西部经济起飞就有了可靠的保证！

值得关注的《中国的经济过渡》

本文原载于《教学与研究》1999 年 9 期

  由天津人民出版社出版的李义平新著的《中国的经济过渡》一书认为，由于我们历史上没有经历过市场经济的知识积累，对市场经济知之甚少。又鉴于改革是一项极富本土性的伟大事件，即使"急功近利"地搬用市场经济国家现成的理论和经验，但由于缺少与中华民族之魂的水乳交融，因而并未能收到初始希望的效果。况且中国的改革开放已由摸着石头过河的渐进式改革，进入了一个高难度的"综合系统操作阶段"。在这种态势下，为了更为科学理性地推进中国的经济过渡，必须对已有的改革开放、经济过渡，作出认真的、高质量的总结，以使中国的经济过渡能够顺利地到达社会主义市场经济的理想彼岸。这正是该书的立意所在。

  为了顺利地推进中国的经济过渡，首先要搞清什么是真正的市场经济。作者认为，如果没有健全的市场经济的制度构造，人们所期望的市场经济优化资源配置的功能不仅发挥不出来，甚至会适得其反。基于这样的认识，该书前三章专门讨论市场经济，并且首先试图对为什么世界上绝大多数国家几乎最终都选择了市场经济的现象，给予尽可能深刻的理论说明，以使人们在向社会主义市场经济过渡时更为自觉。

  股份制改造的"淮桔成枳"现象，对于世纪之交的中国经济学界来说，实在是一个不能不认真研究的大问题。然而令人遗憾的是深层研究甚少。于是该书集中了相当多的篇幅研究了这一问题。在作者看来，众多的关于股份制的论述，一个基本的特征是奢谈股份制的功能，并没有认识到股份制真正的制度构造和它赖以生长的制度环境，这是研究方法方面的一大失误。当把这种被阉割了内在制度构造的股份制与不愿意放弃的传统计划经济最核心的东西对接在一起的时候，这样的股份制就只能是换汤不换药了。

  面对着轰轰烈烈的资本营运，该书以翔实的资料，冷静地分析了资本营运"造大船"的利弊优劣，特别指出了企业的合理边界，技术、资产与管理的专用性，大集团特别是韩国大集团与金融危机的关系，介绍了面对知识经济世界范围内对大集团战略的反思。书中强调，按照马克思主义经济学的最基本的理论，任何资本营运都不能不以商品为依托，任何商品都是使用价值和价值的矛盾统一体。账面上多少呆死的国有资产，其实就是年久失修的机器厂房，卖不出去的产品，因而更多的是一个产业结构的调整问题。作者指出，简单的"造大船"，很大程度上不是缜密的经济计算的结果，而是时髦的意识形态驱使的结果。

该书对中国民营经济的发展寄予厚望，认为民营经济对中国改革以及整个国民经济的发展有着特别重要的意义：①对于改革而言，民营经济的发展是一种有利于降低其摩擦成本的"帕累托改进"。②民营经济与市场经济天然相融，它的发展可以创造市场经济的环境，积蓄改造国有中小企业的力量。由于民营经济符合人类行为的基本规则以及市场经济特有的社会分工原则，民营经济绝不是权宜之计，而是要长期存在下去的。

此外，该书还讨论了资本营运、知识经济、市场化过程中的腐败，以及经济学本身的发展等问题。通过对这一系列问题的阐精发微的讨论，作者试图从总体上得出如下结论：①没有健全的制度构造，就不可能有健全的制度功能；②理论上讲不通的，实践上肯定行不通；③制度高于技术，如果还要"师夷之长技"的话，夷之最长技就是市场经济体制；④由于路径依赖，每个国家的成功都在于寻找到了自己的历史与现实的均衡点；⑤经济学不推崇纯粹的工具主义，它在一定的条件下产生，也只能在一定的条件下发挥作用。

产业结构与地域结构协调推进的新思路

——评《中国七大经济区产业结构研究》

本文原载于《社会科学研究》2003 年第 5 期

邓玲、张红伟教授主编的《中国七大经济区产业结构研究》（四川大学出版社 2002 年 11 月出版）是国家社科基金项目"我国七大经济区产业结构比较研究"的研究成果，是近年来区域经济实证研究中十分难得的一部专著。该书以社会主义市场经济理论为指导，运用实证分析的方法，以各省区"七五"至"九五"的统计资料和"九五"计划及 2010 年远景目标规划、"十五"规划为依据，对七大经济区产业结构的成因、特征、演进等进行了系统分析，并在此基础上提出各区域产业结构调整的方向和发展战略，具有较高的学术价值和现实指导意义。综观全书主要有以下几方面的特色和突破。

研究视角具有很强的现实意义。我国"九五"计划和 2010 年远景目标纲要提出，从 1996 年到 2010 年的 15 年，我国区域经济协调发展的方向是要"按照市场经济规律和经济内在联系以及地理自然特点，突破行政区划界限，在已有经济布局的基础上，以中心城市和交通要道为依托，逐步形成七个经济区域"。这七个跨省区市的经济区域分别是长江三角洲及沿江地区、环渤海地区、东南沿海地区、西南和华南部分省区、东北地区、中部五省地区和西北地区。该书是目前为止对七大经济区产业结构进行系统研究的第一本专著，对我国开展新一轮生产力布局，促进区域经济协调发展，具有很强的现实意义。

研究方法强调实证性。作为一本研究区域经济现实问题的专著，该书运用了大量、翔实的实证分析，充分体现了"用数据说话"的特点。书中所有数据均来自著者的收集、计算和加工，该书在写作过程中收集了全国及各省（自治区、直辖市）"七五"至"九五"的统计资料，并做了大量的数据加工工作。书中数据为进一步研究七大经济区提供了基础数据。

从内容上看，该书有两个明显特点：一是根据经济区域的构成要素和经济区划的理论，较为详细地讨论了各大区经济中心、经济腹地和经济网络的现状和特征，勾画了各跨省区经济区域的地域结构框架。把产业结构分析与地域结构分析紧密结合在一起，无疑为区域产业结构研究提供了一个新的视角。二是对各大经济区产业结构进行了全面、详细的分析。该书以各大区"七五"至"九五"结构变动为纵向脉络，以各大区之间的关系为横向背景，对七大经济区域及其内部的三次产业构成、劳动力构成、投资结构和支柱产业等进行了纵横交错的分析。

该书有两个重要的理论突破：第一，认为七大经济区的提出和构建是我国区域经济发展从不成熟逐渐走向成熟的标志。七大经济区是在总结新中国成立以来我国生产力布局经验教训的基础上，针对改革开放以来非均衡发展带来的高速经济增长和地区差距不断扩大的事实而提出的，也是我国学者提出的非均衡协调发展理论和分区协调发展职能地域一体化布局理论综合应用的结果。第二，从系统论和结构经济学的角度，探讨了区域经济系统内部地域结构和产业结构、地域过程和产业演进的关系。我国正处于以发展为主题，以结构调整为主线的新时期，区域产业结构调整应当与地域结构调整、生产力空间布局优化结合起来。该书的研究为结构调整提供了新思路。

该书的问世，为今后七大经济区产业结构、产业组织以及新时期区域经济协调发展研究奠定了重要基础，也必将引起更多的区域经济研究者、实践者和管理者关注七大经济区。

城镇化研究的新视角

——评姜太碧博士的《城镇化与农业可持续发展》

本文原载于《西南民族大学学报（人文社科版）》2004 年第 11 期

　　如何提高城镇化水平关系到我国今后经济社会发展的速度和方向，而如何实现农业可持续发展则涉及国家安全和社会稳定，这两者之间究竟有什么关系以及怎样协调它们的关系应是我们在研究城镇化问题中关注的焦点，遗憾的是在实际研究中，几乎很难看到将二者结合起来做系统研究的成果问世。

　　姜太碧博士撰著的《城镇化与农业可持续发展》，紧紧抓住城镇化与农业可持续发展间所具有的内在联系，一反众多研究者仅从工业化和城镇化关系角度来论述我国城镇化发展和城镇化道路的选择，而是选择将具有互动影响关系的城镇化与农业可持续发展结合起来的新视角系统论述城镇化问题。姜太碧博士通过收集大量资料和实际调查，分别从中外不同的城镇化模式、经济结构调整、自然资源的合理利用、劳动力转移、土地资源的利用、生态环境保护以及城乡经济社会统筹等方面系统而详细地论述了城镇化与农业可持续发展的互动影响关系，并构建了二者间的互动影响模型。同时从理论和实证方面对城镇化与农业可持续发展的互动影响关系作了详细论证。整个研究显示了作者深厚的经济学理论功底和分析解决问题的实际能力。

　　通览全书，我认为有以下四个显著特点：

　　1. 该书研究视角新颖，观点鲜明。城镇化问题研究在我国已有很长时间，但城镇化与农业可持续发展的关系却被忽略，从而导致实际中"繁荣"的城市与落后的农村间的巨大反差。作者正是从被大家忽略的方向入手，系统分析论述了城镇化与农业可持续发展的关系，得出了非常重要的结论：合理的城镇化道路能促进农业可持续发展，农业的可持续发展也有利于推动城镇化进程。

2. 该书构思巧妙，逻辑严密。作者从城镇化与农业可持续发展本身具有的内在联系出发，首先从总体上论述二者的相关性，并构建了二者的互动影响概念模型，这为以后的论述打下伏笔；紧接着作者从中外不同的城镇化模式与农业可持续发展的关系角度作实证分析，旨在以实证材料来论证其观点；然后作者又分别从经济结构调整、自然资源的合理利用、劳动力转移、土地资源的利用和生态环境保护等角度入手，并把它们作为城镇化与农业可持续发展的中间传导媒介，进一步论述城镇化与农业可持续发展的相互关系，同时再次印证作者的论点；作者从城镇化与农业可持续协调发展的最终结果即实现城乡协调发展的科学发展观角度出发，指出在这一过程中国家宏观调控的重要性和对策。该书最后，作者以一个实际案例来说明城镇化与农业可持续发展的对策措施。

3. 该书资料丰富，论证有力。作者通过收集大量的资料和实际调查，尽量做到了使每一个论点都能用充分的论据来佐证，加强了论证的说服力。

4. 该书具有较强的实践指导意义。作者通过对成都市城镇化与农业可持续发展的实地考察，构建了成都市城镇化水平的理论模型，并将理论模型与成都市农业发展的实际状况进行比较后，认为成都市现有农业发展的实际水平将不利于其城镇化进程的进一步推进，并提出通过促进成都市农业可持续发展推进成都市城镇化进程的对策措施。

姜太碧博士的这部专著为我们在城镇化研究方面提供了一个新的视角，也必将开创我国城镇化研究领域的新局面。

探讨城乡统筹发展与效率与公平关系的一部新作

——评《统筹城乡发展与效率与公平的权衡》

本文原载于《财经科学》2006年第6期

统筹城乡发展是新时期我国经济社会发展的重大战略举措，是从根本上解决城乡二元经济结构问题和新阶段"三农"问题、全面推进农村小康建设的客观要求，对促进国民经济的持续、快速、协调、健康发展具有重要意义。而在统筹城乡发展中，如何处理好效率与公平的关系是一个重大的理论和实践问题。李萍教授主持的"十五""211工程"建设项目课题《统筹城乡发展与效率与公平的权衡》正是对这一问题进行深入研究的一项新的成果，并于2006年3月由西南财经大学出版社出版。

该书在回顾和评述相关理论的基础上，考察了国内外城乡发展进程中效率与公平关系的变迁，对中国城乡发展新阶段效率与公平的权衡进行了深入探讨，提出了统筹城乡发展、兼顾效率与公平的基本思路，强调处理好政府和市场的关系，并提出在短期内政府的政策供给和制度创新，在中长期内通过培养和发挥市场机制的作用，充分兼顾效率与公平，促进城乡协调、持续发展。

这本专著至少在以下三个方面具有重要的学术价值：

1. 比较系统地梳理了西方经济学和马克思主义经济学中关于效率与公平的理论，评述了我国转型时期效率与公平的相关研究。同时，也比较系统地梳理了发展经济学、社会学以及城市经济学中对城乡关系的相关研究，对其中涉及效率与公平的研究进行了评述。

2. 深入考察了中国城乡发展中效率与公平的历史变迁，并结合城乡发展的国际经验对中国城乡发展新阶段中效率与公平的权衡进行了深入探讨，提出了新的见解。作者认为，在我国实施统筹城乡发展战略中，政府应根据实际情况，在不同时期、不同领域因时因地做出适当抉择。在经济体制改革的初期，由于旧体制的束缚，效率损失成为当时很多领域突出、尖锐的问题，因而政府采取"效率优先"的政策取向，着力解决效率问题。这在当时是最优的选择。但随着改革的深入和经济社会的发展，城乡公平问题日渐凸显，政府的政策取向则需要因时而变，更多地考虑公平问题。

3. 在科学发展观指导下统筹城乡发展、兼顾效率与公平，其关键是处理好政府和市场的关系。中国现阶段城乡经济社会发展的严重失衡，有其内在形成机理及其特殊性，关键在于政府与市场关系的严重扭曲。一方面，从某种程度来说，过多的政府干预行为阻碍了城乡市场机制的正常发育，抑制了农村经济发展；另一方面，政府没有为农业、农村和农民提供足够的公共服务，使市场发育不完全，使农业和农村欠缺发展潜力。因此，在统筹城乡发展，兼顾效率与公平方面，政府与市场关系的处理尤为重要。

一部系统研究市场经济秩序构建
与监管的理论专著

——评《市场经济秩序构建与监管》

本文原载于《中国工商管理研究》2006 年第 4 期

随着社会主义市场经济体制改革的不断深化，建立适合市场经济发展需要的经济秩序就显得越来越重要。在我国研究和探讨建立良好的社会主义市场经济秩序问题，不仅是重大的经济问题，而且是严肃的政治问题。对进一步深化经济体制改革，完善社会主义市场经济体制，减少社会摩擦和冲突，构建和谐社会，节约社会资源和成本，保持经济持续、高效、健康发展，提高综合国力，树立良好的国际形象，都具有重大的理论意义和深远的现实意义。

何艳红同志所著的《市场经济秩序构建与监管》一书运用马克思主义经济学的基本原理，借鉴西方经济学的合理成分，结合我国建设中国特色社会主义市场经济体制的实际，系统研究论述了市场经济秩序的基本概念，市场经济秩序形成的基本理论，构建我国社会主义市场经济秩序的方式；着重研究探讨了完善我国社会主义市场经济秩序的基础环境、基本要素的内容和方式以及市场监管的理论依据、体制和方法等。该书所构建的关于我国社会主义市场经济秩序的理论分析框架，提出的经济秩序五要素构成说、构成要素综合作用论、建立社会主义市场经济秩序的新模式等观点都有较强的创新性，是一部系统论述市场经济秩序构建与监管的理论专著，对丰富完善社会主义市场经济秩序理论知识，破解市场经济秩序构建与监管中的疑惑，指导建立和维护稳定、和谐、有序的市场经济秩序，具有重要决策参考价值。

作者指出，社会主义市场经济秩序是在社会主义市场经济环境下，社会主义市场经济主体按照市场经济规则从事经济活动所呈现的经济运行状态。社会主义市场经济秩序由社会主义市场经济环境、社会主义市场经济主体、社会主义市场经济客体、社会主义市场经济规则和社会主义市场经济目标等要素构成。它提出了经济秩序构成的五要素论，即经济秩序由经济环境、经济主体、经济规则、经济客体和经济目标五要素构成，每个要素在经济秩序构成中具有特殊的功能和作用。经济秩序构成五要素论是该书的理论基石，也是该书最重要的创新之处。

作者探讨了我国建立和规范社会主义市场经济秩序的模式和手段，认为市场经济秩序的构成要素在不同国家、不同历史时期形成并发生作用的方式有很大不同。因此，在市场经济秩序形成过程中，对适合构建的要素应以构建为主；对适合演进的要素，应以演进为主。我国建立和规范社会主义市场经济秩序，不能靠完全的自发演进，也不能靠简单的宪法层次上的构建加自发演进，更不能靠全面的理性构建，而是政府要强制构建市场经济秩序诸要素中的正规制度安排，诱导演进市场经济秩序的非正规制度安排，并在制度变迁的不同时期相机选择构建和演进的不同组合形式。这些观点无疑是作者对完善我国社会主义市场经济秩序进行深入研究的真知灼见。

作者就建立和规范社会主义市场经济秩序所要求的经济制度、政治制度、法律制度进行了深入地分析和探讨，指出了我国目前经济体制、政治体制、法制和文化建设中存在的问题，在此基础上，提出了建立和完善适合社会主义市场经济秩序所要求的经济体制、政治体制、法律体系、价值观念、道德体系、信用体系的措施和途径。

《市场经济秩序构建与监管》一书指出了规范和完善我国社会主义市场经济秩序的基本内容。作者认为，社会主义市场经济主体、社会主义市场经济客体和社会主义市场经济规则构成了社会主义市场经济秩序的基本要素。我们要建立规范、和谐、稳定的社会主义市场经济秩序，就必须构建规范的社会主义市场经济主体、社会主义市场经济客体和社会主义市场经济规则。作者就构建和规范、引导和培育构成社会主义市场经济秩序主体的经营主体、监管主体和消费主体；健全和完善构成社会主义市场经济客体的商品质量标准、商品入市制度、商品退市制度和社会主义市场体系；建立和完善构成社会主义市场经济规则的市场进出规则、市场交易规则和市场竞争规则等方面提出了具有创新意义的具体措施和途径。

该书最后一章研究探讨了对社会主义市场经济秩序的监管。作者综述和概括了我国政府监管社会主义市场经济秩序的依据和职能，研究和探讨了政府监管社会主义市场经济秩序的机制和手段，分析了我国现行市场监管体制和机制存在的问题，提出了创新市场监管体制、机制的措施和途径。作者强调，由于市场经济自身存在诸多缺陷，不能自动生成和谐、稳定、有序的经济秩序，必须借助于政府的力量对经济活动实施宏观调控和微观规制。该书认为，对市场经济秩序的监管是政府通过具体的管理体制和管理方式贯彻实施的，因而必须选择合适的管理体制和方式。

《市场经济秩序构建与监管》一书所建立的关于我国社会主义市场经济秩序的理论分析框架，包含了作者若干有创新的学术观点和新的思考。该书对我国社会主义市场经济秩序所涉及的理论与政策及其运作规程、运作机理和运作规律展开了卓有成效的探索与研究，从而为设计和制定完善的社会主义市场经济秩序的制度和政策提供了有价值的指导。

作者对我国社会主义市场经济秩序所涉及的理论、法规、政策与运行方式颇为熟悉。在对命题进行分析、研究和创新中，显示出作者较强的科研能力与学术水平。该书对相关文献资料作了很好的梳理，行文流畅，表现出作者深厚的文字功底。

作者很好地采用了现代系统分析方法，注意把握客观事物的整体性、集合性、相关性、层次性和发展性。该书观点鲜明，思路清晰，结构合理，内容丰富，论证充分，逻辑性强，语言流畅，创新突出。这表明作者具有坚实宽厚的经济学理论基础和系统的专业知识，有很强的理论结合实际进行科学研究的能力和创新能力。更难能可贵的是，作者人到中年，在家庭、工作单位和社会团体中承担诸多角色，仍能勤奋好学，笔耕不辍。我作为作者的博士生导师也深感欣慰。

心系民生的探索
——评王传荣新作《经济全球化进程中的就业研究》
本文原载于《山东财政学院学报》2008 年第 5 期

就业是民生之本。就业问题历来是宏观经济学研究的主题之一。在当今世界经济全球化进程中，就业更成为一个世界性的大问题。那么，经济全球化对各国劳动就业到底有什么影响？其影响机制如何？经济全球化如何通过国际贸易的自由化发展、资本的跨国流动以及产业转移实现了劳动资源在全球范围的配置？就业数量、就业方式以及就业结构又呈现出怎样的变化规律？劳资关系格局在新形势下的特征是什么？在全球化进程中，为维护社会稳定，各国应怎样趋利避害？作为积极融入全球化潮流的中国，开展国际贸易、积极吸引外资、发展对外劳务合作，在全球化进程中进行经济结构的调整等是否会缓解严重的就业形势？通读王传荣博士的新作《经济全球化进程中的就业研究》，你就会从中找到答案。

王传荣博士多年来致力于经济学问题的研究，对涉及民生的就业问题尤为关注，已有多篇论文发表。《经济全球化进程中的就业研究》是多年研究成果的集成之作。全书结构严谨、论证严密、视角新颖、观点明确，是近年来研究就业问题的一部力作。

首先，全书分五章，从历史到现实，从理论到实践，对全球化进程中的就业问题进行了深入探讨。第一章以失业原因为线索回顾就业理论的发展与演变。第二章首先界定经济全球化的定义及其内涵，并说明经济全球化的主要内容及其发展趋势。在此基础上，本章概括了全球化进程中世界就业的规律性特征。第三章考察经济全球化影响劳动就业的传递机制。经济全球化的推进对世界各国的就业产生了巨大影响，它主要是通过国际贸易的发展、资本的跨国流动以及相伴而来的产业转移共同作用的结果。第四章是从全球视角考察经济全球化进程中的就业治理问题。第五章落脚在中国，重点考察了中国在经济全球化进程中劳动就业面临的挑战，并从趋利避害的角度提出了政策性的思考。该书认为，中国劳动就业与经济全球化推进之间还存在诸多的不适应，主要表现在：国际竞争的加剧，迫使我国经济结构进行调整，结构优化升级会使低素质劳动力就业困难；经济全球化将使中国劳动者内部发生较大的分化，不同群体的发展差距会拉大，社会发展不平衡问题也会日益加剧；我国现行教育制度以及教育改革难以从根本上缓解就业压力；人才流失危及国家人才安全；全球战略缺失直接波及就业数量。并提出相关建议，要高度重视开放条件下的就业研究，加快劳动就业制度的创新，"实行能够最大限度地促进创造就业机会的增长模式"等。

其次，该书作者运用定量与定性相结合、实证研究和规范研究相结合、抽象研究和具体研究相结合、纵向分析与横向对比相结合等研究方法，以经济全球化作为影响就业的背景和变量，以就业变动为研究视角，探讨了经济全球化对世界就业特别是对发展中国家就业的影响，构筑了"经济全球化——就业变动""就业治理——以人为本的全球化"的理论分析框架。这种研究思路，逻辑清晰，体系完整，对研究和解决经济全球化进程中就业的新问题和新情况有重要作用。

最后，该书作者提出了最为可贵的观点：推进以人为本的全球化是实现体面劳动的基石。众所周知，经济全球化在促进经济增长的同时，也在世界范围内带来贫富分化与不公正。这对发展中国家来说，尤为严重。因此，中外专家认为，发展中国家应积极关注经济全球化给劳动者在就业、社会保障和工会权利等方面带来的压力和挑战。目前的全球化是一个不和谐的过程，是充满矛盾、不均衡的过程。以人为本的全球化是指以尽可能广泛的国家和地区的人为主体，能够让更多的人分享参与国际分工利益的全球化。

对人口大国——中国而言，就业问题相当严峻，在今后相当长的一个时期，会对我国经济社会的发展产生很大的影响。当前我国就业问题的严重性已引起社会各界的关注，学者们从不同角度展开对就业的研究。对当前就业形势、产生原因、如何解决等，学者们提出不同的观点。我国加入世界贸易组织后，日益融入经济全球化之中，不可避免地会遇到经济全球化与就业的关系问题。经济全球化和科技革命的迅速发展如同一把"双刃剑"，在为中国的就业带来空前良好机遇、开启了扩大就业新路的同时，又对中国现行就业战略和就业管理体制，提出了一系列迫切需要分析和研究的挑战。如何根据经济全球化的发展规律和其他国家的应对经验，从我国的国情出发，采取有效的应对策略，已成为一个十分急迫的问题。面对新的国际国内环境，如何把握对外开放度，如何制定有利于扩大就业的开放策略，应当怎样开辟就业渠道，人们最迫切需要提高什么能力，政府如何促进国民不断提高自己的能力，如何看待培训对提高劳动力素质和经济社会发展的作用等，这都是摆在我们面前的亟须回答的问题。无疑，研究经济全球化与劳动就业的关系，分析经济全球化进程对中国劳动就业的影响，探寻应对全球化的挑战，尽力达到扩大就业、实现和谐社会的目标，对我国社会经济发展具有重要的现实意义。

从以上分析可以看出，这是一部心系民生的探索之作。作者饱含忧患意识，立足中国，放眼全球，直面现实。但由于该书属综合研究，理论性较强，而对某一断面和侧面的研究尚显不足；运用数量模型进行实证分析尚显不够。但瑕不掩瑜，这仍是一部有力度的创新之作。希望作者下一步采用更为规范和实证的方法，进行更有针对性的调查研究和理论探讨，这样对解决中国的现实问题会更有意义。

第五篇

学习和继承袁文平教授

学术思想的心得与感悟

师者风范，后辈楷模

程民选①

    "师者，所以传道受业解惑也"。这是位列唐宋八大家之首的韩愈，在《师说》中首次为老师明确职责。其后千余年来，中华大地为师者大都奉此为圭臬，以传道授业解惑为己任。

    然而在不同的时空集中，师者所传之道，所授之业及其所解之惑显然不尽相同，甚或全然相左。仅以改革开放前后中国的政治经济学教学为例，此前因深受苏联教科书影响，将市场经济与计划经济相对立，分别贴上了姓"资"姓"社"的标签，而传统计划经济的不成功实践终致改革开放大幕开启后，人们逐渐认识到市场经济并非姓"资"，社会主义市场经济概念得以提出并最终确立为社会主义市场经济体制。这一历史性变革中，袁文平教授作为社会主义市场经济概念的率先倡导者，在1979年2月召开的四川省价值规律理论研讨会（史称"成都会议"）上，明确提出了社会主义市场经济概念以取代社会主义商品经济概念，其功不可没，堪称社会主义市场经济理论先驱者之一。

    在中国实行改革开放后，作为政治经济学专业研究生的指导教师，把握好所传之道无疑至关重要。既必须以马克思主义为指导思想和理论基础，又要坚持改革开放不动摇，理论密切联系实际思考问题和解决问题。我于20世纪80年代中期考入西南财经大学经济系，入学时就憧憬能够遇到对其时苏东国家经济体制改革颇有研究的教授，期盼能从教授的授课中获益良多。要知道，其时苏东国家的经济体制改革各有千秋，而各国在改革进程中都产生了自己的知名学者，佼佼者如匈牙利的亚诺什·科尔奈、

---

① 程民选，1978—1982年就读于华东师范大学，1987年进入西南财经大学攻读经济学硕士学位和博士学位，先后师从王永锡教授、刘诗白教授和袁文平教授。经济学博士，西南财经大学经济学院教授、博士生导师。作出突出贡献的四川省博士学位获得者，四川省有突出贡献优秀专家。中国经济发展研究会副会长。

捷克的奥塔·锡克和波兰的弗·布鲁斯等，都有著述翻译成中文见诸书刊。然而归纳介绍他们的观点相对容易，而要进行比较研究则难度较大。但欲将他山之石攻为玉，比较研究又必不可少。袁老师知难而行，借鉴各国改革理论和实践，结合本国实际思考中国经济体制改革问题，为经济系研究生开设了社会主义经济体制改革比较研究这门全新的课程。袁老师为讲授好这门课，所付出的努力可谓呕心沥血，不仅需要广泛涉猎中外文献资料，更需要理论联系实际进行深入思考，在比较研究中得出对于中国经济体制改革的启示和借鉴意义。正因为袁老师心血的付出，他的这门课因其给予的信息量大，具有理论深度和实践意义，而深受经济系研究生们的欢迎。

袁老师在传道授业中迎难而上的精神，以及所采用的比较研究方法，都对我产生了潜移默化的影响。当我留校执教后，备课时不愿拘泥于教材，而希望给予学生更多东西，以利于启发学生思考，哪怕为此自己将付出更多精力也乐意为之，就是受到袁老师精神的感召。而传承袁老师的方法，自己在专题授课中也采用了比较研究方法，如在博士生课程高级政治经济学产权理论专题中，对于马克思产权理论与西方产权理论就进行了比较研究。这些都是受益于袁老师的言传身教。每当忆起袁老师在课堂授课时的情景，他讲课时的风采以及板书字体的遒劲，都让我毕生难忘。

袁老师为人师表，堪称楷模。为学生授业不局限于知识，更注重于方法。授人鱼不如授人以渔，老师深谙其妙。他不仅通过比较研究课程给学生以启迪，而且在指导学生过程中一再强调研究方法得当的重要性。更让我难以忘怀的，是我获得经济学博士学位后，袁文平老师和王永锡老师都提携我加入他们的博士生指导小组，引领我学习如何指导博士生开题、论文修改和答辩等环节工作。每次参加指导小组活动，就是老师们传授指导方法的过程，参与指导实则学习指导，让我从中受益匪浅，为此后自己成为博士生导师，切实履职奠定了良好的基础。

袁老师在指导学生的过程中，不仅仅关注学生的学业完成，而且关心学生的心理状况，善于帮助学生排除负面情绪，以利于学生的成长。这一点我感触尤深。我第一次参加破格晋升副高职称时，按照要求将自己公开发表的论文等拿去公开展示。进入展厅，比较了各位申请破格晋升副高职称者的成果，自以为凭自己的成果顺利通过应该没有问题。未曾料到，无记名投票的结果却是仅差一票而没有通过。这一结果让我颇感意外，也让自己对于学术评价的公正性产生了困惑，加之有人私下为我鸣不平，激起了自己对此事的不满情绪。不知袁老师是听到了什么还是想到了我会有情绪，赶紧叫我去家里见他。落座后，袁老师语重心长地对我说：这次破格晋升副高职称，你仅仅差了一票，我能够体会你现在的心情。年轻人，遇到这样的事情有些情绪也是可以理解的。不过，我要告诉你，不要带着情绪去看待这件事，质疑学校职称评审小组的专家们。其实，投票结果出来后，现场就有一些专家对你仅差一票表示了遗憾。如果说此前有些专家还不太了解你，通过这一票之差，反而都加深了对你的印象。我预计明年你再去破格就会顺利通过了。如果你带着情绪到处去讲，反倒适得其反哦。袁老师一席话，犹如醍醐灌顶，让我顿时清醒过来。果然如老师预判，次年我破格晋升副高职称顺利通过。两年后，我申请破格晋升正高职称也一次成功。诚如那一次老师所教诲：不拘泥于成果达到破格晋升要求，而是要做得更好，专家们就一定会认可你。

一位教书育人的良师，遇事能体察学生可能产生的情绪，及时帮助我从其时主导自己的负面情绪中挣脱出来，不仅让我终生难忘，而且也让自己成为研究生指导老师后，始终秉承老师教诲行事，不仅仅指导学生完成学业，也要关心学生的情绪，给予其为人处世的正确导向，帮助他们顺利成长。这一点，也是从老师对自己的春风化雨中得来的，让我终身受益，深铭肺腑。

师恩浩荡，无以回报。在纪念袁文平教授90周年诞辰之际，谨以此回忆短文缅怀老师。袁老师为人师表的风范永存，愿吾辈不负老师教诲，毕生以老师为楷模，并倡导后辈学子以老师为榜样，学习和传承老师的治学和为人之道，让老师得以含笑九泉。

丰碑示后辈：袁文平恩师追忆拾粹

李萍①

  我的硕士生及博士生导师袁文平教授离开我们已经两年多了。其间，追思会因疫情等原因耽搁耿怀于心。今年年初，经晋康、志勇两师兄重议此事终得以在学院的大力支持和帮助下重新启动并有实质性的推进。40多年来，受教于恩师的难忘点滴，时常浮现在眼前，潜流于心间……

  从1978年进校算起，1982年本科毕业前又考取袁老师的硕士研究生，毕业留校工作至90年代初，再度报考袁老师的博士研究生，40多年来跟随袁老师问学，可以说，他是影响我做学问最重要、最关键的老师之一。所以，对袁老师的学问和人格有些了解，仰慕他既有传统的理论功力，又有新颖的学术见解，二者集于一身。袁老师学养深厚，学德高尚，平易可亲，温润谦和，堪称我们在学术和人生中的良师益友。

一

  说到袁老师是良师，我有"三师"之言：一是专业之师、二是求真之师、三是礼仪之师。

  首先是专业之师。记得刚读研究生时，其实，内心深处常常是忧虑过重，总担心日后做不出研究生论文毕不了业，这种担心缘于专业素养的欠缺。那么怎样才能形成自己在经济学专业上的研究能力呢？从何着手呢？袁老师的经验是要我做文献综述。于是，第一学期伊始就给我定了一个题目：关于社会主义计划与市场的关系的讨论。我在图书馆、资料室忙活了

  ① 李萍，1982年有幸成为袁文平教授首带硕士生的亲炙弟子、1994年再度师从袁老师攻读博士。二级教授，曾任西南财经大学经济学院院长，期刊中心主任，现任《财经科学》主编。1997年破格晋升为教授。享受国务院颁发的政府特殊津贴。先后任全国高等财经院校《资本论》研究会常务理事、四川省《资本论》研究会会长、四川省经济学学会副会长。四川省学术技术带头人，四川省有突出贡献的优秀专家。先后获国家、省部级一、二等重要奖项10项。

两个多月，几乎是天天都去，每晚都到这两个地方，对新中国成立以来有关计划与市场的研究讨论、对苏联和东欧国家的研究做了一个比较详尽的文献综述。在完成作业的同时，我还收获了两个副产品，一是就此和图书馆、资料室的不少老师成了师生基础上的朋友；二是综述中一部分成了之后我公开发表的一篇关于匈牙利计划体制与市场机制关系研究的文章。这一经历使我懂得了专业修养非一日之功，需要长期努力和积累，而文献综述是形成专业能力的一个必修课和最基础性的工作。做文献综述，逼得你一定要大量阅读经典文献，分析归纳总结出不同文献的分歧和共同点所在，挖掘和发现研究命题的特征、核心所在。事实上，后来我的博士论文中有专章多章深入探讨政府与市场的特性、作用及其关系，特别是我主持和率团队共同完成的几项国家课题和项目研究中，提出的动态把握政府与市场在社会主义市场经济和现代化发展中的关系及其转变规律的观点，多少都能在那篇最早的文献综述工作中找到有迹可循的关联线索。直到今天，要学生做文献综述仍是我从袁老师那里学来的一个科学实用的培养学生的方法之一。另一个小故事是，当年我的博士论文初稿交给袁老师审阅返回后，袁老师有一字之改给我的印象很深，并受益至今，就是"地"和"的"，在我的稿子中多处混同使用，殊不知，区别很大。老师就是老师，所谓"一字师终生师"。现在，我也常常给别人改这个字。

其次是求真之师。这要从 2008 年 7 月 16 日《第一财经日报》的一篇题为《袁文平回忆学界"社会主义市场经济"概念萌发》的文章说起。文章开篇就提到 1993 年第 4 期的《经济研究》上刊发了一篇读者来信，作者是四川省社科院的周振华研究员，他写道："《经济研究》1992 年第 10 期发表的《关于社会主义市场经济理论的几个问题》中说'社会主义市场经济'的概念是由 1979 年 4 月在无锡开的社会主义经济中的价值规律讨论会首先提出的。但是，根据我所经历的情况来看，这种说法是不确切的。事实是，比无锡会议早两个月召开的四川省价值规律理论讨论会，首先提出了'社会主义市场经济'这个科学概念，以及'必须把计划经济同市场经济结合起来，加快实现四化'的问题。"正是这篇读者来信揭开了社会主义市场经济概念最早提出者之谜。根据 1979 年 3 月 13 日的《四川日报》头版登载的 1979 年 2 月 16 日至 26 日由四川省计划委员会、四川省物价委员会和四川省社会科学研究院在成都联合召开的价值规律理论研讨会情况，会上袁老师和四川省社会科学院周振华研究员的发言都直接提出了社会主义市场经济这一概念，而四川省委党校教授田善耕则在《对"市场经济"的一点看法》的文章中指出只要存在商品生产和交换，"市场经济"活动就一直存在。之后同年的4月全国在无锡的价值规律讨论会上，袁老师作了大会发言，核心是谈我国经济体制改革要搞社会主义市场经济，要让社会主义计划经济与市场经济结合起来。"成都会议"发言后，袁老师又写了《社会主义经济发展的客观要求——谈谈社会主义计划经济同市场经济结合的客观必然性》一文，在《四川日报》1979年3月13日发表。同年3月17日《光明日报》以《计划经济与市场经济能不能结合?》为题，简要报道了相关内容。从上面介绍的情况看，历史和当时的报纸等表明了袁老师是最早提出和阐发社会主义市场经济概念的学者之一。在不唯书、只求真这方面，袁老师给我们做出了很好的榜样，书本上教的是原理、规则或规律，而研究更多的是以经济学原理为指导、从实践出发打破规则去探索创新，提出符合实际且具前瞻性的新观点、新思想、新理论，毕竟，学者的责任是提供长远眼界，推动理论的创新、丰富和发展。

最后是礼仪之师。我们在袁老师门下读研、读博的学生，互相尊称，其乐融融。彼此尊称是袁老师的一个门规：就是从师不分先后、同门无论长幼，达者皆为尊。比如说程民选教授，论读研，我在前，论读博，他在前，早在1995年新疆财经学院举办的全国政治经济学理论研讨会上曾有一位教授就建议我们不妨以"师兄弟""师姐妹"相称。不过，我还是遵从袁老师的门规，心诚悦服地尊称他为程师兄。综上，袁老师是我们的专业之师、求真之师、礼仪之师，是终身之师。

二

袁老师不仅是良师，也是益友。记得早期两次外出学习的机会，得益于袁老师的鼓励和支持，不啻为我开启了一扇新的学术思想大门，极大地开阔了我的学术视野，也让我得以积累起最初的学术交流体验。

第一次是在1984年11月初的安徽巢湖，适逢晚秋时节，放眼满目池杉斑斓、芦花绽放的山湖美景。尚在读研究生的我，第一次有幸跟随袁老师赴此参加中国经济体制改革研究会和中国政治经济学社会主义部分研究会联合召开的全国经济体制改革理论讨论会。这是党的十二届三中全会做出《中共中央关于经济体制改革的决定》后召开的第一次全国性规模的研究经济体制改革若干理论问题的讨论会，探讨的问题包括经济体制改革的理论基础问题、有计划的商品经济问题、企业活力问题、所有权和经营权分开问题、新的计划管理体制问题、价格改革问题、按劳分配和工资改革问题、政企职责分开和政府机构的经济职能问题等八个专题，以及对政治经济学社会主义部分新体系。会议期间，袁老师鼓励我参与了会议秘书组记录、整理会议要报等文字工作，得以穿插于各个会议室，能近距离聆听冯兰瑞、童大林等著名经济学家的学术报告，有机会广泛倾听和分享专家学者们各抒己见、畅所欲言、观点交锋、思想深刻的高见宏论，令我大受裨益。特别是为正在苦思冥想的毕业论文提供了诸多新的思考、新的理解的空间，并及时地将自己那夹杂着些许"发现"喜悦的、不成熟的想法、观点向袁老师报告。那一刻，老师那种平等交流的启发式、讨论式情景给我留下的亦师亦友的感动感受，至今仍萦绕心间、记忆犹新。

第二次是在1985年6月末，我硕士毕业留校任教。一天，袁老师递给我一张"港澳经济与特区经济研讨班"的学习通知，地点在珠海市委党校。这是拓宽视野的又一次宝贵的学习机会，岂能错过，尤其是讲课老师多为香港、澳门、特区多个大学、政府部门及研究机构的权威学者和著名人士，其中就有后任香港特别行政区第四任行政长官（2012年3月）的梁振英先生等。在袁老师的支持下我即赴珠海市委党校进行了为期一个多月的学习、参观。所学课程，多是介绍分析当时被称为新型工业化国家和地区的"亚洲四小龙"之一的香港经济繁荣发展、制度机制与政策演变，主要包括香港转口贸易—工业化发展—多元化转型经济服务化发展的有关内容，澳门三大经济支柱——旅游、博彩和建筑业的发展，特别是我国改革开放初期经济特区与香港、澳门的经济合作发展方式，即多通过"三来一补"的产业模式（来料加工、来样加工、来件装配，补充贸易）吸引外资、技术和管理，促进国内外市场的有效对接，以实现扩大国际贸易和经济合作基础上的经济快速增长的相关内容。所到之处，听到、看到的作为当时改革开放、特区发展最前沿的深圳、珠海，无不为其"时间就是金钱、效率就是生命"的"当惊世界殊"的惊人发展和"开荒牛"的特区精神所震撼。学习结束回到学校后开学即开设面向全校的《港澳经济与特区经济专题讲座》（选修课），有兴趣者众，除本系学生选修外，还吸引了不少外系，如统计系等学生选修。之后，结合讲课还围绕相关问题进一步开展了科学研究并公开发表，如论文《从香港工业升级转型谈同内地科技合作可行性问题》（《学术界》，1991年2期）、《香港期货市场运作规范探析》（《理论与改革》，1994 年 4 期）等。前一篇文章刊出时该刊专门加了"编后"，强调"在本期'皖江开发'栏目中，我们编发了吕成明、李萍的文章。前者是外省作者对'开发皖江'的研究和探讨，说明这一战略决策已引起了省外的注意和兴趣，后者是探讨香港工业发展的，对我省发展外向型经济颇具启发作用。本刊很欢迎这样的文章，以便把'皖江开发'研究推向深入"；后一篇文章则荣获了 1995 年度全国高等财经院校政治经济学年会优秀论文奖。

此后，自 1997 年 2 月起，我先后承担了经济系的党总支部书记、经济学院院长、期刊中心主任等行政科研管理工作。由于缺乏经验，有时工作中遇到问题和困难，我也会向袁老师讨教并讲出自己的想法和处理办法，而他多数时候不仅仅是以老师和老领导的身份，更像是一位慈父般的长者和可敬的朋友提出一些有益的建议，这份温暖、关怀对我帮助和影响很大。之后，学生也好、同事也罢，当他们遇到个人发展、科研问题乃至家庭事务需要我帮助时，有袁老师的榜样在先，我总是效仿而为之，尽力地帮助解决。所以，袁老师不仅是我们敬重的良师益友，更是我们亲近的家人朋友。

每每想起这些往事，我们怎不感念袁老师胸襟宽广、着眼未来，总是为后辈的前途考虑，为我们的工作指点迷津、排忧解难。

三

今生有幸，得遇良师益友，相遇即传承。有幸成为袁老师的弟子，景仰恩师的为学为人，亲炙先生独立善思的品格、严谨求实的学风、宽厚待人的风范，于读书门径、研究方法、治学经验、写作技巧及至做人做事，无不认真指教，悉心开示，终生受惠。

袁老师一生为学精进，他对政治经济学的研究和写作旨趣笃实，多有建树、卓有成就。早在 20 世纪 60 年代初曾就经济效果问题合作研究并在《经济研究》杂志上发表论文，改革开放初期袁老师又最早在相关学术会议上提出了社会主义市场经济思想，为我们阐释中国特色改革经验的丰富性与复杂性，奠定了马克思主义政治经济学的坚实理论基础，也深刻影响了我们做一个中国化的马克思主义政治经济学学者的研究和前行方向。袁老师一生为人谦和，至德凝道，儒雅豁达，时常于笑谈中与我们分享他旷达乐观的人生态度。

恩师的学问与人格、尤以其实事求是、精益求精的学术品格，将永远是我们后辈学人学习的楷模，他孜孜不倦在政治经济学领域不断求索和奖掖后进的精神财富，将会一代一代地传承下去。值此本书出版之时暨90诞辰之际，不揣冒昧，谨以下《咏光》32个字来表达我心中对恩师深深的敬意和怀念之情。

咏光

秉笔书文，发微洞见。
华章荟萃，著述宏富。
丰碑如光，垂示后辈。
引领探究，经世济民。

（2024年5月孟夏末于光华园）

师恩浩荡暖此生

——追忆恩师袁文平先生

高晋康[①]

岁月如梭，敬爱的袁老师离开我们已经两年了。由于新冠疫情，许多袁老师的弟子很遗憾没能亲临现场参加先生的告别仪式！在微信群里师姐师兄告知大家在合适时间举办追思会。前不久与何志勇师兄餐叙时聊及此事，彼此都很激动，都觉得应该行动起来，听从大师姐、二师姐的指挥赶紧筹办正式而隆重的追思会。其实对于我来讲追思会只是一个特别的形式，过去与老师相处的日子现在经常还在自己脑海里浮现。

一

我外公在新中国成立前是农村私塾先生，小时候母亲经常跟我讲外公教书的趣事并不厌其烦地向我灌输诸如"惟有读书高"之类的思想，以至于当20世纪80年代的西南政法毕业生大多想去公检法一线工作时，我却似乎显得另类，第一、第二分配志愿全都填报高校教书。1985年7月12号，我从西南政法学院法律专业本科毕业，如愿分配到西南财经大学经济法教研室任教。1987年学校在原经济法教研室和人口研究所基础上组建成立了法学系，吴忠观教授任法学系首任系主任。然而，作为一个本科毕业生在高校教书，我始终觉得有危机感。1992年后，下海经商热，我趁考研竞争激烈程度相对下降，在职单考考上了本校经济系政治经济学专业硕士生，师从海宇东老师。在经济系攻读硕士期间，对传说中的袁文平教授终

① 高晋康，袁文平教授指导的1995级政治经济学博士生。西南财经大学法学院二级教授，博士生导师，国家高层次人才计划入选者，国务院政府特殊津贴专家，中国银行法研究会副会长。国家社科重大招标项目首席专家，获四川省社科一等奖，教育部、司法部等优秀科研成果奖，四次获得国家级教学成果二等奖，2022年获全国五一劳动奖章。

于有比较深刻的认识了！1995年硕士毕业前，我鼓起勇气，向袁老师表达想跟随他老人家攻读博士的愿望，他欣然同意了！

准备考博期间，我听说报考袁老师的博士生人数不少，竞争激烈，赶紧跑到袁老师家里表达我的"担忧"，袁老师微笑着跟我说："你管别人干啥子呢，你考噻。"什么都说了什么也没说，袁老师用他特有的政治智慧表达了对我考博的鼓励，此时此景终生难忘！1995年下半年我终于考上了袁老师的博士生，我自己知道，这是我一生中最幸福的时刻之一！

二

先生学术功力湛深，发表了不少有重大学术影响的著作，更难能可贵的是，他是中国第一个写文章提出社会主义市场经济概念的学者，这必将载入中国经济学史。

"袁老师是一位智者"，这是一位对自己要求严格，对他人要求也很严格的经济学教授多次对我讲的一句话。跟随先生多年，我的体会也是如此。譬如，我担任法学院院长初期，在处理人际关系上遇到一些困扰，袁老师借用毛主席的话开导我：要把朋友搞得多多的，把对立方搞得少少的。给博士生上课时，袁老师既有原则性又有灵活性，他不会硬让博士生接受自己的学术观点，他给博士生提供相关信息，让大家下去深入讨论研究，待公开独立发表论文后，这门课程的成绩就算合格。西南财大金融学院冯用富教授也多次深情地讲："你们袁老师是智者！"他说在他刚留校教书去请教袁老师的时候，袁老师真诚地告诫他：小冯，做学问要扬长避短，要辩证地看待经典理论……

袁老师这些言传身教对我影响很大，后来我带学生时特别强调海纳百川、学习各家之长，避免将自己的观点强加给学生。

三

用温润如玉来形容我们袁老师，这是许多人的共识。在先生门下受教多年，先生从来没有板起脸对我说一句重话。由于行政管理工作繁忙和跨专业攻读，1995年攻读博士，2002年下半年才完成博士论文答辩。博士论文完成之前，每当我在先生面前表达论文拖延的歉意时，先生总是微笑着说：没关系，没关系。这极大地舒缓了我的紧张情绪。

袁老师无论待人还是看问题始终宽厚平和。先生在世时，我每年都时不时地要去先生家坐坐，先生最喜欢听我汇报校内外发生的大事及背后的故事，如果听到让他不太认同的事情，他最多也只是发出"哎"的感叹，绝没有对他人的否定性评价。

近几年人们习惯微信交流，我与先生加了微信，经常互发一些对方感兴趣的信息。先生临终前大半年时间，微信给我的信息明显减少。

最让我追悔的是：由于自己的粗疏，先生临终前病成那样，我居然没有察觉。以至于有人托我为某件私事请先生帮忙时，我仗着与先生的师生情，没多加考虑就答应下来。现在每每想起电话中先生毫不犹豫应承的沙哑声，都让我既感动又感慨。

四

也许是日有所思，2024 年 6 月 10 日（端午节）早晨我在梦中碰见吴兆华师姐，我居然莫名地问她：你是袁老师带的硕士吗？……

醒来，我想是不是袁老师托梦给我……

袁老师的微信和电话我至今仍然保留，我想以这种方式与先生永远保持联系！

师恩浩荡，教泽流芳！敬爱的袁老师永远活在我们学生心中！

（2024 年 6 月 16 日父亲节）

我人生旅程中的指路高人

何志勇①

　　我们每个人的人生旅程中，都会遇到许许多多的人，但真正对自己影响特别大的人，其实并不多。如果要罗列名单，可能超不过 10 个。这些人，要么是我们生命中给我们相助的贵人，要么就是为我们指路的高人。一个人的成长，确实离不开贵人相助，更离不开高人指路。对我来说，袁文平老师，即是我人生旅程中的指路高人。

　　今天召开纪念袁文平老师诞辰 90 周年理论研讨会，让我们有机会表达对袁老师的思念之情。袁老师离开我们有两年多了。因为新冠疫情，袁老师去世，我们连他的告别仪式都不能参加，这种遗憾长时间困扰在我的心里。前不久，我们几个同学聚会，商议应该办一场袁老师的追思会，为袁老师，更为我们自己做点什么，不然，袁老师悄然离去，不仅他的学生有很大的遗憾，而且对所有学经济学的人来说，也是一个损失。因为大家都有这样一个心愿，才有了今天的研讨会。

　　我跟袁老师的关系比其他同学可能更为特别。我读政经 1979 级本科，袁老师是我们的系主任；我读硕士研究生，袁老师是我的硕士导师；我读博士研究生，袁老师是我的博士导师；我毕业留校工作，袁老师是我的直接领导。因此，追忆袁老师对我的教诲和影响，我有很多话想说。

　　对于一位一直坚守在经济学教学岗位的人来说，追忆他最重要的话

---

　　① 何志勇，1960 年 6 月生，经济学博士，二级教授，曾师从袁文平教授攻读政治经济学硕士和博士学位。历任西南财经大学贸易经济系教研室主任、副系主任，西南财经大学出版社常务副社长；四川省新闻出版局副局长；四川出版集团总编辑；四川党建期刊集团党委书记、管委会主任；四川新华发行集团总裁、新华文轩出版传媒股份有限公司董事长，兼任四川省第十二届政协委员、四川省上市公司协会会长。曾获得全国新闻出版业有突出贡献中青年专家、四川省学术和技术带头人、全国文化名家暨"四个一批"人才、国务院政府特殊津贴专家、全国新闻出版行业领军人才、2016 中国文化产业年度人物、中国书业 2016 年及 2019 年"年度出版人"、2020 中国上市公司口碑榜最佳上市公司董事长等荣誉称号。

题，一定是教学效果和学术水平。但限于篇幅，这里我不想多谈袁老师的授课效果如何的好，专业水平如何的高。一是这是他吃饭的家伙事儿，能够达到众多学生热爱、大量同行认可的程度，必然是他的专业水平甚高，这是一定的，无须多说。二是袁老师的授课，对我来说已是很久远的事，很多记忆已经淡了。他的授课，他的教导，早已化为精神力量，滋润我的成长。如果现在我去谈论当年他的授课细节，可能会只见树木，不见森林。三是估计有许多具有更高理论水平的师兄师弟，会从理论上、学术上去评论袁老师教学与科研方面的成就，我缺少这种专业素养，我怕我去谈论这个问题，会拉低本次讨论的层次和水平。

我们今天更多的是缅怀袁文平老师这个人。其实，要说呢，袁老师这个人并不特别耀眼。如果不加注意，很容易忘掉他的存在。但是，一旦想起他，就会发现，他是一个影响我们一生的特别存在。

我以为，袁老师有三个让他显得平凡的特点。一是袁老师不是特别勤奋的人。他做事干练，抓重点，不大关心小事，所以看上去做事不是太多，显得不那么勤奋，与人们心目中"灵魂工程师"的形象很不一样。二是袁老师不是学术成果特别多的人。袁老师把自己定位为教师而不是研究员。袁老师的主要精力在教学上，他的学术成果虽然影响较大，但数量并不多。他把经济学教学这个事业做到了极致，学生的爱戴与成才，是他最大的成果。三是袁老师不是手把手教你的人。袁老师行事风格低调谦和，不像个"园丁"，不大在学生面前滔滔不绝地说教，更不会没日没夜地盯着学生做这做那。尤其是带硕士博士，他深谙"带"学生与"教"学生的不同之处。硕士博士都是高层次人才了，不能按本科生那样来"教"，做简单的知识传授。"带"硕士博士，重在指路引路。袁老师这几个特点，真不好说是优点还是缺点，你只有慢慢去品味。

这么一个平凡的人，却获得了学生们和同行们的广泛认同。这对很多人来说，可能是一个谜，需要以长时间的实践和思考去解。事实上，随着时间的推移，我们对袁老师的理解越来越深，对他的为人做事也越发敬佩。

1. 袁老师的做事风格，越到后来越觉得是高人所为

作为长期在高校工作的老师，袁老师不仅是涵养很深的学者，还是经验丰富的干才。这种特性，给了学生们更多的视角和启示。记得我们在本科学习阶段，袁老师是我们的系主任。那时我们很少见到袁主任对系里的

工作亲力亲为，更看不到他手舞足蹈、咋咋呼呼地指挥这个，招呼那个。除了重要会议之类的场合，我们都看不到他亲自上阵，撸起袖子轰轰烈烈的干事场面，甚至平时连他本人也很少见到。开始时我们觉得，这个系主任，工作不怎么上心，不经常下"基层"与同学们打成一片。但时间稍长，我们的看法变了，因为大家总是能感觉到他无处不在的影响。系里的工作，张弛有度，井然有序，一切尽在他的掌控中，显出一种轻松而游刃有余的状态。多年以后，我才体会到，这其实是为人为师为官的最高境界。袁老师是一个十分高明的管理者。

袁老师的这个风格，对我影响至深。我曾经在好几个单位做"一把手"，行事作风都学着袁老师，要推动工作更多的是管结果，过程中的事尽量交给其他人去管。袁老师曾经对我说过，一个管理者，特别是"一把手"，如果把精力都放在员工考勤之类的琐事上，那么这个单位大体上就在走下坡路了。作为主要管理者，一定要紧紧抓住最核心的问题，抓住事业发展的根本，少去管一些鸡毛蒜皮的事情。这就是哲学上讲的，解决了主要矛盾，次要矛盾就迎刃而解。这个道理很简单，但要落到实处，并不容易。袁老师的言传身教，历久弥新，不仅让我的职业生涯比较顺，而且让我所从事的出版事业也受益匪浅。我想，政经系乃至后来的经济学院成为西南财经大学的王牌院系，与袁老师开创的学风、院风有极大关系。

2. 袁老师在他教过的学生心目中，有着非常高的位置

袁老师说话思维缜密，轻言细语。无论对老师还是学生，从不居高临下，颐指气使。我无论作为他的学生，还是留校作他的部下，从没有见过袁老师发脾气，更没有见过他呵斥谁。他总是尽量去看他人的长处，特别是对待学生，更多的是鼓励和尊重。袁老师的平易近人、平和友善，反而使他在师生中威信极高，让人感到他不仅有能力，而且值得信赖。这是一种润物无声、不怒自威的力量。

记得 1984 年我本科毕业留校后在中国人民大学进修，接触到中国人民银行总行和中国人民大学的很多信息，我写信向袁老师汇报，并提出建议。没有想到的是，他居然给我写了回信，给予了支持和认可。袁老师给一个刚留校什么也不懂的"青毛头"回信，着实让我感动。有人说，小事见格局，细节看人品。袁老师回信这个小小的举动，不单体现出对学校事业的热爱与上心，更反映了对年轻人的尊重和鼓励。这对年轻时的我来说，极大地增强了我做事的勇气和信心，对我个人后来的发展影响深远。

还有一件事要在这里说说。在我读博期间，我调离了西南财大。由于工作特别繁忙，确实没有时间和精力来完成博士论文，我有放弃拿学位的想法，但袁老师并不赞同。他对我说，你是做文化管理的，本来就要研究问题，如果你与其他人比较优势的话，那你的优势就在于理论研究。因此，他建议我把平时工作中研究的问题，与读博要做的课题结合起来，这既能够促进对工作的深度思考，又有助于论文的写作。在袁老师的悉心指导下，在我读博第七年通过了博士论文答辩。通过博士论文的撰写，我养成了联系实际做理论研究的习惯。

袁老师不仅对研究生的影响很大，而且在本科生的心目中也印象深刻。记得 2009 年我们政经 1979 级入学 30 周年之际，为纪念这个同学们生命历程中最重要的时间节点，班上同学每人写了一篇纪念文章，并集结为《1979 年，那是一个春天》。我作为这本纪念册的编辑，发现同学们只要回忆当年的校园生活，都特别思念自己的老师，而大家印象最深刻、表达感激最多的，是袁文平老师。在同学们聚会闲聊中，大家对袁老师的管理风格津津乐道。袁老师太理解"文化大革命"后获得机会的新一代大学生了，他不强求学生学习，更不对学生严加管理。那几届大学生，俗称"新三届"，都是带着一腔抱负来到大学，学习愿望十分强烈，非常珍惜来之不易的大学时光。他们的学习是不需要强迫的，他们要的是一种宽松的可以自主选择的学习环境。正是袁文平这样的系领导为同学们营造了一个非常适合的环境，才促成了这一代大学生极高的成才率。同学们普遍感到，成为袁老师的学生，很受益，很幸运。这是大家不约而同的感受。可以说，袁老师的每个学生，都认可袁老师是自己人生最重要的导师之一。

3. 袁老师开设的经济理论课程，对学生具有深远影响

袁老师是财大最早的博导之一。在师生们私下议论中，袁老师往往具有更高的学术地位和认同度，是毫无争议的财大顶尖教授之一。我曾经跟一些老教授接触，他们说到一个小秘密，在他们同辈的师兄弟中，袁老师被戏称为"袁大头"，这里既有他刚好姓"袁"而被同门调侃的玩笑，又有对他在经济理论方面的素养和成就的认同与赞赏。不管是教学实践、教学研究还是教学管理，他都是大头。

在我本科和研究生学习阶段，袁老师都要讲授"社会主义经济理论"课。就我所知，这门课最早是袁老师开设的。在当时，讲授这门课难度极大。20 世纪 80 年代初期，政治经济学社会主义部分的内容，基本上是计

划经济那套体系。而现实却是改革开放不断深化，社会经济越来越朝着市场经济的方向向前。很多现实问题在理论上都解释不清，理论和实际严重脱节。经济学作为与现实世界最为贴近的社会科学，既无法解释现实经济问题，又不能形成自己的逻辑体系，这让学生们很迷茫，老师们也很困惑。因此，在当时，讲授这门课，是一个很大的挑战。但是，袁老师的讲授，却成为最受同学们欢迎的课程之一，至今还深藏在大家的记忆中。不少同学，受此影响，成为社会主义经济理论的研究者和传播者。

有人评价，袁老师的"社会主义经济理论"课程，既有马克思主义经济学的逻辑，又有对现实经济问题的探索；既深入浅出，又自成体系。"台上一分钟，台下十年功。"理论创新的背后，是扎实的研究。在当时资讯不发达、经济研究落后的情况下，首开这门政治经济学专业的当家课程，背后要做多少深入的研究，要付出多少心血和汗水，这在今天已经很难想象。由讲授这门课程的历程，我们不难理解为什么袁文平老师是最早提出社会主义市场经济概念的人了。

4. 袁老师的风范，值得我们一生去学习

作为袁老师的学生，可能我们很难达到袁老师的水平和境界，但是，这丝毫不妨碍我们向袁老师学习。学习他严谨的治学，学习他开阔的思维，学习他务实的作风，学习他低调做人，学习他对事业的热爱，对学生的热爱。

一旦成为袁老师的学生，就与老师建立起了某种固定联系，就给自己提供了一个终身学习的契机。袁老师总是会从学习生活多方面关心学生，提醒学生。这种关心和提醒，成为激励我们这些弟子稳步向前的力量。大家可能注意到一个情况，袁老师的弟子遍布各行各业，成就卓著，并且每个弟子都过得顺顺当当，事业圆满，生活幸福。这里面有一个重要原因，袁老师对学生，不仅注重学问的解惑，更注重品行的传道。

我们毕业之后，尽管工作繁忙，但与袁老师的联系却一直保持着。此时作为学生，专业的学习毕业了，而人生的学习远未毕业。就我而言，每过一段时间，我都要与袁老师做一次深度交流，一是汇报自己从事的工作，二是请教自己遇到的疑惑。这个习惯让我受益匪浅，真正体会到"一日为师，终身为父"的深刻含义。

袁老师在退休之后，仍然关心关注学生们的发展状况。袁老师对自己的学生，可谓亲密无间，没有师道尊严的隔阂，每每逢年过节，他都会主动发信息或打电话问候学生，嘘寒问暖，体现一种长辈对晚辈的关心关爱，让学生感动不已。袁老师的关爱，给学生传递了温暖，注入了力量。

今天的西南财经大学已经名声远扬，今天的经济学院已经成熟有序，今天的社会主义经济理论课程已经体系完备，在这个时刻，我们特别怀念以袁文平老师为代表的一代奠基者和开创者。我们今天缅怀袁文平老师，其实也是向西南财经大学这一代老师致敬。文明的进步，文化的发展，需要传承。今天我们追忆袁文平老师，其实就是希望把我们身边的优秀文化基因传承下去。忘却开创者的努力，我们就会失去文化的根脉，成为无源之水，无本之木。

作为袁老师的学生，我们缅怀袁老师的最好方式，就是学习他的人生态度，做最好的自己。在岗的时候，以袁老师为表率，尽其所能，成就事业和人生。到退休阶段，也要向袁老师学习，看淡过去，善待后来者，过好每一天。

随风潜入夜 润物细无声：忆恩师点化我学术方向

王朝明①

2022年1月29日我的恩师袁文平教授仙逝，2024年12月学校举行"纪念袁文平教授诞辰90周年学术研讨会"，光大恩师研究思想、崇敬恩师人品风范、学习恩师育人精湛、传承恩师学术薪火，每每念及，感慨良多，不胜复述！限于篇幅，这里专拣在攻读博士学位期间，回忆恩师在我学位论文选题及论文写作过程中凿破混沌、循循善诱的难忘教诲，尤其是不仅得恩师见助确立好了论文题目及写作指导，而且蒙恩师提携后学化育出了我后续深入研究的学术方向。师恩深厚，兰熏贵馥！

回想到20世纪末，本人虽已过不惑之年，仍执意报考攻读西南财经大学政治经济学专业博士。承蒙恩师不弃应允，通过考试终在1999年秋季负笈从师于恩师门下，忝列亲炙弟子门墙。一番学习下来，进入到学位论文开题。有经验之说，如果论文选题科学、恰当，可谓论文成功一半，兹事体大，不得不尽心竭力，攻下这一关。陆游有诗云"纸上得来终觉浅，绝知此事要躬行"，说明不仅书本知识要通过实践来检验正误，而且从实践中也可提炼出值得关注研究的真问题。基于这样的认知，我感觉到在经济体制和社会结构加速转型的20世纪90年代，城镇企业职工下岗失业浪潮的冲击下，原来并不显现的城镇居民的"贫困问题"愈来愈凸显，对于现实活动中出现的这一新问题，亟待加以研判，以便政府对策治理，促进民

① 王朝明，男，汉族，1955年2月出生，成都人，西南财经大学经济学院教授、博士生导师，经济学博士（师从袁文平教授），院教授委员会原主席，校学术委员会委员，贫困与发展研究中心原执行主任，兼任国家社科基金通讯评审专家、教育部人事司入库专家、中国经济发展研究会常务理事、四川省经济学会常务理事、四川省高校政治经济学研究会理事。在高校长期从事理论经济学的教学、科研。

生建设。于是，我将学位论文的选题就锁定在了研究转型期城镇反贫困的理论与实践问题上。当时，学界对中国城镇居民的贫困研究刚刚起步，不仅前期研究成果甚少，而且话题敏感，将此作为选题心中还是颇为忐忑，但又觉得这是一个很有学术前瞻价值和挑战性的题目。当我将此选题的想法向恩师汇报后，得到了首肯，要求我多搜集、多阅览相关文献，在此基础上选择必要的理论工具、概念组合、研究方法及数据、案例等，然后形成主题贯通、前后逻辑自洽的分析框架和全文写作提纲。正是在恩师如此悉心指导下，开始了焚膏油以继晷、恒兀兀以穷年的论文创作；写作中每遇难题，恩师给我的指点，如同在黑暗摸索中点亮的明灯，指引我攻坚克难。论文终以近 40 万字搁笔杀青，这份凝结着恩师爬罗剔抉、刮垢磨光的论文获得了学位论文答辩组专家的一致通过，并在进一步修改、调整完善后以书名《中国转型期城镇反贫困理论与实践研究》进入"博士文库"丛书系列，由西南财经大学出版社于 2004 年 12 月正式出版，随即获 2004 年度西南财经大学优秀科研成果奖、四川省第十二次哲学社会科学优秀成果三等奖（2005 年）。

古人云："君子之学也，说义必称师以论道，听从必尽力以光明。"恩师在指导我学位论文时，多次叮嘱开示，研究贫困是一个理论开口大（可多学科交叉）、实践性强的问题，还可继续深入研究下去，慢慢积累，方可成一家之言。遵从恩师的教诲，由此引导和开启了我对贫困理论和中国脱贫攻坚战略以及收入分配等领域 20 多年的持续关注和探索，逐渐形成了我治学研究的方向。围绕此方向展开科研工作，其间完成了国家社科重大及一般项目、国家自科面上项目、省级社科重点项目以及厅级、校级等各类课题，公开出版、发表专著、学术论文几十项，其中有的科研成果被《新华文摘》《中国人民大学复印报刊资料》《社会科学报》《高等学校文科学术文摘》等全文转载或摘要，产生了一定的社会影响。同时，在承担了指导博士生工作后，自己也指导所带的数名博士生围绕城乡贫困与反贫困及收入分配研究方向完成了一批学位论文，其中一篇论文还获得经济学院政治经济学专业博士点首篇国家优秀博士论文提名奖，并与尔后国家精准扶贫精准脱贫的大战略相契合，积极参与服务国家发展，尤其为西部脱贫攻坚主战场服务，践行"经世济民、孜孜以求"的西南财经大学精神。

回顾走过来的这一切，无不感受到恩师独立善思品格、严谨求实学风、宽厚待人人格等为学为人风范的影响。虽恩师已离我们而去，但他的精神慰藉永留心中，日月不息，师表常尊，在此谨以这篇短文深深地恭敬和怀念我的恩师袁文平教授！

（2024 年 5 月）

先生之风　山高水长
——恩师 90 诞辰追忆

孙蓉①

在袁文平教授诞辰九十之际，恩师的音容笑貌犹在眼前，追忆先生的点点滴滴，感慨万千。

真正结缘袁老师，是在 1997 年夏天，当时我已硕士毕业留校 10 年，任副教授 3 年、硕士生导师 2 年。准备读博的原因之一是在指导硕士的过程中感受到学生的优秀及自己学识的局限，希望拓宽自己的视野，成为一个真正称职的高校老师。承蒙袁老师不弃，给我这个本科和研究生都是学金融（货币银行学专业），毕业后讲授保险，政治经济学基础薄弱的人，攻读政治经济学专业博士的机会；并在我 1998 年考博因俄语惨败的情况下，给了我第二次考博的机会，当时众多考生仰慕袁老师名望希望报考，而袁老师却把两年的考博机会都给了我，这在我自己也成为博导且招博名额受限后，才知道是多么珍贵！

师从恩师袁文平教授，始于 1999 年 9 月。袁老师的高风亮节，如涓涓细流，沁润心田。于我而言，恩师对学生既是严师，又似慈父。作为在职攻读博士，在工作繁重、孩子尚小、身体不佳、博士论文面临瓶颈写不下去时，恩师鼓励我先把论文初稿写出来，并语重心长地教诲"论文是改出来的，不是写出来的"，成为后来我传给博士弟子们的师爷经典名言；当想要拖延说争取次年再完成时，是老师一句话"不争取了，就明年 1 月 13 日答辩"，让我咬牙坚持下来，按时提交论文；因是跨学科专业学习，从金融保险学到政治经济学，从应用经济学到理论经济学，当博士答辩时面

---

① 孙蓉，女，经济学博士（师从袁文平教授）。西南财经大学金融学院教授、博士生导师，学校教学委员会委员，现任职为中国保险学会保险教育专业委员会副主任，中国农业风险管理研究会常务理事，四川省首席法律咨询专家，四川省法学会保险法学研究会副会长等。

对五个德高望重的专家四川大学的周春教授、杜肯堂教授，我们西南财经大学的赵国良教授、吴忠观教授和林义教授（林老师也是袁老师专门为我请的保险专家）紧张得全身发抖时，老师微笑着专程陪伴答辩，让我心里特别踏实、特别感动！

袁文平教授是市场经济在国内学术界的最早提出者，在经济思想上有不少开拓创新之见，恩师做学问做人都是弟子们的楷模！今生最大的幸事是成为袁文平教授的亲传弟子之一！尽管才疏学浅，只学到了先生的九牛一毛，但恩师温暖宽厚学养、对专业的敏锐洞察力及文章风范，弟子我一直在尝试着传承下去：从 2004 年年底获得博士生导师资格至今，已培养硕士 160 余人、博士近 30 人，其中，有两篇论文获得四川省优秀博士论文，大部分博士弟子毕业后就职于高校，"榕树下"硕博弟子中现已成长为教授博导、副教授、讲师，普通高校副校长、保险总公司高管及各层次人才、保险监管者……

先生之风，山高水长！敬爱的袁老师，我们袁门子弟会铭记并传承您的教诲、学养及风范，砥砺前行！

（2024 年夏于光华园）

求真务实 淡泊名利

——忆恩师袁文平先生工作生活点滴

刘恒[①]

　　我于 1998 年 9 月考入西南财经大学经济系（现经济学院）攻读政治经济学专业博士学位，师从袁文平教授。之后，与袁老师的二女儿袁英结婚。在二十多年跟随袁老师学习以及生活的过程中，袁老师在我心中留下最深刻的印象就是，宽容不失严谨、独立思考、求真务实的治学之道，以及对待生活乐观、平和、豁达的积极心态。袁老师离开我们两年多了，但是，他的治学、为人之道，始终是我们学习的榜样。

　　博士论文的写作是一个磨炼意志的过程。在我进入博士论文的撰写阶段后，袁老师从来没有说过一句，"写了多少了""还差多少""抓紧哦"，相反，说的更多的是，"慢慢写""不着急"等。2001 年 12 月 22 日我的博士论文顺利通过答辩，答辩结束后，回到家他对我说的第一句话就是，"认真'消化'各位答辩专家提出的意见，逐段逐字修改，争取公开出版"。

　　2003 年 3 月袁老师正式退休，虽然没有了培养学生、科学研究的硬性任务，也不再公开发表学术性论文系统阐述自己对经济理论界新观点以及现实经济运行中出现的新问题、新现象的看法，但是他仍然高度关注民生领域以及经济学界的最新发展动态，尤其是与社会主义市场经济理论与实践相关的问题。对于诋毁社会主义市场经济、贬低改革开放成就的论述，他都非常警觉、忧心、愤慨。他始终坚持以实事求是的态度，运用马克思主义理论并结合中国实际，通过严谨的阐释说服对方。从 1979 年"成都

---

　　① 刘恒，西南财经大学经济学院副教授，1998 年师从袁文平教授攻读政治经济学博士学位，博士学位论文《当代中国经济周期波动及形成机理研究》于 2005 年获四川省第十一次哲学社会科学优秀成果奖三等奖。曾经参与的教学和科研项目获得国家级教学成果二等奖（2009 年）、四川省高等教育教学成果一等奖（2008 年和 2010 年）、四川省哲学社会科学优秀成果奖二等奖（2005 年）。

会议"首次提出社会主义市场经济，他对社会主义市场经济理论创新与发展的初心一直没有改变，坚持认为，"社会主义市场经济，不是新在计划经济，也不是新在市场经济，而是新在既不否定计划，也不否定市场；既要保持计划，也要运用市场，把二者结合起来。同时，计划与市场的关系，不是主辅关系（即所谓计划调节为主，市场调节为辅），也不是鸟笼与鸟的关系（计划为鸟笼，市场为鸟），而是指导与基础的关系，即市场经济基础上的计划，计划指导下的市场。这种结合关系中，指导与基础关系是主要的，但也不排除在部分领域的主辅关系、鸟笼关系"。

在生活中，他始终保持乐观、豁达、平和的心态。2015年师母检查患上阿尔茨海默综合征，初期主要症状是语言交流功能逐渐衰退，无法将一句话完整地表达出来，只能蹦出几个字，这时袁老师成为师母与其他人交流最重要的依靠，她的很多想法，只有袁老师才能理解。只要袁老师在身边，她就踏实。随着病情的恶化，师母的自理能力也在下降，虽然请了阿姨，但很多照护起初都是由袁老师亲自承担，直到他自己的身体条件实在承受不了，才给我们说，之后才由女儿和阿姨轮流照护师母。

2021年9月袁老师感到身体不适，住进华西医院检查，经过医生会诊，确诊得了肝门胆管癌，由于年龄、病情的严重程度，此时已经无法手术，只能保守治疗。得知自己的病情后，他以自己一贯平和的语气说了一句："听医生的。"经过一段时间的治疗后，回家休养。回家后，自己从来没有向其他人提过自己的病情，生活如常，也没有因为生病给我们和照顾他的阿姨增添更多的麻烦。

对于我们以及孙辈在职业发展、学习、生活中遇到的问题，他会给出自己的建议，但是具体的决定从不干预，一旦我们决定了，他都会给予积极的鼓励和支持。

最后，附上2020年秋他写的一首诗：

经改抒怀

经改破旧提新论①
如今神州尽施行
个人福祸何须论
民富已足慰余心

---

① 新论：社会主义市场经济理论。

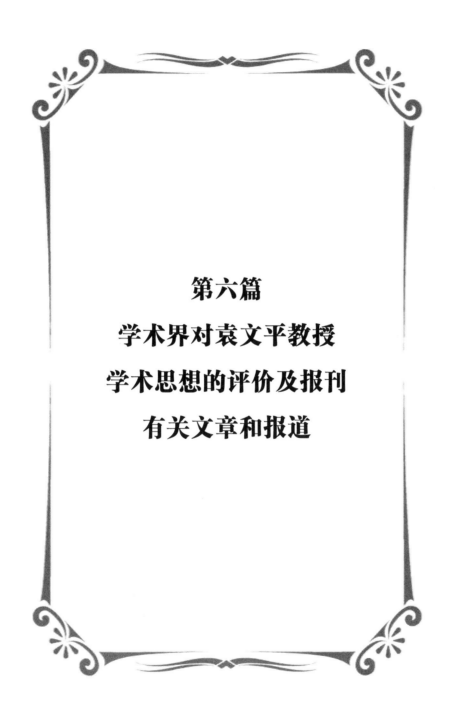

第六篇

学术界对袁文平教授
学术思想的评价及报刊
有关文章和报道

袁文平回忆"社会主义市场经济"概念萌发

——让价值规律改变"棉花站岗，红薯睡觉"的土壤

田毅

本文原载于 2008 年 7 月 16 日《第一财经日报》

1993 年第 4 期的《经济研究》上刊发了一篇读者来信，作者为四川省社会科学研究院周振华研究员。他写道：

"《经济研究》1992 年第 10 期发表的《关于社会主义市场经济理论的几个问题》中说'社会主义市场经济'的概念是由 1979 年 4 月在无锡开的社会主义经济中的价值规律讨论会首先提出的。但是，根据我所经历的情况来看，这种说法是不确切的。事实是，比无锡会议早两个月召开的四川省价值规律理论讨论会，首先提出了'社会主义市场经济'这个科学概念，以及'必须把计划经济同市场经济结合起来，加快实现四化'的问题。"

经本报记者多方证实，1979 年 2 月 16—26 日，四川省计划委员会、四川省物价委员会和四川省社会科学研究院在成都召开了价值规律理论研讨会，会议有包括计划和物价等实际工作者、大专院校、国家物价总局和一些外省市物价部门共 130 多人参加，轰动一时。

"开这个会是为了给价值规律恢复名誉。会议还没结束，省领导就要我们去汇报。会后我们举办了为期三个月的基层计划和物价部门工作者培训班，我当班主任，主要是传达和学习这个会议。"2008 年 7 月 4 日，92 岁高龄，当时主持这个会议的四川省计划委员会副主任刘兆丰在家中向本报记者回忆说。他还谈到这次会议和 1978 年在四川开始的扩大企业自主权试点的内在联系。

在成都市图书馆内，本报记者找出已经发黄的 1979 年 3 月 13 日的《四川日报》，其头版右上即是有关本次会议的长篇报道。这个为期 10 天

的会议上，除了大家一致认为价值规律是商品生产的经济规律，一些人士还提出了"社会主义市场经济"的概念。据上述当天《四川日报》第三版刊发的会议发言精选，西南财经大学袁文平教授和四川省社会科学院周振华研究员都直接提出了这一概念，而四川省委党校教授田善耕则在《对"市场经济"的一点看法》的文章中指出只要存在商品生产和交换，"市场经济"活动就一直存在。

在社会主义可以搞市场经济这个问题上，邓小平同志无疑起着决定性作用。1992年，邓小平南方谈话的发表和他1979年年底认为"社会主义也可以搞市场经济"的谈话公开发表，才使社会主义市场经济思想成为人们的共识。

但在1979年四川价值规律理论研讨会上，就是"商品经济"的提法也要冒很大风险，价值规律是否应该发挥作用、发挥什么作用的讨论也可谓大胆，而提出"社会主义市场经济"更是几乎从未公开出现过。

2008年7月4日，西南财经大学教授袁文平在家中细细向《第一财经日报》记者讲述了当年提出这一概念的过程，特别是孕育了这一想法的现实土壤。

"棉花站岗，红薯睡觉"

我中学时就被借调到县里参加征粮和土改，后来参军学了一年经济理论，读大学阶段实践机会不少，1959年留校任教，也做农村调查。1970年，我们学校还没恢复，就被成都市委借调去搞调研了，主要是调查地方企业、街道工业、商业企业和农村情况，对我国以产品计划经济取代商品市场经济、以实物交换取代以货币为媒介的商品交换的倾向有着深入的了解，特别是通过调研我掌握了大量的第一手资料，对其给经济带来的种种弊端和危害深感震惊和切肤之痛。

我非常明显地感到国营企业搞不动，上头管得很死，越管反而产品越少了。我去过一个生产科技产品的大厂做调研，那里科研人员有百人左右，但没有什么重要科研成果或发明，能够做好原来的就不错了。大家都被计划管死了，没有积极性，干不干都一个样，干好干坏一个样，领导干部也没积极性。关键是把价格定死了，工厂赚不到钱就不做了，他们可以向上级说自己完不成任务，做多了还亏损，我不干也就不亏损或少亏损。东西越少计划体制越要把它管住，最终通过计划价格越管东西越少了。

农村就更是这样了。比如粮食是按计划价格收购，农民觉得不划算，都私下说价格定死了，不生产不行吗?! 当然上级也下达各种指标分派种植面积任务，但农民也有应付的办法啊。

比如上级让种棉花，但不仅价格管得死，而且劳动花费大，加上四川天气本身不好，收棉花的时候总下雨，收益连成本都不够，农民肯定不想种，但你非让我种一亩，我就说种了一亩了，实际上在同一亩地里套种了别的作物。农民们说那时是"棉花站岗，红薯睡觉，花生串联，豇豆放哨"，实际就是指种棉花是摆个样子，到时能不能收获、收获多少则不关他们的事，实际上大家依靠的、在意的是间种的红薯、豇豆和花生。

短缺的计划经济有时是恶性循环，越搞越扭曲。

我曾到一个柴油机厂调查，那时柴油机整机和零部件都很吃香。你有指标买了机器，零部件坏了很难买到。为什么呢? 价格定得太低了，就是不卖给你，厂里有些人宁愿拿零部件去换东西! 什么短缺和需要就换什么，有的买零件的人要背着猪油、背着花生米来换，厂里有些人，就可以享受这些。

物物交换越来越盛行了，不少工厂有一种追求小而全、大而全、万事不求人的倾向，工薪阶层要吃鸡，不仅买鸡自己杀，甚至要自己养鸡，商品经济越来越差，倒退了。按社会发展来说，分工应该越来越细，商品交换应该越来越发达才对啊!

我还去过一个小汽车修理厂，它的仓库里一应俱全，市面上越缺什么它仓库里越有什么，如钢材缺，你就只有用钢材和我换零件或修理，拿钱都可能不行。紧缺的钢材就成为一般等价物了。

另外一些现实也给我很大启发，那就是搞得比较活的几乎都是一些街道的小厂。它们生产出的商品要面向市场销售，设备和原材料也来自市场——都是别人不要的旧机器或边角余料等原材料，结果他们最活，搞得有声有色。

现在有个很有名的电器企业，20世纪70年代末是个生产自行车气门芯的街道集体小厂，在成都人民南路的一个很僻静的地方。当时厂长就告诉我们，只有走市场这条路才能把经济搞活。那时国营工业没有谁去办个气门芯厂，而这个厂只有三四十个人，原料都是大厂的边角料，不跟计划争，设备也简陋，但进货和出售都面对市场，结果越做越大。

从哪里突破？

1978 年年底，我记得是十一届三中全会开过后，中央人民广播电台通过省委宣传部邀请我写稿，主题是谈发展社会主义商品生产的问题，我首先要回答的问题就是发展商品生产会产生资本主义吗。

这个稿件在 1979 年 1 月向全国播出后引起较大反响，不少边远省市的干部来信来电索要书面稿件。我也进一步认识到这个问题的重要程度了。

我在播出的稿子里讲发展商品生产和交换，并不是必然会产生资本主义，特别引用了马克思的一段非常深刻而且很有分量的一句话，就是如果没有生产力的发展，物资严重匮乏，人们将为生存而斗争，那么，一切陈腐的东西将会死灰复燃。社会主义制度建立之后，如果不发展商品经济，生产力发展不起来，物资严重短缺，缺吃少穿，不但资本主义会发展，一切陈腐的东西都可能死灰复燃。只有大力发展商品生产和交换，促进分工和生产力的发展，才可能避免资本主义，才能更好发展社会主义。

斯大林讲到社会主义制度下的商品经济，价值规律对生产资料不起调节作用，这些观点当时我们都在反复思考：只起影响作用而不起调节作用怎么行呢？

当时苏联的政治经济学教科书，专门有一章节批判"市场社会主义"，当时我们还是怕和那个东西沾边，怕人家说你搞市场社会主义。

我们为什么在价值规律会议上提出社会主义市场经济呢？就是因为我们认为只讲商品经济，就容易和前面说的斯大林那个社会主义制度下的商品经济概念混淆，它们的本质区别就是价格、市场和价值规律对商品（包括生产资料在内）生产和流通到底起不起调节作用。

苏联当时认为价值规律对生产资料不起调节作用，对某些消费品，开了很小一个口子，起一定的调节作用。而我们现在的认识要再停留在他们那个理论上面的话，就等于承认价值规律不起调节作用，这样对旧体制的改变就不大了。提出发展社会主义的市场经济可能是一个路子。

当时有文章说要按客观规律办事。但客观规律是什么？改革根据哪种规律？经济体制遵循基本价值规律还是有计划按比例发展的规律？这些问题的根本就在价值规律。经济体制再走斯大林那条路已经走不通了，恢复到新中国成立初那种状况也不行，停顿下来更不行，那么，出路在哪里？怎么突破？

学界"社会主义市场经济"的提出

当时我写这篇文章的时候，那段时间几天几夜都没睡好觉，之后在这个价值规律讨论会上边思考边写稿，当时头脑里还只有粗线条，还不知道会上需不需要讲。

这个会议也是为 4 月全国在无锡的价值规律讨论会做准备，他们发通知让我参会。为期 10 天的大讨论，会聚了省内大专院校、科研机构的代表以及本省各地市州计委和物价委的领导 130 多人，北京大学经济学院教师代表还应邀到会指导，会议隆重而热烈。

会议后期的一天，我作了近 6 个小时的大会发言，核心是谈我国经济体制改革要搞社会主义市场经济，要让社会主义计划经济与市场经济结合起来。

我讲了前些年我国经济中否定商品经济，违背价值规律要求，导致经济实物化倾向，已经给国民经济带来种种弊端。比如我上面谈到不承认粮油等是商品，不尊重价值规律，不按商品的价值定价，而是以保护城市居民利益为由，将粮食、油料等重要物品的价格压得很低，管得很死，结果导致粮食油料越少越管、越管越少。

我还举例说，成都市郊菜农生产的蔬菜，我们也不承认它是商品，不让它作为商品来流通，而是采取城市政府商业部门蔬菜公司按政府定价收购，再由蔬菜公司下属门市部按政府定价供应给市民，结果几方面都不满意：政府年年支付大量补贴，地方财政的负担重；蔬菜公司年年亏损，叫苦不断；农民认为自己的产品国家定价太低，吃了亏；城市居民批评蔬菜公司服务态度不好，自己花了高价没有买到自己满意的蔬菜。你看，政府花了很多钱，却没有哪一方说好。而 20 世纪 60 年代管得最紧的阶段，成都凭票买菜，限量供应，越管供应越困难。

接着，我分析了社会主义制度下搞市场经济的必然性、好处，实行社会主义计划经济与社会主义市场经济相结合的必然性，计划与市场结合中各自的地位，提出：价格第一，计划第二。

在会议上，我认为随着党的工作重点的转移，从经济理论上探讨社会主义计划经济同市场经济的结合问题，对于在社会主义经济建设中进行经济体制改革具有十分重大的意义。

我还说，社会主义公有制的特点说明，全体劳动者在根本利益上的一致性，使生产同需要直接联系成为可能，这就决定了社会主义计划经济存在的必然性；同时，又由于在社会主义公有制条件下，还存在国家、企业、集体、个人之间，企业与企业之间，集体与集体之间，个人与个人之间经济利益上的矛盾，要求在交换中采取商品形式，进行等价交换，这就决定了社会主义市场经济存在的必然性。因此，在国家计划指导下，把社会主义计划经济同社会主义市场经济结合起来，是社会主义公有制的性质所决定的。

会议提出的问题是尖锐的，在当时也十分敏感。大家都很重视，能让我们几个在大会上说那么久也是一种鼓励啊。当时很多人对我们发言的观点都不好表态，赞成或反对都不好说，但有的同志下来告诉我，很赞成我的观点。

会议期间，当时的中共四川省委领导立即听取了汇报，鼓励大家大胆探讨。

"成都会议"发言后，我经过进一步仔细推敲，仅用发言稿五分之一的内容，写成《社会主义经济发展的客观要求——谈谈社会主义计划经济同市场经济结合的客观必然性》一文，1979年3月13日在《四川日报》发表。同年3月17日《光明日报》以《计划经济与市场经济能不能结合?》为题，简要报道了这次成都会议讨论的内容。

"指导"的方式

1980年夏，在四川省经济学会首届年会上，我再次作了"对市场调节的计划指导问题"的大会发言。鉴于当时有些部门不喜欢理论界用"市场经济"一词，我的发言只讲"商品经济""市场调节"。

我重点谈的是国家计划指导的方式和手段，其实基本就是现在所说的宏观调控的方面。

我当时认为，首先要了解和掌握市场需要是正确进行计划指导的根本前提。没有对市场实际需要的正确了解，没有对市场需求未来发展的科学预测，就等于没有计划，就谈不上对市场调节进行正确的计划指导。

其次，由于我国幅员辽阔，人口众多，资源分布不平衡，经济发展不平衡，为了加速各地区、各部门经济的发展，促进各自的优势的发展，尤其要坚决打破封锁，保护竞争，促进联合，加强地区和部门之间的经济联系，充分地发挥全国统一市场的调节作用，由国家计划机关统一进行计划指导。现在的计划管理，部门有部门的计划，地区有地区的计划。这些计划在过去对于建立生产与需要的平衡曾经发挥过许多积极的作用，但是，它对全国统一计划的实现也存在某些不良影响，如有的地区损害全国统一的计划平衡来建立地区内部的平衡，有的部门、地区虽然建立起了自己内部的所谓"综合平衡"，但导致了全社会的重复投资、重复建设、重复生产等。而且，随着企业自主权的进一步扩大，要把企业仍然框在地区、部门的计划范围内活动也是不现实的。

最后，综合运用价格、税收、信贷等各种经济办法是计划指导的主要手段，其中价格是最重要而又最灵活的办法。在某些特殊情况下，行政手段也可发生作用。另外应加强经济立法和执行以保障经济发展。

提出正确观点也并非只有赞扬声。1983 年夏，在一个小范围的理论讨论会上，上级有关部门领导告诉我，要我就 1979 年春提出搞社会主义市场经济、实行计划经济与市场经济结合的观点作检讨。好在不久后，理论界开始有文章并有更多的学者肯定我的观点，检讨之事也就不了了之。

所以后来我们提出这个概念之后，生产资料是不是商品都还讨论了很长时间。原有的管理体制认为生产资料不是商品，只有调拨关系，分配关系，不是商品交换关系，不是商品流通关系。著名经济学家孙冶方讲得好，生产资料应该是商品。所以这些概念来得不容易。

后来有些地方包产到户开始搞起来了，我在基层讲课，有干部给我递了个条子，说联产承包之后都是些个体户了，有的大集体时代积累的机械都坏了或卖了，问我这对于农业机械化有没有影响。这个问题是很尖锐的。我当时的回答是，在联产承包条件下，随着农村商品生产和交换的发展，分工的发展，农户收入水平的提高，将来农业机械化的步伐将会大大加快。因为我有证据啊，当时已经出了拖把专业村、花木专业村，建筑包工专业户也出来了，而且很多专业村成片了。现在事实证明农业机械化是大大加快了。

（本文略有删节）

经济体制改革的思想起跑点

田毅

本文原载于 2008 年 7 月 16 日《第一财经日报》

2008 年一个夏日，在成都图书馆里，一沓沓发黄变脆的老报纸仿佛一位位老人，满脸皱纹，穿越时空，微笑着招呼记者：来，听我讲——

1978 年夏天，成都量具刃具厂急需两台缩放刻字机，为每件产品打上编号——因为全国都在整顿产品质量。虽然不远的宁江机床厂就有生产，一机部西南产品管理处就有现成的存货，但为了这两台小机器，成都量具刃具厂的职工从一机部跑到四川省物资局，从省计委跑到省机械局，又跑到国家计委，半年多就是买不到近在咫尺的刻字机。这是管理体制不合理，还是层次太多、手续繁杂，还是官僚主义作风造成的呢？

那一年，一些贫困地方的农民已经分田到户了（见本报 6 月 25 日《从"借地度荒"到包产到户》），几个海外经济考察团正寻觅开放途径（见本报 7 月 2 日《杨波口述 1978 年西行记》），实践是检验真理唯一标准的大讨论正在干部群众中展开，年底，十一届三中全会实现了从以阶级斗争为纲到以经济建设为中心的伟大转折。不过，具体到经济体制改革和原则，人们仍在探索中。一些实际经济工作者和学者把目光再次聚焦到价值规律上——说"再次"，是因为 20 年前，即 1959 年 4 月，也有一次全国的价值规律讨论会，不过并未真正贯彻。而 1979 年这一年，全国上上下下召开了众多价值规律讨论会，2 月的四川会议可谓较早，而 4 月全国的无锡会议规模最盛。

经济学家薛暮桥在无锡会议的开幕词里这样说："会前有的同志问我会上要讲些什么。我说，第一，开幕时候不讲观点，避免束缚大家的思想；第二，结束的时候也不作结论。我只讲一个问题，就是百家争鸣。"

四川会议也一样，大家不但同意充分尊重和运用价值规律，袁文平、周振华等一批人士还直接提出了"社会主义市场经济"的概念，振聋发聩。

当初学者们提出的"社会主义市场经济"概念并不完全与若干年后写进宪法中的同一个词含义等同，但除去概念本身，我们更关注的是，究竟是什么让大家在这个时候想起价值规律、想到市场经济，它们的现实来源是什么。如同历史每一步都是事实的累积，我们要知道这个基础中的一块块基石在哪里。

人们说，理论总是灰暗的，只有生命之树常青。其实任何能接受时间考验的理论无一不是来自现实的土壤，并生根发芽。

由此观之，1979 年这些价值规律讨论会不仅是十一届三中全会解放思想的延续，也是对之前多年每个经济工作者、学者甚至百姓亲身体验、切肤之痛的反思，甚至是对常识的回归。如同袁文平教授谈到的价格扭曲下农民很容易就让"棉花站岗，红薯睡觉"了，结果反而是各方意见频频，政府更多买单。城市中的国营企业也类似，需要的买不到，有的产品却在仓库里"睡大觉"，结果越管制越紧缺，依然是政府买单。僵化的计划经济体制到了不得不变的时刻。

于是，我们发现，诸多事实让政府，特别是中央政府支出越来越扩大，加之之前计划体制束缚太深，供需矛盾达到白热化，于是放权让利的增量改革成为之后十多年改革的基本特征。鼓励个体户等非国有经济的成长，沿海开放地区更多与国际市场接轨，资源配置的双轨制等由此展开。

其中贯穿的一条主线就是，让价值规律和市场更多更有效地发挥基础作用，它成为 30 年经济体制改革的思想起点和内在逻辑。

袁文平：最早提出和阐述了"社会主义市场经济理论"

屈小燕

本文原载于 2009 年 1 月 1 日《西南财大报》

三十年沧桑巨变的中国，三十年气势恢宏的画卷。在全面回顾改革开放伟大历程、总结改革开放伟大成果的今天，当我们以盛世中华的形象走进市场经济的国际大舞台时，我们不能忘记那些最早放眼于市场经济的理论探路者。袁文平教授自己也没想到，伴随着当年他的一个理论论断的提出，中华大地波澜壮阔的改革大潮旋即滚滚而来……泱泱大国，浩浩五千年的历史文明，在社会主义可以搞市场经济这个问题上，邓小平同志无疑起着决定性作用。1992 年，邓小平南方谈话的发表和他 1979 年年底认为"社会主义也可以搞市场经济"的谈话公开发表，使市场经济思想成为人们的共识。

2008 年 12 月 13 日上午，在学校"纪念改革开放 30 周年主题学术研讨会"上，四川省社科联主席、西南财经大学名誉校长刘诗白教授讲道，在社会主义市场经济这个重大的根本问题上，对不少旧观念的突破和新观点的探讨，经济理论界都是走在前面的；许多深刻的开拓性的意见就是由一些倾听实践和时代呼声的经济学家提出来的，其中"社会主义市场经济"这个概念就是由西南财经大学袁文平教授最早在 1979 年 2 月四川省价值规律理论讨论会上提出的。刘诗白教授话音未落，全场响起一片热烈的掌声。

会后，本报记者走访了袁文平教授，请他谈谈当年提出社会主义市场经济这个概念的有关情况。

最早提出"社会主义市场经济"概念

1979 年 2 月 16 日，春节刚过，成都平原乍暖还寒。就在具有划时代的伟大历史意义的党的十一届三中全会胜利闭幕才一个多月，为了响应党的工作重点转移号召，用经济的办法搞好经济工作，由省计委、省物价委、省社科院联合发起的四川省价值规律理论讨论会拉开了帷幕。

为期10天的大讨论，聚集了本省、市、地、州计划和物价等部门、大专院校、科研机构代表，包括省计委原副主任刘兆丰、北京大学经济学院教授刘方域、省社科院原副院长兼研究员林凌、西南财经大学教授袁文平等在内的130多位实际部门和理论工作者，国家物价总局和中国社科院工业经济研究所、吉林省物价委员会等单位也应邀派代表参加了会议。

会议隆重而热烈，拘谨中不乏激情，会议后期的一天，袁文平作了长达6小时的大会发言，明确提出了"我国经济体制改革要搞社会主义市场经济，要实行社会主义计划经济与市场经济相结合"的观点。他从"社会主义计划经济同市场经济结合的客观必然性""社会主义市场经济的特点和作用""社会主义计划经济和社会主义市场经济的相互关系"三方面阐述了"社会主义市场经济问题"，四川省社科院研究员周振华、四川省委党校教授田善耕等发言支持响应，与会者反响热烈。

"当时我写这篇文章时，几天几夜没睡多少觉，之后在会上还边思考边写，当时头脑里还只有粗线条，还不知道会上需不需要讲。我讲了前些年我国经济中否定商品经济，违背价值规律要求，导致经济实物化倾向，已经给国民经济带来种种弊端。比如不承认粮油等是商品生产，不尊重价值规律，不按商品的价值定价，而是以保护城市居民利益为由，将粮食、油料等重要物品的价格压得很低，管得很死，结果导致粮食油料越少越管、越管越少。""在会议上，我认为随着党的工作重点的转移，从经济理论上探讨社会主义计划经济同市场经济的结合问题，对于在社会主义经济建设中，进行经济体制改革，具有十分重大的意义。"袁文平教授回忆道。

会议讨论的问题是尖锐的，在当时也是十分敏感的。开会期间，四川省委领导听取了汇报，鼓励大家大胆探讨。在1979年3月13日《四川日报》第一版右上对本次会议作了长篇报道，内容中反映了袁文平大会发言的基本观点：我国现阶段"需要有在计划经济指导下的市场经济""必须把计划经济同市场经济结合起来，加快实现四化"。"成都会议"发言后，袁文平老师经过进一步仔细推敲，仅用发言稿五分之一的内容，写成《社会主义经济发展的客观要求——谈谈社会主义计划经济同市场经济结合的客观必然性》一文，在同期的第三版"学习专版"上发表。同年3月17

日《光明日报》以《计划经济与市场经济能不能结合》为题，详尽报道了这次成都会议讨论的内容。

时任《四川日报》理论部副主任程珮传全程参与了这次四川省价值规律理论讨论会。对于30年前的那次会议，程珮传记忆犹新：会议上讨论非常热烈，提出的"社会主义市场经济"概念很新鲜，"我们都很振奋，后来经过部门同志讨论决定，在《四川日报》上也采用'社会主义市场经济'这一新提法，这在全国的报纸中是开了先河的"。

会后不久，袁文平又发表了深入探讨社会主义市场经济的文章。1980年夏，在四川省经济学会年会上，袁文平再次作了《对市场调节的计划指导问题》的大会发言（北京《经济与管理研究》杂志1981年第1期发表）。文中实质是讲对社会主义市场经济要进行宏观调控问题。这进一步补充了他在1979年2月提出的"社会主义市场经济理论"。

提出正确观点也并非只有赞扬声。1983年夏，在一个小范围的理论讨论会上，省委有关部门接到上面通知，要袁文平就1979年春以来发言及撰文提出搞社会主义市场经济，实行计划经济与市场经济结合的观点作出检讨。袁文平感到了搞社会主义市场经济的不易，但他更感到探明真理、进行理论探讨的重要！好在不久，理论界开始有文章并有更多的学者肯定他的观点，检讨之事也就不了了之。

在1979年2月四川价值规律理论研讨会上，就是"商品经济"的提出也要冒很大风险，价值规律是否应该发挥作用，发挥什么作用的讨论更可谓大胆，而提出"社会主义市场经济"几乎从未公开出现过。

转眼30年过去了，今天当我们迈步在社会主义市场经济的大道上，走进市场经济的国际大舞台时，我们想起了这一理论的探索者们，想起了袁文平教授。

基于现实的需要提出搞"社会主义市场经济"

人们常说，理论总是灰暗的，只有生命之树常青。其实任何能接受时间考验的理论无一不是来自现实的土壤，并生根发芽。1979年2月，在我国刚刚从国民经济快要崩溃的边沿走上以经济建设为中心的正轨之初，袁文平提出搞"社会主义市场经济"的想法也是深深地根植于现实的土壤！

"我中学时就被借调到县里参加征粮和土改，后来参军学了一年经济理论，读大学阶段实践机会不少，1959年留校任教，也做农村调查。1970

年，学校还没恢复，我被成都市委借调去搞调研，曾到数十家大厂、大量街道小厂、商店以及不少县区乡农村搞过调查研究，看到因棉花收购价过低，农民用'棉花站岗、红薯睡觉'，即棉花地里搞间种、套种的办法，抵制计划摊派的棉花生产任务；国家计划严格管理供产销人财物的国营大厂办得死气沉沉，而国家不管的小厂却办得生机勃勃；计划严管的产品越管越少，有的甚至管得有价无货，计划不管的商品却呈现供销两旺；城市政府用计划经济办法管市民蔬菜供应，结果是政府贴钱不少，而菜农、菜商、市民都觉得吃了亏，都不满意；等等。我深深感到僵化的计划经济体制到了不得不变的时刻了。""我对我国以产品计划经济取代商品市场经济，以实物交换取代以货币为媒介的商品交换的倾向有着深入的了解，通过调研我掌握了大量的第一手资料，对其给经济带来的种种弊端和危害，深感震惊，又深感切肤之痛啊！"

原有体制弊病产生的根源何在？在党的解放思想、实事求是路线的指导下，袁文平大胆探索，深刻感到，只有按中央要求，对原有体制进行根本性的改革，尤其要"革"掉各种弊端产生的根源，才有利于社会主义"四化"建设。那么该如何改革呢？

长期从事马克思主义政治经济学、马恩经典著作选读等课程的教学与研究，有着扎实的马克思主义经济理论基础的袁文平教授，早在1962年就与人合作在《经济研究》上发表文章，后来又长期从事经济问题的调研与写作，有很强的科研能力。根据大量的调查材料，进行深入的理论研究后，袁文平教授认为新的经济体制应该是坚持计划经济的，同时又是充分发挥价值规律作用的，这既不同于原有的"计划经济"，又不同于原有的"商品经济"，这应该称为什么经济体制呢？通过查找文献，反复研究，特别是研究马恩经典论著，发现称之为"社会主义市场经济"比较科学、准确，所以决定提出搞社会主义市场经济。新的经济体制就是要实行计划经济与市场经济相结合；计划经济和市场经济的本质关系，应该是市场基础上的计划，计划指导下的市场。

对"社会主义市场经济理论"已经构建了一个初步的体系

1979年2月，袁文平教授在四川省价值规律理论讨论会上作了题为《试论社会主义计划经济同社会主义市场经济的结合》的发言，主要阐述了以下观点：

（1）提出和阐述了"社会主义计划经济同市场经济结合的客观必然性"，指出："我国目前还处于不发达的社会主义阶段，现阶段社会主义公有制还很不成熟。"社会主义公有制基础上全体劳动者在根本利益上的一致性，决定了实行计划经济的必然性；社会主义公有制基础上还有国家、企业、集体、个人之间经济利益的差别性，决定了搞社会主义市场经济的必然性；社会主义公有制基础上的一致性和差别性的统一，决定了必须把计划经济同社会主义市场经济结合起来。

（2）提出和阐述了市场经济的一般性和"社会主义市场经济的特点"，指出："人类历史上有三种不同性质的市场经济，即小私有制条件下的市场经济、资本主义市场经济和社会主义市场经济。其共同点在于它是社会分工和商品生产存在的条件下，建立生产同需要的联系的一种形式。"市场经济的一般性，就是由价值规律通过市场来调节生产和流通的经济，或者说，"价值规律通过市场、竞争、价格对价值的背离来调节供求，从而在社会生产和社会需要之间建立一个摇摆不定的平衡"。过去，为保证计划经济的实行，总想"'限制'价值规律的作用，却产生了和我们主观愿望相反的结果""那是违背价值规律的必然结果。"所以，重视价值规律的作用，让它通过市场来调节商品生产和流通，就要搞社会主义市场经济。

社会主义市场经济的特点在于：①它是"劳动者根本利益一致基础上"局部、个人之间的利益关系，已经根本不同于资本家之间那种带有完全敌对性质的冲突；②"它是以满足劳动者需要为目的"，而不像资本主义市场经济那样是以实现和追逐剩余价值为唯一的目的；③"在计划指导下进行"，而不是像在资本主义社会那样处于无政府状态；④"市场竞争的手段是按市场需要组织生产，大力提高劳动生产率，而不像资本家之间的竞争那样，唯利是图，不择手段，乘人之危，趁机发财，以至指望不幸事件、指望荒年和大火灾等"。"所以，社会主义公有制条件下的市场经济是社会主义性质的经济。过去，一提到市场经济，就不加分析地把它一概说成资本主义的东西。这种观点，现在看来应该加以摒弃。"

（3）提出和阐述了搞社会主义市场经济的重大意义，指出："①能促使工农业企业按照社会需要安排生产，使'以产定销'的问题迅速而又合乎规律地得到解决；②能使市场交换的买卖双方都比较满意，并保护各自的经济利益；③能促使生产单位主动加强经济核算，自觉讲求经济效果；④能教会我们正确处理国家、企业、集体、个人四者的经济利益的关系，充分调动各方面的建设社会主义的积极性。""可见，把社会主义计划经济同社会主义市场经济结合起来，重视价值规律的作用是多么重要！"

（4）提出和阐述了"社会主义计划经济和社会主义市场经济的相互关系"，指出："全民所有制企业和集体所有制企业，既要坚持生产国家计划产品，又要根据市场需要生产市场产品，在这种情况下，社会主义计划经济和市场经济是否可以按关系国家经济命脉与否作为一个界限。""社会主义计划经济和市场经济虽然可以在一定意义上划分为两个领域，但社会主义经济毕竟是一个互相联系的整体，因此，社会主义计划经济和市场经济在一定意义上又是不可分割的。可以说，社会主义经济就是计划指导下的市场经济，市场基础上的计划经济。"

（5）提出和阐述了对市场经济进行计划指导的条件及主要手段，认为：对社会主义市场经济进行计划指导，计划机关要"了解和掌握市场需要"，要"由中央计划机关统一指导"，要"综合运用各种经济办法"，要"健全经济立法和加强经济司法"等；除特殊情况要采取必要的行政手段以外，主要应采取经济手段，主要的经济手段有财政税收、信贷利率、价格等，价格是最重要而又最灵活的办法。

1979 年 2 月之后，袁文平教授还根据改革实践的发展，继续研究市场经济问题，撰写和发表了一系列文章，主要有：《从中国实际出发改革工业品价格体系》（《价格研究》1983 年第 2 期）、《正确认识我国农村商品经济的发展》（《财经科学》1984 年第 6 期）、《论价值决定和价格体系的改革》（《财经科学》1986 年第 5 期）、《努力创建社会主义市场经济新体制》（《经济学家》1992 年第 6 期）等。

学界话语

1993 年第 4 期的《经济研究》上刊发了一篇读者来信，作者为四川省社会科学研究院周振华研究员。他写道："《经济研究》1992 年第 10 期发表的《关于社会主义市场经济理论的几个问题》中说'社会主义市场经济'的概念是由 1979 年 4 月在无锡开的社会主义经济中的价值规律讨论会首先提出的。但是，根据我所经历的情况来看，这种说法是不确切的。事实是，比无锡会议早两个月召开的四川省价值规律理论讨论会，首先提出了'社会主义市场经济'这个科学概念，以及'必须把计划经济同市场经济结合起来，加快实现四化'的问题。"

1992 年 10 月 15 日《北京青年报》发表邵延枫《"社会主义市场经济"提出的前后》一文，该文在简述了 20 世纪 50 年代以来中央领导同志和专家学者对这一问题的论述之后，明确指出："真正打破这一理论禁区还是在十一届三中全会之后，1979 年 3 月 13 日《四川日报》发表的署名文章。"1992 年 12 月 20 日《四川日报》第三版转载了邵延枫《"社会主义市场经济"提出的前后》一文，并加"编者按"，指出：1979 年 3 月 13 日《四川日报》发表的署名文章，就是"学习"专版上袁文平、周振华等的文章。

1995 年 3 月，中国金融出版社推出的李连仲、李连第的《社会主义市场经济通论》一书，认为在社会主义市场经济这个重大的根本问题上，不少旧观点的突破和新观点的探讨，经济理论界都是走在前面的。许多深刻的、创造性的、开拓性的意见，就是由一些倾听实践和时代呼声的经济学家提出来的。"根据 1979 年 3 月 13 日《四川日报》第一版报道和第三版署名文章（袁文平：《社会主义经济发展的客观要求——社会主义计划经济同市场经济结合的客观必然性》；周振华《市场经济就是资本主义经济吗?》）初步判断，在 1979 年 2 月 16—26 日的四川省第一次价值规律理论讨论会上，四川省实际经济工作者和理论工作者在我国领先提出了'社会主义市场经济'这个概念以及'计划经济同市场经济相结合'这个论断。""当然，规模、深度和影响更大的是，中国社会科学院经济研究所等单位为贯彻党的十一届三中全会精神，适应全党工作重点和经济体制改革，配合国民经济调整并推动经济科学的发展，于 1979 年 4 月 16—29 日，在江苏省无锡市举行的社会主义经济价值规律问题讨论会。"

民间声音

搜狐北京市网友（IP：221.223.225.）说道：

将袁文平老师关于社会主义市场经济的著述置于当时的政治和学术背景，我想至少有两个重要的意义：

（1）对长期囿于传统教条的理论界和实务部门还在讨论社会主义有没有、应不应该有商品交换、商品生产时，袁文平老师顶住当时的政治压力，基于对现实的深刻洞见，破冰似地提出社会主义市场经济理论及改革方向，极大地拓宽了人们的视野，有力地推进了相关讨论的深化。应该说，也为此后将社会主义市场经济体制作为改革目标起到了重要作用。

（2）袁文平老师并不仅仅是提出了一个口号、给出了一个提法，而是在马克思主义的理论框架内，分析和阐述了社会主义市场经济的特点、意义，计划与市场的关系，社会主义市场经济运行机理等，开创性地构造了一个社会主义市场经济理论的一般性框架。

开创性研究本身不可能是完善的，但它的意义在于为后来者开拓了一条新研究的道路，使人们能够沿着这条道路去思考。事实上，袁老师所提出的命题，在此后相当一段时期引起了我国经济理论界的热烈讨论，在交锋中理论得到扩展和深化。今天，社会主义市场经济理论已趋于完善，社会主义市场经济的实践也已获得丰硕成果，我们不能忘记当年拓荒者的努力。

搜狐北京市网友（IP：58.31.187.）说道：

还历史以本来面貌，是社会历史学者的永恒追求。作为我国经济建设的目标，"社会主义市场经济"从概念提出到理论体系的构建经历了一个较长的过程。袁文平教授是提出此概念的第一人，并且为其初步构建了理论体系。其贡献不应被历史淹没。

（本文略有删节）

袁文平：提出和阐述"社会主义市场经济理论"第一人

周文波 陈颖

本文原载于《四川党的建设》2009年7月号

2008年12月13日，在西南财经大学"纪念改革开放30周年主题学术研讨会"上，西南财经大学名誉校长刘诗白讲道，在社会主义市场经济这个重大的根本问题上，许多深刻的开拓性意见都是由一些倾听时代呼声的经济学家提出来的，其中"社会主义市场经济"这个概念就是由该校教授袁文平在1979年2月提出的。

1978年年初，袁文平从四川财经学院借调到成都市委作调研工作已有8个年头。

这年春天，他在一家柴油机厂调研时发现，柴油机整机很走俏，要买机器必须先拿到指标，等很久才能买到机器。更麻烦的还在后头——零部件坏了市场上根本买不到。为啥呢？国家把价格定得太低了，生产零件的企业不肯低价卖给急需的用户，更乐意拿零部件去换短缺的物资。用户要买零件？对不起，只好请你通过关系，背着当时短缺的猪油、花生米等来交换。

......

计划经济越管越死，越管越扭曲，居然倒退回以物易物的时代了。

这一年年底，十一届三中全会实现了从"以阶级斗争为纲"到"以经济建设为中心"的伟大转折。可是，具体到经济体制改革和原则，人们仍在探索中。

"文革"的阴霾还未散尽，袁文平最早提出和阐述了"社会主义市场经济理论"

1979 年 2 月 16 日，春节刚过，成都平原乍暖还寒。由四川省计委、省物价委、省社科院联合发起的四川省价值规律理论讨论会在成都召开，这次会议后来被理论界称为"成都会议"。

为期 10 天的大讨论，汇聚着省内大专院校、科研机构的代表、各地市（州）计委和物价委等 130 多位实际部门和理论工作者。

与会者不乏激情，却又显得有些拘谨，毕竟人们还没彻底从"文革"的阴霾中走出来，经历了十年浩劫的他们还心有余悸。长期的政治斗争让人们对未来心灰意冷，个人的力量被严重窒息，僵化的体制不仅死死束缚了人们的手脚，也严重禁锢着国人的思维。

也就是在这次会上，已从成都市委回到学校的袁文平最早提出和阐述了"社会主义市场经济理论"。

会议后期的一天，袁文平就我国经济体制改革要搞社会主义市场经济，要实行社会主义计划经济与市场经济相结合的问题，作了近 6 个小时的大会发言。

他首先讲了前些年我国经济中否定商品经济，违背价值规律要求，导致经济实物化倾向，已经给国民经济带来种种弊端……

接着，通过大量事实，袁文平进一步从理论上详细地分析了社会主义制度下搞市场经济的好处、必然性，明确提出：价格第一，计划第二。

"成都会议"发言后，经过进一步仔细推敲，袁文平将大会发言的第一部分写成《社会主义经济发展的客观要求——谈谈社会主义计划经济同市场经济结合的客观必然性》一文，1979 年 3 月 13 日在《四川日报》的"学习"版发表。大会发言全文则发表在《经济论丛》1979 年第 2 期上。

同年 3 月 17 日《光明日报》以《计划经济与市场经济能不能结合?》为题，详尽报道了这次成都会议讨论的内容。

在后来被称为"成都会议"的这次会上，计划经济一统天下的坚冰被打开缺口。

"否定商品经济，违背价值规律，给国民经济带来了无穷的弊端。片面强调保护城市居民利益，对粮食、油料等重要物品的价格压得很低，管得很死，结果导致生活必需品越缺越管，越管越缺，最终是政府贴钱还挨骂，城市居民意见大，农民觉得吃了亏，这种僵化体制已经非变不可了。"

多年一线调研掌握的实际经济状况，
成为催生社会主义市场经济理论的现实土壤

1934 年冬，袁文平出生在四川射洪一个耕读世家。

袁文平自幼读"四书""五经"，本是为了初通文墨，长大可以经商，走父辈走过的发家之路。新中国的成立，改变了他的人生轨迹。"抗美援朝"时入伍，1955 年，参加全国高校招生统一考试，进入四川财经学院读书。1959 年毕业留校，从事政治经济学的教学和研究，并做农村调查工作。

十年动乱，学校停办。1970 年夏天，袁文平被借调到成都市委办公厅调查研究室工作。

在市委工作期间，袁文平长期参加或组织对大型国营企业、市郊农村经济、全市街道工业的深入调查等，掌握了大量的第一手资料，对我国以产品计划经济取代商品市场经济，以实物交换取代以货币为媒介的商品交换的倾向有了深入的了解。

四川很多地方不适宜种棉花，但上边非要让农民种植，而且把价格压得相当低。缺乏积极性的农民就搞出一套"棉花站岗，红薯睡觉，花生串联，豇豆放哨"的应付办法，种棉花不过是做做样子，更关心的反而是在棉花地里间种的红薯、豇豆和花生，大伙儿毕竟要靠它填饱肚子啊。

许多国营企业如一潭死水。当年家喻户晓的"潼川豆豉"一度从老百姓的餐桌上消失，原因是政府规定两毛钱一斤的价格十几年不变，而大豆当时的售价已接近豆豉出厂价，企业做得越多越亏损，不做反而不亏损或少亏损，工厂赚不到钱只好不做了。

计划经济带来的种种弊端和危害，让袁文平深感切肤之痛。同时，另一些现象也给袁文平很大启发：许多政府过问不多的街道集体小厂却经营得红红火火，其生产出的商品面向市场销售，设备和原材料也来自市场，结果他们最活，搞得有声有色，而这恰恰是得益于尊重商品经济规律。

1979 年 1 月，袁文平返校后不久，就应中央人民广播电台的邀请，撰写了主张大力发展社会主义商品生产的广播稿，播出后在国内引起了较大反响。

"当时很多听众来信支持我的观点，不少边远省市的干部还来信来电索要书面稿件，这更让我感到这个问题的重要程度和严重性，从而下决心在理论上进行突破。"袁文平对记者说。

事实胜于雄辩，新中国成立后前30年有两个阶段经济发展较快、人民生活水平改善较大——前一阶段是1949—1953年，后一阶段是"三年困难时期"后到"文化大革命"前。这两个阶段恰恰是政府干预较少，商品生产价值规律得到尊重，生产力较为活跃的时期。

勇于提出新理论，又防别人"打棍子"，不得不背着马列原著参会

在那次价值规律讨论会期间，袁文平几天几夜都没怎么睡觉，一方面是忙着整理大会发言稿，另一方面是在考虑自己这套理论当讲不当讲。

"我亲身经历了新中国成立后的历次政治运动，还在反'右'运动后期将几个被错划为'右'派的同学送去劳动教养。在市场经济几乎可以和资本主义画等号的年代，主张搞社会主义市场经济，一旦被上纲上线，我清楚等待自己的将是什么命运。"多年以后，袁文平仍清楚记得当时的情景。

怀着忐忑不安的心情，他背着马列原著，去参加讨论会。

为什么要背着马列原著去开会？袁文平说，当时很多人把"市场经济"的提法视如洪水猛兽，为了能让自己的观点得到认可，也为了应对可能的质疑，到时指出马列原著中某页某段话，表明有经典理论有据可查。

1980年夏，在四川省经济学会首届年会上，袁文平再次作了"对市场调节的计划指导问题"的大会发言。鉴于当时有些部门不喜欢理论界用"市场经济"一词，袁文平的发言就只讲"商品生产""市场调节"。

"那是打'擦边球'。得保护好自己，才能继续为党和国家做事。"袁文平笑着说，当时重点谈的是国家计划指导的方式和手段，其实讲的就是现在所说的对社会主义市场经济进行宏观调控的问题。

现在看来这很像一句笑话，而在当时，袁文平却并不轻松。1979—1983年，参加各种大会小会，袁文平都会感受到不少压力，因为总有人在会上或明或暗地批评袁文平提出的社会主义市场经济理论。

1983年夏，在一个小范围的理论讨论会上，上级有关部门领导告诉袁文平，要他就1979年春提出搞社会主义市场经济的观点作检讨。好在不久后，理论界有更多学者肯定袁文平的观点，检讨之事也就不了了之。

"相当一段时间压力比较大，心里堵得慌。当时很多人在会上对我的

观点不表态，散会后对我私下表示支持。幸运的是，我并不是一个人在战斗，几任校领导对我的全力支持和鼓励，更是让我充满了信心！"袁文平充满感情地回忆着往事。

"作为一个从事经济理论工作的老党员，提出的观点能对经济体制改革起到一定的推动促进作用，这离不开我们党领导全国人民坚定不移选择了改革开放之路，得益于自己有幸生在了这个不可复制的伟大时代。"

（本文略有删节）

1979 年成都会议："社会主义市场经济"的首次提出

杨敏

本文原载于《中国新闻周刊》第 524 期 2011 年 7 月 18 日

综述

1979 年 11 月，邓小平在会见美国和加拿大的客人时指出："我们是计划经济为主，也结合市场经济，但这是社会主义的市场经济。"改革开放以来首次提出社会主义市场经济概念的成都会议，不应该被历史遗忘。

袁文平在成都会议上提出要搞社会主义市场经济，成为大会热议的焦点之一。

1979 年 2 月 16 日，元宵节后的第 5 天，距离划时代的中共十一届三中全会闭幕不到两个月。

在成都市政府的五福村招待所，由四川省计委、省物价委、省社科院联合发起的四川省价值规律理论讨论会拉开了帷幕。为期 10 天的大讨论中，130 多位经济管理者和理论工作者们汇聚一堂。

时任四川财经学院（现在的西南财经大学）经济学系副系主任袁文平受小组推举，作大会发言，提出了要搞社会主义市场经济，实行社会主义计划经济同社会主义市场经济的结合，成为大会热议的焦点之一。

"我发言 6 个小时，引起了轰动。"如今，77 岁的西南财经大学退休教授袁文平笑着告诉《中国新闻周刊》，"讲完后就有人起来反对，说是鼓吹资本主义复辟。"

这也难怪。此前 30 年，尤其"文革"时期，"市场经济"这四个字像瘟疫一样让人唯恐避之不及。

这次会议，后来被史学界称为"成都会议"。

成都会议之后，1979 年 4 月，另一场更大规模的价值规律理论研讨会——闻名全国的"无锡会议"召开，不少经济学家在讨论中采用了"社会主义市场经济"的提法。

同年11月26日，邓小平在会见美国不列颠百科全书编委会副主席吉布尼和加拿大麦吉尔大学东亚研究所主任林达光等外国客人时指出："我们是计划经济为主，也结合市场经济，但这是社会主义的市场经济。""市场经济不能说是资本主义的……社会主义也可以搞市场经济。"

这一讲话虽然当时并没有公开，但无疑标志着坚冰已在消融。

春风化雨非一日之功，但改革开放以来首次提出社会主义市场经济概念的成都会议，不应该被历史遗忘。

搞市场经济是否会产生资本主义？

1979年的新年，对四川人来说，是难得的安宁与祥和。在刚刚过去的一年里，粮食丰收，政治稳定，经济体制改革的成果初显，许多工人拿到了额外的奖金。

春节前，时任四川省社会科学院副院长的林凌接到了参加四川省价值规律理论讨论会的会议通知。

林凌曾亲身参与了四川省最早的经济体制改革，后一直从事此方面的研究。80余岁高龄的他花白头发，精神很好，讲起话来不紧不慢，条分缕析。

他告诉《中国新闻周刊》，成都会议召开的直接原因，是担任中共中央副秘书长、中国社会科学院院长的胡乔木此前在一次会议上有一个讲话，要求全国各地的计划委员会、物价委员会和社会科学院联合组织会议，对被搅乱的经济学理论进行清理和探讨。"比如说，社会主义的生产目的、按劳分配、价值规律等问题，都应在小范围开始讨论。"

时任《四川日报》理论组组长程珮传也参与了会议的准备工作，并全程跟踪报道了会议。她对《中国新闻周刊》回忆说："这次会议省委领导非常重视，我们既邀请了理论工作者，也邀请了实践工作者，范围很广泛。"

召开这样一次会议，对四川省来说，也是一拍即合的事情。

1978年，四川省开始了经济体制改革的试验。

"文革"结束后，曾有"粮猪安天下"美誉的四川城乡缺粮严重，连当时在省委政策研究室任处长的林凌都常常吃不饱饭。"我在省委机关工作，一月的口粮 19 斤，一天半斤多一点。我经常和省委领导一起开会，他们开会到六七点还不散没关系，因为他回家有吃的，他们是保障供给的，可我们就没了，想到街上买点吃的都买不到。"

1978，伦敦《泰晤士报》的一位记者在四川农村调查后，拜访了时任中共四川省委第一书记的赵紫阳，问：为何农民的自留地庄稼种得好，集体庄稼种不好？

当时陪同接见的林凌回忆说：赵紫阳很不好回答，没正面回答，但心知肚明。记者一走，四川就下决心扩大自留地，从三分地扩大到七分地。

除了扩大农民的自留地，四川还开放了集市贸易。但问题是：集市贸易，根据供求调节价格，其实就是市场经济，搞市场经济是否会产生资本主义？

在工业方面，也遇到了同样的问题。1978 年，四川省提出扩大企业自主权，选择重庆钢铁公司、宁江机床厂等六家国营企业进行改革试点。

其中最为困难的，是理论上的瓶颈。按斯大林的商品经济理论，生产资料不是商品，不可以在市场上买卖。

"这些改革试点，在理论和实践上都要求承认企业的商品生产者的地位。这就直接把研究、创新商品经济和价值规律理论的任务，提到了经济理论界的面前。"袁文平说。

一直从事经济理论研究的袁文平接到通知，要求参加这次价值规律理论讨论会。四川财经学院院长刘洪康鼓励他大胆发言。

"就像政治上的民主集中制一样"

2 月 16 日，会议开幕。

会议首先分组讨论。四川省、市、地、州计划和物价等部门、大专院校、科研机构的 130 多位代表分为四五个小组，每组 30 人左右。

轮到袁文平发言了。

"我很重视这个会。我想结合自己的调研，把这么多年的思考好好说说，十一届三中全会刚开不久，我们的经济到底怎么搞。"袁文平说。

1970 年，在四川财经学院任教的袁文平被借调到中共成都市委办公厅调研处，一干就是 8 年。从国防企业到街道办企业、集体所有制企业，他一一走访。

"'文革'期间工厂停产半停产，农业生产也是半瘫痪，物资严重匮乏，人民生活十分困难。"袁文平对《中国新闻周刊》说。

在调查走访过程中，袁文平获得了一个强烈的印象：计划管得越多的地方，经济越死；计划越不管的地方，经济越活。

在人民南路一条偏僻的小街上，有一家生产气门芯的街道小厂，由残疾知识青年等街道居民所办，厂房破旧简陋，"像没娘的孩子"。因为规模小，产品无关国民经济，不在国家计划管理之内，产品由自己定价，薄利多销，职工收入与厂经营好坏相联系，工人积极性很高，这就是后来著名的民营企业彩虹集团的前身。

而另外一个街道小厂，因为效益好，先后成为西城区、成都市、四川省的典型，由区属厂升为市属厂、省属厂，被纳入国家计划管理之下。"转眼没几年时间，看着它评先进，看着它垮下去。给我的印象太强烈了。"多年后，对《中国新闻周刊》回忆起此事，袁文平仍然叹了口气。

但袁文平深知，提倡市场经济，是有政治风险的。

1957年，顾准最早提出并论证了计划体制根本不可能完全消灭商品货币关系和价值规律，并写成《试论社会主义制度下商品生产和价值规律》一文。一年后，顾准被划为"右"派并被开除出党。

1964，顾准的老朋友、著名经济学家孙冶方因为提倡价值规律的作用受到批判，"文革"中在监狱待了七年。

直到1978年，孙冶方获平反后来西南地区考察，陪同的林凌有一次听到他的价值规律理论，仍然觉得"简直振聋发聩"。这一切，袁文平不能不考虑。因此，他一度很犹豫，是保守一点提"商品经济"，还是冒风险大胆提"市场经济"？

"布哈林因为最早主张在社会主义制度下保留商品生产和商品流通，死得很冤枉，他的罪名里这是很重要的一条。到了二战胜利之后，斯大林不得不承认了社会主义制度下的商品生产和价值规律。但给了很多限制，不承认生产资料是商品。价值规律对重要生活资料不准起调节作用，不根据价格变动调节生产。"

最后，袁文平决定，明确提出"社会主义市场经济"的概念，主张搞社会主义市场经济，实行计划经济与市场经济的结合：在计划指导下的市场，在市场基础上计划，"就像政治上的民主集中制一样"。

"在当时提市场经济也要考虑风险的，我们参加过一系列政治运动，对政治风险很有警惕，所以必须在马克思主义的框架内说话。"

袁文平随身带了三本厚厚的马列著作来参会。"随时可以找观点支持，随时辩论：请看原著。"

袁文平的发言引发了热烈讨论。

大家一致推选他到大会上发言，还争相给他提供相关典型案例。小组里绵阳行署管经济的副专员梁赞提供了"棉花站岗，红薯睡觉，花生串联，豇豆放哨"的案例。他在工作时发现，因为政府将棉花的价格定得过死，棉花又不易有好收成，农民为了增加收入，在执行政府下达的指令性计划时"暗度陈仓"，对上面谎称按计划种植，实际上在大亩棉花田下，农民们靠的是间种的红薯、豇豆和花生。

成都市计委的一位处长谈道，他在负责城市居民蔬菜计划时，发现怎么计划都赶不上变化。于是大家总结出一条顺口溜来：鲜活商品实难搞，不是多就是少，多了要烂，少了要吵（架），不多不少哪去搞，如果不信，你就来搞。

会议进行到第六七天时，袁文平代表小组在大会上作发言，题目是《试论社会主义计划经济同市场经济结合的问题》。

他提出：全体劳动者在根本利益上的一致性，使生产同需要的直接联系成为可能，这就决定了实行计划经济的必然性；又由于在社会主义公有制条件下，还存在国家、企业、集体、个人之间，企业与企业之间，集体与集体之间，个人与个人之间经济利益上的矛盾，要求在交换中采取商品形式进行等价交换，这就决定了社会主义市场经济存在的必然性。

"当时开学术讨论会还没有规定发言时间，但发言一般不会太长。本来是安排我讲一个上午，后来在讲的过程中有同志提议让我展开讲，不要考虑时间，上午讲不完，下午接着讲。"袁文平回忆说。

主持会议的省计委副主任兼省物价委员会主任刘兆丰表示同意。

结果，袁文平整整讲了6个小时。

《四川日报》采用新提法

"会议中间休息时，就有许多人议论纷纷。"

袁文平发言完之后，会场反应异常热烈。他后来从省物价委员会办公室主任陈伯纯那里得知，会议内容甚至传到场外，许多人都知道这个会议上出了大胆发言。

四川省社科院研究员周振华和四川省委党校教授田善耕在发言中也谈

到了市场经济这一话题。

周振华从经济基础、范围、性质等方面，论述了社会主义市场经济与资本主义市场经济的根本差异后提出："社会主义市场经济在不同程度上受到社会主义计划经济的调节，必须同计划经济结合起来。它是计划经济的必要补充。"

田善耕谈道："国家不仅通过计划来管理经济，更要用经济政策、经济手段，按经济发展规律的要求来组织经济活动。"

"当时对我们发言的观点，许多人表示赞成，但也有许多行为谨慎的同志没有公开表态，他们在会后跟我说，很赞成我的观点。"袁文平说。

但还是有人提出了反驳。

一部分反对者认为，没必要提及市场经济。他们认为，中国经济发展不快，问题很多，是因为计划本身没有很好地反映客观经济规律，应该对经济体制和计划方法来一个大改革，以便在国家计划的指导下，重视价值规律的作用。

还有人担心，市场经济与计划经济结合，会导致资本主义。

袁文平在讨论中引用了马克思的一句话来反驳这一观点："实现共产主义必须以生产力的巨大增长和高度发展为前提，如果没有这种发展，那就只会有贫穷的普遍化；而在极端贫困的情况下，就必须重新开始争取必需品的斗争，也就是说，全部陈腐的东西又要死灰复燃。"

"在讨论过程中，意见不一致，反对的多是政府部门的同志，还有一些老学者。"林凌回忆道。

大会发言结束后，林凌、刘兆丰等会议组织者将会议纪要交给了赵紫阳。"他鼓励大家大胆探讨。"林凌说。

1979年3月13日，《四川日报》对成都会议进行了很大篇幅的报道。程珮传回忆说："经过部门同志讨论决定，在《四川日报》上也采用'社会主义市场经济'这一新提法，这在全国的报纸中是开了先河的。"

程珮传亲自写了题为《把计划经济同市场经济结合起来——省价值规律理论讨论会侧记》的报道。

"在承认市场经济的情况下，那些质低价高的产品，自然不受市场欢迎，在竞争中会处于劣势。但……淘汰某些落后产品、落后企业，这正是国民经济兴旺的一种表现。"

探索社会主义市场经济的开端者

柴达　刘恒

本文原载于《光华日月五十春》西南财经大学出版社 2002 年出版

1978 年 12 月，具有伟大历史意义的党的十一届三中全会胜利闭幕了。翌年 2 月 16 日，春节刚过，成都平原乍暖还寒。由四川省计委、省物价委、省社科院联合发起的四川省价值规律理论讨论会拉开了帷幕。为期 10 天的大讨论，会聚了省内大专院校、科研机构的代表、各地市州计委和物价委的领导 130 余人，北京大学经济学院教师代表还应邀到会指导。会议隆重而热烈，拘谨中不乏激情，毕竟"文革"十年的阴霾还未散尽，人们还心怀余悸啊。这天，西南财大教师袁文平就我国经济体制改革要搞社会主义市场经济，要实行社会主义计划经济与市场经济相结合的问题，作了近六个小时的大会发言。

他首先讲了前些年我国经济中否定商品经济，违背价值规律要求，导致经济实物化倾向，已经给国民经济带来种种弊端。例如，不承认粮油等的生产是商品生产，不尊重价值规律，不按商品的价值定价，而是以保护城市居民利益为由，将粮食、油料等重要物品的价格压得很低，管得很死，结果导致粮油愈少愈管、愈管愈少，粮油生产者生产生活困难，城市居民的需要也无法满足。更有甚者，不承认国有企业生产的产品是商品，对紧缺物资的价格也不能通过浮动以调节供求关系，导致各行业各企业都抢购紧缺物资，抢到手之后不是为了本企业生产或生活消费，而是用来交换自己真正需要的物资，结果使已经紧缺的物资更加紧缺。同样，市郊菜农生产的蔬菜，也不承认它是商品，不让它作为商品来流通，而是采取城市政府商业部门蔬菜公司按政府定价收购，再由蔬菜公司下属门市部按政府定价供应给市民。结果政府年年支付大量补贴，成为地方财政的一大负担；蔬菜公司年年亏损，也认为吃亏了；农民认为自己的产品国家定价太低，自己吃了亏；城市居民认为蔬菜公司服务态度不好，自己花了高价没有买到自己满意的蔬菜。政府花了很多钱，却没有哪一方叫好……

接着，袁文平通过这些事实，进一步从理论上详细地分析了社会主义制度下搞市场经济的好处、必然性，实行社会主义计划经济与社会主义市场经济相结合的必然性，计划与市场结合中各自的地位，并明确提出：价格第一，计划第二。

会议提出的问题是尖锐的，在当时也是十分敏感的。会议期间，当时的中共四川省委领导立即听取了汇报，鼓励大家大胆探讨。《四川日报》也作了报道。

"成都会议"发言后，袁文平经过进一步仔细推敲，仅用发言稿五分之一的内容，写成《社会主义经济发展的客观要求——谈谈社会主义计划经济同市场经济结合的客观必然性》一文，在《四川日报》1979年3月13日发表。同年3月17日《光明日报》以《计划经济与市场经济能不能结合?》为题，详尽报道了这次成都会议讨论的内容。

会后不久，袁文平又发表了深入探讨社会主义市场经济的文章。1980年夏，在四川省经济学会年会上，袁文平再次作了"对市场调节的计划指导问题"的大会发言。

提出正确观点也并非只有赞扬声。哪知到了1983年夏，在一个小范围的理论讨论会上，省委有关部门接到上面通知，要袁文平就1979年春以来发言、撰文提出搞社会主义市场经济，实行计划经济与市场经济结合的行为作检讨。袁文平感到了压力，但他更感到探明真理、搞社会主义市场经济的不易。理论的探讨更加重要！好在不久，理论界开始有文章并有更多的学者肯定袁文平的观点，检讨之事也就不了了之。

泱泱大国，浩浩五千年的历史文明，在社会主义可以搞市场经济这个问题上，邓小平起着决定性作用。1992年，邓小平南方谈话发表和他1979年年底"社会主义也可以搞市场经济"的谈话的公开发表，才使市场经济思想成为人们的共识。

转眼20多年过去了，今天当我们迈步在社会主义市场经济的大道上、走进世界贸易组织的国际大舞台的时候，我们想起了这一理论的探索者们，想起了袁文平教授。

工作需要使他成为经济理论工作者

1934年冬，袁文平出生在四川射洪一个耕读世家。私塾启蒙，读的是"四书""五经"，目标是初通文墨，长大可以经商，走父辈走过的发家之路。新中国的诞生，对建设人才的需要，改变了他的人生轨迹，工程师、科学家走进了他的梦想，成了他孜孜不倦地追求的目标。"抗美援朝"开始后他响应党的号召，参军入伍，进入解放军后勤学校财务会计专业读书，毕业后分配到部队从事后勤工作。1955年，在"向科学进军"的号角声中，袁文平参加全国高校招生统一考试，进入四川财经学院会计专业读书。1959年毕业留校，因工作需要，他放弃会计专业，改行从事政治经济学的教学和研究。随着工作性质稳定下来，他开始长期从事经济理论工作。

开初他给专科学生讲授政治经济学课，后又给政治经济学专业本科学生讲授政治经济学社会主义部分、马列经典著作选读（社会主义经济理论部分）等课程。同时进行科学研究，除了将他的本科毕业论文《论农村集体经济农产品成本中活劳动消耗的货币估价》修改后在本校学报《财经科学》发表，还与王永锡同志合作，在《经济研究》杂志1962年第9期发表《关于社会主义经济效果的实质》一文。针对当时"左"的思潮泛滥，不重视满足人民群众物质文化生活需要，不讲经济效果的倾向，文章强调社会主义经济要将满足人民群众需要作为生产目的，同时必须重视和提高经济效果，才能更好地实现社会主义生产目的。本文引起我国经济学界的广泛重视，并受到著名经济学家于光远的称赞。十年动乱，学校停办，1970年夏他被借调到中共成都市委办公厅调查研究室工作，直到1978年夏学校恢复招生时才返回学校。在市委工作期间，他的主要任务是对全市工业、农业、财贸等进行调查研究，为市委起草文件、讲话、文章等。这期间他参加或组织了对大型国有企业、市郊农村经济、全市街道工业的调查等，对我国以产品计划经济取代商品市场经济，以实物交换取代以货币为媒介的商品交换的倾向有着深入的了解，掌握了大量的第一手资料，对其给经济带来的种种弊端和危害非常震惊，又深感切肤之痛。所以返校后不久，他就受中央人民广播电台的邀请，撰写了主张大力发展社会主义商品生产的广播稿。这个稿件在1979年春向全国播出后引起较大反响，不少边远省市的干部来信来电索要书面稿件。

改革开放以来，他除了承担系主任、研究所长的行政工作，还从事经济理论教学与研究工作，并参加各种社会调查研究和学术活动。在教学上，他先后给本科生、硕士生、博士生讲授过社会主义经济理论专题研究、苏联东欧经济体制改革比较研究、社会主义经济理论发展史研究、社会主义市场经济的运行与调控研究等课程。因教学质量优良,受到学生欢迎,曾获四川省首届优秀教学质量二等奖。在科研上,他先后就社会主义市场经济、市场与计划的关系、宏观经济运行与调控、经济增长方式转变机制、社会主义经济理论的发展——邓小平经济理论进行了大量的研究,并取得一系列有一定价值和较大影响的成果。

解放思想较早提出搞社会主义市场经济

袁文平教授在全国较早提出我国经济体制改革的目标是搞"社会主义市场经济"、实行计划经济与市场经济"相结合"。他认为我国现阶段社会主义全民所有制企业、集体所有制企业有自身经济利益的要求,使全民企业之间、集体企业之间、全民企业与集体企业之间的产品交换必然成为商品交换;现存的非公有制经济与公有制经济之间的交换当然也是商品交换,因而存在搞社会主义市场经济的基本前提,社会主义经济也需要计划管理,因而需要实行计划经济与市场经济相结合。在二者结合中,市场价格与计划管理各自的地位是"价格第一,计划第二"。其后他又发表文章指出,实行社会主义市场经济,关键在于要发挥市场、价格等机制对社会经济(包括对社会资源的配置)的"调节"或"决定"作用,而不是市场价格只在很窄范围内起某些"影响"作用。他认为市场对经济的调节作用主要是调节市场供求,达到供求相对平衡;调节劳动力和生产资料在国民经济各部门、各地区、各企业之间的配置,实现合理利用;调节或促进各企业改进技术和经营管理,推动社会生产力的发展。很显然,他说的"社会主义市场经济"与斯大林讲的"社会主义商品生产"是根本不同的。1985年就有学者指出:这"标志着中国计划经济与市场经济'结合论'的产生"。在1992年,经济理论界称他的文章"成为十一届三中全会后计划与市场问题探索的开端"。后来又有学者指出:"在社会主义市场经济这个重大的根本问题上,不少旧观点的突破和新观点的探讨,经济理论界都是走在前面的。许多深刻的、创造性的、开拓性的意见,就是由一些倾听实践和时代呼声的经济学家提出来的。"袁文平的文章"在我国领先提出了'社会主义市场经济'这个概念以及'计划经济同市场经济相结合'这个论断"。

1980年袁文平又在四川省经济学会作大会发言,谈"对市场调节的计划指导问题"。他认为实行社会主义市场经济时,市场与计划的关系类似于政治生活中民主与集中的关系，就是市场基础上的计划，计划指导下的市场。计划的指导，除特殊情况要采取必要的行政手段以外，主要是经济手段，是靠经济利益的诱导，把企业的经营、投资决策引导到宏观经济计划要求的轨道上来。主要的经济手段有财政税收、信贷利率、价格。

其后的 1985 年，针对学术界有人把"有计划的商品经济"与"有商品的计划经济"相混淆的观点，袁文平撰文《两个不同的命题不能混淆》，提出：斯大林时期的苏联经济，新中国成立后至 1966 年前的我国经济都是"有商品的计划经济"的典型事例。它与"有计划的商品经济"有三点不同：一是实质不同，前者实质是计划经济，后者实质是商品经济；二是"有商品"或"有计划"的地位不同，前者的"有商品"只存在于局部领域，只保留某些商品形式，后者的"有计划"是覆盖全部社会经济的，对社会商品经济主要起指导作用；三是实行的后果不同，实行前者会导致经济短缺、技术停滞、管理落后、生产力发展受阻、人民生活难以改善，而实行后者会导致市场商品丰富、技术不断进步、经营管理不断改善、生产力迅速发展、人民生活不断提高。

开拓前进探索当代最新社会主义经济理论

20 世纪 90 年代中期，他探讨了社会主义经济理论新发展问题，提出邓小平经济理论就是当代崭新的社会主义经济理论。学习邓小平经济理论，首先要了解其基本理论前提。这主要是"三论"：①中国特色社会主义论；②初级阶段社会主义论；③社会主义主体论。其次是要掌握基本内容。这包括三条：一是发展社会生产力；二是发展社会主义公有制；三是最终达到共同富裕。最后是要了解如何建设和发展社会主义经济。这包括：①大力发展社会生产力；②坚持和深化经济体制改革；③坚持对外开放。该文最早出自 1994 年四川省邓小平思想研讨会上的发言，后在《经济学家》杂志发表。1997 年邓小平同志逝世后，该文又在《四川日报》《工厂管理》杂志上重新发表。同年在全国高校社会主义经济理论与实践研讨会上发言并提交论文《创建新的社会主义政治经济学》。该文把邓小平经济理论归纳为"十论"：①有中国特色论；②社会主义初级阶段论；③社会主义本质论；④社会主义根本任务论；⑤市场经济论；⑥经济主体论；⑦经济改革论；⑧经济开放论；⑨经济发展战略论；⑩政局稳定论。他认为这"十论"应当成为社会主义政治经济学的主要内容。1998 年的

《人民日报》发表署名文章指出这是 1997 年学科发展上"政治经济学界公认的新观点"。

继续创新寻求经济增长方式转变机制

1996 年，为了提高我国整个国民经济运行质量，整个经济理论界开始探讨经济增长方式转变问题。袁文平投身其中，他首先探讨了粗放型和集约型这两种经济增长方式的科学划分问题——先从抽象的理论概念上把握二者质的区别，再结合实践探讨如何把握二者的区别。再就是研究了我国的一些地方政府为什么只求速度不讲宏观经济效益的问题，认为这里有地方政府首脑追求所谓"政绩"这个原因，还有宏观经济效益与地方经济效益相矛盾这个原因。更重要的是他承担了国家社科基金重点课题——《经济增长方式转变机制论》（专著）研究。这项研究，正如《经济学家》杂志 2001 年第 3 期发表的书评所指出的，这是"经济增长方式转变研究的创新成果""该书不是一般研究经济增长方式转变的必要性、重要性、转变的途径等，而是独辟蹊径，研究转变机制即推进转变的内在必然性及内在机理，就使这一研究具有很高的学术价值和重要的现实意义。该书专题式地研究了产权机制、市场机制、宏观调控机制、企业管理机制等与经济增长方式转变的关系。鉴于技术创新的特殊意义，设专章专门研究了技术创新机制对推进经济增长方式转变的特殊作用。又根据我国在自然资源开发和环境保护方面存在的问题，同时设专章特别考察了自然资源开发和环境保护与经济增长方式转变的关系。还专章讨论了考核经济增长方式转变进展情况的指标体系。这些是同类著作中比较少见的。该书认为，在不同地区，市场机制在经济体制中的地位和作用不同，资源配置机制不同，直接影响着经济增长方式转变进程和效果。为了推进经济增长方式的根本转变，就要着力进行企业制度创新，确立真正的市场主体，进一步推进价格机制形成的市场化，全面完善市场体系"。《光明日报》2001 年 8 月 18 日对该书也做了评价，指出"全书观点新颖，格调清新，值得一读"。

尽心尽力用经济理论为地方经济发展服务

作为教师，其职责还包括用掌握的经济知识和理论为地方经济发展服务。改革开放以来，袁文平主要做了以下一些事情。

改革开放初期，为了以新的社会主义经济理论武装广大干部，四川省和成都市掀起了学习关于中国社会主义经济新理论的热潮，邀请他作辅导报告。他在省市机关作了多场报告，有几场听众达两三千人，座无虚席，反应热烈。

农村推行联产承包制后，农村商品生产开始发展。为了加速推进农村商品生产发展的良好势头，他深入农村调查研究，撰写和发表了科研论文《正确认识我国农村商品经济的发展》，还应成都市及市郊县区党政领导的邀请作专题报告，大讲农村发展商品经济的现状、发展的必然性、发展的意义和途径，为推进农村商品经济大发展作出了应有的贡献。

中央提出实行"有计划商品经济"体制之后，计划与市场的关系成为人们关心的问题。四川省政协请他作报告，他高质量地完成任务，受到省政协领导的肯定和赞扬。

邓小平南方谈话发表后，"社会主义也可以搞市场经济"的思想得到全国的认同，有关的理论问题也引起了人们的注意，他应邀作过多场辅导报告。成都市委、市政府的主要领导及省级有关部门的干部听了报告，反映收获很大。

去年秋，省委宣传部聘他为党中央领导"七一"讲话宣讲团成员，赴雅安宣讲。他精心准备，宣讲中紧扣原文，理清思路，明确观点，把握精神实质，用翔实的事例深入浅出地进行分析。雅安市委领导及广大干部一致反映讲得"精彩"，对他们进一步深入学习帮助很大。

近年来，为帮助四川有关地市党政领导写好"五个一工程"文章，他随省委宣传部领导，深入基层调查研究，帮助他们出主意想办法，对他们写出的初稿，认真阅读，周密思考，详细地提出意见和建议，很受他们的欢迎。

回首袁文平教授执教生涯，从 1959 年毕业留校至今，整整 43 年了。在他的身后，留下了这样一串脚印：

1960 年建立经济系时他进入经济系。1965 年任政治经济学教研室主任，1978—1982 年任经济系副系主任，1983—1991 任经济系主任。历任讲师、副教授，1985 年晋升教授。1990 年经国务院学位委员会批准他为博士生导师。1992 年经国务院批准享受政府特殊津贴。现为该校经济改革与发展研究所所长、教授、博士生导师，兼任全国高等财经院校政治经济学研究会副会长、四川省经济学会副会长、四川省发展经济学会副会长、成都市社会科学联合会顾问、西南财经大学学报《财经科学》杂志主编。他担任主编和副主编的著作主要有《经济增长方式转变机制论》《内陆地区改革开放研究》《社会主义市场经济分析》《国有经营性资产经营方式和管理体制研究》《社会主义初级阶段政治经济学》《政治经济学纲要》等 10 余部，发表论文 100 多篇。他的著作和论文曾多次获得省部级以上政府奖励，有的著作曾获四川省人民政府哲学社会科学优秀科研成果一等奖。他是我国在经济学界有较大影响的理论经济学家。

第七篇

袁文平教授生平

袁文平教授生平

袁文平，男，1934 年 12 月生，中国共产党党员，我国著名经济学家，被理论界评价和称誉为"提出和阐述社会主义市场经济理论的第一人"。

一、主要经历

袁文平出生于四川省射洪一个耕读世家，1944 年 1 月进入私塾读书，1950 年 1 月考入射洪县第二中学，1951 年 3 月由学校介绍到射洪县土地改革委员会工作，1951 年 7 月在重庆市参加中国人民解放军，进入第二后勤学校财务系学习，1952 年 8 月被分配工作到齐齐哈尔省公安总队后方勤务处任见习会计，后由于建制调整，担任公安二十一师物资保障处见习会计。1955 年 4 月复员返乡，7 月参加了全国高校统一招生考试，9 月进入四川财经学院（现西南财经大学）会计系学习，成为全国高校统一招生的第二批学生。1956 年 10 月加入中国共产党。

1959 年大学毕业留校，长期从事政治经济学教学和研究工作。他最初给专科学生讲授政治经济学课，后又给政治经济学专业本科学生讲授政治经济学社会主义部分、马列经典著作选读（社会主义经济理论部分）等课程。同时进行科学研究，他除了将的本科毕业论文《论农村集体经济农产品成本中活劳动消耗的货币估价》修改后在本校学报《财经科学》发表，还与王永锡同志合作，在《经济研究》杂志 1962 年第 9 期发表《关于社会主义经济效果的实质》一文。针对当时"左"的思潮泛滥，不重视满足人民群众物质文化生活需要，不讲经济效果的倾向，文章强调社会主义经济要将满足人民群众需要作为生产目的，同时必须重视和提高经济效果，才能更好地实现社会主义生产目的。该文引起我国经济学界的广泛重视，并受到著名经济学家于光远的称赞。

十年动乱，学校停办，1970 年夏，袁文平被借调到中共成都市委办公厅调查研究室工作，直到 1978 年夏恢复招生时才返回学校。在市委工作期间，他的主要任务是对全市工业、农业、财贸等进行调查研究，为市委起草文件、讲话、文章等。这期间他参加或组织了对大型国有企业、市郊农村经济、全市街道工业的调查等，对我国以产品计划经济取代商品市场经济，以实物交换取代以货币为媒介的商品交换有着深入的了解，掌握了大量的第一手资料，对其给经济带来的种种弊端和危害非常震惊，又深感切肤之痛。

改革开放以来，他除承担系主任、研究所长的行政工作以外，还从事经济理论教学与研究工作，并参加各种社会调查研究和学术活动。在教学上，他先后给本科生、硕士生、博士生讲授过社会主义经济理论专题研究、苏联东欧经济体制改革比较研究、社会主义经济理论发展史研究、社会主义市场经济的运行与调控研究等课程。1982 年他开始招收硕士研究生，1991 年开始招收博士研究生，共培养硕士、博士及博士后 50 多名。因教学质量优良，受到学生欢迎，1989 年获四川省普通高校第一届优秀教学成果二等奖。在科研上，他先后就社会主义市场经济、市场与计划的关系、宏观经济运行与调控、经济增长方式转变机制、社会主义经济理论的发展——邓小平经济理论进行了大量的研究，并取得一系列兼具理论创新和实践指导价值、且产生较大社会影响的成果。袁文平教授担任主编和副主编的著作主要有《经济增长方式转变机制论》《内陆地区改革开放研究》《社会主义市场经济分析》《国有经营性资产经营方式和管理体制研究》《社会主义初级阶段政治经济学》等 10 余部。在重要期刊《经济研究》《经济学家》《经济理论与经济管理》《财经科学》《经济纵横》等发表论文 100 余篇。他曾获四川省政府第七次哲学社会科学优秀科研成果一等奖（1996 年）、四川省政府第十次哲学社会科学优秀科研成果二等奖（2003 年）、四川省政府哲学社会科学优秀科研成果三等奖 2 项（1984 年、1996 年），1998 年获刘诗白奖励基金科研"终身成就奖"。他还兼任全国高等财经院校政治经济学研究会副会长，四川省经济学会副会长，四川省发展经济学会副会长，成都市社会科学联合会顾问，四川师范大学、西南民族大学、西华师范大学等高校的客座教授。

回首袁文平教授的一生，在他的身后，留下了这样一串脚印：

1951 年 7 月由射洪中学进入解放军后勤学校、部队学习和工作；

1955 年 4 月复员返乡；

1955 年 9 月考入四川财经学院（现西南财经大学）；

1956 年 10 月加入中国共产党；

1959 年 7 月大学毕业留校，从事政治经济学教学和科研工作；

1965 年任经济系政治经济学教研室主任；

1970 年 8 月借调到中共成都市委办公厅调查研究室工作；

1978 年 6 月 1 日四川财经学院（现西南财经大学）宣布复校，6 月 2 日离开成都市委，返回学校，任经济系副主任；

1979 年 2 月，参加四川省价值规律理论研讨会，提出并阐述了"社会主义市场经济"问题；

1982 年晋升副教授；

1983—1991 年任四川财经学院（现西南财经大学）经济系系主任；

1985 年晋升教授；

1990 年经国务院学位委员会批准为政治经济学专业博士生导师；

1991 年随即招收博士研究生，并任经济改革与发展研究所所长；

1992 年经国务院批准为享受政府特殊津贴的"有突出贡献的专家"；

1995—2008 年任《财经科学》学报主编；

……

二、主要学术贡献

解放思想　较早提出并阐述了社会主义市场经济的概念和理论框架

1978 年年底中国共产党十一届三中全会闭幕，1979 年元宵节后的第 5 天，2 月 16 日在成都市政府的五福村招待所，由四川省计委、省物价委、省社科院联合发起的四川省价值规律理论讨论会拉开了帷幕。为期 10 天的大讨论中，130 多位经济管理者和理论工作者们汇聚一堂。时任四川财经学院（现西南财经大学）经济系副主任的袁文平受小组推举，作了近 6 个小时的大会发言，提出了要搞社会主义市场经济，实行社会主义计划经济同社会主义市场经济的结合，成为大会热议的焦点之一。这次会议，后来被史学界称为"成都会议"。

袁文平的发言题目为"试论社会主义计划经济同社会主义市场经济的结合"，主要阐述了以下观点：

（1）提出和阐述了"社会主义计划经济同市场经济结合的客观必然性"。他指出："我国目前还处于不发达的社会主义阶段，现阶段社会主义公有制还很不成熟。"社会主义公有制基础上全体劳动者在根本利益上的一致性，决定了实行计划经济的必然性；社会主义公有制基础上还有国家、企业、集体、个人之间经济利益的差别性，决定了搞社会主义市场经济的必然性；社会主义公有制基础上的一致性和差别性的统一，决定了必须把计划经济同社会主义市场经济结合起来。

（2）提出和阐述了市场经济的一般性和"社会主义市场经济的特点"。他指出："人类历史上有三种不同性质的市场经济，即小私有制条件下的市场经济、资本主义市场经济和社会主义市场经济。其共同点在于它是社会分工和商品生产存在的条件下，建立生产同需要的联系的一种形式。"市场经济的一般性，就是由价值规律通过市场来调节生产和流通的经济，或者说，"价值规律通过市场、竞争、价格对价值的背离来调节供求，从而在社会生产和社会需要之间建立一个摇摆不定的平衡"。过去，为保证计划经济的实行，总想"'限制'价值规律的作用，却产生了和我们主观愿望相反的结果"。"是违背价值规律的必然结果。"所以，重视价值规律的作用，让它通过市场来调节商品生产和流通，就要搞社会主义市场经济。

社会主义市场经济的特点在于：①"它是劳动者根本利益一致基础上"局部、个人之间的利益关系，已经根本不同于资本家之间那种带有完全敌对性质的冲突；②"它是以满足劳动者需要为目的"，而不像资本主义市场经济那样是以实现和追逐剩余价值作为唯一的目的；③"在计划指导下进行"，而不是像在资本主义社会那样处于无政府状态；④"市场竞争的手段是按市场需要组织生产，大力提高劳动生产率，而不像资本家之间的竞争那样，唯利是图，不择手段，乘人之危，趁机发财，以至指望不幸事件、指望荒年、大火灾等。""所以，社会主义公有制条件下的市场经济是社会主义性质的经济。过去，一提到市场经济，就不加分析地把它一概说成资本主义的东西。这种观点，现在看来应该加以摒弃。"

（3）提出和阐述了搞社会主义市场经济的重大意义。他指出：①"能促使工农业企业按照社会需要安排生产，使'以产定销'的问题迅速而又合乎规律地得到解决。"②"能使市场交换的买卖双方都比较满意，并保护各自的经济利益。"③"能促使生产单位主动加强经济核算，自觉讲求经济效果。"④"能教会我们正确处理国家、企业、集体、个人四者的经济利益的关系，充分调动各方面的建设社会主义的积极性。""可见，把社会主义计划经济同社会主义市场经济结合起来，重视价值规律的作用是多么重要!"

（4）提出和阐述了"社会主义计划经济和社会主义市场经济的相互关系"。他指出："全民所有制企业和集体所有制企业，既要坚持生产国家计划产品，又还将根据市场需要生产市场产品，在这种情况下，社会主义计划经济和市场经济是否可以按关系国家经济命脉与否作为一个界限。""社会主义计划经济和市场经济虽然可以在一定意义上划分为两个领域，但社会主义经济毕竟是一个互相联系的整体，因此，社会主义计划经济和市场经济在一定意义上又是不可分割的。可以说，社会主义经济就是计划指导下的市场经济，市场基础上的计划经济。"

（5）提出和阐述了对市场经济进行计划指导的条件及主要手段。他认为，对社会主义市场经济进行计划指导，计划机关要"了解和掌握市场需要"，要"由中央计划机关统一指导"，要"综合运用各种经济办法"，要"健全经济立法和加强经济司法"等；除特殊情况要采取必要的行政手段，主要是经济手段。主要的经济手段有财政税收、信贷利率、价格等，价格是最重要而又最灵活的办法。

1979 年 2 月之后，袁文平还根据改革实践的发展，继续研究市场经济问题，撰写和发表一系列文章。

"成都会议"对推进我国社会主义市场经济理论发展以及袁文平的相关观点引起了学界的广泛关注。1993 年第 4 期的《经济研究》上刊发了一篇读者来信，作者为四川省社会科学研究院周振华研究员，他写道："《经济研究》1992 年第 10 期发表的《关于社会主义市场经济理论的几个问题》中说'社会主义市场经济'的概念是由 1979 年 4 月在无锡开的社会主义经济中的价值规律讨论会首先提出的。但是，根据我所经历的情况来看，这种说法是不确切的。事实是，比无锡会议早两个月召开的四川省价值规律理论讨论会，首先提出了'社会主义市场经济'这个科学概念，以及'必须把计划经济同市场经济结合起来，加快实现四化'的问题。"

1992 年 10 月 15 日《北京青年报》发表邵延枫《"社会主义市场经济"提出的前后》一文，该文在简述了 20 世纪 50 年代以来中央领导同志和专家学者对这一问题的论述之后，明确指出："真正打破这一理论禁区还是在十一届三中全会之后，1979 年 3 月 13 日《四川日报》发表的署名文章。"1992 年 12 月 20 日《四川日报》第三版转载了邵延枫的《"社会主义市场经济"提出的前后》一文，并加"编者按"，指出：1979 年 3 月

13 日《四川日报》发表的署名文章，就是《学习》专版上袁文平、周振华等的文章。

1995 年 3 月，中国金融出版社推出的李连仲、李连第的《社会主义市场经济通论》一书认为，在社会主义市场经济这个重大的根本问题上，不少旧观点的突破和新观点的探讨，经济理论界都是走在前面的。许多深刻的、创造性的、开拓性的意见，就是由一些倾听实践和时代呼声的经济学家提出来的。"根据 1979 年 3 月 13 日《四川日报》第一版报道和第三版署名文章（袁文平：《社会主义经济发展的客观要求——谈谈社会主义计划经济同市场经济结合的客观必然性》、周振华《市场经济就是资本主义经济吗?》）初步判断，在 1979 年 2 月 16—26 日的四川省第一次价值规律理论讨论会上，四川省实际经济工作者和理论工作者在我国领先提出了'社会主义市场经济'这个概念以及'计划经济同市场经济相结合'这个论断。""当然，规模、深度和影响更大的是，中国社会科学院经济研究所等单位为贯彻党的十一届三中全会精神，适应全党工作重点和经济体制改革，配合国民经济调整并推动经济科学的发展，于 1979 年 4 月 16 日至 29 日，在江苏省无锡市举行了社会主义经济中价值规律问题讨论会。"

开拓前进　探索当代社会主义经济理论的新发展

20 世纪 90 年代中期，袁文平教授探讨了社会主义经济理论新发展问题，提出邓小平经济理论就是当代崭新的社会主义经济理论。学习邓小平经济理论，首先要了解其基本理论前提。这主要是"三论"：①中国特色社会主义论；②初级阶段社会主义论；③社会主义主体论。其次是要掌握基本内容。这包括三条：一是发展社会生产力；二是发展社会主义公有制；三是最终达到共同富裕。再次是了解如何建设和发展社会主义经济。这包括：①大力发展社会生产力；②坚持和深化经济体制改革；③坚持对外开放。该文最早出自 1994 年四川省邓小平思想研讨会上的发言，后在《经济学家》杂志发表。到了 1997 年邓小平同志逝世后，该文又在《四川日报》《工厂管理》杂志上重新发表。同年在全国高校社会主义经济理论与实践研讨会上发言并提交论文《创建新的社会主义政治经济学》。该文把邓小平经济理论归纳为"十论"：①中国特色论；②社会主义初级阶段论；③社会主义本质论；④社会主义根本任务论；⑤市场经济论；⑥经济主体论；⑦经济改革论；⑧经济开放论；⑨经济发展战略论；⑩政局稳定论。他认为这"十论"应当成为社会主义政治经济学的主要内容。

1998 年的《人民日报》发表署名文章指出这是 1997 年学科发展上"政治经济学界公认的新观点"。

继续创新　寻求经济增长方式转变机制

1996 年，为了提高我国整个国民经济运行质量，整个经济理论界开始探讨经济增长方式转变问题。袁文平投身其中，他首先探讨了粗放型和集约型这两种经济增长方式的科学划分问题——先从抽象的理论概念上把握二者质的区别，再结合实践探讨如何把握二者的区别。他还研究了我国的地方政府为什么大多只求速度不讲宏观经济效益的问题，认为这里既有地方政府追求所谓"政绩"这个原因，还有宏观经济效益与地方经济效益相矛盾这个原因。更重要的是他承担了国家社科基金重点课题"经济增长方式转变机制论"的研究。这项研究，正如《经济学家》杂志 2001 年第 3 期发表的书评所指出的，这是"经济增长方式转变研究的创新成果"。该书不是一般研究经济增长方式转变的必要性、重要性、转变的途径等，而是独辟蹊径，研究转变机制即推进转变的内在必然性及内在机理，就使这一研究具有很高的学术价值和重要的现实意义。该书专题式地研究了产权机制、市场机制、宏观调控机制、企业管理机制等与经济增长方式转变的关系。鉴于技术创新的特殊意义，其设专章专门研究了技术创新机制对推进经济增长方式转变的特殊作用。其又根据我国在自然资源开发和环境保护方面存在的问题，同时设专章特别考察了自然资源开发和环境保护与经济增长方式转变的关系。其还专章讨论了考核经济增长方式转变进展情况的指标体系。这些是同类著作中比较少见的。该书认为，在不同地区，市场机制在经济体制中的地位和作用不同，资源配置机制不同，直接影响着经济增长方式转变进程和效果。为了推进经济增长方式的根本转变，就要着力进行企业制度创新，确立真正的市场主体，进一步推进价格机制形成的市场化，全面完善市场体系。《光明日报》2001 年 8 月 18 日对该书也做了评价，指出"全书观点新颖，格调清新，值得一读"。

三、主要学术成果

代表性著作

《社会主义初级阶段政治经济学》，西南财经大学出版社，1988 年12 月

《国有经营性资产经营方式和管理体制》，四川人民出版社，1994 年

12 月

《社会主义市场经济分析——理论 政策 运用》，西南财经大学出版社，1994 年 12 月

《内陆地区改革开放研究》，四川大学出版社，1995 年 6 月

《经济增长方式转变机制论》，西南财经大学出版社，2000 年 9 月

《西部大开发中地方政府职能研究》，西南财经大学出版社，2004 年 1 月

代表性学术论文

《农村人民公社农产品成本中单位活劳动消耗的货币估价》，《财经科学》1959 年第 5 期

《关于社会主义经济效果的实质》，《经济研究》1962 年第 9 期

《对市场调节的计划指导问题》，《经济与管理研究》1981 年第 1 期

《论生产目的中整体与局部的关系》，《财经科学》1981 年第 2 期

《实现社会主义生产目的的基本经济条件》，《财经科学》1981 年第 4 期

《关于经济责任制的几个认识问题》，《财经科学》1982 年第 3 期

《马克思的计划经济理论和我国计划经济的发展》，《财经科学》1983 年第 2 期

《坚持有中国特色的社会主义建设道路》，《财经科学》1983 年第 4 期

《正确认识我国农村商品生产的发展》，《财经科学》1984 年第 6 期

《两个不同的命题不能混淆》，《贵州财经学院学报》1985 年第 3 期

《论价值决定和价格体系的改革》，《财经科学》1986 年第 5 期

《试论社会主义初级阶段最基本的经济特征》，《财经科学》1987 年第 6 期

《重新认识计划和市场的关系》，《理论与改革》1988 年第 1 期

《社会主义经济中还存在对抗性矛盾》，《天府新论》1988 年第 6 期

《宏观经济运行中的国家行为分析》，《湖北社会科学》1988 年第 12 期

《中国通货膨胀的治本之策》，《经济学家》1989 年第 4 期

《试论协调中央政府和地方政府经济行为》，《城市改革与发展》1989 年第 4 期

《坚持社会主义经济的基本特征》，《财经科学》1989 年第 5 期

《治理整顿时期要加强经济的计划性》，《经济学家》1990 年第 1 期

《关于计划经济与市场调节相结合的几个问题的探讨》，《天府新论》1990 年第 3 期

《论计划经济与市场调节结合的形式和意义》，《江西社会科学》1990 年第 4 期

《计划与市场结合中政府与国有企业的经济关系》，《财经科学》1990 年第 6 期

《提高轻工产品质量是四川经济走出困境的基本途径之一》，《财经科学》1991 年第 1 期

《研究中国经济发展问题的一部力作——评黄小祥著〈中国经济发展的模式、体制和政策〉》，《经济学家》1991 年第 2 期

《社会主义经济运行机制研究的新成果——评雍文远主编〈双重运行机制论——社会主义政治经济学再探索〉》，《经济学家》1991 年第 3 期

《试论计划经济与市场调节相结合的条件下政府与国有企业之间的经济关系》，《国外经济管理》1991 年第 3 期

《创建有中国特色的社会主义经济运行机制》，《财经科学》1991 年第 4 期

《论国有经营性企业营运目标》，《财经科学》1992 年第 5 期

《马克思主义计划和市场理论的重大发展》，《经济纵横》1992 年第 9 期

《努力创建社会主义市场经济新体制》，《经济学家》1992 年第 6 期

《价格、产权与市场机制》，《财经科学》1994 年第 2 期

《当代崭新的社会主义经济思想——学习〈邓小平文选〉第三卷的一点体会》，《经济学家》1994 年第 5 期

《认真医治只求速度不讲效益的顽症》，《财经科学》1996 年第 2 期

《地方政府为什么不讲宏观效益》，《高等学校文科学报文摘》1996 年第 4 期

《经济增长类型的科学划分》，《财经科学》1997 年第 1 期

《当代崭新的社会主义经济理论》，《工厂管理》1997 年第 4 期

《社会主义初级阶段理论是我国社会主义建设经验的科学总结》，《财经科学》1997 年第 6 期

《重提社会主义初级阶段理论的现实意义》，《经济学家》1997 年第 6 期

《创建新的社会主义政治经济学》，《财经科学》1998 年第 1 期

《发展资本市场　提高资本运营效率》，《天府新论》1998 年第 1 期

《区域经济增长和发展理论研究的丰硕成果——评〈丘陵经济发展大思路〉》，《理论与改革》1998 年第 4 期

《怎样建立国际金融新秩序》，《经济学家》1998 年第 6 期

《邓小平经济理论与社会主义政治经济学》，《高等学校文科学报文摘》1998 年第 2 期

《深入学习邓小平的社会主义本质理论——对有关社会主义本质的几个重大问题的重新思考》，《东北财经大学学报》1999 年第 1 期

《社会主义本质的几个重大问题的重新思考》，《高等学校文科学报文摘》1999 年第 3 期

《值得关注的〈中国的经济过渡〉》，《教学与改革》1999 年第 9 期

《中国工业就业状况分析》，《财经科学》1999 年第 6 期

《论我国西部大开发的实质》，《财经科学》2000 年第 6 期

《体制作怪：二滩水电站的成功与困惑》，《经济理论与经济管理》2001 年第 2 期

《产业结构与地域结构协调推进的新思路——评〈中国七大经济区产业结构研究〉》，《社会科学研究》2003 年第 5 期

《进一步改善创新环境的一项重要举措》，《经济学家》2004 年第 3 期

《城镇化研究的新视角——评姜太碧博士的〈城镇化与农业可持续发展〉》，《西南民族大学学报（人文社科版）》2004 年第 11 期

《社会主义经济理论的重大创新——刘诗白教授专著〈现代财富论〉》读后，《经济学家》2005 年第 5 期

《一部系统研究市场经济秩序构建与监管的理论专著——评〈市场经济秩序构建与监管〉》，《中国工商管理研究》2006 年第 4 期

《探讨城乡统筹发展与效率与公平关系的一部新作——评〈统筹城乡发展与效率与公平的权衡〉》，《财经科学》2006 年第 6 期

《"让更多群众拥有财产性的收入"的意义重大》，《财经科学》2007 年第 11 期

《坚持解放思想 创新经济理论——纪念改革开放 30 年》，《财经科学》2008 年第 10 期

《心系民生的探索——评王传荣新作〈经济全球化进程中的就业研究〉》，《山东财政学院学报》2008 年第 5 期